자연환경에 대한 기독교 신학의 이해

- 현대 자연과학과 대화 속에서 -

김균진 지음

연세대학교 출판부

머리말

오늘날 범세계적으로 일어나고 있는 생태계의 위기는 환경오염과 환경파괴의 수준을 넘어 자연의 대 재난으로 발전하고 있으며, 현대문명 자체를 회의(懷疑)의 대상으로 만들고 있다. 2005년 9월 미국 멕시코 만 연안을 강타한 허리케인 "카트리나"로 인한 사망자 수가 3만 명 정도로 추산되며, 피해액이 400억 내지 600억 달러에 달한다고 한다. 세계 곳곳에서 폭풍, 지진, 해일, 화산폭발, 대홍수와 산불로 인해 수백 명, 수천 명의 사람들이 죽고 재산의 피해가 막심하다.

이러한 상황에 직면하여 오늘날 많은 연구자들과 관련 기구들은 인구 억제, 환경친화적 도시설계와 기업경영, 자연자원의 재활용과 지속적 관리, 폐기물 배출 억제 및 관리, 재생 불가능한 에너지 및 자원의 소비 감축, 핵물질의 안전성 보장, 생물 다양성의 보존, 경제적 이익의 공정한 분배, 과학기술의 공공적 통제 등의 실제적 대책은 물론, 개인의 가치관, 정치, 경제, 사회의 체제, 문화-종교적 신념의 문제까지 거론하고 있다.

이러한 대책들과 더불어 보다 근본적 문제는 자연환경에 대한 인간의 태도 문제라 생각된다. 인간이 자연환경의 존엄성과 권리를 인정하지 않고 그것을 단순히 자신을 위해 지배할 수 있고 마음대로 처리할 수 있는 물건으로 보는 인간 중심적 인식과 태도를 수정하며 이에 기초한 획기적 조치를 취하지 않을 때, 인류는 대재앙을 면키 어려울 것이다.

오늘의 생태학적 위기는 기독교가 정신적 기초를 형성하고 있었던 서구세계에서 시작되었다. 그러므로 일련의 학자들은 위기의 뿌리가 기독교에 있는 만큼, 그 치유책도 새로운 모습으로 변혁된 기독교에서 찾아야 한다고 주장한다. 그 반면 또 다른 학자들은 기독교가 들어가는 곳마다 자연이 파괴되고, 인간과 자연, 남성과 여성, 부유한 자와 가난한 자의 계급질서가 지배하는 현상을 지적하면서, 성서와 기독교에서 치유책을 기대할 수 없고, 오히려 타 종교의 범신론적, 유기체적 세계관과 고대의 다신론적 여신종교에서 해결의 길을 발견할 수 있다고 주장한다.

이러한 비판 앞에서 이 책은 성서 본래의 자연관 내지 세계관을 해명함으로써 자연환경에 대한 인간 중심적 인식과 태도를 수정하고, 오늘의 위기를 극복할 수 있는 길이 성서와 신학의 전통 속에 내재하고 있다는 사실을 제시하고자 한다. 자연환경과 인간의 관계, 인간의 윤리적 책임, 기독교 진리의 생태학적 해석에 대해서는 인간의 생명에 관한 책에서 보다 집중적으로 다루고자 한다.

필자가 이 책을 쓰게 된 직접적 동기는 연세대학교 정용(예방의학과), 신의순(경제학과), 김영민(생물학과), 이진호(기계공학과), 정연규(토목·환경공학과) 교수님이 주축이 된 "연세 환경포럼"의 모임에 있다. 이 모임에서 발표된 공학, 이학, 의학, 경제학, 경영학, 사회학, 교육학 등 다양한 분야의 강의를 듣고 Team Teaching에 참여하면서, 필자는 기독교 신학의 관점에서 자연환경에 대한 올바른 이해와 인간의 태도를 제시해야 할 필요성을 느꼈다. 따라서 이 책은 본래 신학을 전공하지 않은 분들을 위해 집필되었음을 미리 밝혀 두고 싶다.

1992년에 필자는 "생태계의 위기와 신학"이란 제목의 작은 책을 출판하였다. 그러나 이 책은 본래 성곡문화재단의 연구지원 논문을 작성하기 위해 수집한 자료들을 편집한 것에 불과했다. 애써 수집한 자료들을 버릴 수 없었기 때문이다. 이 책에서 필자는 고전물리학의 기계론적 세계관, 양자물리학의 세계관, 우주진화론, 카오스 이론, 우주의 종말에 대한 물리학적 가설 등 자연과학적 이론들과의 대화 속에서 자연환경에 대한 신학적 이해를 보다 체계 있게 제시하고자 했으나 기대만큼 되지 못했다. 환경문제에 대한 학제간 연구와 토의, 평신도 교육, 생태신학 내지 창조신학 강의에 도움이 될 수 있으리라 생각된다. 외국의 대학에서는 이 분야에 대한 연구와 교육이 매우 활발하다고 한다.

이 책에서 사용되는 "자연환경"이란 개념은 인간 중심적 개념으로 비판 받을 수 있다. 학계에서 이미 토의된 바와 같이, 이 개념은 인간을 자연의 중심으로, 자연을 인간의 "환경"(環境, Umwelt)으로 정의하는 인상을 주기 때문이다. 그럼에도 필자가 "자연환경"이란 개념을 사용한 것은 자연과 인간의 친밀성, 양자의 분리될 수 없는 밀접한 관계를 나타내기 위함이다. 그것은 자연, 세계, 자연세계, 땅, 지구, 피조물, 우주, 생명, 이 모든 것을 총괄하는 개념으로 사용되었다.

이 책의 내용은 1980년 대 이후 필자가 읽었던 국내외 학자들의 문헌들, 필자 자신이 발표한 논문과 저서에 기초하며, 대학원 세미나에서 토론되기도 했다. 새로운 통찰을 얻도록 도와준 제자들과 많은 동료 교수님들, 언제나 조언해 주시는 스승 Moltmann 교수님과 Heidelberg의 친구 Welker 교수에게도 감사드린다. 동료 교수님들의 문헌을 이 책에 반영하고자 노력했지만, 모든 문헌을 반영할 수 없음을 이해해 주시리라 믿는다. 집필을 지원해 주신 연세대학교 김중현 연구처장님, 출판을 허락하신 이인구 출판부원장님과 최호선 부장님, 제작을 위해 수고하신 모든 선생님들께 이 자리를 빌려 진심으로 감사드린다. 또한, 교정과 색인작업을 위해 수고한 조교 박충환, 오승택, 박성권, 차보람 군의 헌신적 노력을 잊을 수 없다.

2006년 1월 일산에서

김 균 진

차례

제1부
총체적 재난의 위기에 처한 자연환경

1.

생태계의 위기에서 현대세계의 총체적 위기로

최근 영국의 World Watch 연구소는 "지구가 위험하다"(The Earth is in Danger)는 제목의 보고서에서 현대세계의 생태학적 위기를 다음과 같이 경고한다: 현재 범세계적으로 일어나고 있는 기후의 변화는 지구의 운명에 대해 시한폭탄과 같다. 지구 대기권의 탄산가스(Kohlendioxid Konzentration) 한계량은 400ppm인데, 대기층의 가스를 위한 특별한 조치가 취해지지 않을 때, 10년 후 지구는 이 한계에 도달할 것이다. 이 때 지구의 기후 변화는 되돌릴 수 없게 되며, 지구 전체의 온도가 2도 정도 상승하게 된다. 그 결과 남극과 북극의 빙산들, 고지대의 빙판들이 녹아버릴 것이며, 바닷물의 높이가 크게 상승할 것이다. 더 많은 폭풍과 허리케인이 일어날 것이며, 지구의 한 편에서는 폭우로 인해 큰 홍수가 일어나는 반면, 다른 한 편에서는 극심한 가뭄과 건조 현상이 일어날 것이다. 약 100만에 달하는 동물과 식물의 종들이 사라질 것이며, 자연의 재난을 수습하기 위한 천문학적 액수의 돈이 소요될 것이다.

많은 과학자들과 생태학자들이 예언한 이러한 현상은 이미 지금 나타나고 있다. 인도, 중국, 미국, 브라질 등에서는 엄청난 홍수와 허리케인의 피해가 일어나는 반면, 호주, 스페인과 포르투갈 등 유럽 남부에서는 이상고온과 건조 현상으로 인해 산불이 계속되고 있다. 산불 진화를 위해 어떤 나라는 국제적 도움을 요청하기도 하고, 산불의 세력이 너무 강해서 산불 진화를 아예 포기하는 나라도 있다. 요즈음 우리나라에서도 산불의 피해가 막심하다. 바닷물의 온도가 상승하며, 극지대의 빙산들, 알프스, 히말라야, 노르웨이, 알라스카의 빙하들이 녹아내리고 있다. 2003년 남아시아 해역에서 일어난 지진해일의 악몽이 우리의 기억 속에 아직도 남아 있다. 20세기에는 핵무기의 불안이 인류의 의식을 지배했다면, 21세기에 접어든 오늘날 자연환경의 대 재난과 죽음에 대한 불안이 인류의 의식을 지배하기 시작한다.

이러한 현상에 대해 학자들은 이미 1970년대부터 경고하기 시작했다.[1] 그러나 대부분의 사람들은 이 경고를 대수롭지 않게 생각했다. 사태의 심각성이 그들의 몸으로 느껴지지 않았기 때문이다. 바로 여기에 생태학적 위기의 무서운 위험성이 숨어 있다. 즉

1) M. Welker, Gottes Geist, 1992 (한국어 역: 『하나님의 영』, 신준호 역, 대한기독교서회), 279 f.는 1992년 생태학적 위기에 대해 이렇게 경고함: "현실을 정직하게 인식할 때, 20세기 말 핵무기를 통한 인류의 자기 파멸의 위험에 관심을 집중하는 대신, -이 위협이 사라지지는 않겠지만- 인간의 가장 무서운 자기 위험은 더 이상 느린 속도가 아니라 오히려 숨가쁘게 진행되는 생물학적-자연적 환경의 침식에 있다는 의식이 지배하게 될 것이다. 반세기도 채 못되는 기간에 지구의 경작 면적의 거의 1/5이, 열대우림의 1/5이 소실되었고, 수 만 종의 동, 식물들이 멸종되었다. 재생 불가능한 자원들과 에너지원이 숨가쁜 속도로 폐기되고 소비되며, 대양의 어족 자원이 '황폐화'에 이를 정도로 착취되고 있다…."

그것은 **눈에 보이지 않게 서서히** 일어나지만, **아주 확실하게** 일어난다는 것이다. 눈에 보이지 않게 서서히 일어남으로, 사람들은 그것에 관심을 갖지 않으며 대수롭지 않은 것으로 방치한다. 방치된 상태 속에서 그것은 점점 더 악화되며, 우리가 피부로 느낄 수 있을 만큼 확실하게 나타나게 된다.

이리하여 학자들이 경고한 생태학적 위기는 위기의 차원을 넘어 **자연의 대 재난과 죽음의 국면으로** 발전하고 있다. 이제 "생태학적 위기"라는 개념은 오늘의 위기 상황을 충분히 나타내지 못할 만큼 위기 상황은 심각하다. 오히려 "삶의 체계의 총체적 위기", 하나님이 지으신 "모든 피조물의 생존의 위기"(crisis of survival of whole creatures)라는 개념이 현재의 상황을 나타내기에 더 적절할 것이라고 학자들은 말한다.

생태계의 위기는 1. 무절제한 착취와 소비로 인한 **자연자원의 고갈**, 2. 자연환경의 오염과 파괴로 인한 **자연의 재난**으로 구별될 수 있다. 자연 자원은 농업, 임업, 수산업, 광업 생산물과 수자원 및 에너지 자원을 포함한다. 이것은 다시 "재생 가능한 자원"(renewable resource)과 "재생 불가능한 자원"(nonrenewable resource)으로 구별된다. 재생 가능한 자원은 곡식, 삼림, 초원, 생선, 물처럼 자연의 순환을 통해 일정한 기간이 지난 후 재생되는 자원을 말한다. 재생 불가능한 자원은 석유, 석탄, 천연가스, 철, 구리 망간, 니켈 등의 광물(鑛物)로서, 인간이 한 번 사용하면 그 매장량이 점차 줄어들어 결국 고갈되어 없어지는 자원을 말한다.

현재 지구에 매장되어 있는 **재생 불가능한 자원들**은 산업화와 경제성장의 과정 속에서 점차 고갈되고 있다. 경제의 성장은 재생 불가능한 자원들의 고갈을 촉진한다. 해저에 매장되어 있는 풍부한 주요 광물 등 부존자원의 발견으로 자원 부족의 위기가 연기되었지만, 매장량이 풍부한 광물은 점차 사라지고 있다. 세계의 대기업들은 광물질의 희귀 현상으로 인해 다쳐서는 안 될 환경을 파괴하면서까지 광물을 채취한다.

1970년대에 환경 문제를 심각하게 경고한 로마 클럽의 "성장의 한계"(The Limits of Growth)라는 책이 나온 이후 석유 매장지가 계속 발견되었지만, 석유자원은 빠른 속도로 줄어들고 있다. 노르웨이, 알라스카의 어떤 유정은 경제성의 부족으로 이미 폐쇄된 상태에 있으며, 부식된 석유 채취시설의 방치로 인해 인근 지역이 오염되고 있다. 태양열, 풍력, 수력, 지열, 원자력, 대체 화석연료, 대체 광물질 등의 개발에 선진국들은 심혈을 기울이지만, 소모되어 없어져버린 재생 불가능한 자원은 회복될 수 없으며, 대체가 보장되지 않는다. 재생 불가능한 자원은 말 그대로 고갈된다. 또 어떤 대체 물질은 생태계에 심각한 결과를 초래할 수 있다.

그런데 **재생 가능한 자원**도 언제나 회복이 가능하지는 않다. 자연의 파괴가 일정 수준을 넘어서면, 그 회복이 영원히 불가능하다. 1950년 이후 농경지와 열대 우림의 20%가 사라졌으며, 매년 2,500만 톤의 흙이 없어진다. 인공위성이 보여주는 것처럼, 남미의 아마존, 인도네시아 등지의 원시림들이 빠른 속도로 없어지고 있다. 아마존 우림지대의 경우, 과도한 파괴로 인해 수분의 순환과정이 바꾸어져 삼림의 재생이 불가능할 것으로 보인다.

물의 기근현상이 세계 여러 나라에서 나타나고 있다. 우리 나라의 연평균 강수량은 1,283mm로, 세계평균 973mm보다 1.3배이다. 그러나 인구 1인당 연간 강수량은 약 2,700톤으로, 세계평균의 1/10에 불과하다. 그나마 강수량의 2/3가 여름 장마철 때 집중적으로 내리고 그 외의 기간에는 비가 별로 내리지 않는다. 우리나라의 많은 소나무들이 비틀거리며 꼬불꼬불 자란 근본 이유는 수분 공급을 장마철에만 집중적으로 얻고 그 외에는 수분 공급을 제대로 얻지 못하기 때문이다. 가난한 집의 아이들이 영양공급을 제대로 얻지 못해 말라 비틀어진 모습을 보이는 것과 마찬가지다. 더구나 경사가 급한 산악지대가 많기 때문에, 장마철의 비가 대부분 바다로 쓸려 내려간다. 그리하여 하천에 흐르는 물이 적고, 물 이용률은 26%에 불과하다. 인구 증가 및 물 소비의 증가로 한국은 오래지 않아 물 부족 국가가 될 전망이다. 농업용수, 산업용수, 생활용수의 소모량이 점점 더 증가한다. 이 소모량을 충당하기 위해, 또 물장사를 하기 위해 지하수를 과도하게 채취한 결과, 지하수마저 감소하고 있으며, 땅 위에서 흘러들어간 오폐수로 인해 오염되고 있다.

어업도 심각한 현상을 보이고 있다. 첨단기술을 동원한 대규모 선단으로 인해 북대서양의 대구나 넙치와 같은 어종의 수는 밑바닥까지 감소하고 있다. 생선류의 씨를 말릴 정도로 치어까지 그물로 싹쓸이 하는 경우도 있다. 해안지역과 뻘의 매립, 바닷물의 오염과 온도 상승도 어종을 피폐시키는 요인으로 작용한다.

환경오염으로 인한 자연의 파괴는 이미 심각한 수준에 도달하였다. 환경오염이란 인간의 활동으로 인한 대기 오염, 수질 오염, 토양 오염, 해양 오염, 방사능 오염, 소음, 진동, 악취 등으로 사람의 건강은 물론 사람의 생명과 자연 생물들의 생명을 위협하는 상태를 뜻한다. 즉 매연, 분진, 악취, 유독가스 등으로 인한 대기오염, 공장 및 가축 폐수, 생활하수로 인한 하천 오염, 화학비료와 농약 등으로 인한 토양오염, 소음, 진동으로 인한 보건 위생상의 피해 등이 이에 속한다.

한 가지 사례를 살펴보면, **대기오염** 가운데 스모그(smog)는 연기(smoke)와 안개(fog)의 합성어로서 도시의 오염된 공기를 가리킨다. 1952년 12월 초 런던에서는 약 1주일간 계속된 스모그로 인해 3주 동안 약 4,000명이 사망했고, 그 후 만성 폐질환으로 인해 8,000명이 추가로 사망한 적이 있다.[2] 또한 공장, 쓰레기 소각시설, 자동차에서 배출되는 이산화황과 질소산화물은 대기 속에 습기와 화학반응을 일으켜 pH 5.6 이하의 산성비를 유발한다. 산성비는 산림을 파괴하고 호수나 하천에 서식하는 생물의 종(種)을 멸종시키며 농작물의 수확량을 감소시킨다. 최근 OECD의 발표 자료에 따르면, 영토 면적에 비해 한국의 대기오염물질 배출량은 산업국가인 미국과 프랑스보다 10배 이상 높은 최악의 상태에 도달하였다고 한다.

대기오염으로 인한 산성안개는 산성비보다 무려 30-50배 정도 농도가 짙고 비처럼 바로 대지에 떨어지지 않기 때문에, 인간의 신체는 물론 자연의 모든 생물들에게 심각한 폐해를 일으킨다. 연세대학교 환경공해연구소의 권숙표 박사에 따르면, "산성안개는 대기오염보다 훨씬 무서운 현상으로서 호흡기 질환, 기관지 소염, 천식, 폐기종, 호흡 곤란, 폐암 등을 유발하는 지극히 무서운 오염이다." 고려대학교의 박정로 박사(내과)에 의하면, "경인 지방에서는 독특한 감기 환자들을 많이 본다." 즉 코가 막히고 열이 나는 일반적 증세 외에도 "눈과 코가 가렵고 목이 따가운" 증상을 보이며, "심한 경우 말초기관지의 염증은 물론, 상기도(上汽道)에 염증을

2) 스모그의 "런던형"과 "로스엔젤레스형"에 관해 김명자, 『동서양의 과학 전통과 환경운동』, 동아출판사 1995, 184 이하 참조.

일으키는 환자도 발생한다."[3]

대기오염은 **지구의 온실화**를 초래한다. 오염된 대기는 단파인 태양복사열은 모두 통과시키는 반면, 지구의 외계로 방출하는 장파인 복사열은 지구 표면에 가두는 역할을 하기 때문이다. 지구 온실화에 기여하는 가장 큰 요소는 이산화탄소인데, 그 방출량은 숲의 광합성 작용을 통해 재흡수됨으로써 조절된다. 이산화탄소의 양을 조절해 주는 숲과 삼림의 파괴로 지구의 온난화가 촉진된다. 이로 인해 **지구의 온도**가 상승한다. 요즘 (2005년 6월) 인도에서는 연일 섭씨 50도 이상의 기온으로 인해 수 백 명의 사람들이 죽었다고 한다. 2003년 무더위로 인해 죽은 사람들이 프랑스에서만 10만 명이 넘는다고 한다. 대략 18,000년 전 마지막 빙하시대 이후 지구의 평균 온도는 섭씨 약 5도 정도밖에 더워지지 않았다. 이에 비해 지난 한 세기 동안 평균 1.5-4.5도가 상승한 것은 굉장한 온도 상승이라 할 수 있다.

우리는 지구의 온도가 1.5도 정도 상승되는 것을 대수롭지 않게 생각할 수 있다. 그러나 만일 인간의 체온이 정상체온인 섭씨 36.5도보다 1도만 올라가도 몸이 펄펄 끓는 것처럼 느끼며, 2도가 높아지면 두통과 모든 생리적 대사반응이 비정상적으로 일어난다. 그리고 3도 이상 오르면 죽음에 이르게 된다.[4] 이 사실을 고려할 때, 지구의 온도 상승이 지구 자신에게 얼마나 심각한 문제인가를 볼 수 있다. 사실상 지구는 지금 열병을 앓고 있다. 이 열병으로 인해 지구가 몸부림 칠 수밖에 없고, 이 몸부림은 모든 피조물에게 재난

3) 『조선일보』, 1990. 10. 24, 12쪽.

4) 정용, "환경과 생명: 21세기 환경보전 파라다임", 『신학논단』, 제37집, 연세대학교 신과대학 · 연합신학대학원 편 2003, 16.

으로 나타난다.

지구의 온실화는 **바닷물 온도의 상승**을 초래하며, 바닷물 온도의 상승은 바닷물 속에 있는 수많은 생물들, 어족들의 떼죽음과 바닷물 높이의 상승을 초래한다. 바닷물 높이의 상승으로 인해 해안 저지대와 낮은 섬들이 바닷물 속에 침수되며, 해안 저지대의 물의 염분이 상승하여 생활용수로 사용하기 어렵게 된다. 남태평양 일부 섬들의 해안지대가 침수되어, 그 지역 원주민들이 국제적 도움을 요청하고 있으며, 어떤 섬들의 주민들은 다른 섬으로 이주하였다.

지구의 온실화는 지구의 사막화 현상과 더불어 **이상 기후**로 말미암은 자연의 재난을 초래한다. 지구의 평균 기온이 상승된 가운데 각 지역의 온도가 뒤죽박죽이 된다. 온도가 30도 이상으로 상승하였다가 10도 정도로 떨어지며, 더운 날씨가 계속되다가 갑자기 골프공 크기의 우박이 쏟아지기도 한다. 지구의 한 편에서는 오랜 가뭄과 사막화 현상이 일어나는 반면, 다른 한 편에서는 태풍과 홍수가 일어난다. 지구 면적의 약 29%가 경미하거나 중간 정도의 사막화 과정 속에 있으며, 6%의 땅은 심각한 사막화 지역으로 분류되고 있다.[5)]

기후의 변화와 더불어 **자연계의 생물학적 변화**가 일어난다. 온대지대의 삼림이 쇠약해지고 그 분포가 달라진다. 농업지대와 삼림지역이 이동하거나 사라지며, 물부족 현상이 일어난다. 한국도 차츰 아열대 지역으로 변모하고 있다고 한다. 그리하여 5월 중순경부터 초여름의 날씨가 시작한다. 기후변화로 인해 많은 식물과

5) WCED, 『우리 공동의 미래』, 조형준, 홍성태 역, 새물결 1994, 165 이하 참조.

동물들이 서식지를 잃어버린다. 생물들이 생존할 수 있는 온도대가 사라지기 때문이다. 예측할 수 없이 변화하는 기후에 사람들과 자연의 생물들이 신속히 대응하지 못하여 죽음의 운명을 당할 것이며, 극히 작은 종(種)들만 새로운 기후 조건에 대응할 수 있을 것이다. 기후변화가 계속될 때, 건강의 위협, 농경지와 식량과 깨끗한 물의 부족으로 인해 인구의 이동 현상이 일어나게 된다. 한 편에서는 인구 과밀지역이 생기는 반면, 다른 한 편에서는 살기에 부적합한 지역을 떠나는 환경난민이 생기게 된다.

오존층의 파괴로 인한 자외선의 증가 역시 심각한 환경문제를 일으킨다. 세 개의 원자가 분자를 이루고 있는 오존은 "좋은 오존"과 "나쁜 오존"으로 구별된다. 나쁜 오존은 지표면, 특히 대도시의 유해한 스모그의 주된 성분을 말한다. 좋은 오존은 고도 20-40km 사이의 성층권에 분포되어 있으며, 생물체에 해로운 자외선 UV-B를 차단하고 흡수하는 천연필터의 역할을 한다. 즉 자연의 차광막 역할을 함으로써 땅에 생명체가 살 수 있도록 한다. 태양에서 방출되는 해로운 자외선의 대부분을 흡수하는 오존이 없으면, 모든 생명체가 파괴될 것이다. 그런데 오존은 염화불화탄소(CFCs)와 같은 기체들의 촉매작용에 의해 파괴될 수 있다. 이는 공업용 세척제(컴퓨터 칩, 금속 등의 제조 과정에서 생긴 찌꺼기를 닦아내는 재료), 에어로졸 스프레이의 분사제, 에어컨(특히 자동차 에어컨)과 냉장고의 냉매, 식품 포장재 및 스티로폼 용기, 건축 단열재나 소파의 안락한 쿠션을 위해 쓰이는 스티로폼 등에 사용되는 프레온가스가 핵심 원인으로 알려져 있다.

오존층이 1% 감소하면 피부암 발생률은 3%, 백내장 발생률은 0.6% 증가하며, 인체의 면역력도 감소된다. 1%가 감소할 때마다 미국에서만 10,000명의 피부암 환자가 추가로 발생한다. 한국의 경우, 1978년에서 1994년 사이 서울의 오존 전량은 3.8% 감소했고, 이로 인해 자외선 UV-B의 양은 4.6% 증가했다.[6] 또한 식물이 자외선에 완전 노출될 경우 DNA가 손상되어 기형작물이 나타나고 작물의 수확량이 감소한다. 그런데 1985년에 대륙 크기의 오존층 구멍이 남극 상공에서, 그보다 좀 작은 구멍이 북극 상공에서 발견된 이후, 오존층은 점점 더 파괴되고 있다.

물은 생물체 몸무게의 70% 내지 80% 이상을 차지할 만큼 모든 생명에 있어 가장 중요한 요소이다. 사람은 1주일 이상 물을 마시지 않으면 생존할 수 없다. 성인 1인이 1일 2.75리터의 물을 섭취해야 하는데, 정상보다 체내에 5% 정도의 물이 부족할 경우 혼수상태에 빠지게 되고, 12% 정도 부족할 경우에는 사망에 이른다고 한다. 따라서 수질오염은 인간의 생명에 치명적 영향을 준다. 물의 오염은 한국에서도 심각한 문제이다. 그 주요 원인은 중금속이 포함된 산업폐수, 합성세제가 포함된 생활하수, 축산폐수와 양식장 폐수, 위락시설의 오염물질 등이다. 수질오염은 인체 및 어패류의 생장과 번식에 해를 끼치고 각종 수인성 전염병을 일으킬 수 있다.

땅은 모든 생물들의 보금자리요 안식처이다. 그러나 주거지역의 확장, 도로와 골프장과 산업공단의 건설, 신도시 건설, 석재 채취, 광산 설치, 지하자원의 채굴, 지하철과 각종 지하시설의 건설로 인해 땅은 무참하게 파괴되고 있다. 우리나라의 산들이 얼마나 훼손되고 있는지, 우리는 언론매체에서 우리 눈으로 직접 볼 수 있다. 또한 인간이 무분별하게 방출하는 폐수와 쓰레기로 인해 땅은 오

6) 이창복, "환경의 위기", 시민환경연구소 엮음, 『환경의 이해』, 환경운동연합 출판부 1993, 57.

염되고 있으며, 농지는 농약과 비료 등의 화학물질로 인해 오염되고 있다. 농약은 현재 약 1,000종에 달하는데, 이것이 자연계에서 분해되는 시간은 10년에서 90년까지 걸리는 맹독성을 지니고 있어, 토양 생태계를 근본적으로 파괴한다. 또한 무분별한 삼림 파괴와 과도한 방목 등으로 인해 토양의 생명력이 약화되고 토양침식이 가속화되고 있다. 지구의 온난화로 인해 많은 지역의 땅들이 사막화 내지 황폐화 되는 현상이 일어난다. 지구 면적의 35퍼센트가 이런 위협을 받고 있는데, 특히 제3세계에서 그 정도가 심하다.

자연의 착취와 파괴로 인한 **생물의 멸종**도 심각한 수준이다. 현재 지구에는 약 3,000만 종의 생물들이 살고 있다. 다양한 종들은 식량을 공급하고 생태계의 균형을 유지시키며, 농업, 의학 및 공업의 중요한 토대가 된다. 모든 의약품의 절반 정도가 야생생물에서 원료를 얻고 있다. 그러나 약 20년 안에 전체 생물종의 5분의 1이 사라질 전망이다. 옛날 우리가 논에서 볼 수 있었던 메뚜기, 거머리, 우렁이 등 각종 생물들이 보이지 않는지가 이미 오래 되었다.

생물의 멸종은 다양한 원인을 가진다. 인간의 무분별한 남획과 밀렵, 먹이사슬의 파괴, 서식지의 파괴, 물과 공기와 땅의 오염이 주된 원인이다. 삼림, 늪지대, 갯벌의 파괴, 야생동물의 통로와 먹이사슬을 전혀 배려하지 않는 자동차 도로와 각종 개발(신도시 건설, 공단 건설 등)은 생물들의 서식처를 박탈하고 그들을 죽음으로 내몬다. 초원, 열대우림, 온대림, 사막, 북극이나 고산 툰드라 지대, 대양, 강, 간만의 차가 심한 큰 강의 어귀 등, 그 어디에도 안전한 곳이 없다. 피아노의 건반, 당구 공, 조각 장식품 등에 쓰이는 상아를 얻기 위한 인간의 남획으로 인해 아프리카의 코끼리는 멸종될 위험에 빠져 있다. 닥치는 대로 쳐놓은 바다의 어망은 의도한 생선은 물론, 바다표범, 거북이, 고래 등 가리지 않고 잡아들인다. 해변의 자동차 도로는 바닷새의 보금자리와 안식을 파괴한다. 대부분 경제 특권층의 탐욕 때문에 일어나는 열대우림의 남벌은 그 속에 사는 생물들의 삶의 터전을 박탈함은 물론, 그 속에 살던 원주민들이 고향을 떠나게 한다.

생태계의 위기는 인간 바깥에서는 물론, 이제 **인간 자신의 몸** 안에서 진행되고 있다. 유전자 조작과 생명복제 기술은 인간의 몸이라는 생태계를 위협하는 요인으로 등장하였다. 그것은 인간 자신의 몸 안에 있는 "자연질서"를 조작하고 변경하며, 몸의 생태계 전체를 훼손할 수 있다. 특히 인간복제 기술은 인간의 생명을 상품화시킬 뿐 아니라, 인간의 사회에 상상을 넘어서는 대 재난을 초래할 수 있다. 공상과학 영화에서 볼 수 있는 변종체 인간이 양산될 수 있는 가능성을 우리는 배제할 수 없다. 그럼에도 불구하고 은폐된 상태에서 인간복제가 이미 진행되고 있다는 뉴스를 들을 수 있다.

문제의 심각성은 단지 생명복제에 있는 것이 아니라, 모든 생명을 인간이 자신의 의도에 따라 조작하고 처리할 수 있는 물건 내지 기계와 같은 것으로 보는 데에 있다. 그 누구도 침해할 수 없는 생명의 가치와 존엄성은 여지없이 부인된다. 인간의 생명은 자연의 사물들과 마찬가지로 인간이 마음대로 조작하고 또 판매할 수도 있는 물건 내지 상품과 같다. 그래서 남성의 정자와 여성의 난자, 우수하다는 인간의 세포와 유전자가 상품으로 판매되고 있다.

우리 몸의 순환과정이 방해를 받으면 병이 발생한다. 병이 발생하면 그것을 이기기 위해 우리의 몸이 열을 내며 몸살을 앓게 된다. 자연환경도 마찬가지일 것이다. 자연환경이 파괴되고 그의 순환과정이 방해를 받을 때, 자연환경의 생명력이 위험스럽게 된다.

이를 극복하기 위해 자연환경은 몸부림을 칠 수밖에 없을 것이다.

우리 **인간의 입장에서** 볼 때 폭풍이나 허리케인은 파괴적인 것으로 보인다. 인명과 재산이 피해를 당하기 때문이다. 그러나 **자연환경의 입장에서** 볼 때, 그들은 긍정적 기능을 가진다. 그것은 인간에 의해 오염되었고 갖가지 방해물을 안게 된 자연환경이 자기를 정화시키고 생명의 순환과정을 회복하려는 자연환경의 몸부림이요, 이 몸부림이 인간에 대한 복수로 나타난다. 이 몸부림은 자연환경의 삶의 과정에 속한다고 볼 수 있다. 땅 속에 기나긴 터널을 파서 지하철을 만들고, 산을 깎아 도로를 만들고, 갯벌을 매립하여 그 속에 살던 모든 생물들을 죽여 버리고, 초고층 빌딩을 만들어 바람의 순환과정을 막아버리고, 하천과 바다 속에 각종 오수(汚水)와 쓰레기와 핵폐기물을 내다버려 땅과 물을 오염시키고, 강과 바다 위에 자동차 교량을 만들어 물의 흐름을 차단시키고, 이런 일을 인간이 계속할 때 자연환경이 어떻게 가만히 있을 수 있겠는가? 자연환경은 인간의 문명과 문화에 의해 더러워졌고 왜곡되어버린 자신의 모습과 생명력을 원상으로 회복하기 위해 몸부림 칠 수밖에 없을 것이며, 이 몸부림이 폭풍이나 허리케인으로 나타난다고 볼 수 있다.

따라서 폭풍이나 허리케인 등의 자연 재난들은 단순히 자연환경 자체의 순환 과정에서 일어나는 자연적 현상이 아니라, 상당 부분 인간 자신이 초래한 결과요, 자업자득(自業自得)이라 말할 수 있다. 광우병, 조류독감도 인간으로 말미암아 일어나지 않았는가! 지진도 상당 부분 인간에게 책임이 있으리라 생각된다. 인간이 땅을 평화롭게 두어 두지 않고 그 속에 있는 광물들을 대규모로 빼내어 땅 속을 공동화(空洞化)시키며, 땅 속에 수십만 명이 들어가

생활할 수 있는 거대한 인공 구조물을 만들고 또 땅 속에서 핵폭탄 실험 등을 행할 때, 땅의 균열이 일어날 수밖에 없을 것이다. 땅을 괴롭힌 인간은 이제 괴롭힘을 당한 땅에 의해 죽음의 위협을 당하고 있다.

그런데 문제는 단지 생태계에 국한된 것이 아니라, **현대세계의 내적, 구조적 문제**와 결합되어 있다는 사실에 있다. 인간 자신의 생명에 이르기까지 확대된 생태계 위기의 원인은 단지 자연 자원의 고갈, 자연환경의 오염과 파괴에 있는 것이 아니라, 현대사회의 기본 가치관, 삶의 의미에 대한 인간의 기본 인식에 그 뿌리를 가진다. **보다 더 많은 소유와 성장과 힘의 확장**을 최고의 가치로 생각하며 거기서 삶의 의미를 발견하는 현대인의 가치관과 의미에 대한 인식, 이에 기초하여 세워져 있는 현대사회의 전체 구조와 현대문명이 그 밑바닥에 숨어 있다.

따라서 생태계의 위기는 단지 자연환경의 위기를 뜻하는 것이 아니라, 현대세계의 가치관, 삶의 의미에 대한 기본 신념과 현대문명을 포함한 현대세계 전체의 위기와 연결되어 있다. 그것은 "문화위기 학파"가 말하는 것처럼, 현대문명의 패러다임의 위기"[7]의 일면에 불과하다. 그것은 단지 자연환경의 문제가 아니라, "우리의 사회적 행위를 결정짓는 인간의 개념, 지식, 신념과 가치의 체계"의 문제와 결합되어 있다. 생태계의 위기는 자본주의적 자유 시장경제와 과학기술을 축으로 가진 **현대세계의 총체적 위기의 한 국면**일 따름이다. 원시림의 파괴, 물과 대기와 땅의 오염, 오존층 파괴, 지구의 온난화, 생물의 멸종, 태풍, 지진, 지진해일, 허리케인

---

7) 전현식, 『에코페미니즘과 신학』, 한들출판사 2003, 17.

등의 자연재난은 물론, 현대인의 올바른 가치관과 삶의 의미의 부재, 대도시의 익명성과 극단적 개인주의, 목적과 방향을 알지 못하는 과학기술, 세계의 미래에 대한 좌절감, 냉소주의와 허무주의, 이웃의 고난에 대한 무관심과 비인간성, 부패와 타락, 마약, 자살, 극심한 빈부격차, 무서운 사회범죄, 테러, 전쟁, 인종학살, 핵무기, 방사능 물질, 인간복제의 위험성, 이 모든 것은 성장과 진보를 약속했던 현대문명의 마지막 한계를 예시한다.

대도시에서 오토바이를 타고 폭음을 내며 질주하는 젊은이들, 알콜과 마약에 중독되어 삶의 의욕을 상실한 사람들, 민족과 세계의 미래를 외면한 채 탐욕과 쾌락에 광란하는 사람들, 이웃의 고난에 눈을 돌리고 사치와 허영에 들뜬 사람들, 한 편에서는 수십억, 수백억의 재산을 가진 반면, 경제적 고통을 견디지 못해 온 가족을 데리고 강물에 투신자살 하는 사람들은 현대세계의 총체적 위기 상황을 나타낸다. 전 세계가 보유하고 있는 핵무기는 사실상 현대세계 전체의 위기를 요약하는 동시에, 현대문명에 대한 하늘의 심판의 잠재성을 나타낸다. 그것은 온 세계에 대한 잠재성 폭탄과 같다. 지옥이 다른 데 있는 것이 아니라, 바로 이 세계가 지옥이 아닐까!

장도곤 교수에 의하면, "현재 인간이 야기하는 인공적 재난 중에서 인간과 자연에게 가장 심각한 재난을 초래할 수 있는 잠재력을 보유하는 것은 핵이다. 핵무기는 지구 전체를 잠깐 사이에 파괴할 수 있다."[8] 핵전쟁 후에도 기적적으로 살아남는 극소수의 생존자가 있을 수 있다. 그러나 그 생존자들이 핵폭발에 따르는 핵겨울

8) 장도곤, 『예수 중심의 생태신학. 생태신학 입문』, 대한기독교서회 2002, 143.

을 넘기고 계속적으로 생존하기는 어려울 것이다. 스타슨(Glen Stassen)은 경고하기를 인간이 핵무기에 의존하는 것은 하나님 대신 우상을 섬기는 것에 견줄 수 있으며, 우상을 섬기는 결과는 파괴를 자초하는 것이다. 이안 바버(Ian Barbour)는 핵무기의 무서운 잠재적 파괴 능력을 다음과 같이 묘사한다:

> "오늘날 세계는 51,000개의 핵탄두를 보유하고 있는데, 그중의 상당수가 히로시마에 떨어진 원자탄보다 2,000배나 강한 것이다. 이것을 지구상의 모든 남자, 여자, 그리고 어린이의 수를 감안하여 계산하면 (한명당) 다섯 톤의 TNT에 상당하는 것이다. 한 개의 대형 핵탄두는 제2차 세계대전 시 모든 나라가 사용한 모든 무기를 합친 것보다 더 강한 폭발력을 가지고 있다."[9)]

우리는 초고층 건물을 발전과 성장의 상징으로 생각한다. 그래서 세계의 여러 나라들이 경쟁적으로 더 높은 건물을 세우려는 모습을 볼 수 있다. 영상 매체들이 어떤 국가나 도시의 발전 모습을 보여 줄 때, 그 도시의 초고층 건물들을 보여 준다. 그러나 초고층 건물들은 위기에 처한 현대세계의 모습을 또 다른 각도에서 반영한다. 초고층 건물들은 대기의 순환통로를 막아버리며 자연의 순환과정을 방해한다. 이를 통해 도시의 공기오염을 악화시키며, 여름의 냉방, 겨울의 난방을 위해 엄청난 양의 에너지를 소비한다. 밀폐된 공간 안에서 일어나는 인위적인 냉난방은 신체적 장애와 질병을 유발한다. 건물의 지하공간을 확보하기 위해 땅을 깊

9) I. Barbour, Ethics in an Age of Technology, 1993, 204. 장도곤, 『예수 중심의 생태신학』, 143에서 재인용함.

이 파헤칠 때, 땅 속에 있는 생물들은 떼죽음을 당했을 것이다.

또한 초고층 건물은 대도시의 교통을 악화시키며 개인의 익명성을 조장한다. 빽빽하게 서 있는 고층건물들은 우리의 마음을 피곤케 한다. 그래서 주말마다 자연을 찾아 도시를 빠져나가는 자동차로 고속도로가 정체된다. 그러므로 선진국에서는 고층 아파트를 빈민촌으로 간주한다. 경제적 여유가 있는 사람들은 아파트에 살지 않고 단독주택이나 빌라(외국의 다세대 주택)에 거주한다. 자연의 짐승들은 고층아파트를 갖지 않는다. 그들은 "떴다방"을 알지 못한다. 인간만이 초고층 아파트 내지 빌딩을 지어 분양권과 시세차익을 통해 불로소득을 얻으며 빈부격차를 유발한다. 아파트를 가진 사람들은 집값이 오른다고 좋아 하지만, 집이 없는 사람들은 낙망과 좌절에 빠져 하늘만 쳐다보게 된다. 그러므로 대도시의 초고층 건물들은 발전과 성장의 상징이 아니라, 현대세계의 총체적 위기를 나타내는 또 하나의 상징이라 말할 수 있다. 그것은 창세기 11장에 나오는 현대판 "바벨탑"이 아닐까!

최근에 일어난 폭풍해일과 지진해일은 현대세계의 위기를 또다른 차원에서 요약한다. 필자는 지진해일로 인해 대형 선박이 육지로 떠밀려가 땅 위에 좌초해 있는 광경을 텔레비전에서 본 적이 있다. 자연의 무서운 위력을 실감하면서 필자에게 이런 생각이 들었다: "얼마나 괴롭기에 자연은 이렇게 몸부림을 쳐야만 했을까! 육지에 떠밀려가 좌초해 있는 선박의 모습은 생태계의 위기 상황은 물론 좌초의 위기 앞에 서 있는 현대세계의 모습을 반영하는 것이 아닌가! 인간의 문명이 위대하다 하지만, 자연환경의 위력 앞에서는 무력하지 않은가!"

문명의 힘이 아무리 크다 해도, 결국 그것은 자연환경의 테두리 안에서 유지되고 발전될 수 있다. 인간도 자연에 속한 자연의 일부이기 때문에, 그가 창조한 문명도 자연환경의 기초와 한계 안에서만 건강을 유지할 수 있다. 자연환경의 기초와 한계를 무시할 때 인간의 문명은 대 재난을 당하게 된다. 그것은 자기를 정화시키고 자기의 순환과정을 회복하려는 자연환경의 몸부림 앞에서 힘없이 무너질 수밖에 없을 것이다. 과학기술을 통해 재난을 막을 수 있다고 생각하는 사람들도 있겠지만, 자연환경의 자연적 과정을 인위적으로 변조하는 것은 또 다른 재난을 초래할 것이다.

이러한 사실을 인류는 잘 알고 있다. 그럼에도 불구하고 오늘날 인류는 자연환경의 순환과정을 방해하고 그것을 파괴하는 일을 멈추지 않는다. 멈추고 싶어도 멈출 수 없다. 한 번 맛 본 성장과 물질적 풍요의 꿀맛을 버릴 수 없기 때문이다. 이러한 현대인의 모습은 꿀맛에 도취하여 점점 더 깊이 꿀병 속으로 들어가 꿀에 빠져 죽어버리는 개미의 모습과 비슷하다. 현대세계의 이러한 상황을 과학자요 철학자인 폰 바이체커(C. F. von Weizsäcker)는 이렇게 요약한다: "우리는 미래를 알지 못한다", 이 세계의 "마지막은 멸망일 뿐이라는 비관주의적 견해"와 "허무주의"가 "현대 세계의 가장 정직한 자기 판단"일 것이다.[10] 양자물리학의 대변자 하이젠베르크(W. Heisenberg)는 현대세계의 상황을 이렇게 묘사한다:

> "인간의 물질적 힘과 정신적 힘의 확대가 곧 진보일 것이라 믿는 희망은… 한계에 부딪히고 있다. 진보 신앙에 담지된 낙관주의의 파도가 이 한계에 더 강하게 부딪힐수록 위험성은 더 커진다. 여기서

---

10) C. F. von Weizsäcker, Die Geschichte der Natur. Zwölf Vorlesungen, 9. Aufl. 1992, 113, 126.

말하는 위험의 성격을 우리는 한 가지 다른 모습을 통해 더 분명히 묘사할 수 있다: 무한하게 보이는 물질적 힘과 더불어 인류는 다음과 같은 한 선장의 상황에 처해 있다. 선장의 배는 강철과 무쇠로 아주 단단히 건조되어 있다. 이리하여 선장이 사용하는 나침반의 자석 바늘은 북쪽을 가리키지 않고 배의 철 중량이 무거운 쪽을 가리킨다. 이런 배를 타고 우리가 원하는 목적에 도달한다는 것은 불가능하다. 이 배는 바람과 해류에 따라 표류할 것이다."[11)]

어떤 학자는 주장하기를, 오늘의 위기 상황은 자연의 진화 과정 속에서 일어나는 순환 현상이므로, 심각하게 생각할 필요가 없다고 한다. 이러한 주장은 사태의 심각성을 충분히 인식하지 못하는 것 같다. 오늘의 위기 상황은 단지 생태계의 문제가 아니라 현대세계의 구조적 문제와 결합되어 있기 때문이다. 경제적 성장, 물질적 풍요의 꿀맛에 빠진 개미가 꿀병을 버리고 나온다는 것은 참으로 어려운 일일 것이다. 이러한 상황을 극복하기 위해 먼저 선진국들의 가치관의 변화와 사회의 구조적 방향 전환은 물론, 인간에게 주어진 힘의 올바른 사용, 자연환경에 대한 인간의 인식과 태도의 획기적 변화가 있어야 할 것이다.

---

11) E. Heisenberg, Das politische Leben eines Unpolitischen. Erinnerungen an Werner Heisenberg, 1980, 177에서 인용함.

2.

기독교의 창조신앙이 위기의 원인인가?

1. 기독교의 창조신앙에 대한 비판들

오늘날 국경을 초월하여 일어나고 있는 생태계의 총체적 위기가 기독교 문화권에서 시작되었음은 부인할 수 없는 사실이다.[1] 이 문화권에 속한 국가들의 가치 체계와 의미 체계를 결정한 것은 기독교의 성서와 교회였다. 현대의 세속문화와 무신론적 세계관도 성서적, 기독교적 전통이 다스리는 세계 속에서 생성되었다. 그러므로 일련의 학자들은 현대의 위기 상황에 대한 책임이 기독교에 있다고, 특히 기독교가 유대교로부터 물려받은 창조신앙의 인간 중심주의와 유일신론에 있다고 말한다.

미국의 문화역사학자 린 화이트(Lynn White, Jr.)는 이러한 비판

1) M. Welker, Gottes Geist, 282에 의하면, 기독교의 가치관이 지배하던 "서구 세계의 정신이 범세계적 자기 위험으로 이끌어 가는 발전을 가능케 하였으며 이를 정착시켰다."

의 대표자이다. 그가 발표한 "생태계 위기의 역사적 뿌리"(The Historical Roots of Our Ecologic Crisis)[2)]라는 제목의 논문은 환경 관련 문헌의 고전으로 알려져 있다. 그의 비판에 의하면 서구적인 형태의 기독교는 "세계에 유례없는 가장 인간 중심적인 종교"이다. 왜냐하면 "하나님은 인간의 유익과 통치를 위해서 모든 것을 계획하셨으며, 창조된 자연만물 가운데 그 어떤 것도 인간의 목적을 뒷받침하는 것을 제외하고는 다른 목적이 있을 수 없다"는 가설이 그 안에 작용하고 있기 때문이다. 우리가 당면한 위기에 대해 기독교는 "거대한 죄책의 짐"을 지고 있다. 따라서 "자연은 인간을 섬기는 것을 제외하고는 어떤 다른 존재이유도 있을 수 없다는 기독교의 원리를 거부하지 않는 한, 생태계의 위기는 더욱 악화될 것이다." 화이트의 이러한 비판은 오늘에 이르기까지 많은 학자들에게 영향을 주고 있다. 그들의 비판 내용을 우리는 아래 네 가지로 요약할 수 있다:[3)]

1. 창세기 1, 2장의 창조 이야기에 나타나는 유일신론과 자연의 탈신성화: 비판가들의 주장에 따르면 고대세계에서 자연환경은 신적인 것으로 생각되었다. 신적인 질서가 그 안에 있으며, 신성이 자연환경의 모든 사물 속에 있다고 믿었다. 그러므로 자연환경은 그 속에 인간이 접근할 수 없는 거룩함과 신비로움을 가지고 있으며, 인간의 생명을 결정할 수 있는 힘을 가진다고 생각되었고, 인간의 숭배 대상이 되었다. 이와 같은 정령신앙과 자연숭

2) Science, vol. 155 (March 10, 1967), 1203-1207.

3) 이에 관해 J. Moltmann, "생태학", 곽미숙 옮김, 『神學思想』, 2004, 125집, 49 이하. 이정배, 『조직신학으로서의 한국적 생명신학』, 감리교신학대학 출판부 1996, 84 이하.

배는 고대세계의 보편적 현상이었다. 이러한 현상을 우리는 세계의 다른 종족들에게서는 물론 한국인들의 생활 속에서 지금도 발견할 수 있다.

그런데 창세기 1, 2장의 창조 이야기에서 하나님과 자연환경은 엄격하게 구별된다. 그들의 관계는 창조자와 피조물의 관계로 규정된다. 따라서 하나님만이 신(神)이고, 자연환경은 신이 아닌, 단순히 자연에 불과한 것으로 드러난다. 이리하여 창세기 1, 2장의 창조 이야기는 하나님만이 신이라는 유일신관(monotheism, mono: 유일한, 단 하나의, theos: 하나님)을 나타낸다. 이러한 유일신관은 구약성서 도처에 나타난다: "나 (=하나님) 밖에 다른 신이 없다" (이사야 44:6, 45:5 등).

하나님만이 신이요 그밖에 아무 것도 신이 아니라는 유일신관으로 인해 자연환경은 신성과 신화적 성격을 상실한다: 그것은 하나님이 지으신 하나님의 피조물에 불과하다. 이를 가리켜 우리는 자연 세계의 탈신성화(Entdivinisierung), 탈신화화(Entmythologisierung), 탈신격화(Entgöttlichung)라 부른다. 이로써 자연환경은 모든 신성과 신비로움과 거룩함을 상실하며, 인간은 자연환경을 더 이상 두려워하거나 숭배할 필요가 없게 된다. 이제 자연환경은 인간의 숭배대상이 아니라, 인간이 자유롭게 접근할 수 있고 탐구할 수 있고 처리할 수 있는 대상으로 생각된다. 이것이 결국 자연환경에 대한 인간의 무차별적 파괴와 생태계의 위기를 초래한 원인이라고 일련의 학자들은 주장한다.[4)]

---

4) 박준서 교수도 이와 같이 생각함: 『성서와 기독교』, 연세대학교 신과대학 편, 연세대학교 출판부 1994, 55. 또한 이에 관하여 노세영, 박종수 공저, 『고대근동의 역사와 종교』, 대한기독교서회 2000, 256-257.

2. 하나님의 형상: 성서의 창조 이야기가 말하는 "하나님의 형상"(imago Dei)은 오늘날 자연환경의 파괴와 생태계의 위기를 초래한 또 하나의 주범으로 비판의 대상이 된다. 비판가들에 따르면, 그것은 자연에 대한 인간 우월적 세계관, 곧 인간 중심주의(anthropocentrism)를 형성하는 근본 원인이다. 창조 이야기에 따르면, 인간만이 하나님의 형상으로 창조되었다 (창세기 1:26). 자연의 다른 피조물들 속에서는 하나님의 흔적들(vestigia Dei)을 볼 수 있는 반면, 인간은 땅 위에 있는 하나님의 대리자, 하나님의 대변자, 곧 하나님의 형상으로 창조되었다. 기독교는 이에 근거하여 인간의 인격 개념을 형성하였다: 인간은 자연의 일부가 아니라, 하나님이 특별히 부르셨고 하나님에 대해 책임적인 인격이 되었다. 자연의 모든 다른 생물들로부터 인간을 구별하는 인간의 특별한 가치가 바로 여기에 있다.

이로써 자연의 피조물들과 구별되는 주체성이 인간에게 부여된다. 인식과 의지의 주체로서 인간은 땅 위에 있는 하나님의 형상이요, 그의 인식과 의지의 대상으로 만들 수 있는 자연의 모든 피조물들 위에 있다. 창조 이야기를 면밀히 분석할 때, 자연환경에 대한 인간의 특별한 규정은 하나님의 창조 공동체 안에서만 타당성을 가지며, 인간은 오직 자연의 한 부분으로서만 인격임을 발견할 수 있다. 그러나 서구의 문화권 속에서 하나님의 형상에 따라 창조된 인간의 특별한 규정은 인간에게 자연을 예속시킴은 물론, 인간이 자기 자신의 신체를 하나의 도구로, 지배 대상으로 생각하게 하였다. 즉 인간에 대한 자연의 예속화와 인간 자신의 신체성의 도구화를 정당화시키는 데 기여하였다고 일련의 학자들은 비판한다.

3. 자연환경에 대한 인간의 정복과 지배: 창세기 1:26 이하에 따르면 하나님은 인간에게 생육하고 번성하여 땅을 정복하라, 자연의 모든 피조물을 다스리라(dominium terrae)고 명령한다. 이 명령에서 자연환경은 인간의 정복과 지배 대상으로 생각된다. 이 명령으로 인해 인구가 증가하게 되었고, 인간은 자연에 대한 힘을 얻고자 노력하게 되었다. 이리하여 인구의 과잉, 자연에 대한 정복과 지배와 착취의 길이 열리게 되었다. 여기서 하나님은 여성을 지배하는 남성적 존재로서, 전능하신 분, 절대적 능력을 가진 분으로 생각된다. 선함과 진리가 그의 기본 속성이 아니라, 힘이 그의 기본 속성이다. 그러므로 땅 위에 있는 그의 형상, 곧 인간은 힘을 추구해야 한다.[5] 인간이 하나님을 닮을 수 있는 길은 다른 민족과 자연환경은 물론 자신의 신체를 지배할 수 있는 힘을 얻는 데 있으며, 이 힘을 얻을 수 있는 길은 자연과학과 그것이 개발한 기술, 곧 과학기술에 있다. 인식의 목적은 대상에 대한 힘의 획득과 지배에 있다. 자연을 지배할 수 있는 "지식이 곧 힘이다"(Fr. Bacon). 자연의 법칙에 대한 자연과학적 인식의 목적은 자연을 지배할 수 있는 힘의 획득에 있다. 이 힘을 얻을 때, 인간은 하나님의 형상을 회복할 수 있다. 이러한 근대의 분위기 속에서 데카르트는 그의 "명상록"에서 인간이 "자연의 주인과 소유자"(maitrè et possesseur de la nature)라고 정의하고, 모든 것을 회의하는 인간의 인식의 진실성을 보장할 수 있는 궁극적 근거로서 하나님의 존재를 증명하

5) W. Krötke, "Der christliche Glaube an den Schöpfer", in: W. Krötke, Die Universalität des offenbarenden Gottes, 1985, 77도 이와 같이 말함: "인간은 그 자신이 자연을 무한정 지배할 수 있다고 규정함으로써, 창조자 하나님의 속성을 자기의 것으로 삼았다."

고자 한다.

창조 이야기가 말하는 하나님의 형상(imago Dei)과 땅의 통치(dominium terrae)는 본래 하나님 중심성을 그것의 기초로 가진다. 세계의 모든 것이 하나님으로 말미암아 있게 되었다면, 하나님이 모든 것의 중심이요 세계의 소유자이다. 인간은 하나님의 대리자에 불과하다. 이러한 하나님 중심성에도 불구하고, 하나님의 형상과 땅의 통치에 대한 창조이야기는 인간 중심주의적 세계관을 형성하는 기초로 작용하였다. 창세기 1장과 2장에서 자연의 모든 피조물은 인간을 위해 창조된 것으로 나타나며, 창세기 2-3장에서 인간은 에덴 동산의 중심인 동시에, 죄의 타락으로 인해 모든 피조물들 위에 임하는 하나님의 저주의 중심으로 나타난다. 이리하여 고대 세계의 보편적 현상이었던 우주 중심성(Kosmozentrik)은 배제되어버리고 인간 중심성(Anthropozentrik)이 등장하였으며, 이 인간 중심성은 자연환경에 대해 적대적 태도 내지 "냉담한 입장"을 초래하였다:

> "인간보다 낮은 종에 대한 도덕적 의무를 철저히 부정하며, 하나님의 은총의 영역에서 인간 이외의 사물을 모두 배제하는 데 있어서 어떤 종교도 이 종교처럼 완고하지는 않았다.… 최근에 기독교를 변호하는 사람들은 종종 하나의 뛰어난 예외로서 성 프랜시스에 대해 이야기한다.… 그러나 그런 드문 예외는 기독교가 적대감까지는 아니더라도 자연에 대해 고의적으로 냉담한 입장을 견지해 왔다는 근본 사실을 무너뜨리지는 못한다."[6]

6) D. Worster, Nature's Economy: The Roots of Ecology, 1979, 27.

4. 기독교의 인간 중심적 원리: 인간 중심적 세계관, 인간관은 기독교 신학의 인본원리 혹은 인간 중심적 원리(anthropic principle)를 형성하였다고 학자들은 비판한다: 신학의 모든 사고와 진술들은 인간을 중심 대상으로 전개된다. 하나님의 계약은 하나님과 인간 사이의 계약으로, 하나님의 구원은 인간의 구원으로 축소된다. 그리스도의 "십자가의 피"는 단지 인간의 죄를 용서하기 위한 것이며, 자연의 피조물들에게는 아무 의미도 갖지 않는 것으로 이해된다. 하나님의 은혜는 인간만이 받을 수 있으며, 자연의 피조물들과 관계없는 것으로 생각된다. 하나님의 칭의, 성화 등 신학의 중요한 명제들이 인간에게만 해당하는 것으로 해석된다. 이로 인해 기독교 신학은 자연의 영역을 간과했으며, 하나님 없는 자들의 손에 그것을 맡겨버렸다. 하나님이 지으신 아름다운 자연환경은 단지 인간의 죄 때문에 파멸되고 소멸될 것으로 생각된다: "그 날에 하늘은 요란한 소리를 내면서 사라지고, 원소들은 녹아 버리고……"(벧후 3:10).

2. 성서 안에 숨어 있는 생태학적 구원의 길

- 창조신앙의 개혁적 요소들과 더불어 -

비판가들이 주장하듯이, 성서의 창조 이야기가 인간 중심의 세계관을 근거시키는 데 기여하였음을 우리는 부인하기 어렵다. 유대교와 기독교는 창조신앙을 통해 하나님과 자연환경을 엄격히 구별하였고, 이를 통해 자연환경에 대한 인간의 자유로운 탐구와 정복과 지배의 가능성을 열었다. 이와 동시에 유대교와 기독교는 인간을 자연에 대한 지배자, 땅의 정복자로 규정하였다. 인간이 세계의 중심이요, 모든 것은 인간의 정복과 지배를 받도록 되어 있는 것으로 이들 종교가 가르쳐 왔다는 것은 부인할 수 없는 사실이다.

그러나 기독교의 이러한 가르침이 오늘의 위기를 초래한 직접적 원인이라 말할 수 없다. 오히려 그 배후에 숨어 있는 인간의 탐욕과 힘의 추구가 근본 원인이요, 이를 위해 봉사하는 자유 시장경제 제도와 과학기술이 현실적 원인이라 말할 수 있다. 기독교의 가르침은 보다 더 큰 부와 소유와 힘을 얻고자 하는 근대 서구 열강들의 관심을 정당화시키기 위해 성서의 진리를 잘못 해석한 것에 불과하다. 구체적 예를 들어, 콜럼부스(Kolumbus)가 아메리카 대륙을 발견함으로써 아메리카에 대한 서구 열강들의 정복과 지배와 착취가 시작된 것은 이른바 기독교적 인간 중심주의의 진리를 실천하기 위해서가 아니라, 동 인도의 금을 얻고자 했던 스페인 정부의 경제적, 정치적, 군사적 관심에 기인한다.

인간 중심적 사고는 고대의 문화권에서도 발견된다.[7] "인간은 존재하는 모든 것과 존재하지 않는 모든 것 곧 만물의 척도"라는 고대 그리스 철학자 프로타고라스(Protagoras)의 말은 고대 그리스인들의 인간 중심적 사고를 반영한다. 본래 "자연"은 그리스어 physis에서 유래하며, 현상계 안에 존재하는 모든 것을 포괄한다. 즉 시간 안에 존재하며, 시간의 과정 속에서 생성, 소멸하는 모든 것들이 다 포함된 우주를 말하며, 시간 자체도 자연에 속한다. 그리스어 physis는 그 후 라틴어 natura로 번역되었는데, natura는

---

7) 기독교 이전부터 서구문명 속에 숨어 있었던 인간 중심적이며 "자연에 대한 정복적이고 공격적인 인식방식과 태도"에 관해 박재순, "한국인의 생명체험과 생명이해: 묘합(妙合)과 서로 살림", 『지구화시대의 신학과 대학교육』, 장상 교수 정년퇴임 기념 논문집, 한국신학연구소 2005, 24-28.

physis가 말하는 생성과 소멸의 과정을 간과하고, 생성의 과정만을 가리키는 naturans에서 유래한다. 그것은 생성의 결과, 곧 "사물"(res)의 개념에 가까우며, 인간이 마음대로 처리할 수 있고 지배권을 행사할 수 있는 대상을 가리키게 되었다. "그 결과 자연은 고대 로마인들에 의해 모든 우주가 아닌 인간의 목적을 위한 자원으로 해석되었다."[8)]

또한 창조신앙 속에 숨어 있다는 유일신론과 소위 인간 중심적 세계상은 최소한 3,000년 이상 오래 되었다. 그 반면 서구의 근대 과학기술 문명은 기껏해야 400년밖에 되지 않는다. 만일 유대교와 기독교의 유일신론과 소위 인간 중심적 세계상이 오늘의 위기 상황을 초래한 원인이라면, 이 위기 상황은 오래 전부터 일어나야 했을 것이다. 그러나 그것은 근대에 시작된 과학기술 문명과 자유 시장경제 제도로 말미암아 20세기 후반에야 본격적으로 일어나기 시작했다.

또 생태계의 파괴가 기독교의 문화권에서만 일어났다고 보고, 다른 종교와 문화가 생태학의 측면에서 더 우수하다고 보는 것도 타당하지 않다. 생태계의 위기는 기독교의 문화권에서만 볼 수 있는 특수한 현상이 아니다. 타 종교의 문화권에서도 생태계의 심각한 파괴가 있었다. 구체적 예를 든다면, 대동아(大東亞) 전쟁(=세계 제2차 대전) 말기에 미군이 남태평양의 섬들을 차례로 점령하면서 일본의 에너지 원(源)을 끊어버렸다. 그러므로 에너지를 확보하는 것이 일본에게 시급한 일이 되었다. 그래서 일본의 한국 총독

8) 구경국, 『그리스도교 환경윤리』, 가톨릭대학교 출판부 2000, 73. 김은수, "생태적 위기와 선교적 과제", 한국기독교학회 편, 『한국 기독교 신학논총』 제30집, 대한기독교서회 2003, 532에서 인용함.

부는 우리나라의 소나무들을 무참히 벌목하였다. 학교 학생들을 수업 시간에 산으로 보내어 소나무들을 벌목하게 했다. 소나무의 송진은 연료로 사용될 수 있기 때문이다. 그래서 1945년 8월 해방 직후 우리나라의 많은 산들이 벌거벗은 "민둥산"이었다. 1950년부터 1953년까지 3년간의 한국전쟁 동안 폭격으로 인해 민둥산은 더 늘어났다. 그 결과 해방 후 우리나라에서는 홍수와 산사태의 피해가 극심했다. 이것은 비기독교 문화권에서 일어난 생태계 파괴의 구체적 사례이다.

많은 학자들이 말하는 바와 같이,[9] 문명과 생태계를 파괴하기에 충분할 정도의 엄청난 자연 파괴, 곧 목초지의 황폐화, 남벌은 고대 이집트, 앗시리아, 페르시아, 로마, 북 아메리카, 인도, 멕시코, 그 밖의 불교 문화권에서도 있었다. 기독교 이전 수 세기 전에 플라톤이 그의 책 "크리티아스"(Critias)에서 아테네의 삼림 벌목을 경고할 정도로, 고대 그리스에서도 생태계의 파괴는 심각하였다. 이집트, 앗시리아, 바벨론, 그리스, 로마, 인도 등 고대 문화권의 석조 건축물에 필요한 대리석을 얻기 위해 산들이 심각하게 파괴된 모습을 지금도 볼 수 있다.

비판가들의 주장과는 달리, 우리는 성서 안에서 오늘의 세계에 대한 하나님의 구원의 길을 발견한다. 구원의 길은 범신론이나 다신론적 여신종교의 전통에 있는 것이 아니라, 참 하나님의 말씀인 성서 안에 있다. 성서 속에 숨어 있는 구원의 길을 우리는 먼저 성서의 창조 이야기에 내포되어 있는 **개혁적 요소**에서 발견한다. 이 요소는 혁명적이기도 하다. 즉 창조 이야기는 자연을 신적인 것으

9) 예를 들어 Th. S. Derr, Ecology and Human Liberation, 1973, 19; S. McDonagh, To Care for the Earth: A Call to a New Theology, 1986, 143 ff.

로 두려워하고 숭배하며 자연에 예속되어 있었던 인간을 자연의 세력에서 해방하고 인간의 존엄성을 회복한다는 점에서 하나의 혁명적 의미를 가진다.[10] 또 그것은 여자와 남자, 주인과 종, 지배자와 피지배자, 백인종과 유색인종 등 모든 인간을 하나님 앞에서 평등한 "하나님의 형상"으로 선언하며 평등한 인간 세계를 지향한다는 점에서 혁명적 의미를 가진다. 황제와 신하, 통치자와 백성, 남성과 여성, 주인과 종의 엄격한 위계질서가 다스리던 고대세계에서 이것은 혁명적 일이었다. 반유태인주의(antisemitism)를 통해 유태인들이 가는 곳마다 박해와 추방과 학살을 당했던 내적 원인은, 정치권력의 절대성을 부인하고 하나님 앞에서 모든 인간의 평등을 주장하는 이 혁명적 요소에 있다고 생각된다 (이에 반해 기독교는 모든 정치권력을 "위로부터" 온 것으로 정당화시킴으로써 (로마서 13장 참조) 로마제국과 그 이후의 서구 국가에서 국가종교의 위치를 누릴 수 있었다).

먼저 창세기 1장과 2장의 두 가지 창조 이야기, 곧 제사장 문서(=P문서, 창 1:1-2:4/a)와 야위스트 문서(=J문서, 창 2:4/b-25)를 분석할 때, 이 이야기들은 인간이 자연의 위협적 세력 앞에서 너무도 무력한 존재였기 때문에, 자연의 위협을 극복해야만 할 상황에서 형성되었음을 발견할 수 있다:

1. 제사장 문서의 창조 이야기는 큰물이 범람하여 인간의 생명을 위협하는, 그리하여 인간이 큰물과 싸울 수밖에 없는 지리적 환

10) 이에 관해 김창락, "생태계의 위기와 성서신학의 반성", 『생명의 신학과 윤리』, 이삼열 엮음, 기독교와 한국사회 5, 숭실대학교 기독교사회연구소 발행, 1997, 111 이하.

경을 배경으로 삼고 있다. 그리하여 하나님의 창조 활동은 인간의 생명을 위협하는 큰물을 처리하는 것을 중심 내용으로 가진다. 둘째 날의 창조 활동은 물 한가운데 궁창이 생기게 하여, 위에 있는 물과 아래 있는 물을 가르는 일이었으며, 셋째 날의 창조 활동은 아래 있는 물을 한 곳으로 모아 바다가 되게 하는 일이었다.

2. 이에 반해 야위스트 기자의 창조 이야기는 전혀 다른 지리적 배경, 즉 물이 없어서 땅에는 나무가 없고 들에는 풀 한 포기 돋아나지 못하며, 인간의 생명이 죽음의 위협을 당하는 배경에서 형성되었음을 발견할 수 있다: "주 하나님이 땅 위에 비를 내리지 않으셨고, 땅을 갈 사람도 아직 없었으므로, 땅에는 나무가 없고, 들에는 풀 한 포기도 아직 돋아나지 않았다" (창세기 2:5). 그러므로 이 이야기에서 하나님의 창조 활동의 가장 큰 임무는 인간의 세계에 네 개의 큰 강을 끌어들여 물을 공급하는 데에 있는 것으로 나타난다. 제사장 문서의 이야기에서는 물을 막아 인간이 거주할 수 있는 땅을 확보하는 것이 가장 화급한 일로 묘사되어 있는 반면, 야위스트 문서의 이야기에서는 물을 충분히 공급하여 오아시스와 같은 삶의 공간을 확보하는 것이 화급한 일로 묘사되어 있다.

이러한 차이를 가진 두 이야기의 공통점은, 무력한 인간이 거대한 자연의 세력에 맞서 자신의 삶의 영역을 확보해야 할 각박한 처지에 있다는 점이다. 이것은 고대인들의 공통된 상황이었다. 고대의 매우 낮은 지식 수준과 문명 수준에 머물고 있었던 인간은 지진, 태풍, 홍수, 전염병, 기근과 같은 자연의 불가항력적 위력, 일식이나 월식과 같은 기이한 자연 현상 앞에서 무력한 존재로 자기를 인식했다. 인간의 운명은 우주의 영원한 법칙 내지 질서에 따라 결정되어 있으며, 큰 나무, 돌 바위, 산 등 자연의 사물들 속에 숨어 있는 신 혹은 귀신이 인간의 생사화복을 결정한다고 생각하였다. 자연의 세력은 너무나 거대하고 위협적이었기 때문에, 인간이 자연에 해를 끼친다거나 자연을 파괴한다는 관념을 창세기의 기자는 가질 수 없었다.

이러한 상황에서 인간은 두 가지 태도를 취할 수 있었다: 1. 인간이 자연의 세력에 위압을 당하여 자연을 신(神)으로 숭배함으로써, 인간의 주권과 존엄성을 포기하는 **소극적 태도**, 2. 자연을 자연 본연의 자리에 위치시킴으로써, 인간의 고유한 권리를 확보하는 **적극적 태도**. 이 두 가지 태도 중에 성서의 창조 이야기는 후자의 태도를 취한다. 그리하여 자연을 신도 아니고 악마적인 것도 아니며, 하나님의 피조물에 지나지 않는 존재로 규정한다. 이를 통해 창조 이야기는 비판가들이 지적하듯이, 자연의 세계를 탈신성화, 탈마성화, 탈신화화 시킨다. 그러나 탈신성화, 탈마성화, 탈신화화의 역점은 자연의 정복과 파괴에 있는 것이 아니라, 자연의 위력으로부터 쟁취해야 할 인간의 해방과 인간의 존엄성 회복에 있다. 이 내용을 김창락 교수는 다음과 같이 요약한다:

> "이와 같이 창조 이야기에는 자연과 인간의 이분법, 자연과 문화의 이분법이 극명하게 드러나 있다. 그러나 이것은 오늘날의 생태론자들이 주장하는 것처럼 자연의 존재 의미를 부정하거나 자연 파괴를 정당화하려는 논증이 아니다. 이것은 오히려 인간이 자연의 적대적 위협 속에서 자신의 정체성을 상실하지 아니하고 생존하려는 몸부림의 반영이다. 인간이 자연을 숭배하는 것은 인간의 존엄성을 상실하는 것이다. 인간이 단지 자연의 일부로서 자연에 귀속되어 살아가는 것은 인간의 특성을 포기하는 것이다. 인간은 자연의 일부이면서도 문화를 창조함으로써 자연을 초월하면서 살아가

야 하는 존재이다. 성서의 창조 이야기가 말하고자 하는 핵심이 바로 이것이다."[11]

따라서 우리는 창조를 통한 하나님과 자연환경의 구별, 자연환경의 탈신화화를 일방적으로 비판해서는 안 될 것이다. 그리고 오늘날 일련의 신학자들이 보여주는 것처럼, 자연세계를 "재신화화", "재신비화"시키는 방향으로 기울어져서도 안 될 것이다. 김명용 교수에 의하면,[12] "원시인들은 구렁이에게 제사를 지내고 곰에게 제물을 바쳤다. 기독교 창조신학은 이와 같은 원시인들의 정신을 깨뜨리고 자연을 비신성화 시키고 비악마화 시키는 데 지대한 공헌을 남겼다.… 전통적 기독교 창조신학은… 자연은 인간의 섬김의 대상이 아니라 인간의 지배의 대상이라고 선언한다." 허호익 교수에 따르면,[13] 고대근동의 자연종교들은 자연을 신성화하여, 해와 달과 별을 신으로 여겼다. 심지어 자연이 인간의 운명을 지배한다고 생각하여, 점성술, 운명론 등이 생겨났다. 그러나 창세기는 해와 달과 별이 인간의 운명을 지배한다는 "당시의 평균적인 의식을 거부"한다. 이것들은 "더 이상 인간을 지배하는 신성한 존재가 아닌 것이다. 그러므로 인간이 이러한 자연을 숭배하거나 두려워할 이유가 없게 되었다." 창조신앙과 함께 "자연의 탈신성화와 비마성화"가 선언되었다. 자연에 대한 인간의 "통치론적 해석은 자연이 인간의 운명을 지배한다는 고대근동의 평균적인 의식을 거부하고, 인간이 자연을 지배해야 한다는 전향적인 자연관을 제시한

11) 김창락, "생태계의 위기와 성서신학의 반성", 113.

12) 김명용, 『현대의 도전과 오늘의 조직신학』, 장로회신학대학 출판부 1997, 190 이하.

13) 아래 내용에 관해 허호익, 『현대 조직신학의 이해』, 대한기독교서회 2003, 58 이하.

점에서 중요하게 평가되어야 할 것이다."

이런 얘기가 오늘 우리에게 그다지 실감나지 않는 것으로 들릴 수 있다. 오늘 우리는 이미 자연환경에서 해방되어 자연환경을 지배하며 살기 때문이다. 그러나 필자의 삶의 경험에 비추어 볼 때, 이 얘기는 중요한 의미를 가진다. 필자가 초등학교에 입학할 즈음 그 지역 사람들은 귀신이 모든 곳에 있다고 믿었다. 그래서 날씨가 어둡거나 비가 오면 바깥으로 나가는 것을 께름칙하게 여겼다. 충무공 이순신 장군의 진(陣)이 있던 세병관(洗兵管)에는 죽은 처녀의 귀신과 도깨비들이 비만 오면 출몰한다 하여, 비 오는 날 세병관 부근으로 가는 것을 피했다. 어린 아이가 변소에 빠져 죽으면, 변소간 귀신이 노하여 아이가 죽었다고 했다. 마당 한 구석에 서 있는 빗자루도 두려워했다. 그것은 밤에 귀신으로 변한다고 믿었기 때문이다. 산에는 산신령이 있고, 큰 나무에는 목신(木神)이 있고, 물에는 수신(水神)이 있다 하여 주민들이 그 앞에서 제사를 지냈다. 바다도 두려움의 대상이었다. 그래서 어선들이 출항할 때마다 무당을 불러서 바다의 용왕님께 제사를 지내는 것을 필자는 직접 보았다. 이렇게 인간이 귀신과 자연을 두려워하며 살던 세계에 대해 성서의 창조신앙은 이렇게 선언한다: "하나님만이 신이시고, 자연은 그의 피조물일 뿐이다. 그 속에 인간의 운명을 결정하는 귀신이나 마성은 존재하지 않는다. 이제 인간은 자연을 두려워 할 필요가 없다."

비판가들의 비판과는 달리 우리는 성서의 창조 이야기에서 **또 하나의 개혁적 요소**를 발견한다. 즉 그 속에는 자연환경에 대한 인간의 무차별적 파괴와 착취를 거부하고, 모든 피조물이 하나가 된 새로운 창조 공동체를 세울 수 있는 비전이 내포되어 있다. 이 비전은 성서의 창조 이야기 속에 명시적으로 나타나지 않지만, 그 속에 전제되어 있다: 성서의 창조 이야기는 자연환경의 모든 것을 **하나님의 소유**라 선언하며, 이를 통해 자연환경에 대한 인간의 파괴와 착취를 거부한다. 또 그것은 모든 것을 이용 대상으로 삼는 자본주의 사회의 공격적 태도에 반하여 **모든 피조물의 가치와 존엄성**을 선언함으로써 새로운 창조 공동체의 길을 열어준다.

비판가들은 성서의 모든 내용들이 인간을 중심으로 생각된다고 한다. 즉 성서는 인간 중심의 원리에 서 있다는 것이다. 그러나 명시적으로 나타나지 않지만, 우리는 성서에서 **생태학적 요소들**을 발견한다. 이 요소들은 특히 자연에 관한 구약성서의 많은 구절들에 나타나며 신약성서로 이어진다.[14] 피조물이 아무리 작고 기묘한 것이어도, 그것은 하나님의 배려와 관심 속에 있다: "숲 속의 뭇 짐승이 다 나의 것이요, 수많은 산짐승이 모두 나의 것이 아니더냐? 산에 있는 저 모든 새도 내가 다 알고 있고, 들에서 움직이는 저 모든 생물도 다 내 품 안에 있다" (시편 50:10-11). 의로우시고 공평하신 하나님은 "사람과 짐승을 똑같이 돌보신다" (시편 36:6). "주님은 하늘을 구름으로 덮으시고, 땅에 내릴 비를 준비하시어, 산에 풀이 돋게 하시며, 들짐승과 우는 까마귀 새끼에게 먹이를 주신다" (시편 147:8-9). 또한 하나님은 노아 홍수 때에 모든 생물의 생명을 보존하기 위해 암수 한 쌍씩 방주에 탈 것을 명령하며, 홍수 후에 노아와 그의 자손들, 그리고 모든 생물과 계약을 맺는다 (창세기 6:19, 9:9-13). 욥기 26장, 37-41장은 자연의 놀라운 생동성과 신비로움과 자연 만물에 대한 하나님의 주권을 고백한

14) 이에 관해 H. P. Santmire, The Travail of Nature: The Ambiguous Ecological Promise of Christian, 1985, 35 ff.

다. 자연의 피조물 속에는 인간이 깨닫지 못하는 지혜를 깨닫게 할 수 있는 능력이 숨어 있다: "그러나 이제 짐승들에게 물어 보아라. 그것들이 가르쳐 줄 것이다.… 땅에게 물어 보아라. 땅이 갈쳐 줄 것이다.…" (욥기 12:7-8).

시편 104편에는 자연에 대한 주제가 가장 많다. 그러므로 시편 104편은 창세기 1장의 창조에 대한 "시적 주해"라 불릴 수 있다. 시편 기자는 하나님이 창조하시고 먹이시며, 유지하시고 다스리시는 피조계의 다종 다양성과 그 활력과 영광을 찬양한다: "주님, 주님께서 손수 만드신 것이 어찌 이리도 많습니까? 이 모든 것을 주님께서 지혜로 만드셨으니, 땅에는 주님이 지으신 것으로 가득합니다" (104:24). 하나님은 "골짜기마다 샘물이 솟아나게 하시어, 산과 산 사이로 흐르게 하시니, 들짐승이 모두 마시고, 목마른 들나귀들이 갈증을 푼다" (104:10). 그는 그의 영을 불어넣어 피조물을 생동케 하며, 땅의 모습을 다시 새롭게 한다 (104:30).

생태계에 대한 시편의 이러한 말씀들은 창조의 미래를 가리키는 **종말론적 비전들**이다. 이들은 현재를 가리키는 것이 아니라 하나님의 구원받은 세계의 미래를 가리킨다. 이 비전들은 하나님의 "새 하늘과 새 땅"을 향한 **메시야적 비전**으로 요약된다: "그 때에는 이리가 어린 양과 함께 살며, 표범이 새끼 염소와 함께 누우며, 송아지와 새끼 사자와 살진 짐승이 함께 풀을 뜯고, 어린 아이가 그것들을 이끌고 다닌다.… '나의 거룩한 산 모든 곳에서, 서로 해치거나 파괴하는 일이 없다.' 물이 바다를 채우듯, 주님을 아는 지식이 땅에 가득하기 때문이다" (이사야 11:6-9). 이 비전은 에스겔서 47:6-12, 요엘서 3:18 등 구약성서 곳곳에 나타난다. 이 비전이 실현될 때, 하나님은 하늘 위에 높이 들리시고 그의 영광이 온 땅 위에 있을 것이며 (시편 108:5), 온 세계가 하나님의 말씀과 진리를 나타낼 것이다 (시편 19:1-6). 그 때에 하늘은 기뻐하고 땅은 즐거워하며, 바다와 거기 충만한 것은 외치며, 밭과 그 가운데 모든 것이 즐거워 할 것이다. 또한 삼림의 나무들도 하나님 앞에서 즐거이 노래할 것이다 (시편 96:11-12).

신약성서에서 예수가 "아바 아버지"라 부르는 하나님은 단지 인간의 영혼 구원에만 관심하는 분이 아니라, 은혜와 자비로써 피조물을 돌보시는 천지의 창조주이다. 그는 생태계의 모든 것을 주관하는 아버지이다 (마태복음 10:29, 24:35-36 참조). 바울은 "모든 피조물의 탄식"과 우주적 구원의 비전에 대해 말하며 (로마서 8:18-25), 인간은 물론 생태계의 모든 피조물이 그리스도 안에서 하나로 통일될 미래의 비전을 제시한다 (에베소서 1:10) 에스겔 40장 이하에서 유래하는 요한계시록 21, 22장의 "새 예루살렘"은 생태학적 세계의 비전을 보여 준다.

이와 같은 성서의 생태학적 모티브들을 함께 고려할 때, 우리는 다음과 같이 추론할 수 있다: 창세기의 창조 이야기는 모든 피조물이 하나님 안에서 번창하며 평화롭게 더불어 사는 하나님의 새로운 세계, 곧 메시야적 창조 공동체를 지향한다. 그것의 본래 의도는 인간 중심의 세계를 형성하는 데 있는 것이 아니라, 오히려 "하나님의 형상", 곧 "하나님의 대리자"로서의 인간이 하나님이 지으신 피조 세계를 위해 봉사하며 헌신하는 새로운 삶의 세계를 세우는 데 있다.

그러므로 성서는 그 어디에서도 자연환경에 대한 인간의 억압과 파괴와 착취를 가르치지 않는다. 오히려 자연환경을 보호하며 피조물의 생명의 기본권리를 지킬 것을 명령한다. 이러한 생태학

적 모티브는 **구약성서의 율법**에 명시적으로 나타난다. 몇 가지 예를 들기로 하자:

> "그러나 고기를 먹을 때에, 피가 있는 채로 먹지는 말아라. 피에는 생명이 있다. 생명이 있는 피를 흘리게 하는 자는, 내가 반드시 보복하겠다." (창세기 9:4-5)

> "너희가 너희를 미워하는 사람의 나귀가 짐에 눌려서 쓰러진 것을 보거든, 그것을 그대로 내버려 두지 말고, 반드시 임자가 나귀를 일으켜 세우는 것을 도와주어야 한다." (출애굽기 23:5)

> "너희는 새끼 염소를 그 어미의 젖으로 삶아서는 안 된다." (출애굽기 23:19)

안식일 계명과 안식년 계명도 자연의 생명력 보호를 중심 내용으로 가지며, 그 밑바닥에는 자연환경 자체의 존엄성과 생명의 권리에 대한 존중이 전제되어 있다: 안식일이 오면, 집에서 기르는 소와 나귀도 쉬게 함으로써 그들의 생명력을 회복토록 배려해야 한다. 안식년이 오면, 땅에 파종하지 않고 땅을 묵혀서, 땅이 그의 생명력을 회복하도록 배려해야 한다. 땅에 파종하지 않았음에도 불구하고 저절로 자라는 것은 그 땅에 사는 가난한 사람들과 들짐승들이 먹고 생명을 유지하도록 배려해야 한다 (출애굽기 23:10-12, 레위기 25:6-7). "의인은 집짐승의 생명도 돌보아 주지만, 악인은 자비를 베푼다고 하여도 잔인하다"는 (잠언 12:10) 말씀도 자연환경과 그 속에 있는 모든 생명에 대한 경외를 전제하며, 이들의 존엄성과 생명의 권리를 보호할 것을 시사한다.

특히 구약성서의 율법은 사회정의와 평화를 강조한다. 오늘날 생태계 위기의 문제는 사회정의와 평화, 국가간의 평화와 분리되어 생각될 수 없다는 사실을 고려할 때, 구약성서의 율법은 오늘의 위기 상황을 극복하는 데 필요한 중요한 실마리를 제공한다. 사회의 약자에 대한 율법의 관심은 오늘날 말없이 그리고 힘없이 죽음을 당하고 있는 자연의 피조물로 확대될 수밖에 없다. 자연의 피조물도 하나님의 창조이기 때문이다. 이러한 사실을 고려할 때, 창조신앙의 유일신 신앙을 전적으로 거부하는 것은 적절하지 못하다.

현대세계의 한 가지 심각한 문제는 목적의식의 상실에 있다고 생각된다. 목적을 상실하고 "될대로 되겠지!"라고 생각하면서 세계를 포기하며 비관주의에 빠져 살아가는 것이 오늘 우리 세계의 보편적 현상이다. 거리에 버려진 쓰레기들, 거리를 배회하는 노숙자들은 미래를 상실하고 자포자기에 빠진 현대인의 정신적 상황을 반영한다. 오늘 우리의 세계는 경제성장을 최고의 목적으로 삼고 있지만, 경제가 성장하여 잘 먹고 잘 사는 사람들의 세계가 무엇을 지향해야 할 것인지, 무엇 때문에, 무엇을 위해 존재하는지, 단지 잘 먹고 잘 사는 것이 삶의 최고의 목적인지 우리는 알지 못한다. 어느 정치인도 어느 경제인도 이에 대해 말하지 않는다. 이에 대해 말하는 것은 하나의 타부처럼 생각되며, 경제성장과 사회발전에 아무 도움도 되지 않는 거추장스러운 일로 간주된다.

그러나 자기가 나아가야 할 목적을 알지 못하며 모든 것을 포기한 사람에게는 미래가 없다. 그에게는 좌절감 속에서 현실에 순응하며 삶을 유지하는 일이 있을 뿐이다. 이러한 세계에 대해 성서는 메시야적 미래와 세계의 목적을 제시하고, 이 목적을 향해 나아가야 할 것을 명령한다. 바로 여기에 현대세계의 위기 상황에 대한 성서와 그 속에 담겨진 창조신앙의 개혁적 요소가 있다. 구원의 길은 범신론이나 다신론, 고대의 여신종교에 있는 것이 아니라 하나님의 이 명령을 따르는 데 있다.

3.

현대세계의 위기를 일으키는 참 원인들

1. 숨은 원인: 한계를 모르는 인간의 욕망

모든 생명의 욕구 중에 가장 기본적인 욕구는 죽지 않고 자기의 생명을 유지하고자 하는 욕구이다. 생명을 유지하기 위해서 가장 먼저 필요한 것은 음식을 먹는 데 있다. 먹지 않고 생존할 수 있는 생명은 존재하지 않는다. 먹기 위해서는 먹을 수 있는 물질이 있어야 하고, 물질을 얻기 위해서 힘이 있어야 한다.

그런데 자연의 다른 생물들은 배가 부르면 그것으로 만족하며 더 이상의 소유를 얻고자 하지 않는다. 이에 반해 인간은 배가 불러도 만족하지 않고 더 많은 소유를 얻어 자기의 생명을 보장하고자 한다. 더 많은 소유를 얻기 위해서 힘이 필요하다. 이리하여 인간은 한계를 알지 못하는 힘과 소유에 대한 욕심 내지 탐욕에 사로잡히게 된다.

보다 더 많은 소유와 보다 더 큰 힘에 대한 인간의 욕망은 **사회**

와 국가의 경제적, 군사적, 정치적 팽창욕으로 나타난다. 후자는 전자의 집단화 된 형태일 뿐이다. 국가의 경제력이 발전해야 군사력과 정치력을 확장할 수 있고 다른 나라들을 제압할 수 있다. 다른 나라들을 제압할 때 자국의 안전을 지킬 수 있고 세계를 향하여 자신의 힘을 확장시킬 수 있다. 힘이 없으면 자신의 가진 것도 빼앗기게 된다. 구체적 예를 들어, 우리나라의 힘이 약하면 독도를 지킬 수 없다. 독도를 지킬 수 있는 근본적 길은 경제력을 확장하는 데 있다. 경제력이 있어야 일본을 견제할 수 있는 군사력을 가질 수 있고, 국제사회에서 정치적 지지 세력을 얻을 수 있다. 경제력이 약하면 우리가 아무리 국내에서 부르짖고 외국에 호소해도 큰 효과는 얻지 못할 것이다. 개인이나 집단이나 결국 돈 많은 자 앞에서 굽실거리고 그에게 동조하기 마련이다. 그래서 미국의 고위 관리도 일본의 관리 앞에서 때로 아양을 떠는 모습을 볼 수 있다. 이러한 현실 때문에 세계 각국은 경제 성장에 총력을 기울이며 환경문제는 부차적인 문제로 간주한다. 대개의 경우 환경논리는 경제논리 앞에서 힘을 잃어버린다.

더 많이 소유하고 자기의 힘을 확장하며 자신의 생명을 안전히 지키고자 하는 욕망으로 인해 집단과 집단, 국가와 국가 사이에 눈에 보이지 않는 투쟁과 싸움이 지금도 계속되고 있다. 우리 바로 곁에 있는 일본은 이미 세계 경제대국, 군사대국이 되어 지금도 한반도를 다시 침략할 기회를 노리고 있으며, 한반도를 접수하기 위한 만반의 준비를 하고 있을 것이다. 원자폭탄을 만들 수 있는 기술과 재료를 이미 확보하고 있다. 대학교수 등 사회 지도급 인사들에게 연구비를 지급하여 한국 지도층의 일본에 대한 친밀감을 조성하며, 이를 통해 한반도를 쉽게 접수할 수 있는 준비도 오래 전부터 착실히 진행시켜 왔다. 일본은 일본 군대를 한반도에 파견할 기회만 엿보고 있을 것이며, 이를 위해 어떤 조작극을 벌릴 수도 있음을 우리는 꿈에도 잊어서는 안 될 것이다.

이런 관련에서 우리는 창세기 11장에 기록된 "바벨 탑" 이야기를 이해할 수 있다. 인간들이 집단을 이루어 높은 성(城)을 만들고 그 안에 탑을 쌓고서, 탑 꼭대기가 하늘에 닿게 하여 그들의 이름을 날리고, 온 땅 위에 흩어지지 않게 하자, 하나님이 그들을 온 땅에 흩어버렸다는 이야기다. 이 이야기는 하나의 신화적 이야기에 불과한 것이 아니라, 인간 역사의 진리를 나타내고 있다. 오늘날 미국, 중국, 소련, 일본 등의 세계 강대국들은 바벨탑을 쌓던 인간 집단의 모습을 보이고 있다. 그들은 하늘 높은 줄 모르고 자기의 세력을 확장시키고자 한다. 과거에는 이것이 군사적, 물량적으로 이루어졌으나, 오늘날 그것은 경제적, 기술적 형태로 이루어지고 있다. 그들은 나라와 나라를 경제적으로 예속시키고 수탈하여 자국의 부(富)를 확대하지만 만족할줄 모른다. 가능하다면 그들은 하늘 꼭대기만큼 높아져 온 땅을 지배하고 싶을 것이다.

일본의 대 동아 공영(大 東亞 共榮)에 대한 꿈은 동아시아에 머물지 않고, 일본이 중심이 되어 세계를 지배하고 싶은 욕망을 그 속에 품고 있다. 이 욕망은 일본의 국기(國旗)에 나타난다. 일본이 세계의 태양과 같은 중심 국가가 되어야 한다는 욕망이 일본 국기에 표출된다. 이 욕망 때문에 일본은 이차대전 때 미국의 진주만을 공격하였다. 중국은 중국대로 자신의 나라가 세계의 중심 국가가 되고 싶은 욕망을 이미 "중국"(中國)이라는 국호에 나타내고 있다. 고구려 역사를 중국의 역사로 오도하는 것도 이러한 욕망의 표출이다. 그러나 이들 나라가 세계의 중심적 대국이 되기는 어려울 것이라 생각된다. 자기의 과오를 인정할 줄 모르며, 세계 경제대국임에도 불구하고 피해를 당한 사람들과 국가에게 공적 차원의 정당한 보상을 하지 않고 교수들에게 몰래 연구비를 제공하여 환심을 얻으려는 쩨쩨하고 음흉스러운 국가, 역사를 왜곡하여 다른 나라의 역사를 자기의 역사라고 우기는 국가가 어떻게 "대국"이 되겠는가! 이에 비해 한국의 국기와 홍익인간 사상은 자연과 인간, 모든 피조물들이 공존해야 한다는 이상(理想)을 보여 준다.

세계사에서 자기를 세계의 중심으로 만들고 세계 대국이 되고자 했던 나라들은 모두 망하고 말았다. 하나님이 그들을 흩어버린 것이다. 고대의 이집트, 중국, 앗시리아, 바빌론, 페르시아, 희랍, 로마가 모두 망하였다. 근대에 이르러 서구의 열강들은 세계를 그들의 식민지로 만들고자 했으나 실패로 끝나고 말았다. 해가 지지 않는다고 자랑할 만큼 세계 곳곳에 식민지를 가지고 있었던 영국 왕실의 후손들은 지금 초라한 모습을 보이고 있다. 세계를 제압코자 했던 구 소련 체제도 망하고 말았다. 인간이 하늘만큼 높아지고자 할 때, 하나님은 인간의 교만과 욕망을 결국 꺾으신다는 바벨탑 이야기의 진리가 여기에 나타난다. 칼을 쓰는 자는 결국 칼로 망하며(마태복음 26:52), 하나님은 교만한 자를 꺾으신다는 (잠언 15:25, 이사야 13:11) 것이 역사의 진리인 것 같다.

종족이나 국가의 집단적 팽창욕 속에는 개인의 자기중심적 소유욕과 팽창욕이 숨어 있다. 오늘날 자연환경의 생태학적 위기를 초래한 근본 원인은 바로 여기에 있다. 즉 더 큰 소유와 힘을 얻고자 하는 인간의 끝없는 욕망에 있다. 이 욕망은 돈을 최고의 가치로 생각하는 그릇된 가치관으로 나타난다. 돈에 대한 욕구와 욕망 때문에 우리의 사회가 얼마나 혼란스러운지 우리는 잘 알고 있다.

국가의 미래를 책임진 정치인들, 공직자들도 돈 때문에 갖가지 비리를 자행한다. 자기의 부와 힘을 확장코자 하는 인간과 인간 집단들의 욕망으로 인해 오늘날 자연의 세계가 무참히 파괴되고 있는 것을 지금 우리는 우리의 눈으로 보고 있다. 욕망이라는 이름의 전차(戰車)는 모든 것을 짓밟고 파괴하고자 한다. 그러나 모든 것이 파괴되었을 때, 자신의 생명도 파괴될 것이다. 상대방을 파괴하는 자는 결국 자신의 생명을 파괴하는 것이다.

이 세계에 우리가 풀 수 없는 수많은 문제들과 수수께끼가 많지만, 그 중에 가장 간단하게 보이지만 가장 풀기 어려운 문제와 수수께끼는 인간이라 말할 수 있다. 그는 야누스와 같은 존재, 곧 두 가지 얼굴을 가진다. 한 편으로 그는 **무한히 선해질 수 있는 능력**을 가진다. 그는 양심에 거슬려 결단하고 행동할 때, 양심의 가책과 고통을 느낄 수 있는 도덕적 존재이다. 그는 고통을 당하는 이웃을 보면 마음의 아픔을 느끼며 돕고 싶은 마음을 느낀다. 또 불의를 보면 분개하며, 정의를 세워야 한다는 당위성을 느낀다. 이런 뜻에서 그는 "하나님의 형상"이요 "하나님보다 조금 못한" 존재이다. 어린 아기의 생명을 구하기 위해 그 아기를 품안에 안고 등 뒤에 총알을 맞아 쓰러진 어머니의 모습에서 우리는 무한히 선할 수 있는 인간의 모습을 본다.

이와 동시에 우리 인간은 **무한히 악해질 수 있는 능력**을 가지고 있다. 자연의 생물들 가운데 인간만큼 탐욕스럽고 파괴적인 존재는 없을 것이다. 그의 탐욕에는 한계가 없다. 인간의 사랑이 국경을 초월하는 것처럼, 그의 탐욕도 국경을 초월한다. 그는 아무리 많이 가져도 만족할 줄 모른다: "돈 좋아하는 사람은 돈이 아무리 많아도 만족하지 못하고, 부를 좋아하는 사람은 아무리 많이 벌어도 만족하지 못하니….” (전도서 5:10). 또 우리 인간은 아무리 많은 쾌락을 느껴도 만족하지 못한다. 그의 소유욕과 쾌락에는 끝이 없다. 자연의 다른 동물들은 종(種)의 유지를 위해 주기적으로 일어나는 발정기에만 교접한다. 그런데 우리 인간은 성적 쾌락 자체를 위해 교접한다. 더 큰 성적 쾌락을 위해 그는 먹을 수 있는 모든 것을 먹어 치운다. 남성의 성욕을 강화시키기 위한 비아그라 등의 알약을 복용하기도 한다. 끝없는 소유욕과 쾌락을 만족시키기 위해 부동산 투기를 하고 불의한 재물을 취하며, 성폭행, 그룹 섹스, 파트너 바꾸기 등 갖가지 해괴한 일을 저지른다. 성폭행을 당한 피해자, 심지어 어린 여자 아이를 죽이기도 한다.

자연의 생물들은 배고픔을 해결하기 위해 다른 생물들을 잡아먹는다. 배가 부르면 그들은 잠을 자거나 동료 짐승들과 장난을 치며 논다. 그러나 인간은 배가 불러도 만족하지 않고, 정력보강과 잠자리의 쾌락을 위해 자연의 생물들을 무참하게 잡아먹는다. 징그럽게 보이는 것일수록 더 몸에 좋다고 잡아먹는다. 산속의 짐승들은 물론, 뱀, 도마뱀, 지네, 지렁이, 개구리, 달팽이, 가리지 않고 먹어치운다. 곰의 체액과 나무의 수액을 빼내어 마시기도 한다. 우리 인간에게 자연환경을 다시 살릴 수 있는 능력이 있음은 사실이다. 그러나 파괴된 자연환경을 회복하기 위해서 인간이라는 종이 죽어 없어지는 것이 최상책이 아닐까!

그러나 인간도 자연의 한 부분이다. 인간도 자연 진화의 산물이요 하나님의 피조물이다. 그러므로 인간도 **생명의 권리**를 가진다. 문제는 탐욕으로 말미암아 인간의 권리가 자연 피조물의 권리를 무시하는 데 있다. 그러므로 우리 인간의 욕심을 제한하는 일이 필요하다. 내 자신의 욕심을 제한할 때, 이웃 사람들과 자연의 모든 피조물이 더불어 살 수 있는 자리가 생긴다. 자신의 욕심을 제한하지 않고 무한히 확대시키면, 힘이 없는 피조물들은 생명의 자리를 잃게 되며, 그들의 부르짖음이 땅 위에 가득하게 된다. 수단과 방법을 가리지 않고 아파트 투기를 하여 자기의 소유를 늘리고, 그리하여 아파트 값이 상승하면, 집 없는 사람들의 원성이 하늘에 사무치게 된다. 그것은 이 땅과 세상을 더럽히는 일이요, 모든 사람의 삶의 자리를 빼앗는 일이다.

하나님 없는 인간은 결국 자기의 배(腹)를 하나님으로 섬기며 탐욕의 노예가 되기 마련이다. 그는 보다 더 많이 소유함으로써 자기의 삶을 보장하고 자기를 높이고자 한다. 자기가 모든 것을 지배해야 하며 모든 것의 중심이 되어야 한다. 인간의 이 욕망과 교만이 현대세계의 경제와 정치를 움직이는 내적 추진력이다. 그러나 이 추진력은 현대의 문명과 세계를 죽음으로 몰아가고 있다. 욕망과 교만, 경쟁과 자기과시, 더 많은 소비를 선으로 여기거나 최소한의 필요악으로 여기는 그런 사회적 환경 속에서 우리는 살고 있다.

학교교육은 이러한 사회적 에토스에 잘 순응하며 그것의 유지를 위해 하나의 부품으로 봉사하는 인적 자원을 공급하는 기능을 담당하고 있다. 대학에서 공부하는 대부분 학생들의 궁극 목적은 졸업 후 우량 대기업이나 국가기관에 취업하는 데에 있다. 중, 고등학교 학생들의 목적은 소위 명문 대학에 입학하는 데에 있다. 이를 위해 매년 13조 원의 사교육비가 지출된다. 이리하여 중, 고등학교 교육과정은 대학 입시 준비과정으로, 대학은 취업 준비소처럼 되어버렸다. 이러한 교육 현장 속에서 도덕교육, 인격교육은 거의 사라져버렸고, 보다 더 전문화 된 지식의 습득과 지능 개발이 교육의 최고 목표가 되어버렸다.

필자는 매년 행정고시, 사법고시, 기술고시에 합격한 학생들의 명단을 대형 현수막에 써 학교 건물의 높은 벽에 걸어 놓은 것을 본다. 이러한 현수막은 오늘날 교육기관의 상황을 반영한다. 참 인간교육은 사라지고 취업 준비소처럼 되었으며, 탐욕과 교만과 경쟁을 내적 원리로 가진 사회체제의 부속기관처럼 되어버린 오늘날 교육 현장의 모습이 여기에 나타난다.

한국의 일부 대형교회도 탐욕과 교만과 경쟁을 내적 원리로 가진 사회체제의 부속기관이요 그것의 연장에 불과하다는 인상을 준다. 대형 할인점과 슈퍼마켓이 인근 지역의 소규모 상점들을 흡수하는 것처럼, 대형교회가 등장하여 가까운 지역의 교인들을 "싹쓸이" 해버린다. 돈 놓고 돈 먹는 식의 천민 자본주의적 수법이 교회에도 나타난다. 이와 같이 정치, 경제, 교육, 종교 등 사회 각 분야에 숨어 있는 탐욕과 경쟁과 성장의 원리가 개선되지 않는 한, 현대사회의 총체적 위기를 극복하기는 어려울 것이다.

이러한 상황에서 기독교는 불교와 기독교 자신의 전통 속에 숨어 있는 **금욕주의의 가르침**을 배울 필요가 있다: "우리 모두 우리의 욕구를 제한하는 것을 배워야 한다." 우리가 우리 자신과 화해할 때 (=정신적 생태학), 우리는 형제자매로서 우리의 이웃 사람들과 더불어 (=사회적 생태학), 또 자연의 모든 피조물들과 더불어 (=환경 생태학) 살 수 있을 것이다. 우리의 욕구와 욕심을 제한할 때, 우리는 모든 피조물의 생명의 존엄성에 눈을 뜰 수 있을 것이다.

2. 자유 시장경제란 이름의 공룡

본래 "경제"란 개념은 삶에 필요한 재화를 지혜롭게 관리하는 것을 뜻한다. 충분치 못한 재화를 절약하고 잘 관리하며 생활하는 것을 가리켜 "경제적"이라 부른다. 가난한 가정의 주부들은 최대한 "경제적으로" 살려고 노력한다. 그들이야말로 참된 의미의 "경제학"을 실천하는 사람들이다.

그러나 오늘날 "경제학"이란 개념은 사회주의 체제이든 자본주의 체제이든 간에 무한한 경제적 성장에 관한 학문을 뜻한다. 어느 나라를 막론하고 경제성장을 국가의 최고 목표로 생각한다. 국가의 운명이 경제성장에 달려 있다고 생각한다. 경제가 얼마나 성장하느냐에 따라 정권의 능력 여부가 판가름 된다. 경제성장에 실패한 정권은 실패한 정권으로 평가된다. 모든 것이 GNP의 양으로 측정된다. 경제성장의 크기에 따라 선진국과 후진국이 결정되며. 지구라는 비행기의 일등석과 삼등석이 결정된다. 그래서 국가 정부는 연초에 경제성장 목표를 설정하고, 연말이 되면 경제성장이 몇 퍼센트 이루어졌는지 발표한다. 지구 위에 있는 거의 모든 나라들이 **무한한 경제성장의 신화**에 사로잡혀 있다. 우리나라에서도 경제의 활성화, 경제성장이 정부에 대한 국민들의 최대 요청 사항이다.

경제성장은 긍정적 측면을 가진다. 경제가 성장해야 고용이 창출되고, 개인의 소득이 증대하며, 생활이 윤택해진다. 개인의 생활이 윤택해야 도둑이 없어지고 사회가 안정된다. 또한 국가와 지방자치단체의 세금 수입이 증대하며, 개인의 창의성이 발전하고, 기술이 혁신된다. 이 기술은 환경개선에 도움이 되기도 한다. 문화의 발전도 경제성장에 의존한다. 경제성장은 사회의 활력을 재생시키는 힘이다.

경제성장을 최대한 촉진시킬 수 있는 경제질서는 오늘날 자본주의적 자유 시장경제 질서로 알려져 있다. 구 소련과 동구권의 사회주의 경제질서가 붕괴된 후, 자본주의적 자유 시장경제 질서가 세계의 유일한 경제질서로 인정되고 있다. 현대사회와 현대문명은 이 질서에 기초한다. 자유 시장경제 질서는 개인의 자유로운 경제활동에 기초한 최대한의 이윤획득과 자기확장, 이를 통한 고용의 창출과 국가의 경제 발전을 목표로 가진다. **최대한의 이윤**을 획득하기 위해서 **새로운 수요**가 끊임없이 창출되어야 하고, 새로운 수요가 창출되기 위해서는 **더 많은 소비**가 있어야 한다. 새로운 소비와 수요를 창출하기 위해 기업은 광고에 엄청난 액수의 비용을 지출한다. 이 비용은 결국 소비자의 몫이 된다. 또한 기업은 새로운 모델을 계속 개발하여 시장에 내어 놓는다. 새로운 자동차 모델, 휴대폰 모델, 의류 모델, 신발 모델을 계속 출시한다. 이리하여 소비자들은 기업의 새로운 모델에 끌려가면서 그것을 구입해 주는 "모델노예"가 된다. 이를 통해 기업은 생산을 확대하며 이윤을 극대화시킨다. 더 많은 소비가 미덕이 되고, 검약생활은 국가의 경제 활성화를 저지하는 악덕으로 간주된다. 이리하여 "탐욕적 수요창출" – "생산확대" – "이윤 극대화"의 과정이 반복된다.[1]

이러한 경제질서는 세 가지 전제에 기초한다. 즉 1. 새로운 생산에 필요한 자연자원이 무한하며, 2. 경제성장도 무한하며, 3. 지구의 쓰레기 수용 능력도 무한하다는 전제에 기초한다. 그러나 이것은 환상이다. 우리가 잘 알듯이 자연자원은 무한하지 않다. 오히려 그것은 제한되어 있다. 생산확대에 대한 기업과 국가의 욕망은 거의 무한한데, 지구의 자연자원은 제한되어 있다. 그러므로 생산확

1) 이에 관해 김철영, "창조 보전과 '자연'윤리신학의 한 탐구", 한국기독교학회 편, 『창조의 보전과 한국신학』, 『한국기독교 신학 논총』, 제9집, 대한기독교서회 1992, 220 이하.

대의 욕망 앞에서 자연환경이 희생되는 길밖에 없다. 기업이 확장되고 생산이 확대될수록 자연환경이 더 파괴되고, 새로운 자연자원을 확보하기 위해 심해저와 우주 공간마저 인간의 정복 대상으로 전락한다. 더 많은 생산과 더 많은 소비는 환경오염을 불가피하게 초래하며, "불가피한 쓰레기 더미"를 창출한다. 현대 산업사회가 내다버리는 쓰레기는 환경오염과 환경파괴의 새로운 요인이 된다. 원자로에서 나오는 핵 쓰레기 속에 숨어 있는 방사능은 3,000년 내지 4,000년까지 지속된다고 한다. 바다는 물론 우주 공간마저 쓰레기장으로 변모하고 있다.

자유 시장경제 질서가 지향하는 성장의 원리는 그 속에 하나의 마귀를 내포하고 있다. 즉 그것은 모든 것을 자신을 위한 **수단**으로 생각하며 **상품적 가치**로 환원시킨다. 자연환경은 생산에 필요한 자원 내지 재료들을 보유한 창고로 간주된다. 이리하여 땅 위와 땅 아래 있는 자원들은 물론 해저의 지하자원들을 확보하기 위한 경제 강국들의 경쟁이 치열하게 일어난다. 이 경쟁은 거시적으로는 우주 공간으로, 미시적으로는 인체의 유전자 영역으로 확대된다. 인간의 정자와 난자, 달 위에 있는 땅도 상품으로 전락하여 판매되고 있다. 새로운 유전자를 발견한 사람은 특허를 얻어 이 유전자를 독점한다.

성장의 원리는 인간의 생명도 하나의 수단과 상품적 가치로 생각한다. 소비자는 상품을 가능한 더 많이 구매하고 소비함으로써 기업의 이익을 증대시켜 주는 수단으로 간주된다. "구매를 위해 태어난 인생"이란 표어는 자유 시장경제 질서가 만들어 낸 인간상을 요약한다. 노동자는 상품을 생산하여 기업의 이익을 증대시키는 "인간자원"으로 간주된다. 최대한의 이익을 얻기 위해 노동자들에게 가능한 적은 임금을 지불해야 하며, 노동의 전산화, 자동화를 통해 "잉여인간"으로 전락한 노동자들을 가능한 더 많이 해고해야 한다. 이들은 노동력을 제공해야 할 상품으로서의 가치를 상실했기 때문이다. 해고당한 노동자는 생명의 기반을 하루 아침에 잃어버린다. 기업의 방만한 운영에 대한 책임이 최고 경영자들에게 있지만, 이들은 해고당하지 않는다. 오히려 애꿎은 노동자들이 해고당하며, 이것을 가리켜 최고 경영자들은 "노동시장의 유연성", "기업의 합리화"라고 말한다.

대개 30대 중반부터 지적, 신체적 기동성이 약해지는데, 이때부터 노동자들, 특히 사무직 노동자들은 기업으로부터 직접, 간접 이직(離職)의 압력을 받는다. 노동자들을 가능한 많이 해고시킨 최고 경영자들(CEO)은 이에 대한 대가로 천문학적 연봉을 받는다. 여기서 살아남는 사람은 능력 있는 자로, 낙오되는 사람은 무능한 자로 낙인찍힌다. 어느 세계적 기업의 중역은 그 기업의 노동자를 많이 해고한 공로로 큰 액수의 보너스와 연봉을 받았다. 그러나 어느 날 그 중역 자신도 불필요하게 되어 해고를 당했다.

이리하여 사회주의적 사회보장책이 튼튼히 형성되어 있었던 독일과 같은 선진국도 오늘날 극심한 빈부격차에 시달리고 있다. 실업자의 증가와 사회보장책의 후퇴로 "지붕 없는 사람들"이 백만 명 이상에 달하고 있으며, 추운 겨울에 얼어 죽는 사람도 상당히 많다.[2] 오랜 실업상태를 견디지 못해 성인 남성 노동자가 한 시간당 1유로(2005년 6월 현재의 환율로 1,250원 정도)의 임금을 받고 노동을 하며, 사회범죄가 점점 더 증가한다. 부유층은 골목과 집

2) 이삼열, "생명의 신학과 생명의 윤리", 『생명의 신학과 윤리』, 이삼열 엮음, 38.

앞에 무인 카메라를 설치하고 자기의 소유를 “철통” 같이 지킨다. 그러나 죽음 앞에서 모든 인간은 평등하다.

제1세계와 제3세계의 경제적 불균형과 환경파괴가 서로 맞물려 있다는 것은 오늘날 잘 알려진 사실이다. 양자는 서로 맞물려 악순환의 고리를 이루며, 서로를 악화시키는 원인이자 결과가 되고 있다. 세계의 경제적 불균형을 유발하는 한 가지 중요한 원인은 오늘날 국경을 초월하여 일어나고 있는 자유 시장경제 질서의 **세계화**(globalisation)에 있다. 세계화는 강대국들에 의해 일방적으로 추진된다. 따라서 세계화는 약소국들에게 불이익을 주기 마련이며, 약소국들을 강대국의 기업들이 손쉽게 지배할 수 있는 시장으로 만들어버린다. 세계화를 통해 세계적 대기업들은 정치적 통제와 책임에서 해방되었으며 범세계적 힘을 갖게 되었다. 선진국의 거대한 자본이 인터넷을 통해 국경을 자유롭게 넘나들면서 이익을 추구하지만, 제3세계의 어느 국가도 강대국들의 거대 자본을 통제할 수 있는 힘이 없다. 통제하고자 할 때, “외환위기”, “경제위기”의 위협을 받게 된다.

이리하여 새로운 형태의 식민주의, 곧 **신식민주의**가 확대된다. 제1세계에 대한 제3세계의 경제적 의존이 더 악화되며, 경제활동의 세계화가 실현될수록, **빈부격차의 세계화**가 더 심화된다. 제1세계에 대한 제3세계의 경제적 의존과 부채 규모는 더 커지고 있으며, 제3세계는 지금도 제1세계에 천문학적 액수의 이자와 각종 로열티를 지불하고 있다. 제1세계에 대한 부채와 이자를 갚기 위해 제3세계는 열대우림, 광물질 등의 자연자원을 채취함으로써 자연을 파괴하게 된다. 카스트로(Josuè de Castro)가 말한 것처럼 “빈곤이 우리의 가장 큰 환경 문제이다.”

부채와 빈곤을 벗어나기 위해 제3세계의 빈민층은 자연자원을 한계 이상으로 사용할 수밖에 없다. 그들은 농토를 과도하게 경작하고 임야를 농토로 개간하며 과도한 화학비료와 농약을 사용한다. 이를 통해 땅의 생명력을 약화시키고 침식작용과 황폐화, 사막화를 초래한다. 삼림, 물, 고기 등 많은 자연자원들이 한계상황에 내몰리고 있다. 제1세계는 제3세계의 자연환경과 삶의 터전을 파괴하는 동시에, 제3세계 자신이 그것을 파괴하도록 강요한다.

언젠가 필자는 아마존 유역의 열대우림이 파괴되고 있는 현장을 텔레비전 다큐멘터리에서 본 적이 있다. 그 지역의 원주민들은 원시림들을 잘라내고 거기에 거대한 농경지를 조성하였다. 잘려진 나무들은 목재소에서 제재되어 외국으로 수출되며, 원주민들은 새로 얻은 농경지를 방목장(放牧場)으로 사용하였다. 또 일본, 미국 등 선진국의 기업들이 벌목을 자행하고 있었다. 지역 정부는 벌목을 허용 내지 장려했다. 벌목은 지역 정부의 수입을 늘리기 때문이다. 벌목에 항의하는 환경단체 회원들에게 원주민들은 이렇게 대답했다: 먹고 살기 위해서 어쩔 수 없지 않느냐! 지구환경을 위해 우리가 벌목하지 않을 때, 누가 우리의 생계를 해결해 주느냐고!

제3세계에 대한 제1세계의 약탈행위와 환경파괴는 지금도 계속되고 있다. 예를 들어 Suez, Vivendi, RWE, Nestle, Coca-Cola 등 서구의 거대한 음료수 기업들은 오염되지 않은 물을 확보하기 위해 지구 남부의 물이 풍부한 지역을 사들이고 있다. 이리하여 이 지역의 원주민들은 삶의 보금자리를 잃어버리고 조상이 물려준 땅에서 쫓겨난다. 땅 속의 깨끗한 자연수가 고갈된다. 선진국의 국민들은 청량음료를 즐기는 반면, 매 8초 당 어린이 한 명이 마실 물을 얻지 못해 죽고 있다. 중동 지역과 아프리카의 22개국, 미국 중서부의 일부 지역, 멕시코 시에서는 물이 점점 메말라가고 있다. 이에 대해 적극적으로 대처하지 않을 경우, 이 현상은 지구의 2/3 지역으로 확대될 것이다.[3] 기술과 경제력이 약한 나라들은 선진국의 상품을 소비하여 주는 **원료 공급지와 시장**으로서의 신세를 벗어나지 못하며, 선진국에 대한 경제적, 정치적 의존을 벗어나지 못한다. "우리가 자연에 대한 인간의 힘이라 부르는 것은, 사실상 그들의 도구를 가지고 자연을 이용하는 소수의 남자들과 여자들이 다른 남자들과 여자들에 대해 가진 힘을 뜻한다."[4]

생산과 경영의 자동화로 인해 제3세계의 값싼 노동력은 점점 매력을 잃어가고 있다. 이로 인해 노동력의 가치를 상실한 사람들, 더 이상 쓸모가 없는 사람들, 곧 "잉여인간"(surplus people)의 수가 증가한다. 제3세계의 나라들은 더 이상 쓸모가 없는 "미개한 배경국가(Hinterwelt)"로 전락한다.[5] 매년 수 백 만 명의 사람들, 특히 어린이들과 노약자들이 굶주림과 질병으로 죽음을 당하지만, 선진국들은 그들의 경제적 풍요와 계속적 경제성장을 포기하지 않는다. 세계에서 가장 부유한 스위스의 은행들은 이미 죽었거나 살해당한 세계 각국의 정치인들과 독재자들, 그들의 가족들의 비실명계좌에 예금된 돈과, 히틀러 집권 당시 살해당한 수많은 유태인들이 맡긴 예금과 유가증권과 귀금속들을 돌려주지 않고 자국의 부를 확보한다.

---

3) 이에 관해 Schwäwisches Tagblatt, 2005. 2. 1. 화요일, 제3면.

4) 이것은 Clive S. Lewis의 말로서 L. Boff, Von der Würde der Erde. Ökologie · Politik · Mystik, 1994, 32에서 인용됨.

5) J. Moltmann, Gott im Projekt der modernen Welt. Beiträge zur öffentlichen Relevanz der Theologie, 1997, 22.

이리하여 "**빈곤의 십자가 행군**"(Armutskreuzzüge)이 세계 도처에서 일어난다. 곧 굶주림과 질병과 죽음의 위협을 견디지 못해 목숨을 걸고 제1세계로 탈출하려는 제3세계 빈곤층의 대 탈출극이 일어난다. 국경을 넘어오는 제3세계의 "잉여 인간들"을 막고 자국을 요새처럼 지키기 위해 국경선에 철조망을 설치하고, 군인들과 개들을 배치하여 밤낮으로 지키게 한다. 해상에는 군함을 배치하여 배를 타고 건너오는 제3세계의 유색인종들을 막는다. 굶주림과 목마름과 질병으로 인해 거의 죽음의 한계에 도달한 탈출자들을 보트에 태워 무자비하게 본국으로 되돌려 보내기도 한다.

오늘날 생태학적 위기에 대한 책임의 80%는 지구 북쪽에 위치한 제1세계의 국가들에 있다. 그 가운데 23%의 책임은 미국에 있다.[6] 연간 세계 에너지 소비량의 약 23%를 미국이 차지하기 때문이다. 비행기 여행에 비유할 때, 지구라 불리는 비행기의 일등석에는 전체 여행객 20%가 여행에 필요한 재화의 80%를 누리면서 편안하게 여행을 한다. 쓰레기의 80%는 그들에게서 나온다. 나머지 여행객 80%는 화물칸에서 굶주림과 추위에 떨면서 여행한다. 그들에게는 생명 유지에 필요한 음식과 식수와 의약품 등 모든 것이 부족하다. 제3세계의 가난한 나라들과 미국의 저임금 지역, 특히 흑인 미국인들이나 남미 계통 미국인 거주지역은 종종 오염물질 처리를 위한 쓰레기장으로 선정된다: "부자는 부를 누리고, 가난한 자는 중독된다."[7]

---

6) L. Boff, Von der Würde der Erde, 20.

7) A. Durning, State of the World, 1990, 148. J. A. Nash, 『기독교 생태윤리 · 생태계의 보진과 기독교의 책임』, 이문균 역, 한국장로교 출판사 1997 (원저: Loving Nature: Ecological Integrity and Christian Responsibility, 1991), 76에서 재인용함.

지구의 형국이 이럼에도 불구하고 제1세계의 선진국들은 자국의 경제성장을 유지하기 위해 획기적 환경정책을 수립하거나 국제협약을 수용하는 것을 꺼려한다. 세계가 배출하는 온실가스의 36% 이상을 배출하는 미국이 지금도(2005년 10월 현재) 자국의 경제성장을 위해 교토협약에 가입하지 않고 있다. 선진국들은 자신의 나라에 해가 되는 공해산업을 후진국으로 옮긴다. 이리하여 풍요에 기인하는 환경파괴는 가난에 기인하는 환경파괴를 초래한다. 소수의 일부 집단이 세계의 한정된 자원을 독점하고 지나치게 많이 사용함으로써, 가난한 사람들이 사용해야 할 자원을 박탈하며, 그들에게 환경의 악화와 죽음을 강요한다. "땅을 파괴하는 주범은 너무 적게 가진 사람들이 아니라, 너무 많이 가진 소수의 사람들이다."[8)]

그러나 자연환경의 오염과 재해는 국경선을 알지 못한다. 본래 자연환경에는 국경선이 없다. 물과 공기와 땅에게 국경선이 있을 수 없다. 그것은 자연환경 자신의 의사와 무관하게 인간이 마음대로 그어 놓은 선(線)에 불과하다. 그러므로 자연의 오염과 재난은 국경선을 초월하여 일어난다. 이 재난에서 자국의 영토만을 깨끗하고 안전하게 지킬 수 있는 나라는 지구 위에 한 나라도 없다. 한 지역에서 일어나는 오염과 재난은 결국 세계 전체로 확산된다. 온 세계가 사실은 한 가족이기 때문이다. 원시림의 벌목, 바다의 오염과 같은 후진국의 자연파괴는 선진국 자신에게 큰 손실을 가져온다. 이리하여 먼저 후진국 사람들이 죽고, 선진국 사람들이 그 뒤에 죽는다. 가난한 사람들이 먼저 죽고, 부유한 사람들이 그 뒤에

---

8) Palladius in Ernest A. Wallis Budge, The Paradise of the Holy Fathers, vol. 2, 202 f. J. A. Nash, 『기독교 생태윤리』, 76 이하 참조.

죽는다. 먼저 어린이들이 죽고, 그 뒤에 어른들이 죽는다. 국경을 초월하는 자연의 재난은 세계 모든 나라를 하나로 결속시킨다. 곧 **위기 속에서의 일치, 재난 속에서의 일치**가 일어난다.

국경을 초월하는 자연의 재난 속에서 제1세계 국가들도 오늘날 세계의 자연환경 보존에 관심을 가진다. 그러나 그들이 제시하는 처방은 땜질 처방에 불과한 경우가 많다. 생태계의 위기는 범세계적으로 일어나는 반면, 이를 극복하기 위한 선진국의 정책들은 물 절약, 수질 개선, 쓰레기 방출 억제, 쓰레기 재활용, 대체 에너지 개발, 수소 전지 자동차 개발, 에너지 절약형 생산활동, 환경친화적 개발 등 국부적 차원에 머물고 있으며, 이것은 또다시 소수의 민족과 국가들, 소수의 사회계층에게 경제적 혜택과 힘을 선사한다.

그러나 제1세계의 국가들은 성장을 원칙으로 한 그들의 경제정책과 사회체제, 소비생활의 패턴, 국가 간의 정의와 평화, 자연자원의 보존 등, 보다 근본적인 문제에 대해서는 함구한다. 최근에 G7 국가들이 제3세계의 부채를 탕감해 주기로 결정한 것은 진일보 한 정치적 결단이었다고 볼 수 있으나, 부채를 발생시키는 경제질서에 대해서는 여전히 함구한다. 오히려 자국의 경제 발전을 위해 다른 나라에 전쟁을 일으키기도 하고 무기를 수출한다. 중동과 아프리카 지역에서 일어나는 테러, 영토분쟁, 인종분쟁 배면에는 무기상인들의 농간이 숨어 있다는 얘기도 들린다. 자국의 환경을 깨끗하게 지키기 위해 폐기 처분된 핵 연료봉 등 해로운 산업폐기물을 제3세계에 수출한다.

오늘날 일련의 생태학자들은 "지속 가능한 성장"(sustainable development), "환경 친화적 성장"을 주장한다. 즉 자연환경과 균형을 이루는 범위에서 성장을 꾀해야 한다는 것이다. 그러나 성장을 절대절명의 목표로 가진 자본주의 사회체제 속에서 자연환경을 유지하면서 성장을 이룬다는 것은 현실적으로 불가능하다. 그것은 두 마리 토끼를 한꺼번에 잡으려는 것과 같다. 지속 가능한 성장을 통해 생태계를 침해하는 속도가 감소될 수는 있을 것이다. 그러나 자본주의의 자유 시장경제 질서 속에서 성장의 논리가 환경논리보다 언제나 우세하며 환경논리를 제압한다. 성장을 외치는 사람들 앞에서 환경론자들은 현실을 모르는 이상주의자로 간주된다. 그러나 그들이 주장하는 성장은 자연환경에 대한 공격의 논리를 전제한다. 자연환경의 파괴 없는 경제 성장을 우리는 상상할 수 없다. 지속 가능한 성장을 통해 자연환경의 파괴가 어느 정도 억제될 수 있겠지만, 자연환경은 결국 더 많은 소유와 힘을 추구하는 인간의 욕망과 성장 이데올로기의 희생물이 되어버릴 가능성이 크다.

어느 사회를 막론하고 성장의 열매들 중에 큰 몫은 소수의 특권층에게 돌아간다. 나머지 사람들도 성장의 과정에 일부 참여하지만, 그들의 참여는 소수의 특권층에 예속된 위치에서 이루어지며, 그들에게 돌아가는 몫은 매우 적다. 어떤 기업은 선거 때 수 백억 원의 돈을 정당에 기부하면서 비정규직 노동자들의 정규직화를 거부한다. "노동력의 유연성", "기업 경영의 합리화(rationalisation)"란 미명 하에 근로자들을 마음대로 해고하면서, 최고 경영자들은 천문학적 액수의 연봉을 받는다. 국내 모 기업의 최고 임원들의 연봉은 100억 원이 넘는다고 한다. 그러나 매일 아침부터 저녁 늦게까지 컴퓨터 앞에서 일하는 사무직 근로자들의 월급은 200만 원에서 300만 원 수준이다. 기업이 부실에 빠져 다른 기업에 합병되어도, 기업의 임원들은 엄청난 돈을 받기도 한다. 회사를 망해 먹은 자가 특대(特待)를 받는 것이다. 이와 같은 사회적 불의는 생태학적 불의와 결합하여 세계를 **범세계적 재난**으로 끌어가고 있다. 이 재난이 지금 우리의 현실로 나타나고 있다. 경제의 세계화, 과학의 세계화는 **빈부격차의 세계화, 사회적 불의와 부패의 세계화, 자연재난의 세계화**로 발전하고 있다.

세계 모든 나라들이 최고의 이상으로 가진 경제성장의 이데올로기는 인간의 생명을 위해 봉사하는 것이 아니라 죽음을 위해 봉사하고 있다. 경제성장을 위해 전쟁을 일으키기도 하고, 인간의 생명, 특히 여자의 생명을 상품화시킨다. 경제성장을 위해 개인의 생명과 자연의 모든 피조물이 희생물이 된다. 온 세계가 성장제일주의란 망령에 사로잡혀 있다. 그것은 현대사회를 움직이는 가장 중심적 축이다. 그러나 이 축은 현대세계를 죽음으로 이끌어 가는 괴물과 같다. 그것은 사회복지와 경제체제가 궁극적으로 의존하고 있는 생태계를 파괴하는 주요한 요인이다. 통제받지 않는 자유로운 생산과 소비는 자연이 인간에게 선물한 재생 가능한 자원과 재생 불가능한 자원을 파괴하고 착취하며 병들게 하는 핵심 요인이다.

이러한 문제를 극복하기 위해 어떤 사람은 사회주의적 계획경제가 대안이 된다고 생각할지 모른다. 그러나 죄악된 인간 세계 속에서 사회주의의 계획경제가 대안이 될 수 없다는 사실을 우리는 이미 경험하였다. 구 공산주의 국가와 북한에서 볼 수 있듯이, 사회주의의 계획경제는 개인의 창의력을 약화시키며 경제침체를 초래한다. 또 사회주의적 계획경제도 소수의 특권층과 다수 인민의 사회적, 경제적 격차를 초래한다. 이 격차는 자본주의 사회의 그것보다 훨씬 더 경직된 것이었다.

3. 연구의 무한한 자유, 그러나 윤리적 책임성의 부재
- 현대 과학기술의 문제성 -

오늘날 생태계의 총체적 위기를 일으키는 다른 하나의 중요한 원인을 우리는 현대의 **과학기술**에서 발견할 수 있다. 현대세계의 문명은 한 마디로 과학기술 문명, 곧 자연과학이 개발한 과학기술이 지배하는 문명이다. 과학기술은 응용된 자연과학이며, 모든 자연과학적 인식은 언젠가 기술적으로 응용된다. 이 힘의 기술적 응용을 통해 과학기술이 개발되고 과학기술 문명이 창조된다. 그런데 이 힘의 기술적 응용 가능성은 거의 무한하게 확대된 반면, 이에 대한 윤리적 책임의식은 유아기 상태에 있는 여기에 문제의 심각성이 있다.

근대 자연과학은 "방법론적 무신론"(methodological atheism)에 근거하여 **무한한 연구의 자유**를 획득하였다. 과학기술의 발전으로 인해 인간은 세계의 모든 것을 지배하고 파괴할 수 있는 힘을 얻었다. 모든 형태의 세계화도 현대의 새로운 과학기술을 통해 가능케 되었다. 그러나 과학기술의 무한한 힘과 가능성은 점점 더 인간의 통제를 벗어나고 있다. 기업과 국가의 "경제성장"에 도움이 된다고 생각되기만 하면, 거의 모든 연구들이 허용된다. 본래 자연과학은 자연에 대한 호기심과 새로운 인식에 대한 아무 전제 없는 기쁨에서 시작된다. 자연과학의 모든 연구가 정부기관이나 기업체의 연구비를 받고 이루어지는 위탁연구가 아님은 사실이다. 그러나 자연과학은 그 사회의 특정한 컨텍스트 속에 있기 때문에, 그 사회의 정치적, 경제적 관심을 벗어날 수 없으며, 결국 특정한 개인이나 집단의 정치적, 경제적 목적을 위한 시녀 역할을 하는 것이 오늘의 현실이다. 이러한 현실은 기업과 국가의 경제성장이란 이름으로 정당화된다.

따라서 오늘날 과학의 "**가치 중립성**"(Wertneutralität)이란 더 이상 인정되지 않는다. 그것은 언제나 특정한 집단의 관심에 의해 유도되고 지배된다. 오늘날 과학의 연구 프로젝트는 엄청난 연구비를 필요로 하며, 이 연구비는 정부기관이나 기업체를 통해 조달된다. 이리하여 과학의 연구 프로젝트는 연구비를 지원하는 기업체와 정부기관의 **정치적, 경제적 관심의 지배**를 받지 않을 수 없다. 과학이 국가정책과 결합될 때, 과학과 과학자는 원하든 원하지 않든 간에 정치적 컨텍스트 안에 있게 되며, 과학자는 자신의 순수한 **주체성을 상실한다**. 순수한 과학적 호기심이 그의 연구를 유도하는 것이 아니라, 그에게 연구비를 지원한 정부기관이나 기업체의 정치적, 경제적 관심이 그의 연구를 유도하기 때문이다.

현대 과학기술 문명의 문제점은 바로 여기에 있다. 즉 자연과학이 그의 순수성을 상실하고, 연구자의 의도를 떠나 정치적, 경제적 목적을 위한 시녀 역할을 하며, 그 결과에 대해 누구도 책임을 지지 않는 사실에 있다. 자연과학자가 그 결과에 대해 책임을 진다는 것도 불가능하다. 자연과학자가 어떤 새로운 인식을 발견할 때, 그 인식의 기술적 응용은 자연과학자의 의도와 상관없이 이루어진다. 독일의 물리학자 옷토 하안(Otto Hahn, 1879-1968)이 핵분열을 발견했을 때, 그는 이 발견이 원자폭탄 제조에 응용되리라고 예측하지 못했다. 그는 핵분열의 "발견자"(Entdecker)였지, 원자폭탄의 "발명가"(Erfinder)는 아니었다.[9] 그의 핵분열 발견은 원자폭탄 제

9) 이에 관해 W. Heisenberg, Der Teil und das Ganze. Gespräche im Umkreis der Atomphysik, 1971, 267 f. 미국의 원자폭탄 개발에 핵심적 역할을 했던 인물은 한스 베테(Hans Wethe)였다. 1906년 당시 독일 영토였던 Strassburg에서 태어난 베테는 1933년 나치

조와는 전혀 무관하게 이루어졌다. 핵분열에 대한 그의 인식은 자신의 의도와는 전혀 관계없이 원자폭탄 제조에 사용되었다. 히틀러의 압제를 견디지 못해 미국으로 망명한 독일 과학자들을 중심으로 미국이 원자폭탄을 개발하는 정치적, 기술적 과정에 대해 그는 아무 영향력도 행사할 수 없었다.10)

과학기술은 언제나 두 가지 면을 가진다. 그것은 선한 목적을 위해 사용될 수도 있고, 악한 목적을 위해 사용될 수도 있다. 그것은 인류에게 거의 무한한 물질적 풍요를 제공할 수도 있고, 온 세계를 파멸시킬 수도 있다. 그것은 환경을 오염시키고 파괴함으로써 자연의 대 재난을 야기할 수도 있고, 이 재난을 극복할 수 있는 새로운 기술을 제공할 수도 있다. 그러므로 우리는 과학기술을 포기할 수 없다. 과학기술의 혜택을 떠난 현대인의 삶을 우리는 상상할 수 없다.

그러나 자유 시장경제 질서와 결합된 과학기술은 인류의 복지를 위해 사용되기보다, 먼저 기업과 국가권력의 경제적, 군사적, 정치적 팽창욕을 위해 사용된다는 것이 지금까지 우리의 보편적 경험이다. 그것이 선을 위해 사용되리란 보장은 전혀 없다. 오히려 앞으로도 기업과 국가의 경제적, 군사적, 정치적 목적을 위해 시녀

의 박해를 피해 미국으로 망명하여 2년 뒤 코넬 대학교 교수가 되었다. 세계 제2차 대전 중에 그는 원자폭탄 개발 계획인 "맨해튼 프로젝트"의 이론물리학 분야 책임자로서 핵심적 역할을 수행했다: 조선일보, 2005. 3. 9. A31.

10) 이 말은 W. Heisenberg의 제자로서 Tübingen 대학의 물리학 교수였으며 필자의 사돈이 되는 Karl Wildermuth과의 사적 대화에서 나온 말을 인용한 것이다. 그는 이차대전 당시 외국으로 망명하지 않고 독일에 채류했다는 이유로 노벨상을 수상하지 못했다. 그의 진술에 의하면, 이차대전 당시 독일의 수많은 과학자들이 외국으로 피신했기 때문에, 또 전쟁으로 인한 물질적 궁핍 때문에 독일은 사실상 원자폭탄을 개발할 수 없는 상태에 있었고, 독일에 채류하고 있던 과학자들마저 원자폭탄 개발을 저지하는 방향으로 숨어 노력했다고 한다.

역할을 하리라는 가능성이 더 크다. 특히 과학기술이 자유 시장경제 질서와 결합되었을 경우, 그것은 자연환경의 파괴와 오염을 촉진시키는 결정적 힘으로 작용한다. 자유 시장경제 질서와 과학기술의 결합을 통해 "산업 인간들의 자연에 대한 태도는 지극히 공격적이며 또한 수탈적이 된다."[11] 김민웅 교수는 국가권력과 결합된 과학기술의 문제성을 다음과 같이 고발한다:

> "근대 초기의 서구 열강들의 선박 제작술과 제국주의의 발전, 영국의 산업혁명과 자본주의, 그리고 각종 과학의 발달, 미국의 세계자본주의 주도와 첨단과학의 전개과정 등을 간단히 돌아보아도 과학의 신기술 개발은 특정 국가와 체제의 주도권, 그리고 그에 의해 추진되는 세계적 구조 조정의 과정과 연결되어 있는 것이다. 대량생산을 위한 포드 시스템과 이에 기초하여 기계적 반복행동의 반경을 계산하는 경영학의 발달, 그리고 여기에 집단적으로 거의 동일하게 적용해야 하는 자본주의 체제 내의 인간군(群)의 양산은 권력과 자본의 과학이 개조해 낸 세계의 모습 가운데 하나이다."[12]

현대의 자연과학은 자연에 대한 인식과 새로운 기술을 거의 무한하게 확대시켰으나, 이 인식과 기술을 어떤 목적을 향해 사용해야 할 것인가를 지도하지 못했다. 그 결과 "오늘의 거대기술은 또 다시 오늘의 승려인 과학자 및 공학자들과 그들이 봉사하고 있는 일부 특수 권력층의 점유물이 되어서 오늘날의 인간소외, 자원고갈 그리고 환경파괴의 참담한 세계를 구축해 가고" 있다.[13] 베이컨

---

11) 김철영, "창조 보전과 '자연'윤리신학의 한 탐구", 220.

12) 김민웅, "생명복제, '뚜껑 열린 판도라 상자?", 『기독교사상』, 2005년 7월호, 36.

13) 김용준, "과학과 기술 그리고 사회", 『신학사상』, 1983년도 가을호, 한국신학연구소

(Fr. Bacon)에 따르면 "인간의 모든 과학들은 세계의 인식을 통해 인간에게 세계에 대한 지배를 제공하는 과제를 가질 뿐이다. **지식은 힘이다**…." 인간은 사물들의 참 본성을 객관적으로 탐구함으로써 그들을 지배할 수 있는 힘을 얻을 수 있다. 그는 사물들을 오직 복종시킴으로써 지배할 수 있다. "그러므로 **자연의 해석**(interpretatio naturae)은 그에게(=베이컨) **자연을 인간의 정신에 예속시키기 위한** 수단일 뿐이다."[14] 이 수단은 인류의 복지를 위해 봉사하기도 하지만, 인간의 생명과 자연환경을 파괴하는 무서운 힘으로 작용한다. "오늘날 강력한 무기체제를 경쟁적으로 확보하려는 움직임도 모두 과학의 발전을 빼놓고 생각할 수 없다. 보다 정확하고 파괴적으로 사람을 죽일 수 있는 무기의 개발, 그것은 과학에 대한 윤리적 제동장치가 풀린 곳에서 벌어지는 야만의 진상이다."[15]

과학기술은 오늘날 세계의 빈부격차를 더욱 크게 만드는 데에도 기여한다. 새로운 과학기술의 발견을 통해 경제가 발전하지만, 경제 발전의 혜택은 주로 그 사회의 특수계층에게 돌아간다. 이리하여 과학기술이 발전하고 경제가 발전해도 빈부격차의 문제는 해결되지 않는다. 오히려 빈부격차가 더 커지며 사회 갈등의 요소가 더 심화되는 현상을 오늘 우리는 우리 자신의 눈으로 보고 있다.

이러한 문제점을 우리는 오늘날 세계의 선진국들이 추진하고 있는 생명공학에서도 발견한다. 생명공학은 국가와 기업의 거대한 경제적 이익과 경제성장을 약속한다. 그러므로 세계의 많은 국가

1983, 541. 김철영, "창조보전과 '자연'윤리신학의 한 탐구", 221에서 인용함.

14) W. Windelband, Lehrbuch der Geschichte der Philosophie, 15. durchgesehene u. ergänzte Aufl. 1957, 331.

15) 정지강, "우리가 망각하지 말아야 할 일", 『기독교사상』, 2005년 7월호, 19.

와 기업들은 생명공학 연구에 거대한 예산을 투여하며 지원을 약속한다. 이미 도달한 인간의 배아복제는 생명복제의 전단계에 불과하다. 그러나 생명공학의 발전을 통해 얻게 되는 경제적 이익은 그 사회의 지적, 경제적 능력을 가진 소수계층에게 돌아가고, 다수의 계층은 먹고 남은 부스러기를 얻는 정도일 것이다. 또한 생명공학의 새로운 기술은 그것의 사용을 지불할 수 있는 사회 극소수 사람들의 전유물이 될 가능성이 크다.

더 큰 문제는 앞을 내다 볼 수 없는 과학기술의 발전을 통해 인류의 세계가 장차 어떤 세계가 될 것인지 예측할 수 없다는 점에 있다. 생명공학의 연구 과정에서 생겨난 새로운 박테리아가 노출될 때, 이 박테리아를 붙잡아 들이는 것은 불가능하다. 또 생명복제 과정에서 태어나는 변종들과 기형들이 당하는 고난과 죽음은 그 누구도 대신해 줄 수도 없고 책임을 질 수도 없다. 한 번의 실수는 생태계에 엄청난 재난을 가져올 수 있으며, 이 재난을 통해 지혜롭게 되는 것은 불가능하다. 한 번 쏟아진 물을 다시 거두어들이는 것은 불가능하다. 우리의 세계가 공상과학 영화에 나오는 괴물들이 사는 세계로 발전되지 않으리라는 보장은 없다.[16] 영화 "투모로우"(The Day after Tomorrow)가 우리에게 보여주는 장면들은 가공에 불과한 것이 아니라, 부분적으로 오늘 우리의 현실로 나타나고 있지 않은가!

고대 세계에도 자연의 파괴가 있었지만, 그것은 미미한 수준의

16) 신국원, 『포스트모더니즘』, 한국기독학생회 출판부 1999, 69: 근대의 과학과 기술은 기독교의 모든 종교적 전제들을 거부하고 자율성을 획득하였으나, "기독교적 의미에서 분리되어 자율화된 이성은 결국 뿌리를 상실하고 소외되어 정신적 공황을 받게 된" 데에 위기의 원인이 있다.

것이었다. 그리하여 인간의 사회와 자연환경은 균형을 유지할 수 있었다. 그러나 오늘날 이 균형관계는 자연을 착취하는 인간의 과학기술로 말미암아 대규모로, 또 범세계적으로 깨어지고 있다. 과학기술로 말미암아 지구와 우주의 거시적 영역에서는 물론 인간 생체의 미시적 영역에서도 혼란과 파괴가 일어난다. "생태 위기의 주범은 현대의 과학기술이다."[17] 과학기술의 이러한 문제점을 극복하기 위해 윤리적 논쟁이 과학의 발전과 병행되어야 한다.

지금까지 기술한 바를 고려할 때, 우리는 다음의 사실을 다시 한 번 발견할 수 있다. 즉 오늘날 생태계의 위기는 단지 자연환경의 오염과 파괴, 이로 인한 에코 시스템의 위기에 불과한 것이 아니라, 현대인과 현대사회의 가치관, 자본주의 경제질서, 그것의 시녀 역할을 하는 과학기술을 통한 **현대세계 전체의 위기**, **현대문명의 위기**와 결합되어 있다는 것이다. 이 위기가 과학기술을 통해 극복될 수 있으리라 기대하는 사람도 있을 것이다. 그러나 미국의 신학자 랑돈 길키(Langdon Gilkey, 1919-)는 다음과 같이 경고한다: "과학기술은 단지 기술적 문제만을 일으키며, 모든 기술적 문제에는 기술적 해결책이 잠재적으로 존재한다고 믿는 것은, 우리의 문명이 지닌 또 하나의 염려스러운 신화이다." 과학이 우리에게 선물한 힘과 지식은 우리의 눈을 어둡게 만들며 그 자신을 파멸시킬 수 있다. "과학의 미래는 물론 과학이 우리에게 가져 올 미래는 빛이 아니라 어둠일 수 있다."[18]

---

17) T. Peters, "과학과 신학", T. Peters 엮음,『과학과 종교』(원명: Science and Theology, ed. by Ted Peters, 1998), 김흡영, 배국원, 윤원철, 윤철호, 신재식, 김윤성 역, 2002, 43.

18) L. Gilkey, "The Future of Science", in: T. C. L. Robinson (ed.), The Future of Science, 1975, 124 f.

4.

위기의 밑바닥에 숨어 있는 기계론적 세계관과 무신론적, 물질론적 세계관

오늘날 생태학적 위기를 가속화시킨 또 한 가지 내적 원인은 근대 자연과학자들과 철학자들이 주장한 기계론적 세계관에 있다. 물론 이들 자연과학자들과 철학자들이 자연환경을 지배하거나 파괴하지 않았다. 그러나 그들이 주장한 기계론적 세계관은 현대의 과학기술 문명과 자유 시장경세 질서를 가능케 한 이념적 기반이었다. 본래 기계론적 세계관은 중세기의 신학적, 종교적 세계관을 거부하고 자연 현상을 과학적으로 설명코자 하는 **과학적 관심**에서 등장하였다. 그러나 그것은 인간과 자연환경을 분리시키고 인간 중심적 세계관을 세움으로써 자연환경에 대한 인간의 지배와 착취를 가능케 했으며, 소유와 힘에 대한 인간의 욕망과 과학기술을 촉진시키고, 자유 시장경제 질서를 활성화시킴으로써 오늘의 위기 상황을 초래한 내적 원인으로 작용하였다.

1. 고전물리학의 기계론적 세계관

중세기가 끝나기까지 서구 기독교는 세계를 하나의 위계질서(hierarchy)를 가진 통일된 유기체로 이해하였다. 그 당시 지배적이었던 프톨레마이오스(Ptolemaios, 2세기 경 Alexandria의 천문학자, 수학자, 지질학자)의 세계관에 따르면 지구는 우주의 중심점으로서 고정되어 있고, 하늘의 태양과 달과 행성들은 지구를 중심으로 하는 투명한 구면(球面) 위를 회전한다. 땅 속 깊은 곳에는 저주받은 자들이 가는 지옥세계가 있다. 별들의 회전운동은 모든 운동의 이상적 기본 형식으로 간주된다. 회전운동 속에 있는 모든 사물들은 가장 높은 것에서 시작하여 가장 낮은 것에 이르기까지 전체의 조화와 합목적성 속에서 하나의 전체를 형성한다. 하나님, 천사들, 행성들, 남자들, 여자들, 동물들, 식물들, 이 모든 것은 우주의 위계질서 속에서 그들의 자리와 의미를 가진다. 세계는 각자의 목적과 의미를 가진 사물들의 계단(Stufenfolge)으로 표상된다. 이 계단의 가장 높은 자리, 곧 제1원인자(prima causa)의 자리에는 하나님이 있다. 하나님은 세계의 제1원인이다. 제1원인에서 시작하여 제2원인, 제3원인이 나오며, 이를 통해 위계질서를 가진 합목적적 세계가 형성된다. 모든 것이 원인과 결과의 법칙, 곧 인과율을 통해 서로 연결되어 있는 하나의 몸, 곧 유기체를 이룬다. 고대의 이러한 세계관을 가리켜 우리는 하나님 중심의 유기체적 세계관 내지 우주론이라 말할 수 있다.

유기체적 세계관은 동양에도 널리 퍼져 있었다. 한국의 풍수지리설도 유기체적 세계관에 기초한다. 일반적으로 우리는 풍수지리설을 조상의 묘자리를 통해 후손이 덕을 보려는 잡술이라고 생각하여 풍수지리설을 배척한다. 그러나 고대 중국의 음양론과 오행

설에 기초한 풍수지리설은[1] 세계를 자연과 인간이 그 속에서 하나를 이루는 유기체로서의 세계를 전제한다. 자연은 그 속에 기(氣)를 가진 하나의 살아 있는 유기체요 스스로 끊임없이 생성하는 생명력이다. 산이 험하게 솟아 있는 것은 기가 응결된 때문이며, 사람에게 혈맥이 있어 피가 흐르듯이 기도 산맥을 따라 흘러간다. 이처럼 자연도 살아 있는 존재이므로 자연을 파괴하거나 그 순환과정을 막아버려서는 안 된다. 풍수지리설의 대표자인 신라 말기의 도선(道詵)에 따르면, 땅도 하나의 살아 있는 몸이다. 그래서 침이나 뜸으로 사람의 몸을 고칠 수 있듯이, 땅도 비보법(裨補法)을 통해 고칠 수 있다. 즉 기(氣)가 너무 센 곳은 절이나 탑을 쌓아 기를 줄여 주고, 기가 부족한 곳은 가산(假山)을 만들어 보해 주어야 한다. 아무리 좋은 땅이라도 그 속에 묻히는 자가 생전에 악행을 많이 행하면 그 땅은 “허혈”(虛穴)일 뿐이다.[2]

세계의 많은 민족들에게서 발견할 수 있는 유기체적 세계관에 반해, 근대 유럽에서는 새로운 세계관, 곧 기계론적 세계관이 등장하였다. 세계를 하나의 거대한 기계와 같은 것으로 보는 기계론적 세계관은 자연과학의 연구에 대한 교회의 모든 간섭과 지배를 거부하고, 수학에 기초한 **실험과 관찰과 측정**을 통해 자연을 설명코자 하는 근대 과학자들의 관심에서 시작되었다. 이것을 시작한 사람은 코페르니쿠스(Nicolaus Kopernikus, 1473-1543)이다. 본래 교회법을 공부한 다음 교회 행정가로 일하였던 코페르니쿠스는 교회의 성일(聖日)을 정확히 계산하기 위해 수학과 천문학을 연구하였고, 수리 천문학의 과학적 논증에 근거하여 지구는 태양의 주변을

1) 최창조, 『한국의 풍수사상』, 민음사 1984, 21 이하.

2) 최창조, 『좋은 땅이란 어디를 말함인가』, 서해문집 1990, 181.

회전하는 하나의 행성에 불과하다고 주장하였다. 천체에 관한 교회의 교리보다 **수리 천문학적 관측**이 더 큰 확실성을 가지며, 따라서 수리 천문학은 교회의 권위에서 자유로운 자율성과 우월성을 가져야 한다고 그는 주장하였다.

코페르니쿠스의 방법에 경탄하였던 케플러(Johannes Kepler, 1571-1630)는 "하나님은 언제나 기하학을 하신다"고 말할 만큼 **수학적 방법**을 신뢰하였다. 유성들은 "기하학적 완전성" 속에서 운동한다고 그는 믿었다. 이리하여 자연과학적 방법, 특히 수학적 방법이 모든 학문의 방법들 가운데 가장 "정확한 방법"의 자리를 차지하며, 수학적으로 설명되는 관계들에 대한 정확한 관찰이 결정적 중요성을 얻게 된다. 이로 인해 세계관에는 하나의 큰 변혁이 일어난다. 즉 우주는 **수학적 구조**를 가진 것으로 이해된다.

근대 자연과학의 아버지라 불리는 갈릴레이(Galileo Galilei, 1564-1642)는 근대 자연과학의 방법을 처음으로 공식화시켰으며 **관찰과 실험**의 중요성을 강조하였다. 자연의 대상에 대한 인식은 대상에 대한 객관적 관찰과 실험과 측정에 근거해야 한다. 모든 종교적 전제와 간섭은 거부되어야 한다. "측정할 수 있는 모든 것을 측정하고, 측정할 수 없는 것은 측정할 수 있는 것으로 만들어라"는[3] 그의 말은 자연과학적, 수학적 방법에 대한 그의 신뢰가 얼마나 깊었던가를 보여 준다. 이 신뢰는 홉스(Thomas Hobbes, 1588-1679)에게서도 나타난다: 기하학이 유일하고 확실한 분야이며, 자연에 대한 모든 인식은 기하학에 뿌리를 가진다. 우리는 기하학적

3) H.-P. Dürr, K. M. Meyer-Abich, H.-D. Mutschler, W. Pannenberg, F. M. Wuketits, 『신, 인간 그리고 과학』, 여상훈 옮김, 도서출판 시유시 2000 (원서: Gott, der Mensch und die Wissenschaft, 1997), 65.

으로 구성할 수 있는 대상들만 인식할 수 있다.[4)]

뉴턴(Isaac Newton, 1643-1727)은 근대 고전물리학의 기계론적 세계관의 대부(代父)라 불린다. 갈릴레이가 사망한 해에 태어난 그는 수학의 이론들을 실험적으로 검증하는 갈릴레이의 방법을 계승한다. 그의 물리학적 신념에 따르면, 세계는 **물리적 원인과 결과의 법칙들**에 따라 움직이는 복잡한 **기계**와 같다. 이 법칙들은 변하지 않는다. 그러므로 세계의 모든 것은 정확히 관측될 수 있으며 예보될 수 있고 또 설명될 수 있다. 뉴턴은 그의 대표적 저서 "자연철학의 수학적 원리들"(Philosophiae Naturalis Principia Mathematica)에서 절대 시간과 절대 공간을 전제한다: 절대적이며 참되고 수학적인 시간은 그 자체에 있어 균일하게 흐르며, 그의 본성 상 외적인 것과 아무 관계도 갖지 않는다. 공간도 외적인 것과 아무 관계를 갖지 않으며, 언제나 동일하게 존속한다.

절대 시간과 절대 공간 속에서 모든 것이 수학적 법칙에 따라 일어나는 이 "세계기계"는 지성을 가진 창조자에 의해 기획되었으며 그의 의도와 영광을 계시한다고 뉴턴은 확신한다. 창조자 하나님은 "세계의 영혼으로서가 아니라 만물 위에 있는 주(主)로서 모든 사물들을 다스린다."[5)] 세계에 대한 그의 통치는 세계 속에 언제나 새롭게 개입함으로써 이루어지는 것이 아니라, 세계를 창조할 때 지으신 세계의 질서 내지 법칙을 통해 이루어진다. 세계는 하나님이 부여한 내적 법칙에 따라 자동적으로 움직이는 기계와 같다. 기계로서의 세계는 시계에 비유된다. 시계의 수많은 톱니들

---

4) W. Windelband, Lehrbuch der Geschichte der Philosophie, 333.

5) I. Newton, Mathematical Principle, trans, F. Cajori, 1969, 2:544 f.: "This Being governs all things, not as the soul of the world, but as Lord over all."

이 원인과 결과의 법칙, 곧 인과율에 따라 정확히 움직이듯이, 세계기계도 인과율에 따라 정확히 움직인다.

여기서 하나님은 **세계기계의 제작자**, 곧 시계 제작자로 이해된다. 시계는 원인과 결과의 정확한 법칙에 따라 움직인다. 이 시계는 그것을 기획했고 제작한 이성적 존재의 초월적 개입 없이 자신의 법칙에 따라 움직이면서 완전한 조화를 이룬다. 이로써 세계기계는 하나님의 지혜를 나타내며, 세계에 대한 하나님의 통치와 섭리가 이루어진다. 하나님이 완벽하게 제작한 세계기계는 자신의 내적 법칙에 따라 정확하게 움직이면서 하나님의 의도를 이루어 나가기 때문에, 신적 기적은 필요하지 않다. 하나님은 초월적 기적이 아니라 세계의 기계적 법칙들을 통해 이 기계를 다스린다. 이것을 우리는 이신론(deism)이라 부른다.

기계론적, 이신론적 세계관은 근대의 많은 철학자들에게서도 나타난다. 예를 들어 라이프니츠(Leibniz, 1618-1648)의 유명한 단자론에 따르면, 세계의 모든 사물들은 더 이상 나누어질 수 없으며 "혼"이라 부를 수 있는 단자들(Monade)로 구성된다. 따라서 세계는 단자들로 구성된 하나의 거대한 체계이다. 하나님은 가장 높은 단자 혹은 근원적 단자(Urmonade)다. 모든 단자들은 하나님에게서 나온다. 그러므로 세계는 신적 법칙에 따라 움직이며, 조화와 질서를 갖도록 결정되어 있다. 모든 단자들의 본성 속에 숨어 있는 **신적 법칙**이 세계의 모든 사물을 지배한다.

라이프니츠에 따르면 세계는 물질의 영역과, 영/혼의 영역으로 구별된다. 영은 목적인(Zweckursachen)의 법칙에 따라 활동하며, 물질은 운동의 법칙, 곧 인과(Wirkursachen)의 법칙에 따라 활동한다. 혼은 피조물들의 우주를 비추어 주는 "거울 혹은 모상(Abbilder)"이요, 영은 "신성 혹은 자연 자체의 원인자의 모상이다." 모든 영은 그의 영역에서 "하나의 작은 신성"이며, "모든 영들의 교통은 하나님의 국가를 형성한다". 자연의 물리적 세계를 창조한 하나님은 "**세계기계의 장인**"(Baumeister der Weltmaschine)이요, 영들의 "하나님의 국가"를 창조한 하나님은 "영들의 신적 국가의 왕" (Monarch des göttlichen Staates der Geister)이다. "자연의 물리적 세계"와 "영들의 신적 국가", "세계기계의 장인이신 하나님"과 "신적 국가의 왕이신 하나님" 사이에는 "하나의 완전한 조화"가 있다. 두 세계를 포함한 전체로서의 세계는 "미리 고정되어 있는 조화의 체계"이다.

이 세계 속에 있는 모든 생물의 유기체적 신체는 "일종의 **신적 기계 혹은 자연적 자동기계**"이다. "자연의 기계들, 곧 살아 움직이는 신체들은 그들의 가장 작은 부분들에 이르기까지··· 기계들이다."[6] 그러므로 자연의 세계에서 우발적 사건은 일어날 수 없다. 자연의 법칙들은 모든 사건들을 결정하는 영원한 법칙이다. 이 법칙들을 알 때, 우리는 과거를 재구성할 수 있고, 미래를 예측할 수 있다. 단자들 속에 숨어 있는 신적 법칙을 통해 세계의 모든 사물들은 "그들의 이 필연적 삶의 전개 속에서··· 모든 기계론적 결정(Determination)과 더불어"[7] 하나님의 섭리와 목적을 스스로 실현한다.

2. 기계론적 세계관에서 발전한 무신론적, 물질론적 세계관

근대 초기의 기계론적, 이신론적 세계관은 물질론적(=유물론적),[8] 무신론적 세계관으로 발전한다. 자연 현상에 대한 설명에 있

6) Leibniz, Monadologie, PhB 253, 1956, § 79, 87, § 80, § 64.

7) W. Windelband, Lehrbuch der Geschichte der Philosophie, 364.

어서 모든 종교적, 신학적 전제는 배제되고, 세계는 단지 하나의 물질적 기계로 이해된다. 그 원인은 하나님의 존재를 불필요한 것으로 볼 수 있는 이신론 자체의 내적 잠재성에 있다. 이신론에 따르면, 세계기계를 제작하였고 그것을 처음으로 움직이게 했으며 또 그것을 자신의 활동 과정에 맡겨 둔 우주적 건축가 하나님은 자연세계에 더 이상 개입하지 않는다. 또 개입할 필요도 없다. 세계기계는 그 자신의 내적 법칙에 따라 아무 충돌 없이 움직이면서 자기에게 주어진 목적을 수행할 수 있기 때문이다.

이리하여 하나님은 자연세계의 현실에서 배제되어버린다. 그는 자연세계의 사물들을 염려하여 언제나 새롭게 개입하고, 이를 통해 자신과 세계의 관계를 유지하지 않는다. 그는 더 이상 우리의 기도를 들으시고 기도에 응답하는 인격적 존재가 아니다. 그는 세계기계를 제작하고 그것을 자신의 법칙에 따라 움직이도록 내버려 두는 기계제작자일 뿐이다. 그는 세계의 시작을 설명하기 위한 열쇠에 불과하며, 인간과 세계의 일상생활에 대해 아무 의미도 갖지 못한다. 이제 세계기계는 하나님을 더 이상 필요로 하지 않는다. 하나님이 없어도 시계는 자신의 법칙에 따라 움직일 수 있으며 자신의 목적을 수행하기 때문이다. 따라서 자연과학은 자연의 현상들을 단지 물리적 법칙에 따라 실험과 관찰을 통해 설명할 수 있게 되었다. 이로써 근대 자연과학의 "방법론적 무신론"(methodological atheism) 내지 "무신론적 방법"(atheistic method), 곧 하나님의 존재를 완전히 배제한 채 세계의 모든 것을 물리적, 화학적 법칙에 따라

8) 우리나라에서는 materialism을 "유물론"이라 번역하지만, 본래 그 뜻을 고려할 때 "물질론"이라 번역하는 것이 더 적절할 것이다. 이 책에서 우리는 "물질론"이라 표현할 것이다.

설명하는 과학의 방법이 확립된다.

자연에 대한 무신론적, 물질론적 설명은 고대 그리스 철학의 물활론(Hylozoismus)에서 나타나기 시작한다.[9] 이 시대의 자연주의자들에 따르면, 자연의 전 과정 속에는 세계를 형성하는 하나의 근원적 질료(Grundstoff)가 그 기초를 형성한다. 자연주의자들은 이 질료를 먼저 물질적인 것으로 생각한다. 즉 **물질적인 것**을 세계의 기본요소로 생각한다. 탈레스(Thales)에 따르면 이 기본요소는 물이다. 물이 없으면 모든 생명체는 죽는다. 아낙시메네스(Anaximenes)에 따르면 기본요소는 공기이다. 숨을 쉬지 못해도 모든 생명체는 죽기 때문이다. 헤라클리투스(Heraklitus)는 불이, 엠페도클레스(Empedokles)는 흙, 물, 공기, 불이 자연 만물의 기본요소라고 말한다.

이러한 기본요소 곧 만물의 근원자(arche)를 아낙시만드로스(Anaximandros)는 무한한 존재(to apeiron) 혹은 신적 존재(to theion)로 보았던 반면, 로이키포스(Leukippos)는 물질적인 것, 곧 원자(atomoi)라고 생각한다. 파르메니데스(Parmenides)의 절대적 존재와 마찬가지로, 원자는 영원하고 변하지 않으며 더 작은 부분으로 나누어질 수 없다. 모든 원자들은 동일하지만 무수히 많고, 우리가 인지할 수 없을 정도로 작다. 그러나 그들은 다양한 형태를 가진다. 우리가 경험하는 사물들은 원자들의 결합이다. 그들은 원자들의 결합으로 인해 생성하고, 원자들의 분리로 인해 해체된다. 우리가 인지하는 사물들의 속성은 가상(假像, Schein)일 뿐이다. 원자들의 형태와 크기와 배열과 위치에 따라 사물들의 속성은 우리에

---

9) 아래 내용에 관해 W. Windelband, Lehrbuch der Geschichte der Philosophie, 28 ff.

게 다르게 경험된다. 자연 속에서 일어나는 모든 사건은 공간 속에서 일어나는 원자들의 활동으로 환원된다. 모든 활동의 원인은 원자들에 있다. 따라서 "모든 개별의 사건은 완전히 기계적(mechanisch)이다". 이로써 로이키포스는 자연세계의 설명을 "**기계론**의 원리"에 따라 관철한다.[10] 원자들은 언제나 스스로 활동 가운데 있으며, 그들의 활동은 시작도 없고 끝도 없다. 사물들의 모든 질적 차이들은 원자들의 양적 차이로 말미암아 일어난다. 원자들은 위, 아래, 안과 바깥이 없는 무한한 공간 속에서 자기 자신을 위해 무질서하게 활동하다가 서로 결합되어 사물들과 자연의 세계를 형성한다.

고대 그리스 철학의 대표적 원자론자인 데모크릿트(Demokrit)는 자연세계에 대한 물질론적 설명에 있어 로이키포스의 이론과 크게 다른 것을 말하지 못한다. 그러나 개별 사물들에 대한 철저한 연구를 통해 로이키포스의 이론을 한 걸음 더 심화시킨다. 로이키포스처럼 데모크릿트도 자연세계의 모든 현상들을 원자들의 기계적 활동으로 환원시킨다. 우리가 경험하는 모든 질적인 것과 질적 변화들은 사실상 원자들의 양적 상황, 곧 그들의 배열과 활동의 상황일 뿐이다. 따라서 우리는 모든 질적 상황의 원인을 양적 상황에서 찾아야 하며, 어떤 양적 조건이 질적 상태를 결정하는가를 밝혀야 한다. 원자들은 빈 공간을 채우고 그 속에서 활동하는 추상적 물체성의 특징만을 가지는데, 형태와 크기, 기계적 활동성과 관성(慣性, Trägheit), 밀도와 경도(硬度, Härte)를 그의 특성으로 가진다. 그 외의 특성들, 곧 색채, 냄새, 맛 등의 이차적 특성들은 사물 자체 안

---

10) W. Windelband, Lehrbuch der Geschichte der Philosophie, 45.

에 있는 것이 아니라 인간의 인지(認知)로 말미암은 주관적 인상에 불과하다. 자연은 "빈 공간 속에 이리저리 흩어져 있는" 원자들로 구성되어 있다. 원자들 서로간의 작용은 오직 부딪힘과 직접적 접촉을 통해 가능하며, 이 작용은 원자들의 운동상태의 변화에 있을 뿐이며, 원자들의 형태는 모든 사건 속에서 변하지 않고 존속한다.

근대의 기계론적 세계관과 거기서 발전한 "방법론적 무신론"은 고대 그리스 철학의 물질론을 역사적 배경으로 가진다. 그러나 기계론적 세계관의 대표자 뉴턴은 하나님을 믿었다. 중력을 가진 이 세계는 그 자체로서 존재하고 활동한다고 그는 생각했지만, 그래도 그 시작은 하나님의 작용으로 말미암은 것이라고 그는 믿었다. 그는 하나님이 별들을 충돌하지 않도록 지키시며 태양계의 질서를 유지한다고 믿었다. 뉴턴 이후의 많은 과학자들은 뉴턴을 크게 존경하였다. 그의 역학(Mechanik, 기계학)은 그 이후 자연과학적 연구의 원형이 되었으며, 문제와 문제 해결에 사용되는 개념적 방법에 대한 표준을 제공하였다. 또한 만족할 수 있는 과학적 설명을 가능케 하는 새로운 패러다임을 결정하였다. 뉴턴의 역학은 과학의 모든 다른 영역들에게 영향을 주었다. 이 시대의 인물 알렉산더 포프(Alexander Pope)는 뉴턴에 대한 존경심을 다음과 같이 나타낸다:

> "자연과 자연의 법칙은 어둠 속에 있었다.
> 뉴턴이 있게 하라!고 하나님이 말씀하였다.
> 그러자 모든 것이 밝게 드러났다."[11]

---

11) A. Pope, "Epitaph on Newton", The Works of Alexander Pope, Elwin edition, 1882, 4:390. I. G. Barbour, Wissenschaft und Glaube. Historische und zeitgenössische Aspekte, 1999 (Übersetzung von Religion und Science, San Francisco 1998), 58에서 재인용함.

그러나 인간이 해결할 수 없는 문제들을 해결해 주는 "간극(gaps)의 하나님"의 필요성이 점점 축소되고, 세계는 하나님 없이 그 자신의 기계적 법칙에 따라 설명될 수 있고 파악될 수 있다는 방법론적 무신론이 점점 더 큰 힘을 얻게 된다. 프랑스의 수학자요 천문학자 라플라스(Pierre Laplace, 1749-1827)는 이러한 시대 사조의 대표자였다. 그는 결정론을 가장 확고하게 옹호했다. 그는 천체의 역학을 수학적으로 분석했는데, 행성들의 인력으로 인해 일어나는 비규칙적인 작은 운동들은 하나님의 개입으로 인해 설명되는 것이 아니라, 오랜 시간의 과정 속에서 저절로 폐기된다는 사실을 증명했다. 모든 실체의 운동은 그것들을 형성하는 가장 작은 구성요소들의 운동에 의해 결정된다. 그가 발표한 안개 가설에 따르면, 태양계는 하나님의 창조를 통해 생성된 것이 아니라, 가스 형태의 구름이 식어지고 응결함으로써 생성되었다. 우주에 있는 모든 입자의 속도와 위치를 알 때, 미래의 모든 사건을 미리 예측할 수 있다. 한 마디로 자연 현상을 설명하는 데 있어 하나님이란 가설은 이제 더 이상 필요하지 않게 되었다.

이러한 시대 사조는 다섯 권에 이르는 라플라스의 방대한 저서 "천체 역학"(Méchanique céleste, 1799-1825)이 출판되었을 때, 라플라스와 나폴레옹이 나눈 대화에 나타난다. 나폴레옹은 그에게 다음과 같이 질문하였다: "라플라스 씨, 사람들이 말하기를, 당신은 우주의 체계에 대한 두꺼운 책을 썼는데, 이 책에서 당신은 우주의 창조자에 대해 한 마디도 언급하지 않았다고 말하더군요?" 이 질문에 라플라스는 다음과 같이 대답한다: "각하, 저에게는 결코 하나님이란 가설이 필요하지 않습니다."[12] 케플러는 자연의 수학적인 법칙 속에서 하나님을 체험할 수 있었던 반면, 파스칼(Pascal)은 그렇게 할 수 없었다. 그러므로 그는 하나님을 위해 수학 연구를 포기하고 신앙의 영역에서 하나님을 찾았다. 라플라스는 수학 속에서 하나님을 발견할 수 없었고 또 발견하고자 하지도 않았다. 그는 오직 수학적으로 증명할 수 있는 것만을 인정했고 하나님을 배제시켜버렸다.[13)]

나폴레옹에 대한 라플라스의 대답은 세계에 대한 과학의 설명에서 하나님의 존재가 더 이상 필요하지 않은 것으로 보는 근대의 상황을 반영한다. 루터에 이르기까지 세계에 대한 설명의 필연적 전제로 생각되었던 하나님은 이제 근대의 과학적 세계상에서 더 이상 필요하지 않게 되었다. 창조자에 대한 가설도 더 이상 필요하지 않다. 이제 자연은 그 자체로서 충분한 "영혼 없는 기계"로 이해된다. 그것은 중세기의 학자들이 생각했던 것처럼 하나님의 목적론적 구원사가 그 위에서 연기되는 무대가 아니다. 또 뉴턴이 생각했던 것과 같은 신적 섭리의 대상도 아니다. 오히려 그것은 고대의 로이키포스와 데모크릿트가 생각했던 것처럼, 서로 영향을 주고받는 원자들과 그들의 자연적 힘들의 상호 작용체에 불과하다. 자연 속에서 일어나는 사건들은 자연적 원인들을 통해 설명될 수 있다. 설명되지 않는 간극이 있을 때, 이 간극은 더 이상 "기계로부터의 하나님"(deus ex machina)을 통해서 해결될 수 있는 것이 아니라, 물리적 법칙들을 과학적으로 해명함으로써 해결될 수 있다.

프랑스의 물리학자요 철학자인 라 메트리(Julien Offray de la

---

12) H. Schwarz, Creation, 6 f. 또한 이와 관련하여 C. F. von Weizsäcker, Die Geschichte der Natur, 87: Er "konnte und wollte in der Mathematik nicht Gott finden; so redete er vom mathematisch Beweisbaren und ließ Gott aus dem Spiel."

13) C. F. von Weizsäcker, Die Geschichte der Natur, 87.

Metrie, 1709-1751)는 물질론적, 무신론적 세계관 내지 자연관을 한 걸음 더 발전시킨다. 그의 입장에 의하면 인간의 영혼은 신체 조직으로 환원되며, 모든 영적, 정신적 활동은 뇌를 구성하는 원자들의 활동으로 말미암은 것이다.

무신론적 세계관은 다빗 흄(David Hume, 1711-1776)을 통해 강화된다. 그의 이론에 따르면, 인간의 모든 지식은 감각을 통해 얻게 되는 인상들, 곧 경험에 근거한다. 따라서 세계에 대한 어떤 인식도 증명될 수 없다. 오성의 기능은 감각적 자료들을 수용하고 분류하며 비교하는 데 있다. 그 이상의 능력을 오성은 갖지 못한다. 과학적 이론들이나 법칙들은 개별의 관찰들을 보편화시킨 것 혹은 요약한 것에 불과하다. 예를 들어 원인과 결과의 법칙, 곧 인과율도 우리가 반복하여 경험하는 것을 보편화시킨 것에 불과하며, 원인과 결과의 필연적 연결성을 우리는 증명할 수 없다. 인과율이 전제하는 원인과 결과의 연결성은 필연적인 것이 아니라, 단지 인간의 심리적 차원에서 개별의 경험들이 축적된 결과에 불과하며 보편타당성을 갖지 못한다. 하나의 원인에서 반드시 그것의 결과가 도출되지 않기 때문이다. 사물의 법칙들은 과거의 경험에 근거하는 인간의 기대를 나타낼 뿐이다. 우리의 모든 지식은 경험을 통해 우리가 축적한 인상들에 기초한다.[14)]

우리는 한 창조자가 우주를 창조하는 것을 경험한 적이 없다. 따라서 제1원인으로서의 하나님의 존재를 증명한다는 것은 불가능하다. 우리는 언제나 특정한 결과에서 그 원인으로 소급하는데, 전체로서의 우주로부터 우리는 어떤 원인으로 소급할 수 없다. 자연

---

14) 이에 관해 D. Hume, Ein Traktat über die menschliche Natur (A treatise human nature), übers. von Th. Lipps, hrsg. von R. Brandt, 1989, 1. Buch, Punkt 3.

과학은 우주의 부분들을 다룰 뿐이며, 우주의 과정 전체, 우주의 질서의 근원이나 사건들의 구조를 다루지 않는다. 자연과학이 증명할 수 없는 모든 진술은 주관적 사변에 불과하다. 만일 자연의 세계가 질서를 가진다면, 그 질서의 힘은 자연 바깥에 있는 것이 아니라 자연 안에 있을 것이다. 자연의 세계는 시계나 기계라기보다, 자신의 내재적 삶의 원리를 가진 식물이나 동물에 비슷하다.

왜 우리는 자연의 세계 속에 질서의 원리가 내재하며 만물을 생성하는 힘이 그 속에 있다는 진술로 만족하지 않고, 신적 창조자를 전제하는가? 이 세계 속에 가득한 너무도 많은 고난과 고통을 볼 때, 우리는 도저히 도덕적인 신적 창조자를 전제할 수 없다. 만일 하나님의 존재를 인정한다 해도, 우리는 유한한 하나님을 인정할 수 있을 뿐이다. 유한한 세계로부터 우리는 단지 유한한 것을 추리할 수 있을 뿐이기 때문이다. 이로써 흄은 자연에 대한 설명에 있어 하나님의 존재를 배제한다. 그러나 그는 명백히 무신론을 주장하지도 않는다. 하나님의 존재는 증명될 수도 없고 부인될 수도 없다. 하나님의 존재에 대한 확실한 자료가 없기 때문에, 이 마지막 문제에 대한 판단을 우리는 유보해야 한다고 그는 생각한다.[15]

자연 세계의 설명에서 하나님의 존재를 배제하는 근대의 정신은 칸트에게서도 나타난다. 그의 저서 "하늘의 자연사"(Naturgeschichte des Himmels)에서 그는 다음과 같이 말한다: 물질을 나에게 달라, 그러면 나는 당신들에게 세계를 건설하겠다![16] 그의 신념에 따르

15) 유신론과 무신론 사이에서 흔들리는 흄의 입장에 관해 A. Flew, Hume's Philosophy of Belief, 1961, 272 f.; J. C. A. Gaskin, Hume's Philosophy of Religion, 2. Aufl., 1988.

면, 별들로 가득한 우주는 유성들의 체계에 따라 설명될 수 있다. 흐르는 불과 같은 태초의 상태로부터 생성된 세계의 모든 사물들은 물질의 두 가지 기본 속성, 곧 서로를 당기는 힘과 밀어내는 힘의 상반된 작용으로 소급된다.

이리하여 칸트는 인간의 이성이 인식할 수 있는 자연의 영역을 신앙의 영역에서 분리시킨다. 이성은 현상의 세계를 인식할 수 있을 뿐이며, 하나님을 증명하거나 부인할 수 있는 능력이 없다. 하나님, 세계, 영혼은 이성이 증명할 수도 없고 부인할 수도 없는 "선험적 관념들"이다. 하나님은 오직 신앙에 의해 인식될 수 있다. 이로써 **이성과 신앙**, 이성이 인식할 수 있는 **자연의 영역과 신앙의 영역**이 칸트를 통해 분리되고, 하나님은 자연의 영역에서 신앙의 영역으로 추방된다. 이제 인간의 이성은 하나님이란 전제의 간섭을 받지 않고 자유롭게 그 자신의 영역, 곧 자연의 영역을 탐구할 수 있게 된다.

독일의 남작 폰 홀바하(Heinrich Dietrich von Holbach, 1723-1789)는 그의 저서 "자연의 체계"(Système de la nature, 1770)에서 하나님의 존재를 배제한 자연의 설명을 시도한다. 자연은 모든 물질들과 그들의 활동들의 총화이다. 물질은 언제나 활동 속에 있는데, 에너지 혹은 힘이 물질 안에 내재하기 때문이다. 물질적 우주를 설명하기 위해 우리는 물질의 창조에 관한 어떤 질문도 제기할 필요가 없다. 자연 속에는 우연한 것도 없고 무질서도 없다. 자연의 모든 것이 인과율의 필연성으로 말미암아 일어나며, 원인과 결과의 되돌릴 수 없는 연결고리의 질서 속에서 일어나기 때문이다.

---

16) 이에 관해 W. Windelband, Lehrbuch der Geschichte der Philosophie, 410.

무신론적 세계관은 포이어바하(Ludwig Feuerbach, 1804-1872), 엥겔스(Friedrich Engels, 1820-1895), 칼 맑스(Karl Marx, 1818-1883)의 무신론에서 정점에 도달한다. 이들의 무신론을 통해 하나님의 존재가 완전히 부인되기 때문이다. 포이어바하의 "기독교의 본질"(Das Wesen des Christentums, 1841)에 따르면, 신학과 종교와 하나님은 인간의 병든 심리적 상태가 만들어 낸 산물이다. 그러므로 신에 관한 학문, 곧 신학은 "병리학"(Pathologie)이요 "심리학"이다.[17] 인간은 자신의 힘으로 실현할 수 없는 자신의 긍정적 속성들을 하나님이란 신적 초월자로 투사시키고 그것을 숭배한다. 그는 자기가 참으로 찬양하고 숭배하는 것을 신적 본질로 세운다. 따라서 "**신적 본질**은 인간적 본질에 **불과하다**. 보다 더 분명히 말한다면, 정화되었고 개별 인간의 제한들로부터 해방된 **인간의 본질**에 불과하며, **인간 자신과 구별되는 그 자신의 다른 본질로서** 대상화 된, 다시 말해 그렇게 **직관되고 숭배되는** 인간의 본질에 불과하다 - 그러므로 신적 본질의 모든 **규정들**(Bestimmungen)은 인간적 규정들이다." "신적 본질은 모든 것, 모든 대상적인 것에서 해방된, **단지 자기 자신과 관계하며, 단지 자기 자신을 향유하며, 자기 자신을 축하하는** 인간의 **주체성** - 그의 가장 주관적인 자아, 그의 **가장 내면적인 것**이다."[18]

따라서 하나님의 인격성 속에서 인간이 찬양하고 축하하는 것은 사실상 자기 자신의 인격성의 초자연성, 불멸성, 비의존성, 무제한성에 불과하다. 그러므로 신학은 사실상 인간학이다. 포이어바하는 이성이 자연과 물질의 근거라고 보지 않는다: "자연, 물질

17) L. Feuerbach, Das Wesen des Christentums, Theorie Werkausgabe Bd. 5, 1976, 105.
18) L. Feuerbach, Das Wesen des Christentums, 32, 117.

은 이성으로부터 설명될 수 없으며 파생될 수 없다. 오히려 자연은 이성과 인격성의 **근거**(Grund)이며, 그 자신은 근거를 갖지 않는다. 자연 없는 영(靈)은 공허한 추상물이다. 의식은 오직 자연으로부터 발전된다." 이로써 자연이 세계 설명의 기초가 되며, 세계를 설명함에 있어 모든 종교적, 형이상학적 전제는 거부된다. 자연 속에서 계시되는 것은 종교가 자신의 대상으로 삼는 "신적 섭리가 아니라 자연적 섭리일 뿐"이다.[19]

하나님의 본질을 인간의 본질로 환원시킨 전기(前期) 포이어바하의 **인간학적 환원주의**는 후기에 이르러 **자연주의적 환원주의**로 발전한다. 그러나 자연주의적 환원주의는 전기의 저서 "기독교의 본질"에 나타난 것을 발전시킨 것에 불과하다. 인간이 자기의 본질에서 구별하며 자기의 본질에 대한 근거와 원인으로 전제하는 하나님은 "자연 자체에 불과하다".[20] 영원, 불멸 등 신성의 술어들은 "자연의 근원적 술어들"에 불과하다. 인간은 하나님으로부터 자연을 추론하는데, 사실상 하나님은 "자연으로부터 생성된, 자연에서 파생된, 단지 자연의 작용들과 속성들과 현상들을 나타내는 존재"일 뿐이다.

이리하여 포이어바하는 신적 본성에 속한 영원성을 자연에게 부여한다: 자연은 "생성되지 않았고 발생되지 않았다". "그것은 자기로부터 그리고 자기로 말미암아 존재하며, 시작과 끝을 갖지 않는다. 세계의 시작과 끝은 인간이 자기 자신으로부터… 자연에 전이하는 표상들이다". 자연의 본성들을 초월적 대상으로 투사시킨 것이 하나님이라고 생각할 때, 하나님의 존재는 자연의 설명에 있

19) L. Feuerbach, Das Wesen des Christentums, 103 f., 123.

20) 아래 내용에 관해 W. Weischedel, Der Gott der Philosophen, Bd. I, 1971, 402 f.

어 더 이상 필요하지 않게 된다. 자연은 그 자신으로부터 설명될 수 있다.

칼 맑스(Karl Marx, 1818-1883)의 물질론(=유물론)은 그 출발점에 있어 하나님의 존재, 곧 "정신으로서의 하나님"으로부터 모든 사물을 설명했던 헤겔(Hegel)의 정신철학에 대한 반대명제(Antithese)로서 시작한다. 헤겔에게서는 정신적인 것이 물질적인 것을 결정하는 반면, 맑스에게서는 물질적 하부구조(Unterbau)가 정신적 상부구조(Überbau)를 결정한다. 역사를 변혁시키는 것은 정신이 아니라 물질적 하부구조, 곧 생산방식의 변천과 이에 따른 사회적 구조의 변화에 있다.

맑스의 이러한 물질론적 사고에서 하나님의 존재는 철저히 배제된다. 헤겔에 반하여 맑스는 물질로부터 세계의 모든 현상을 파악하고자 한다. 따라서 자연에 대한 맑스의 설명에 있어 하나님의 존재는 아무 자리도 얻지 못하게 된다. 사회 현상은 물론 자연 현상을 설명함에 있어 하나님이란 가설은 전혀 필요하지 않다. 따라서 맑스는 그의 초기 작품 "헤겔의 변증법과 철학 전반에 대한 비판"에서 자연을 정신으로부터 설명하는 헤겔의 관념론을 철저히 비판한다. 정신의 자기소외로서의 자연은 현실적 자연이 아니라 "추상적 자연"이요 "사유적 물건"(Gedankending), 곧 자기 자신 안에서 움직이며 현실 어느 곳도 직시하지 못하는 "순수한 사유의 노동의 산물"에[21] 불과하다. 그것은 "자연의 규정들로부터의 추상화들"(Abstraktionen von Naturbestimmungen)이다. 자연을 포함한

---

21) K. Marx, Kritik der Hegelschen Dialektik und Philosophie überhaupt. Schlußkapitel der "Ökonomisch-philosophischen Manuskripte", in: Karl Marx Friedrich Engels Bd. I, Fischer Taschenbuch Verlag Studienausgabe in 4 Bänden, 1971, 80.

세계 모든 현상들의 설명에 있어 초월적 하나님의 존재를 배제하는 맑스의 기본 입장은 종교의 폐기를 주장하는 그의 초기 문헌에 나타난다:

> "비종교적 비판의 기초는 여기에 있다: 종교가 인간을 만드는 것이 아니라, 인간이 종교를 만든다. 종교는 자기 자신을 아직 획득하지 못했거나 이미 다시금 잃어버린 인간의 자기의식이요 자기느낌(Selbstgefühl)이다.… 종교적 비참(Elend)은 한 마디로 현실적 비참의 표현이요, 현실적 비참에 대한 저항이다. 종교는 억압 당하는 피조물의 탄식자이며,… 냉혹한 세계의 정서(Gemüt)이다. 그것은 민중의 아편이다.… 민중의 기만적인 행복으로서의 종교를 폐기하는 것은 그의 참된 행복의 요구이다. 자기의 상황에 대한 환상들을 내버려야 한다는 요구는 이 환상들을 필요로 하는 상황을 내버려야 한다는 요구이다. 종교의 비판은 그 핵심에 있어 눈물의 골짜기의 비판이다. 종교는 이 골짜기의 후광(Heiligenschein)이다."[22]

맑스와 엥겔스의 물질론적, 자연주의적 입장은 그들의 시대에서 유일한 것이 아니라, 오히려 그 시대 사조의 반영이라 말할 수 있다. 그들 외에도 자연의 과정에 대한 신적 개입과 영혼의 독자성을 거부한 칼 포그트(Carl Vogt, 1817-1895), 서로 결합되어 있는 에너지와 물질 외에 아무 것도 인정하지 않았던 루드비히 뷔히너(Ludwig Büchner, 1824-1899), 네델란드의 병리학자요 철학자인 야콥 몰레숏트(Jacob Moleschott, 1822-1893) 등의 학자들은 물질론적, 자연주의적 입장을 대변하였다. 몰레숏트에 따르면, "인

22) K. Marx, Zur Kritik der Hegelschen Rechtsphilosophie. Einleitung, in: Karl Marx Friedrich Engels Bd. I, Fischer Taschenbuch Verlag Studienausgabe in 4 Bänden, 17 f.

(phosphorus)이 없다면, 생각도 있을 수 없다."[23] 에너지와 물질은 분리될 수 없다. 따라서 인간의 정신적 세계가 그 위에 세워질 수 있는 하나의 독립된 물질적 기초는 존재하지 않는다. 에너지 없는 물질이나 물질 없는 에너지는 생각될 수 없다. 물질과 에너지는 언제나 결합되어 있기 때문에, 물질은 결코 고정되어 있지 않다. 오히려 그것은 언제나 활동하는 가운데 있다. 이리하여 물질은 외부의 어떤 개입이나 간섭 없이 스스로 활동하는 역동적 실재로 이해된다.

기계론적, 이신론적 세계관은 무신론적 세계관으로 발전하면서 근대의 자연과학자들에게 결정적 영향을 준다. 이제 세계는 더 이상 하나님을 필요로 하지 않는, 그 자체로서 충분한 기계로 이해된다. 그것은 하나님의 초월적 개입이나 초월적 기적을 필요로 하지 않는다. 시계가 자신의 내적 법칙에 따라 움직이면서 자기의 목적을 수행하듯이, 세계는 원인과 결과의 엄격한 법칙에 따라 기계적으로 움직이면서 자기의 목적을 수행한다. 세계의 모든 현상들은 원인과 결과의 내적, 필연적 법칙에 따라 설명될 수 있으며, 여기에는 하나님의 존재가 전제되거나 개입될 필요가 없다. 이로써 세계는 하나님 없는 세계로서 원인과 결과의 필연적 법칙에 따라 움직이는 물질 덩어리로 인식된다.

1842년 독일의 물리학자 폰 마이어(Julius Robert von Mayer, 1814-1878)가 발표한 열역학 제1법칙에 따르면, 폐쇄된 체계 속에서 에너지의 양은 증가하지도 않고 감소하지도 않는다. 그렇다면 세계는 시작도 없고 끝도 없다. 그것은 영원하다. 따라서 태초의

---

23) J. Moleschott, Der Kreislauf des Lebens, Giessen, 5. Aufl. 1887, 2:227. H. Schwarz, Creation, 12에서 재인용함.

창조라는 세계의 출발점과 창조자 하나님이란 가설은 불필요하게 된다.

3. 기계론적, 무신론적 세계관의 타당성과 문제점

- 자연과학의 "방법론적 무신론"과 신학의 대화 -

고전물리학의 기계론적 세계관과 무신론적, 물질론적 세계관의 공통점은 원칙상 자연을 자연 자체로부터 설명코자 하며, 모든 종교적, 신학적 전제와 개입을 배제하는 점에 있다. 자연 현상에 대한 설명에서 하나님의 존재라는 전제 내지 가설은 배제되어야 한다. 이럴 때에만 자연 현상은 바르게 설명될 수 있다는 것이 이들 세계관의 공통된 신념이다. 이를 가리켜 우리는 근대 자연과학의 "방법론적 무신론" 혹은 "무신론적 방법"이라 부른다. 이 방법은 중세기 기독교의 모든 간섭과 지배를 벗어나, 인간의 자율적 이성으로 세계의 모든 것을 설명하며 인간의 자유를 쟁취하고자 했던 근대의 시대정신의 표현으로, 오늘날 모든 자연과학의 보편적 원리이다.

이에 대해 기독교 신학은 어떻게 대응해야 할까? 먼저 자연 현상을 종교적 개입 없이 자연 자체로부터 설명코자 하는 자연과학의 방법론적 무신론의 타당성을 기독교 신학은 인정해야 한다. 자연 현상에 대한 설명이 종교의 간섭을 받을 때, 그것에 대한 올바른 설명이 불가능하게 되고, 자연과학이 과학답게 발전할 수 없다. 근대 초기에 있었던 자연과학과 기독교 사이의 갈등은 이 사실을 분명히 보여 준다. 그러므로 근대의 과학적 무신론(scientific atheism)은 과학의 자유로운 발전을 위해 하나님의 존재를 부인하였다. 물론 과학의 영역과 신학의 영역, 자연의 영역과 신앙의 영역이 둘로 나누어질 수 없다. 두 영역을 나누는 것은 기독교 신앙에 위배된다. 기독교 신앙은 과학이 다루는 자연의 영역을 바로 하나님의 창조로 보며, 하나님을 자연의 창조주로 보기 때문이다.[24)]

그러나 자연에 대한 과학의 설명은 종교적 전제와 간섭에서 자유로워야 한다. 이를 위해 기독교는 과학의 인식에 대한 모든 형태의 간섭을 포기해야 한다. 과학은 과학의 관점에서 자연을 자유롭게 설명해야 하고, 종교는 종교의 관점에서 자연을 설명해야 한다. 대상은 동일하지만, 그것을 설명하는 관점이 다를 수 있고, 각자의 관점에 진리가 있을 수 있다는 점을 과학과 종교는 함께 인정해야 할 것이다. 사실 현대의 자연과학은 종교의 간섭에서 자유를 얻게 됨으로 인해 눈부신 발전을 이루었다. 근대에 일어난 기독교 종교로부터 자연과학의 해방과 자유는 곧 종교적 억압과 간섭으로부터 인간과 사회의 해방과 자유를 뜻한다.

그러나 기계론적 세계관 내지 자연관과 그것의 무신론적, 물질론적 발전은 근대세계의 역사에 심각한 문제들을 일으키게 된다. 이 문제점은 결국 자연을 파괴하고 생태계의 총체적 위기를 초래하게 되었다. 기계론적 세계관과 거기서 발전한 무신론적, 물질론적 세계관에 대해 기독교 신학은 다음과 같은 문제점을 제기할 수 있다.

1. 이들 세계관의 가장 중요한 문제점은 세계의 정신적, 영적 본

---

24) 이와 연관하여 W. Pannenberg, "God and Nature – On the History of the Debates between Theology and Natural Science", in: T. Peters(Ed.), Toward a Theology of Nature: Essays on Science and Faith, 1993, 51: "One cannot think seriously of God··· without thinking of God as the origin of all that is and also of the origin of the world. In actuality, nevertheless, Christian theology continues to speak of God as the creator of the world"

성을 부인하는 것, 곧 세계의 **탈정신화**(Entgeistigung, W. Windelband), **탈영혼화**(Entseelung, J. Moltmann)에 있다고 말할 수 있다. 기계는 정신이나 영혼을 갖지 않는다. 그 속에는 생명이 없다. 따라서 자연환경은 물질 덩어리 혹은 분자 덩어리로 생각된다. 무신론적 세계관은 이것을 더욱 철저화시킨다: 세계의 모든 것은 아무런 영적, 정신적 본성을 갖지 않은 물질 덩어리일 뿐이다. 이 물질 덩어리를 움직이게 하는 것은 어떤 영적, 정신적 힘이 아니라, 그 자체 속에 주어져 있는 원인과 결과의 법칙이다. 사물의 영적, 정신적 본성을 인정하는 것은 미신으로 간주된다. 자연 자체의 주체성을 인정한 에른스트 블로호(Ernst Bloch)가 정통 맑시스트로부터 "신비주의자"로 비판을 받았던 일은 좋은 사례가 된다.

자연환경이 그 속에 영혼이나 정신을 갖지 않은 물질 덩어리로 생각될 때, 그것은 모든 신비로움과 거룩함을 상실한다. 인간에게 그것은 더 이상 경외의 대상이 아니라 객관적 관찰과 실험 대상에 불과하다. 자연에 대한 이러한 생각은 하나님의 영이 모든 피조물 안에 생명의 힘으로 작용한다는 성서의 표상에 모순되며, 물질을 구성하는 기본 요소는 단순히 물질적인 것으로 볼 수 없다는 현대 자연과학적 인식과도 모순된다.

2. 세계는 하나의 기계 혹은 시계와 같은 것이므로, 대상에 대한 지식을 얻을 수 있는 가장 확실한 방법은 **수학적 방법**이라 생각된다. 그리하여 수학적 방법이 최고의 방법, 가장 확실한 방법으로 간주된다. "정확한 학문"(exakte Wissenschaft)으로서의 수학이 "모든 학문들의 학문", "모든 학문들의 여왕"으로 군림한다. 과학자들은 관찰, 측정, 논리적, 수학적 추리로 구성된 과학적 방법론을 통해 지식을 얻고자 노력하며, 과학의 방법론으로 해명할 수 없는 인

간의 신앙, 종교, 신념, 심리적 현상과 사회적 현상, 철학적 관념, 초월적인 것 등은 객관성이 없는 "주관적인 것", 그러므로 학문적 연구 대상이 될 수 없는 것으로 간주하는 경향을 가진다. 이리하여 인간의 정신적 활동, 그의 사유와 인식의 활동마저 과학의 방법론이 제시하는 기준에 따라 설명하고 심지어 이들을 조정하려는 시도가 발생하기도 한다. 도덕과 윤리, 인간의 운명도 수학적 공식으로 설명될 수 있고 과학의 방법론에 따라 조정될 수 있다고 생각된다. 이리하여 인간의 행동과 사회 현상을 수학적 공식에 따라 조정하고 통제하려는 시도가 일어나기도 한다. 인간의 심리 현상과 행동도 수학의 방법으로 파악될 수 있고 설명될 수 있다고 생각한다.

그러나 세계 속에는 수학의 방법과 수학의 언어를 통해 도저히 파악할 수 없고 설명할 수 없는 현실들과 문제들이 너무도 많다. 인간과 자연 모든 피조물들의 슬픔과 기쁨, 고난과 고통, 그들의 꿈과 희망, 인간의 이기적 성향과 욕망, 윤리적 규범 등은 수학적 공식 내지 수학적 언어를 통해 설명될 수 없다. 어느 물리학 교수에 따르면, 왜 우리 인간이 의식을 가지며 사고의 능력을 가지는지, 중력이 왜 존재하는지 수학적으로 설명될 수 없다. 그럼에도 불구하고 수학의 방법을 최고의 학문적 방법으로 보는 것은 방법론적 횡포일 뿐이며, 이 세계의 문제들을 해결하는 데 큰 도움이 되지 않는다. "수학의 언어는 경험에 대해 의미 있게 말하지 않음으로써 근원적인 상황을 간과할 수" 있다.[25)]

3. 이들 세계관의 심각한 문제점은 **결정론**에 있다. 세계의 모든 활동은 엄격한 원인과 결과의 법칙, 곧 인과율의 수학적 법칙에 따

25) 김용성, "크리스티안 링크의 자연신학 연구", 한국조직신학회 편, 『현대신학자들의 동향』, 조직신학 논총 제8집, 한들출판사 2003, 143.

라 일어난다. A라는 원인은 B라는 결과를 가져 올 수밖에 없는 물리적 필연성을 가진다. 그러므로 원인 A는 결과 B를 가져오도록 결정되어 있다. 시계의 톱니 A가 돌아갈 때, 톱니 B가 돌아갈 수밖에 없도록 결정되어 있는 것과 같다. 모든 것이 결정되어 있다면, 거기에 새로운 것은 있을 수 없다. 모든 것은 "인과의 결정"(kausale Determination) 속에 있다. 모든 것이 원인과 결과의 법칙에 따라 사실상 **결정되어 있다**. 시계가 그 자신의 내적 법칙에 따라 움직이듯이, 세계도 그 자신의 내적 법칙에 따라 움직인다. 세계를 지배하는 이 내적 법칙을 파악할 때, 우리는 과거를 재구성할 수 있고 미래를 정확하게 예측할 수 있다. 세계의 모든 것이 기계적 법칙에 따라 움직이므로, 우연적인 것, 예기치 못한 것은 원칙상 인정될 수 없다. 우연은 우리가 세계의 법칙을 아직 완전히 파악하지 못했기 때문에 일어나는 우리의 주관적 인상들에 불과하며, 사실상 우연은 존재하지 않는다. 우연을 인정하지 않는 결정론적 사고는 기독교 신학에서는 물론 오늘의 자연과학에서도 인정되지 않는다.

4. 우연적인 것, 예외적인 것이 없다는 말은 새로운 미래가 없다는 것을 뜻한다. 기계는 새로운 미래를 갖지 않는다. 모든 것은 수학적 법칙에 따라 인식되고 증명될 수 있으며, 그것의 미래는 정확하게 예측될 수 있다. 우연적인 것, 새로운 것은 설명되지 않는 예외적인 것으로서 인식과 증명의 대상에서 제외된다. 폐쇄된 체계로서의 세계 속에서 **반복**을 통해 검증될 수 있는 것만이 증명될 수 있다. 반복될 수 있는 경험만이 증명될 수 있으며, 반복되지 않는 것은 증명되지 않는다. 여기서 세계는 **새로운 미래를 갖지 못한 폐쇄된 체계**로 생각된다. "모든 것이 헛되다", "해 아래 새로운 것이 없다"는 전도서의 고백은 새로운 미래를 알지 못하는, 하나님

없는 세계의 모습을 반영한다. 이에 반해 성서에서 하나님은 "새로움"의 근원이요 새로운 미래를 "약속하는 자"로 나타난다. 오늘의 자연과학에서도 세계는 폐쇄된 체계가 아니라, 인간이 예측할 수 없는 개방된 체계로 이해된다.

5. 폐쇄된 체계는 그것을 넘어서는 초월을 알지 못한다. 존재하는 것은 물질 덩어리로서의 이 세계뿐이다. 세계는 물질들의 물리적 작용에 불과하다. 인간의 영적, 정신적 활동은 뇌세포의 물리적 작용으로 환원된다. 이로써 세계는 그 자체로서 전부가 되고, **초월의 차원**이 사라진다. 초월의 차원이 사라질 때 모든 **윤리의 초월적 근거**가 없어지며, 윤리적 상대주의와 혼란이 등장한다. 윤리적으로 모든 것이 허용된다. 왜 우리가 이웃을 사랑하고 연약한 이웃을 보호해야 하는가에 대한 초월적으로 근거된 윤리적 이유를 말할 수 없게 되며, "내 자신의 생명을 위해 무한히 소유하는 것이 왜 죄인가?"라는 주장에 대해 아무 항변도 못하게 된다. 이로 인해 생성되는 인간의 **무윤리성과 무책임성**, 극단의 개인주의와 이기심은 현대세계의 위기를 유발하는 근본 요인이다. 이에 반해 성서는 세계를 하나님으로부터 설명하며 하나님을 윤리의 초월적 근거로 제시한다.

6. 기계론적 세계관과 무신론적, 물질론적 세계관에 따르면 세계는 정신과 물질의 두 영역으로 나누어진다. 자연과학은 물질의 세계를 분석하는 반면, 정신의 세계는 철학과 신학의 고유 대상으로 간주된다. 자신의 특성을 가진 인간이 자기를 실현하는지 아니면 좌절에 빠지는가의 문제는 과학적으로 중요한 문제가 아니다. 계산될 수 있고 측정될 수 있는 것만이 의미와 타당성을 가진다. 그 밖의 것은 객관성이 없는 주관적인 것이며 과학에게는 관심 밖의

일로 간주된다.

이로써 자연과학과 정신과학, 자연과학과 신학의 상호 대화와 자기 보완과 협력은 불가능하게 된다. 종합대학에서 필자는 이 문제점을 절실히 체험하고 있다. 인문분야에 속한 학자들의 모든 이야기는 자연과학자들에게는 객관성이 없는 주관적 견해들로 생각된다. 인문분야는 인간의 정신에 관한 분야로, 자연과학은 자연 현상에 관한 분야로 깨끗하게 나누어진다. 따라서 자연과학 분야 교수들과 인문분야, 사회과학 분야 교수들 사이의 진지한 학술적 대화를 대학 캠퍼스에서 발견할 수 없다. 과학기술이 지배하는 오늘의 세계가 어떤 목적을 향해 발전해야 할 것인가에 대해 자연과학자와 이야기 하는 것은 거의 불가능하다. 각자 자신의 연구와 교육에 몰두할 뿐이다. 자연과학자들은 기업이나 정부 유관기관의 연구비 지원으로 발견한 새로운 인식과 이론을 세계 학술지에 발표하며, 새로운 기술을 개발하여 특허를 받고 연구비를 제공한 기업이나 정부 유관기관에 그 기술을 넘겨주는 일에 몰두한다. 자신이 발견한 새로운 인식과 기술이 어떤 결과를 초래할 것인가에 대해 그들은 무관심하다. 대학의 모든 것이 수치로 평가된다. 외부 연구비를 많이 수주한 교수는 학교 발전에 기여하는 유능한 교수로, 그렇지 못한 교수는 무능한 "꼴샌님"으로 간주된다. 대학은 "학문의 전당"이 아니라, 취업 준비소 내지 소개소로, 외부 연구비를 수주받고 연구를 대행하는 용역업체 비슷한 모습을 갖게 된다. 현대사회를 지배하는 자본주의적 사고와 정신적 빈곤현상이 오늘의 대학을 지배한다. 이념이나 신념이 대학을 지배하지 않고 숫자가 대학을 지배한다.

7. 기계론적 세계관과 이에 기초한 무신론적, 물질론적 세계관을

따를 때, 우리는 세계의 그 무엇에 대해서도 동정하는 마음이나 함께 아파하는 마음을 가질 필요가 없다. 세계의 모든 사물들은 인과율의 기계적, 물리적 법칙에 따라 움직이는 기계들이기 때문이다. 그 속에 영혼이 없고 생명이 없는 기계들, 물질 덩어리에 대해 우리는 어떤 느낌을 가질 필요가 없다. 그것이 아픔과 고난을 당해도 동정심을 느끼거나 함께 아파할 필요가 없다. 이리하여 인간은 이 세계 모든 것에 대해 아무런 느낌을 갖지 않는 **무감각한 존재**, 곧 homo apatheticus로 변한다. 수 백 수 천 명의 사람들, 수많은 자연의 생물들이 떼죽음을 당해도 마음에 별다른 아픔을 느끼지 않는다. 기계론적 세계관은 결국 인간을 무감각한 기계와 같은 존재로 만들어 버린다. 우리가 영화에서 가끔 볼 수 있는, 아무런 느낌을 갖지 않은 차디찬 기계와 같은 과학자, 사람의 생체를 실험하면서 실험당하는 사람의 고통에 대해 무감각한 의사의 모습은 이러한 인간 형태를 반영한다.

인간이 기계처럼 무감각한 존재가 되어버릴 때, 인간의 사회도 무감각한 체계로 변모한다. 무감각한 인간은 결국 **무감각한 사회**를 형성한다. 인간과 자연의 피조물들이 고난과 죽음을 당해도 별다른 느낌을 갖지 않는 현대사회의 모습은 기계론적 세계관이 초래한 결과라 볼 수 있다. 이에 반해 성서는 이웃에 대한 사랑과 공명(sympathy)과 삶의 나눔을 윤리의 이상으로 제시한다.

8. 기계론적 세계관에서 세계의 모든 것은 객관적 관찰과 실험대상에 불과하므로, 어떤 대상에 대해서도 느낌을 갖지 않는 것, 곧 **감정이입**(感情移入)을 금지하고 모든 대상을 하나의 **물건** 내지 **대상**으로 간주하는 것이 오늘날 자연과학의 기본원칙이다. 감정이 이입될 때, 대상에 대한 객관적 실험과 관찰이 불가능하다.

대상에 대한 모든 감정이입을 금지하고 세계의 모든 것을 하나의 물건 내지 대상으로 보는 것을 가리켜 우리는 세계의 "물건화"(Verdinglichung) 혹은 대상화(Verobjektivierung)라 부른다. 세계의 모든 것을 하나의 물건으로 보는 것, 인간의 생명마저 하나의 물건 내지 상품으로 보며 그것의 존엄성을 느끼지 못하는 여기에 오늘날 위기의 원인이 있다. 영국의 생화학자 쉘드레이크(R. Sheldrake)는 이에 관한 자신의 경험을 다음과 같이 소개한다:

> "아주 어릴 때부터 나는 내가 생물학 공부 하기를 원한다는 것을 알았습니다. 그래서 학교에서도 과학에 관심을 두었습니다. 그 후 나는 케임브리지로 가서 생물학과 생화학을 공부했습니다. 하지만 연구해 나가면서 나의 원래 영감, 즉 실제로 살아 있는 유기체인 생명에 대한 관심과 내가 배웠던 생물학 사이에는 넘을 수 없는 격차(gulf) - 전통적인 기계론적 생물학은 본질적으로 유기체의 생명을 부정하는 대신에 생명을 기계처럼 다룬다 - 가 있었습니다. 그래서 나는 사람들이 동물과 식물에게 정서적으로 반응할 수 없는 것을 배워야만 했습니다.…
>
> …생화학부에서 우리가 했던 첫 번째 작업은 연구하려는 유기체를 죽이는 일이었으며, 그 다음에는 거기에서 DNA와 효소 등과 같은 것을 추출해 내는 것이었습니다."[26]

대상에 대한 모든 감정이입이 차단될 때, 대상과 인간의 인격적 교통과 사귐은 불가능하게 된다. 대상은 나에게 인격적 교통과 사귐의 대상이 아니라, 내 자신의 존재와 전혀 관계 없는 하나의 대

---

26) M. Fox & R. Sheldrake, 『창조, 어둠, 그리고 영혼에 관한 대화. 과학과 종교 안에서의』, 이정배 옮김, 동명사 1999, 24 이하.

상일 뿐이다. 그것은 인간 자신의 관심과 기획에 따라 마음대로 조정할 수 있고 변형시킬 수 있는, 이를 통해 인간이 자기 자신을 실현할 수 있는 수단에 불과하다. 이에 반해 성서는 하나님의 창조, 곧 하나님의 소유로서 모든 피조물의 존엄성을 시사하며 이들에 대한 인간의 배려와 사랑과 책임을 요구한다.

9. 기계론적 세계관과 무신론적, 물질론적 세계관에서 인간과 세계는 주체와 객체의 **이분법적 구조**(Dichotomie)를 갖게 된다. 인간은 인격과 주체성을 가진 주체요, 세계는 인간에 의해 객관적으로 관찰되고 실험되며 조작되어야 할 대상으로 생각된다. 이로써 **자연환경 자체의 주체성과 역사성**은 부인되고, 인간만이 주체성과 역사성을 가진 것으로 이해된다. 이것은 자연환경에 대한 인간의 횡포이다.

인간과 자연환경의 이분법적 구조는 **인간 중심주의**로 발전한다. 자신만이 주체성과 역사성을 갖는다고 생각하는 인간이 그것을 갖지 못한다고 생각하는 자연환경에 대해 자기를 중심으로 세우는 것은 자연스러운 일이다. 인간은 자연환경의 중심에 있는 우수한 존재, 지혜로운 정신적 존재요, 자연환경은 인간의 변두리에 있는 열등한 존재, 지혜가 없는 물질적 존재로 간주된다 (그러나 오늘날 인간의 문명이 초래하는 결과를 고려할 때, 과연 누가 더 우수하고 지혜로운 존재인지는 역사가 판명해 줄 것이다). 이제 자연환경은 하나님의 목적을 위해 존재하는 것이 아니라, 인간의 유익을 위해 존재한다. 인간이 자연환경의 중심이다. 자연환경이 존재하는 목적은 인간에게 유익을 주기 위한 데 있다. 인간에게 유익을 주는 한에서 자연환경은 존재의 가치와 존재의 의미를 가진다.

인간 중심주의는 기계론적 세계관이 지배했던 계몽주의의 공통된 요소였다. 18세기의 많은 계몽주의 철학자들은 "너무도 인간학적 관심과 세계 지배의 실제적 목적들에 지배되어, 세계 전체의 장치와 그 부분들의 활동이 **인간의 필요**를 위해 줄 수 있는 **유익**(Nutzen)이 무엇인가를 탐구한다." 세계기계의 목적성은 인간을 위한 "유익을 주는" 데에 있다.[27)]

10. 이로써 인간과 자연환경의 관계는 지배자와 피지배자, 정복자와 피정복자, 소유자와 소유물, 주인과 종의 관계로 발전하며, 자연환경은 탐욕에 찬 인간 앞에 놓여 있는 "주인 없는 물건"으로 보여진다. 자기를 자연환경의 소유자요 중심으로 인식하는 인간을 통해 자연환경의 무자비한 파괴와 착취가 시작된다. 오늘 우리가 직면하고 있는 생태학적 위기는 이 무자비한 파괴와 착취를 가능케 한 기계론적 세계관, 무신론적, 물질론적 세계관의 귀결이다. 근대에 시작한 지구의 탐험, 자연 속에서 자연과 더불어 살고 있던 수많은 민족들과 종족들에 대한 식민주의, 이들에 대한 무차별한 살해와 정복과 약탈과 착취는 이들 세계관이 초래한 인간중심주의의 토대 위에서 가능하였다. 심지어 인간이 인간을 노획하여 노예로 팔아먹는 일, 곧 2,000만 명에 달하는 아프리카 흑인들의 노예매매도 이 시대에 자행되었으며, 수천만 명에 달하는 아메리카 대륙의 인디안과 인디오스의 살해와 땅의 탈취도 이 시대에 일어났다. 주인 없는 물건을 자신의 소유로 만들기 위해 세계 열강들 사이에 치열한 싸움과 전쟁이 일어났고, 힘의 확장을 위한 경쟁과 전쟁에서 이기기 위해 자연과학과 과학기술이 발전하였다. 일본에 의한 한국의 식민화도 이러한 역사적 배경 속에서 가능하였다.

---

27) W. Windelband, Lehrbuch der Geschichte der Philosophie, 419.

기계론적, 무신론적 세계관을 통해 **인간 자신의 존엄성과 생명의 권리**도 상실된다. 세계를 기계와 같은 것으로 생각할 때, 그 속에 있는 인간도 하나의 기계로 생각되기 때문이다. 이에 관해 우리는 다음 권의 책에서 상론하고자 한다.

11. 기계론적 세계관이 전제하는 환원론(reductionism)의 방법은 **대상의 빈곤화**를 초래하며, 대상에 대한 전체적 파악을 불가능케 한다. 환원주의의 방법은 어떤 대상을 더 이상 나누어질 수 없는 최소의 부분들로 환원시키고, 이 부분들을 특정한 관심과 전제에 따라 재구성함으로써 대상에 대한 인식을 얻는 것을 말한다. 이 방법에서 대상은 그의 모든 관계에서 추상화되어 (abstract: 라틴어 ab 〈…로부터〉 +sterno 〈흩어버리다〉 의 과거분사 stratus의 합성어. 종합적으로 말해 "다양한 관계들로부터 분리시켜 개체로 흩어버림을 뜻함) 개체로 고립된다. 그러나 모든 대상은 홀로 존재하는 것이 아니라, 언제나 다른 대상들과의 관계 속에 있다. 그것은 관계들의 총체라 말할 수 있다. 따라서 대상은 그가 가진 관계들 속에서만 전체적으로 파악될 수 있다. 이러한 관계들로부터 추상화시킬 때, 대상의 개체화, 고립화, 빈곤화가 일어나며, 대상의 현실에 대한 전체적 파악은 불가능하게 된다. 이것은 인간으로 인한 자연환경 전체의 빈곤화를 뜻하며, 자연환경을 전체로서 파악하지 못하게 된다. 자연의 사물들을 개체로 분석함으로써 그들을 빈곤화시키며, 그들을 전체로서 보지 못하고 언제나 극히 작은 한 부분만을 보는 데에 오늘날 생태학적 위기의 또 다른 원인이 있다.

지금까지 우리는 기계론적 세계관과 거기서 발전한 무신론적, 물질론적 세계관과 "방법론적 무신론"의 문제점을 기술하였다. 그럼 자연의 사물들에 대한 자연과학의 인식과 하나님의 존재는 어떤 관계에 있는가? 어떤 구체적 방법으로 자연과학의 인식과 하나님의 존재가 연결될 수 있는가? 자연과학자들이 인정할 수 있는 구체적 방법이 존재하는가? 자연과학자들은 자연의 사물들에 대한 그들의 연구와 인식에서 도대체 하나님을 인정할 수 있는가? 기독교 신앙을 가진 과학자가 하나님의 존재를 인정한다 해도, 그것은 결국 증명될 수 없는 종교적 신념이나 주장에 불과하지 않은가? 도대체 자연과학과 신학의 관계를 우리는 어떻게 규정해야 하는가? 양자는 서로 다른 언어와 방법과 목적을 가진 별개의 영역으로 언제나 분리된 상태에 있어야 하는가 아니면 서로 연결 내지 통합될 수 있는가? 연결 내지 통합될 수 있는 구체적 방법은 무엇인가?

오늘날 일련의 신학자들, 특히 자연과학자로서 신학자가 된 학자들이 자연과학과 신학의 통합과 공명과 종합을 시도한다.[28)] 일련의 과학자들도 이에 동의하는 입장을 보인다. 그러나 오늘날 대부분의 자연과학자들과 신학자들은 이러한 시도에 대해 아무 반응을 보이지 않는다. 그것은 지금까지의 시도에 대해 그들이 동의하지 않는다는 것을 암시한다. 자연과학과 신학이 사용하는 언어와 방법과 목적이 다르기 때문에, 이 통합과 공명과 종합은 쉽게 이루어지지 않을 것이라고 그들은 예감하는 것 같다. 연구 대상과 방법과 인식의 객관성을 더 이상 주장할 수 없는 오늘날 자연과학의 상황을 지적한다 하여, 자연과학과 신학의 관계가 회복되지 않으며, 더더구나 하나님의 존재가 증명되는 것도 아니다. 따라서 이 문제는 우리에게 새로운 연구 영역을 제시한다.

28) 이에 관해 김균진 · 신준호, 『기독교 신학과 자연과학의 대화』, 대한기독교서회 2004.

5.

그래도 우리는 세계를 포기할 수 없다!

1. 절망과 체념이 가장 나쁜 악이다

2004년 12월 남 아시아 해역에서 지진해일의 참사가 일어났을 때, 텔레비전의 어느 아나운서는 이렇게 질문하였다: "하나님이 계시다면, 어떻게 이런 일이 일어날 수 있는가?" 이 질문은 단지 한 아나운서의 질문이 아니라, 지진해일의 참혹한 현장을 목격한 많은 시청자들의 질문이었을 것이다. 또 그것은 단지 이 시대 사람들의 질문이 아니라, 세계사에서 일어난 참혹한 재난과 고난을 목격한 많은 사람들의 질문이었을 것이다.

이 질문은 모순과 불의로 가득한 세계에 대한 **저항의 표현**이라 말할 수 있다. "하나님이 계시다면 어찌 이런 일이 있을 수 있는가?"라고 질문하면서 그들은 세계에 대한 그들의 저항감을 나타낸다. 이와 동시에 이 질문은 세계에 대한 **책임 회피의 무신론적 형태**라 말할 수 있다. 세계 1, 2차 대전과 한국의 6.25 전쟁 등에서 희생당한 수 천만 명의 무고한 생명들, 히틀러의 독재로 말미암아 독가스실에서 사라진 육백만 명 이상의 유태인들, 아메리카 대륙에서 백인들에게 땅을 빼앗기고 죽임을 당한 수 천 만 명의 인디안들과 인디오스들, 백인들에게 사로잡혀 노예로 팔린 이천 만 명 이상의 아프리카 흑인들의 고난과 죽음, 지금도 인간 사회 곳곳에서 일어나고 있는 불의와 모순들을 보면서 많은 사람들이 이렇게 질문한다: 하나님은 어디에 있는가? 하나님이 있다면, 어떻게 이런 일이 일어날 수 있는가? 하나님도 세계를 구원할 수 없다면, 누가 이 세계를 구원할 수 있단 말인가? 세계는 늘 이런 모습으로 되어져가기 마련 아닌가? 이러한 저항적 질문과 함께 그들은 세계에 대한 책임을 하나님에게 슬쩍 넘겨버린다.

이 질문에 대해 우리는 다음과 같이 반문할 수 있다: 자연의 재난은 부분적으로 자연의 진화 과정에 속한다. 그러나 오늘날 세계 각지에서 일어나는 자연 재난의 원인과 책임은 인간에게 있다. 비록 자연발생적 원인으로 말미암아 재난이 일어날지라도, 우리 인간이 자연을 파괴하지 않고 자연과 조화 속에서 산다면, 참혹한 대참사는 피할 수 있을 것이다. 자연의 재난은 차치(且置)하고, 전쟁, 인종학살 등의 재난은 우리 인간의 능력으로 얼마든지 피할 수 있는 일이다.

또 우리 인간에게는 세계를 구할 수 있는 능력도 있다. 만일 우리 인간이 그의 양심과 이성으로 통찰하는 바를 행하기만 한다면, 우리는 세계의 많은 재난들을 극복할 수 있을 것이다. 그럼에도 불구하고 우리는 이렇게 질문한다: "하나님이 있다면, 어찌…?" 그러나 우리는 이 질문을 우리 인간에게 돌려야 할 것이다: "우리 인간에게 재난을 피할 수 있고 세계를 구할 수 있는 능력이 있음에도 불구하고, 어찌 이런 일이 일어나는가?" 이 질문과 함께 우리는 재난에 대한 책임을 하나님에게 돌리기 전, 먼저 인간 자신의 책임을 물어야 할 것이다. 우리 인간에게는 무엇을 행해야 하고 무엇을 행하지 말아야 하는가를 알 수 있고 판단할 수 있는 도덕적 양심과 이성이 주어져 있기 때문이다.

세계에 대한 책임 회피의 다른 한 가지 형태는 **유신론적, 묵시사상적 형태**라 말할 수 있다. 세계의 운명에 대해 묵시론자들은 이렇게 대답한다: 하나님은 살아 계시다. 그는 의로운 분이므로, 인간의 죄를 물을 것이며 그의 행위에 따라 심판을 내릴 것이다. 의로운 자는 이 심판에서 영원한 생명의 축복을 받을 것이며, 불의한 자는 영원한 고통의 벌을 받을 것이다. 세계는 하나님의 역사 계획에 따라 멸망하도록 결정되어 있다 (묵시사상의 결정론). 이 결정을 되돌릴 수 있는 사람은 아무도 없다. 하나님이 역사의 진행 방향을 이미 계획해 두었기 때문에, 세계는 시간이 흐를수록 점점 더 부패하고 타락할 것이며, 마지막 대 재난과 함께 무(無)로 폐기될 것이다(annihilatio mundi). 죄의 열매는 파멸과 죽음이요, 인간은 그가 행한 죄의 열매를 거둘 수밖에 없을 것이다. 마지막 대 재난이 오기 전에 경건한 그리스도인들은 구름 위로 올라가 재림하는 주님을 맞을 것이다 (데살로니가 전서 4:13-18). 지금의 세계는 사라지고, 더 이상 "죽음과 슬픔과 울부짖음과 고통이 없는" "새 하늘과 새 땅"이 위로부터 내려 올 것이다.

세계의 미래가 대 재난과 파멸로 결정되어 있다면, 오늘의 위기 상황은 파멸의 불가피한 과정에 속한다. 따라서 우리는 이 세계를 위해 아무 노력도 할 필요가 없다. 이 세계에 대해 아무런 희망도 가져서는 안 된다. 이로써 묵시사상적 해석은 세계에 대한 인간의 분노를 소극적 방법으로 나타내며, 하나님의 역사 계획의 이름으로 세계를 포기한다. 그것은 우리의 세계와 자녀들을 위해 우리가 짊어져야 할 책임을 회피하는 동시에, 불의의 세력과 직접 간접으로, 의식적으로 혹은 무의식적으로 결합하면서 자기를 유지하는 또 하나의 형태이다. 여기서 불의와 재난을 일으키는 자는 하나님의 역사 계획의 수행자로, 하나님의 심판의 집행자로 승화된다. 모든 형태의 현실 도피는 현실에 대한 책임의 회피이며, 죄와 죽음의 세력에 대한 방조(傍助)이다. 그것은 악의 세력에 직접 간접으로 방조하면서 자기를 유지하는 자기중심적 삶의 태도이다. 우리가 모든 것을 버리고 깊은 산 속으로 들어간다 할지라도, 이러한 결과를 피할 수 없다.[1)]

현대세계의 많은 문제들과 더불어 상황을 더욱 악화시키는 또 한 가지의 심각한 문제는 **미래에 대한 희망을 포기**하고 **체념과 냉소주의** 가운데서 성장과 진보란 이름의 호랑이가 내달리는 대로 끌려가는 데 있다. 미래의 희망이 없는 사람에게는 모든 것이 불가능하다. 그에게 많은 가능성이 주어져 있음에도 불구하고, 모든 것이 잿빛으로 보인다. 세계의 목적이 무엇인지, 세계가 어떤 방향으로 발전되어야 할 것인지 그는 알고자 하지도 않는다. 체념과 절망이 그를 무기력하게 만들어버리며 그의 삶을 마비시킨다. 그는 주어진 상황을 받아들이며 이에 순응한다. 순응함으로써 그는 악의 세력을 방치하며, 방치함으로써 그는 직접 간접으로 방조한다. 방조하는 가운데서 그는 자기의 삶을 유지한다. 세계가 이렇게 되어서는 안 된다는 것을 알지만, 그는 자신의 무력함을 한

1) 채수일, "우리시대 죽임의 문화와 살림의 길", 『생명의 신학과 윤리』, 이삼열 엮음, 163-164도 이러한 위험성을 지적함.

탄하면서 주어진 현실에 끌려간다. 그는 사실상 세계를 포기한 가운데 있다.

앞서 우리는 오늘의 생태학적 재난을 초래한 여러 가지 요인들을 기술하였다. 이 요인들을 고찰할 때, 우리는 좌절에 빠지기 쉽다. 사실 오늘날 많은 사람들이 좌절 상태에서 "될대로 되어라!"는 마음으로 살아간다: "성장을 위주로 한 현대세계의 자본주의적 구조를 그 누가 고칠 수 있으랴. 자본주의적 구조를 극복할 수 있는 대안이 우리에게는 없지 않은가!" 그러나 우리 인간에게는 오늘의 현실을 극복할 수 있는 도덕적 판단 능력과 지적 능력이 있다. 가장 심각한 문제는 이 능력들을 선한 방향으로 최대한 활용하지 않고 좌절에 빠지는 데 있다.

가장 나쁜 악은 미래에 대해 좌절하며 현실을 포기하는 데 있다. 절망하고 포기하는 사람은 아무 것도 이룰 수 없다. 하나님은 그에게 아무 것도 줄 수 없다. 현실을 극복할 수 있는 능력이 그에게 주어져 있다 할지라도, 그는 주어진 현실에 주저앉아 체념과 절망에 빠진다. 우리 인간에게는 세계를 지옥으로 만들 수 있는 능력도 있고, 에덴 동산과 같은 아름다운 세계를 만들 수 있는 능력도 있다. 악을 버리고 선을 택할 수 있는 능력도 그에게 주어져 있다. 만일 우리 인간이 선하다고 통찰하는 것을 행하기만 하면, 이 세계는 한결 더 아름다운 세계로 변할 것이다. 문제는 우리 인간이 자신에게 주어진 능력을 악한 쪽으로 사용하며, 세계의 미래에 대해 체념과 절망에 빠지는 데 있다. 아무리 좋은 기회가 주어져도, 절망하며 포기하는 사람에게는 모든 것이 불가능하다.

2. 왜 그리스도인들은 현실을 포기할 수 없는가?

오늘의 위기 상황을 극복하기 위해 무엇보다 먼저 필요한 것은 체념과 절망을 버리고 하나님의 약속된 미래를 향한 꿈과 희망의 정신을 갖는 데 있다. 꿈과 희망이 있는 곳에 새로운 가능성과 미래가 있다. 세계의 현실이 아무리 절망적일지라도, 그리스도인들은 절망에 빠질 수 없으며, 하나님이 창조한 세계를 포기할 수 없다. 오히려 그들은 하나님이 약속한 새로운 세계에 대한 희망 속에서 세계를 변화시키고자 노력한다. 그 까닭은 무엇인가? 그 까닭은 그들이 가진 **하나님 신앙**에 있다:

1. 그리스도인들이 믿는 하나님은 "미래를 존재의 특성으로"(Futurum als Seinsbeschaffenheit, Ernst Bloch) 가진다. 그는 그가 사랑하는 피조물들과 함께 계시지만, 장차 올 미래에 계신다. 그러나 그는 미래에 머물러 있지 않고 현재 속으로 들어와 새로운 세계를 약속한다. 그는 세계를 포기하지 않으며, 세계에 대한 책임을 회피하지 않는다. 그는 세계를 버리고 무(無)의 경지로 들어가지 않는다. 오히려 그는 그의 미래로부터 현재 속으로 들어와서 새로운 미래를 향한 새로운 역사를 일으킨다.

이것을 우리는 먼저 구약성서에서 볼 수 있다: 구약성서에서 하나님의 자기계시는 고대의 다른 종교에서 볼 수 있는 "신의 현현"(Epiphanie)이 아니라, 새로운 미래에 대한 "약속"의 형태로 나타난다. 하나님을 계시하는 말씀은 어떤 무시간적 진리를 말하는 것이 아니라 "근본적으로 약속의 성격을 가지며, 그러므로 그것은 종말론적 성격의 것이다."[2] 이것을 우리는 아브라함과 모세에 대한 하나님의 자기계시에서 볼 수 있다. 아브라함과 모세에 대한 하나님의 자기계시는 새로운 땅과 미래의 약속과 더불어 일어난다. 예언자들에게 그는 공의와 자비와 평화 속에서 모든 피조물이 더불어 사는 새로운 메시야적 세계, 곧 "새 하늘과 새 땅"을 약속한다 (이사야 11장, 65:17, 66:22).

고대의 많은 종교들에서 신은 특정한 장소나 일정한 지역에 머물러 있는 존재로 생각된다. 고대의 종교들은 신이 나타난 장소를 특별히 거룩한 장소로 구별하고 그곳에 신전이나 성소를 짓는다. 신은 여기에 머물러 있으며, 여기에 가면 신을 만날 수 있다고 생각한다. 여기서 속된 장소와 거룩한 장소가 구별되며, 신은 세속의 영역에서 구별되어 거룩한 장소에 머물러 있는 존재로 이해된다. 그러나 출애굽 사건이 보여 주는 것처럼, 성서의 하나님은 특정한 장소에 안주하지 않는다. 인간의 눈으로 볼 때 새로운 가능성이 전혀 없는 그 때에 하나님은 새로운 세계를 약속하며, 그의 백성과 함께 약속의 땅을 향해 떠난다. 그는 "현현의 신"이 아니라 "약속의 신"이요, 성전에 머물러 있는 신이 아니라 "이동하는 신"이다. 그는 자기의 백성과 함께 약속된 미래를 향한 "도상에 있다." 한마디로 성서가 증언하는 하나님은 "출애굽과 약속의 하나님"이다. 그는 신음하는 피조물들을 구원코자 하는 "구원의 하나님"이다.

2. 신약성서가 증언하는 예수 그리스도의 **성육신과 부활**은 구약성서에 나타나는 하나님의 모습을 다시 한 번 드러낸다. 성육신은 하나님의 아들이 인간의 육 안으로(in-carne) 들어왔음을 뜻한다. 그것은 이 세계가 아무리 악하고 절망적일지라도, 하나님은 이 세

2) J. Moltmann, Theologie der Hoffnung. Untersuchungen zur Begründung und zu den Konsequenzen einer christlichen Eschatologie, 3. Aufl. 1969 (한국어 역: 『희망의 신학』, 이신건 옮김, 대한기독교서회 2002), 85 이하, 129.

계를 포기하지 않으며, 오히려 육에 속한 이 세계에 그의 의와 사랑이 다스리는 새로운 생명의 세계를 시작하였음을 시사한다. 그것은 새로운 생명의 세계에 대한 하나님의 약속이다. 말씀이 육신이 된 하나님의 아들 예수 안에 "생명의 약속"이 있다 (디모데후서 1:1). 이 약속은 그리스도의 부활을 통해 다시 한 번 증명된다. 그리스도의 부활은 이 세계를 파멸시키려는 죽음의 세력을 하나님이 이기시고 새로운 생명의 세계를 시작하셨으며 이 세계를 약속하였다는 것을 보증한다. 부활은 하나님의 약속의 보증이다.

그러므로 히브리서의 기자는 하나님을 "약속하신 하나님"(theos epaggeilamenos, 히브리서 10:23, 11:11)이라 부른다. 그는 우리에게 복음의 약속을 주신 약속의 하나님이요, 우리가 끝까지 기다리며 희망해야 할 "희망의 하나님"(로마서 15:13)이다. 그리스도의 복음을 믿는 그리스도인들은 "약속을 받은 자"(히브리서 11:17), "약속의 자녀" 혹은 "약속을 상속받은 자"이다(로마서 9:8, 히브리서 6:12). 그들은 하나님의 약속을 받았기 때문에 기다림과 희망 가운데서 살게 된다. 그들은 하나님의 약속의 성취를 기다리는 "희망의 백성"이다. 그들은 세계의 희망이신 그리스도에게 속한 사람, 곧 그리스도인이다. 하나님은 "이제는 죽음과 슬픔과 울부짖음과 고통이 없는" (요한계시록 21:4) 새로운 피조물의 세계에 대한 희망을 그들에게 은혜로 주셨다 (데살로니가 후서 2:16). 그들의 믿음은 단지 기독교의 종교적 진리에 대한 지적 승인에 불과한 것이 아니라, 하나님의 약속이 이루어질 것이라는 희망과 이 약속을 이루실 하나님의 능력에 대한 신뢰(fiducia)를 뜻한다.

3. 이 세상의 사랑 가운데 거의 절대적인 것은 자녀에 대한 어머니의 사랑인 것 같다. 자녀가 아무리 잘못된 길을 걸어도, 자녀에

대한 어머니의 사랑은 변하지 않으며, 자녀의 생명을 포기하지 않는다. 어머니는 자녀에 대한 희망을 끝까지 지킨다. 희망이 실망으로 끝나는 순간까지 어머니는 희망을 버리지 않는다. 자녀의 생명에 대한 사랑과 기대 때문에 스스로 고난의 길을 걸으며 자신의 생명을 희생하는 어머니들도 있다. 하나님은 **사랑**이다. 하나님의 사랑은 생명을 포기하지 않는다. 포기하고 싶어도 포기할 수 없다. 사랑은 죽어가는 생명을 살린다. 사랑 안에는 생명을 살리는 힘이 있기 때문이다. 사랑은 생명력 자체이다.

하나님이 생명을 포기하지 않는다면, 그리스도인들도 이 세계의 생명들을 포기할 수 없다. 그들은 주어진 현실에 주저앉지 않고, 아직 주어지지 않은 하나님의 새로운 현실을 희망하며 그것을 앞당겨 오고자 한다. 그들의 마음 속에는 생명에 대한 하나님의 사랑이 있고, 하나님의 새로운 세계에 대한 꿈과 환상과 안타까운 기다림이 있다. 이 꿈과 환상과 기다림이 그들의 삶을 이끌어 간다.

"그리스도인"이란 그리스도에게 속한 사람이란 뜻이다. "그리스도"는 희브리어 "메시야"를 그리스어로 번역한 것이다. 따라서 "그리스도인"이란 메시야에게 속한 사람을 말한다. 즉 메시야의 약속을 믿으며 그의 영에 사로잡혀 그가 약속한 미래를 기다리는 사람, 그의 미래를 향한 희망 속에서 살며 행동하는 사람을 말한다.

메시야의 약속에 대한 믿음과 그의 미래에 대한 희망 때문에 그리스도인들은 주어진 현실에 안주하지 않으며 그것과 타협할 수 없다. 그들은 "이미 주어진 것" 속에서 "아직 주어지지 않은 것"을 기다리며 이것을 지향한다. 그들은 "궁극적으로 새로운 것(novum ultimum), 그리스도의 부활의 하나님을 통한 모든 사물들의 새 창조를" 추구한다. 그러므로 "종교가 있는 곳에 희망이 있다" (Ernst

Bloch). 그리스도인들의 희망은 "사랑의 창조적인… 상상력의 **다함이 없는 원천**"이요, "인간과 땅에 대한… 사랑을 자극하고 생산한다."[3)]

오늘 우리에게 무엇보다 먼저 필요한 것은 땅과 생명에 대한 사랑이요, 하나님이 약속한 "새 하늘과 새 땅"에 대한 기다림과 희망의 정신이다. 신학이란 하나님이 주신 희망을 해석하는 학문, 곧 "희망의 해석학"이다. "하나님의 선물로 살아낸 희망의 해석학이 바로 신학이다. 그리고 그것은 이 세계에 해방하는 희망을 선포하는 것을 의미한다."[4)] 정재현 교수는 희망의 역설적 성격을 다음과 같이 설명한다:

> "그렇다면 희망이란 무엇인가? 삶의 현실에서 가능성이 예측되고 산정되는 경우에 우리는 굳이 희망할 이유가 없다. 그것은 희망하지 않더라도 확률의 개연성에 의해서 기대될 수 있기 때문이다. 그렇다면 어떠한 경우에 우리는 희망하는가? 그리고 그 희망은 무엇을 향하는가? 역설적으로, 가능성이 보이지 않는 경우에, 즉 희망할 수 없는 경우에, 그럼에도 불구하고 바로 그렇기 때문에, 우리는 비로소 희망한다. 그리고 그 희망은 희망할 수 없는 것을 향한다. 특히 인간의 궁극적 희망인 해방적 구원에 대해서는 더욱이나 그러하다."[5)]

---

3) J. Moltmann, Theologie der Hoffnung, 28, 29.

4) G. Gutierrez, "Liberation Theology and the Future of the Poor", in: Liberating the Future: God, Mammon and Theology, 198, 123. 장윤재, "'가난한 자들은 항상 너희와 함께 있으리라': 세계화 시대 남미 해방신학의 유산", 한국기독교학회 편, 『한국기독교 신학논총』, 제40집, 대한기독교서회 2005, 217에서 인용함.

5) 정재현 『티끌만도 못한 주제에: '사람됨'을 향한 신학적 인간학』, 분도출판사 1999, 446.

제2부
자연환경에 대한 생명-생태신학의 이해

6.

자연환경은 하나님의 소유이다

우주의 크기는 거의 무한에 가깝다. 자연과학은 우주의 크기를 광속으로 측정하는데, 빛은 초당 3×10^8미터, 곧 30만 킬로미터를 달린다. 빛이 일 년 동안 움직인 거리를 뜻하는 1광년은 9.46×10^{15}미터로, 이는 지구에서 태양까지 거리의 63,000배에 해당하는 거리이다. 이것을 자연과학은 일반적으로 파섹(parsec)으로 계산하는데, 1파섹은 3.26광년이요, 1킬로파섹은 1,000파섹이다. 1메가파섹은 100만 파섹이요, 1기가파섹은 10억 파섹이며, 1테라파섹은 1조 파섹이다. 지구가 속한 은하의 중심은 지구에서 10킬로파섹 떨어져 있고, 우리 은하에서 가장 가까운 안드로메다 은하는 1메가파섹 떨어져 있다. 우리가 눈으로 관찰할 수 있는 우주의 경계는 약 3기가파섹 떨어져 있다. 우주의 다른 쪽은 1 내지 10테라파섹 정도 떨어져 있다고 한다.[1)]우주의 이러한 크기는 한 마디로 우리의 상상

1) 이에 관해 F. J. Tipler, Die Physik der Unsterblichkeit. Moderne Kosmologie, Gott und

력을 넘어선다.

이렇게 광대한 우주는 어떻게 있게 되었을까? 그것은 어디로부터 와서 어디를 향하고 있는가? 이 질문은 곧 자연환경에 대한 질문으로 이어진다: 자연환경은 어떻게 있게 되었는가? 그것은 우연히 있게 된 것인가, 아니면 그 배후의 어떤 초월적 존재로 인해 있게 되었는가?

기독교는 유대교의 창조신앙의 전통에 따라 자연환경을 하나님의 창조로 이해한다: 자연환경은 우연히 있게 된 것이 아니라 하나님의 창조로 있게 되었다. 그것은 하나님으로 말미암아 있게 되었으므로, 하나님이 가리키는 방향을 향한다. 이것은 예수 그리스도의 구원에 대한 믿음과 함께 기독교 신앙의 대 전제이다. 그리스도의 구원에 대한 신앙과 하나님의 창조에 대한 신앙, 곧 구원신앙과 창조신앙은 기독교 신앙의 쌍벽을 이룬다고 말할 수 있다.

앞서 기술한 바와 같이 그동안 창조신앙은 인간 중심주의의 온상이요 생태계의 파괴와 위기를 초래한 원인으로 비판의 대상이 되었다. 그러나 하나님의 창조는 하나님이 자연환경의 중심이요 자연환경의 모든 것은 하나님의 소유라고 선언하며, 자연환경에 대한 인간의 자의적 파괴와 착취를 거부한다. 이런 점에서 성서의 창조신앙 속에는 오늘의 위기를 극복할 수 있는 길이 내포되어 있다. 이 장에서 우리는 자연환경을 우연의 산물로 보지 않고 하나님의 창조로 보는 성서의 창조신앙 속에 어떤 생명-생태신학적 함의가 숨어 있는가를 해명코자 한다.

---

die Auferstehung der Toten, 1994 (원저: The Physics of Immortality, 1994), 22 f.

1. Big Bang인가, 하나님의 창조인가?

세계의 기원을 묻는 물음에 대해 대부분의 자연과학자들은 이른바 빅뱅이론으로 대답한다. 즉 세계는 태초의 우주적 대폭발, 곧 빅뱅으로 인해 생성되었다는 것이다. 그래서 천체물리학은 "태초에 빅뱅이 있었다"고 말한다. 고정상태의 우주론(the steady-state theory of the universe)에 의하면, 우주는 지금 우리가 보는 그대로 영원 전부터 고정되어 있었다. 그것은 영원히 현재의 모습과 상태를 그대로 유지하며 정지되어 있다는 것이다. 그러나 1917년 아인슈타인의 일반 상대성 이론에 대한 연구에서 빌럼 드 지터(Willem de Sitter)는 우주팽창설을 예견하는 이론을 발표했다. 1929년 허블(Edwin Hubble)은 수천 개의 은하들로부터 온 빛의 스펙트럼을 관찰함으로써 스펙트럼의 적색편이(Rotverschiebung)를 확인하고, 이에 기초하여 우주팽창설을 발표했다. 은하를 관찰하는 관측자로부터의 거리에 비례해서 은하의 스펙트럼 파장은 더 길어진다. 이것은 빛을 내는 광원인 은하가 관측자로부터 멀어져 갈 때에는 그 진동수가 감소하고, 따라서 관측되는 빛은 원래의 빛의 파장보다 적색 쪽으로 치우쳐 나타나기 때문이다. 외부은하가 적색편이를 나타낸다는 것은 은하가 후퇴하고 있다는 것인데, 이는 곧 우주가 팽창하고 있음을 의미한다. 우주가 팽창하고 있다면, 과거의 어느 한 시점에는 거의 아무런 팽창이 없는 제로 포인트(zero point), 곧 무한히 작아서 부피가 없는 "특이점"(singularity)이 있었을 것이다.

우주배경복사(cosmic background radiation)를 기초로 계산할 때, 이 제로 포인트는 약 150억 년 전에 있었던 것으로 추정된다. 다시 말해 우주는 약 150억 년 전 그 속에 개체 원자도 존재할 수 없는 고도의 응축된 덩어리, 곧 고도의 복사열을 가진 "우주적 달걀"

(cosmic egg) 혹은 "원초적 원자"(primeval atom)의 상태에 있었다. 이 우주적 달걀 혹은 원초적 원자가 돌발적으로 폭발하여 오늘 우리가 알고 있는 우주의 형태로 발전했다.

러시아 출신의 미국 천체물리학자 가모프(George Gamow, 1904-1968)는 1948년 빅뱅이론의 새로운 가설을 발표했는데, 이 가설에 따르면 우주적 달걀은 고도로 응축되어 있어서 개별의 원자들을 그 속에 가지지 않았고, 단지 극도로 엷고 뜨거운 가스, 곧 아일렘(ylem, 모든 원소의 기원이 되는 물질)을 내포하고 있었다. 호킹(Stephen Hawking)에 따르면, 빅뱅이 일어난 바로 그 시점의 우주는 크기가 0이었고, 따라서 그 온도가 무한대로 뜨거웠다. 그러다가 우주가 팽창함에 따라 복사열은 내려갔다. 빅뱅 1초 후 그 온도는 100억 도 정도로 떨어졌다.[2] 이 온도는 수소폭탄을 폭발시킴으로써 얻을 수 있는 온도이다.

최초의 1초가 대단히 중요한데, 이 시간에 양성자, 중성자, 중간자가 생성되고, 양성자와 중성자가 결합해서 원자핵이 만들어진다. 이 때 우주의 온도는 약 10억 도 정도로 내려가는데, 이 온도에서 양성자와 중성자는 강한 핵력(strong nuclear force)의 인력을 견디지 못하고 결합하기 때문이다. 그러나 이 시기에도 물질과 복사파가 분리되지 못하고 서로 뒤엉켜 있었다. 그 후 30만 년이 지나서야 전자가 원자핵과 결합하고 물질과 복사가 분리됨으로써 우주가 투명해지고, 우주배경 복사파가 방출된다. 그 다음 10억 년이 지난 후 비로소 물질이 덩어리를 형성하면서 별들이 탄생하기 시작한다. 모든 은하계는 지금부터 약 80억년 내지 100억 년 전에 형

2) S. Hawking, A Brief History of Time, 1988 (한국어 역: 『시간의 역사』, 현정준 역, 삼성출판사 1990), 121.

성되었다. 제1세대의 별들은 우리의 태양보다 더 컸다. 그리하여 그들은 폭발로 생을 마감했는데, 이 폭발들로 말미암아 더 무거운 원소들이 형성되었다. 우주는 지금도 계속 팽창하며 진화하고 있다. 별들과 은하계가 폭발로써 생을 마감하는 동시에 새로운 별들과 은하계가 형성된다. 이렇게 진행된 우주의 역사를 과학자들은 대개 다음과 같이 정리한다:[3)]

시간대(무한히 뜨거운 온도)	특이점
10^{-45}초(1032도)	중력이 생성됨
10^{-35}초 (1028도)	강한 상호작용이 일어남
10^{-10}초 (1015도)	약한 전자기적 상호작용이 일어남
10^{-4}초 (1012도)	쿼크에서 양성자와 중성자가 생성됨
3분 (109도)	최초의 원자핵(수소, 헬륨)이 생성됨
500,000년	최초의 원자들(가벼운 원소들)이 생성됨
10억 년	최초의 은하들(무거운 원소들)이 생성됨
100억 년	최초의 별들이 생성됨
120억 년	미시적 생명체가 생성됨
150억 년	오늘의 시대

빅뱅이론에 반해 성서의 창조신앙은 세계가 하나님의 창조를 통해 있게 되었다고 고백한다. 그럼 빅뱅과 하나님의 창조는 어떤 관계에 있는가?

일련의 과학자 및 신학자들은 빅뱅의 표준 이론으로써는 설명되지 않는 최초의 시작점이 있었다는 우주물리학의 가설은 성서의

3) C. F. von Weizsäcker, Der Mensch in seiner Geschichte, 2. Aufl. 1994. 30.

창조신앙과 통합될 수 있다고 주장한다. 무한한 밀도를 가진 특이점과 "빛이 있으라"는 창세기의 기록 사이에는 공통점이 있다고 그들은 생각한다. 교황 피우스 12세(Pius XII)는 빅뱅이론은 창조에 대한 성서의 표상을 지지한다고 말한다.4) 천체물리학자 로버트 자스트로브(Robert Jastrow)는, 천체물리학의 새로운 발견들은 세계의 근원에 대한 성서의 견해에 모순되지 않는다고 말한다.

물리학자 스티븐 호킹, 프리먼 다이슨(Freeman Dyson), 폴킹혼(J. Polkinghorne) 등 일련의 과학자들은 우주의 생성과 인간 생명의 등장에 있어 과학의 힘으로 도저히 설명되지 않는 미묘함과 합목적성 속에서 "하나님의 설계"를 발견하고, 이에 근거하여 빅뱅이론과 창조신앙을 접목시킨다. 호킹에 따르면, "만약 빅뱅이 있은 1초 후 우주의 팽창 속도가 1,000억 분의 1정도만 늦었다면, 우주는 현재의 크기에 이르기 전에 다시 찌그러들었을 것이다."5)

또 빅뱅 1초 후 우주의 팽창 속도가 100만 분의 1 정도만 빨랐더라면, 우주는 너무 빨리 팽창되어 별이나 행성이 만들어지지 않았을 것이다. 핵력이 조금만 더 약했더라면, 우주는 수소 원자만 되었을 것이며, 조금만 더 강했더라면, 모든 수소 이온은 헬륨 이온으로 변화하였을 것이다. 위의 어떤 경우든 안정성을 지닌 별들과 물과 같은 화합물은 형성될 수 없었을 것이다. 우주에서 물리학적 상수들이 아주 조금만 달랐더라면, 생명체가 살 수 없는 우주가 되었을 것이다. 우주의 모든 물리, 화학적 조건들이 인간의 생명이

---

4) Papst Pius XII, "Modern Science and the Existence of God", The Catholic Mind, 1952, 182-192. 이 내용에 관해 I. G. Barbour, Wissenschaft und Glaube, 278 참조.

5) S. Hawking, A Brief History of Time, 121. 이에 관해 I. G. Barbour, 『과학이 종교를 만날 때』, 김영사 2003, 107 참조.

등장할 수밖에 없도록 작용하였다는(=인간원리) 사실을 결코 우연에 돌릴 수 없다. 우리 인간과 같은 지적 생명체가 출현할 수 있도록 우주가 정밀하게 조율된 것처럼 보이는 것은 우발적으로 된 것이 아니라, 하나님의 설계와 작용에 기인한다.

이들 과학자들에 따르면 하늘의 수많은 별들이 서로 충돌하지 않고 질서를 유지하는 것은 그 배후에 있는 신적 작용에 기인한다. 만유인력의 법칙에 따르면, 인력은 물질의 질량에 비례하고 거리의 제곱에 반비례한다. 만일 지구와 달이 조금이라도 가까워진다면, 인력은 기하급수적으로 증가하고, 따라서 서로 급격하게 당기게 되어 엄청난 충돌을 일으킬 것이다. 이와 같이 우주 내의 조그만 인력의 불균형은 순식간에 우주 전체의 붕괴로 이어질 수 있는데, 신기하게도 우주는 붕괴하지 않고 잘 유지되고 있는 것은, 빅뱅으로부터 시작하여 지금까지 눈에 보이지 않게 작용하는 하나님의 존재 때문이다. 그러므로 "창조는 진화의 숨겨진 배경이며, 진화는 창조의 나타난 배경이다"라고 브룬너(Emil Brunner)는 말한다.[6]

빅뱅과 하나님의 창조를 통합할 수 있는 신학적 근거를 우리는 하나님이 창조한 **세계의 개방성**에서 발견할 수 있다.[7] 일반적으로 우리는 태초의 창조된 세계를 완결된 것, 더 이상의 변화를 필요로 하지 않는 이상적인 것으로 생각한다. 그러나 창세기 1장과 2장에서 인간은 하나님이 그에게 맡기신 에덴동산을 관리하고 가꿈으로써 새로운 삶의 세계를 이루어야 할 사명을 부여받는다. 따라서 이

---

6) 정재현, 『티끌만도 못한 주제에』, 133에서 인용함.

7) 이 내용에 관해 J. Moltmann, Gott in der Schöpfung, Ökologische Schöpfungslehre, 1985 (한국어 역: 『창조 안에 계신 하나님』, 김균진 옮김, 한국신학연구소 1986), 214 ff.: "Die fortgesetzte Schöpfung"을 참조함.

른바 파라다이스는 완결된 세계가 아니라, 인간과 자연이 하나님의 공의 안에서 더불어 사는 새로운 미래를 향해 개방된 세계이다.

창세기 1:1이 시사하는 혼돈, 공허, 어둠은 "모든 것이 열려 있는" 태초의 상태를 나타낸다. "땅이 '혼돈'하다는 것은 만물이 고정된 것이 아닌 유동적이고 개방적인 것으로, '공허'하다는 것은 '절대무'를 절대 긍정의 표현으로, '어둠이 깊음 위에 있다'는 것도 긍정적 실체로서 광대무변한 태초의 존재를 표현하는 것으로 해석할 수" 있다.[8)]

따라서 태초의 창조는 그 이후에 계속되는 창조의 시작이라 말할 수 있으며, **태초의 창조와 그 이후의 계속적 창조 전체**를 가리켜 우리는 하나님의 창조라 말할 수 있다. 그리고 빅뱅은 하나님의 **포괄적 창조 안에서** 일어난 것이라 말할 수 있다 (이에 대해 우리는 아래 8장에서 보다 더 자세히 고찰하고자 한다).

빅뱅을 하나님의 창조에 포괄된 것으로 이해할 때, 우리는 P문서가 말하는 창조의 "하루"를 우리가 지금 경험하는 24시간이라 생각할 필요가 없다. 오히려 그것은 진화의 오랜 시간을 가리키며, 태초의 창조의 7일은 진화의 과정 전체를 가리키는 것이라 볼 수 있다. 이것을 한 물리학자는 다음과 같이 설명한다:[9)] 우주의 대폭

---

8) 김은규, "창세기 1장의 생명과 생태사상: 노장사상과 불교적 이해", 한국기독교학회 편, 『한국기독교 신학논총』, 제30집, 대한기독교서회 2003, 58. 이 해석은 핵물리학자인 동시에 신학자인 William Pollard의 생각과 거의 동일함: "When God began to create the universe, there was nothing; no space, no time, no matter; nothing at all. Then there was a black hole, shrouded in impenetrable mystery. Out of this black hole came an expanding space-time universe, initially a vast fireball filled with light, neutrons, protons, electrons, and anti-neutrons, all governed by definite physical law." H. Schwarz, Creation, 174에서 인용함.

9) 제원호, "창조의 6일과 우주의 나이", 『좁은 문에 서 있는 젊은이에게. 서울대 교수

발 직후 우주의 온도는 현재의 우주 온도보다 약 1조 배 정도 높았다. 따라서 그 당시 우주의 팽창 속도는 거의 광속만큼 빨랐다. 그런데 우주의 대폭발로 인해 우주가 매우 빠른 속도로 확장되던 우주 생성 초기의 시간과, 우주 팽창이 거의 중단된 상태인 오늘날의 시간 사이에 연결고리 역할을 하는 것이 있는데, 그것은 우주 속에 있는 우주배경복사이다.

우주의 대폭발 직후 우주의 온도는 현재 우리가 살고 있는 우주의 온도보다 1조 배 정도 높았는데, 이는 우주 대폭발 당시의 우주배경 복사파의 주파수가 지금의 주파수보다 1조 배 정도 높았다는 것을 의미한다. 따라서 우주창조 초기의 우주시계의 한 주기는 오늘날 우주시계의 한 주기보다 1조 배 정도 짧았던 것이다. 즉 그때의 우주시계는 지금보다 1조 배나 빠르게 움직이고 있었던 셈이다. 따라서 우주창조 당시의 1초는 오늘날 시간으로 환산하면 1조 초, 즉 약 3만 년 정도가 된다.

이렇게 환산할 때, 우주창조 첫째 날의 하루, 곧 24시간은 약 80억 년이 된다. 둘째 날의 24시간은 이보다 훨씬 줄어든다. 그 까닭은, 우주가 급속히 팽창하면서 우주의 온도가 현격히 낮아지게 되는데, 결과적으로 우주의 팽창속도가 그만큼 줄어들게 되며, 따라서 창조 둘째 날의 우주 배경 복사파의 주파수는 창조 첫날보다 훨씬 작아지기 때문이다. 이것을 기체의 팽창에 의한 냉각을 설명하는 공식을 사용하여 계산해 보면, 창조 둘째 날의 24시간은 약 40억 년의 기간에 해당한다.

이런 방식으로 계산할 때, 창조 셋째 날의 하루 24시간은 오늘날

27인의 삶과 학문과 신앙이야기』, 민영사 2003, 189-191.

시간으로 볼 때 약 20억 년에 해당하며, 넷째 날의 24시간은 약 10억 년, 다섯 째 날 24시간은 약 5억 년, 여섯째 날의 24시간은 약 2.5억 년에 해당한다. 이러한 계산에 의하면 우주창조 첫 날의 시작은 지금으로부터 약 157억 년 전에 시작되었는데, 이것은 오늘날 자연과학자들이 주장하는 우주의 나이 약 150억 년과 놀라울 정도로 비슷하다.

이러한 계산 방법이 얼마나 타당한지 우리는 단정할 수 없지만, 여하튼 태초의 하루는 오늘 우리가 경험하는 24시간이 아니라 역사의 오랜 기간이라는 사실을 볼 수 있다. 하나님에게는 천 년이 한 순간과 같을 수 있다. 따라서 우리는 태초의 창조를 오랜 시간의 과정 속에서 일어난 하나님의 창조의 과정, 곧 이 세계의 "생성의 역사"(toledoth)로 이해할 수 있다. 창세기의 창조 이야기는 무시간적인 세계의 원초의 상태에 관한 보도가 아니며, 바빌론 창조신화가 이야기하는 신들의 투쟁에 관한 보도가 아니다. 오히려 그것은 시간의 오랜 과정 속에서 일어난 하나님의 창조의 과정을 이야기한다고 볼 수 있으며, 빅뱅은 이 창조 과정의 출발점에 서 있다고 볼 수 있다.

그러나 우리는 하나님의 "무로부터의 창조"(creatio ex nihilo)를 성급하게 빅뱅과 **동일시해서는 안 될 것이다**. 무로부터의 창조는 우주가 궁극적으로 하나님의 절대적 주권과 능력에서 시작한다는 것을 시사함에 반해, 빅뱅은 우주가 거기에서 확장되기 시작하는 특이점을 전제하기 때문이다. 이 특이점이 어디로부터 오는지 빅뱅이론은 설명하지 못한다.

또한 빅뱅이론은 우주의 기원에 대한 순수한 과학적 지식임에 반해, 성서의 창조 이야기는 단순히 우주의 기원을 설명하기 위한 것이 아님을 인지할 필요가 있다. 빅뱅이론은 하나님의 존재를 전제하지 않는, 우주의 시작에 대한 순수히 과학적인 설명이다. 그러나 성서의 창조 이야기는 우주의 기원에 대한 지식보다 훨씬 더 중요한 것을 우리에게 말하고자 한다. 그것은 하나님에 대한 신앙에 기초하여 인간과 세계 모든 것이 어디로부터 와서 어떤 방향을 향해 발전해야 하는지, 삶의 참 의미는 무엇이며 세계의 미래에 대한 인간의 책임이 무엇인지를 제시하고자 한다.

이와 관련하여 우리는 빅뱅이론에 대한 과학자들의 의문을 고려할 필요가 있다. 물리학자요 철학자인 폰 바이체커에 따르면 빅뱅이론이 엄격히 증명될 수 있는 것인지, 아니면 원자폭탄 시대의 창조신화인지는 아직도 분명치 않다. 빅뱅이론은 우리가 볼 수 있는 우주가 팽창하고 있다는 허블의 주장에 기초하여, 팽창속도를 역으로 계산한다. 그리하여 지금으로부터 약 150억 년 전에 일어난 빅뱅으로 인해 우주가 시작하였다고 추론한다. 그러나 빅뱅 이론가들이 말하는 이른바 최초의 3분에 대해 우리는 동의하기 어렵다.

그 까닭은, 빅뱅이론은 지금 우리의 세계에서 타당성을 가진 자연의 법칙을 최초의 시간 대에 적용하여 t=0를 추론하기 때문이다. 지금 우리가 살고 있는 세계 속에서 일어나는 일들을 설명하기 위해 발견된 법칙들을 우리가 경험하지 못했고 경험할 수 없는 최초의 상태에 적용할 수 있는지는 매우 의심스럽다. 빛의 속도에 가까워질수록 시간의 개념이 무의미해지는 것처럼, 빛의 속도에 가까운 빅뱅의 사건이 일어난 최초의 시간적 시작에 대해 시간의 개념은 무의미하기 때문이다. 그러므로 우리가 우리의 출생을 회상할 수 없듯이, 우주도 그것이 어떻게 시작되었는가를 회상할 수 없다.

그러나 우리는 빅뱅이론과 창조신앙을 모순된 것으로 생각할 필요는 없다. 오히려 양자가 **통합될 수 있는 것으로** 볼 수 있다. 곧 과학자들이 설명하는 빅뱅의 사건, 곧 공간과 시간과 우주의 팽창을 하나님의 오랜 **창조의 과정 속에서** 일어난 것으로 생각할 수 있다. 만일 창조 이야기의 기자들이 빅뱅이론을 알았다면, 그들은 빅뱅이론을 통해 하나님의 창조를 묘사했을 것이다. 창세기 1장과 2장에 기록된 자연과학적 지식들은 하나님의 창조를 묘사하는 하나의 수단에 불과했기 때문에, 그들은 변화된 시대의 새로운 자연과학적 지식들을 얼마든지 그들의 표현 수단으로 수납할 수 있었을 것이다.

2. 자연환경은 모든 생명을 위한 하나님의 은혜이다

하나님을 인정하지 않는 과학자들에 따르면, 자연환경에 대한 과학적 설명에서 모든 종교적 전제는 배제되어야 한다. 자연환경의 모든 것은 "자연적인" 것으로 물리적 법칙에 따라 설명되어야 한다. 자연환경은 그 배후에 숨어 있는 어떤 신적 의도로 말미암아 있게 된 것이 아니라, 빅뱅과 그 이후의 진화를 통해 우연히 있게 되었다. 우연히 있게 된 자연적인 것으로서의 자연환경은 자연적 법칙에 따라 기계적으로 움직이는 물질 덩어리와 에너지 덩어리에 불과하다. 그러므로 그것은 인간의 재량에 따라 처리될 수 있는 "물건"일 따름이다. 그것은 인간이 정복하고 지배해야 할 대상이라는 인간 중심적 생각은 여기서 매우 가깝다. 참 인간 중심주의는 성서의 창조신앙에서 오는 것이 아니라, 하나님의 존재를 배제하는 무신론적 자연관에서 온다는 사실을 우리는 여기서 발견한다.

이에 반해 성서의 창조신앙은 자연환경을 하나님이 지으신 **하**

나님의 창조라고 증언한다: "태초에 하나님이 천지를 창조하셨다"(창세기 1:1). 그것은 우연히 있게 된 것이 아니라, 인격적 하나님의 심사숙고와 인격적 결단을 통해 있게 되었다. 앞서 언급한 바와 같이, 성서의 창조 이야기가 우리에게 전하고자 하는 것은 세계의 생성에 관한 자연과학적 정보가 아니다. 따라서 창세기 1장의 "궁창"을 오늘 우리가 경험하는 하늘로 보거나, 하루를 24시간으로 간주할 필요가 없다. 또 하나님의 창조가 일어난 7일을 오늘 우리가 경험하는 7일, 곧 168시간으로 이해해서도 안 될 것이다. 성서의 창조기자가 일차적으로 전하고자 하는 것은, 이 세계의 모든 것은 우연히 있게 된 것, 그리하여 인간이 마음대로 처리할 수 있는 것이 아니라, 그 뒤에 숨어 있는 **하나님의 숙고와 인격적 결단**으로 말미암아 있게 된 것임을 말하고자 한다.

현대인의 가장 큰 오류는 자연환경을 인간의 것이라 생각하는 데 있다. 그것은 인간을 위해 존재하며, 인간을 위해 봉사해야 한다. 그것은 "주인 없는 물건"이다. 그것은 먼저 점령하는 자의 소유가 되며 인간의 뜻에 따라 처리될 수 있다는 생각이 현대인의 의식을 지배한다. 이에 반해 성서의 창조 이야기는, 자연환경은 하나님의 소유라고 선언한다. 그것은 온 세계를 포괄하는 **하나님의 소유권의 선언**이다. 자연환경이 하나님의 인격적 결단으로 말미암아 있게 된 하나님의 창조라면, 자연환경은 인간이 마음대로 처분할 수 있는 인간의 소유가 아니라, 하나님의 뜻에 따라 처분되어야 할 하나님의 소유이다. 데카르트가 말하듯이 인간이 아니라, 하나님이 온 우주의 주인이요 소유자이다. 성서는 다음과 같이 하나님의 소유권을 주장한다:

"내가 땅의 기초를 놓을 때에, 네가 거기에 있기라도 하였느냐?
....
누가 이 땅을 설계하였는지, 너는 아느냐?
....
바닷물이 땅 속 모태에서 터져 나올 때에,
누가 문을 닫아 바다를 가두었느냐?
구름으로 바다를 덮고, 흑암으로 감싼 것은 바로 나다." (욥기 38:4-9)

온 세계가 하나님의 소유라는 믿음은 성서의 오랜 전통을 형성한다: "하늘과 하늘 위의 하늘, 땅과 땅 위의 모든 것이 다 주 당신들의 하나님의 것입니다" (신명기 10:14). "땅과 그 안에 가득 찬 것이 모두 다 주님의 것, 온 누리와 그 안에 살고 있는 모든 것도 주님의 것이다. 분명히 주님께서 그 기초를 바다를 정복하여 세우셨고 강을 정복하여 단단히 세우셨구나" (시편 24:1). "하늘은 주님의 것, 세계와 그 안에 가득한 모든 것이 모두 주님께서 기초를 놓으신 것입니다" (시편 89:11, 또한 시편 95:4-5, 102:25). 하늘은 하나님의 보좌요, 땅은 그의 발등상이다 (이사야 66:1, 사도행전 7:49). 세계의 모든 것이 주에게서 나오고 주로 말미암고 주에게로 돌아갈 것이다 (로마서 11:36). 모든 것이 삼위일체 하나님으로 말미암아 있게 되었으며, 그에게로 돌아 갈 것이다 (에베소서 1장, 골로새서 1장). 인간은 물론 자연의 모든 생물이 하나님의 것이다: "숲 속의 뭇 짐승이 다 나의 것이요, 수많은 산짐승이 모두 나의 것이 아니더냐? 산에 있는 저 모든 새도 내가 다 알고 있고, 들에서 움직이는 저 모든 생물도 다 내 품 안에 있다" (시편 50:10-11). 모든 피조물이 하나님의 소유라는 성서의 기본 신념은 오늘의 생

태학적 위기를 극복할 수 있는 중요한 단서를 제공한다. 그것을 우리는 아래와 같이 정리할 수 있다:

1. 자연환경은 하나님의 것이므로, 자연환경에 대한 인간의 소유권은 원칙상 거부된다. 자연환경에서 나오는 산물은 인간의 소유가 될 수 있지만, 자연환경 자체는 인간의 소유가 될 수 없다. 땅과 물과 공기, 맑은 하늘과 따뜻한 햇빛, 산과 바다와 그 속의 모든 생물들은 그 누구의 소유물이 아니다. 그 누가 이 세계의 하늘과 공기와 물과 햇빛을 소유할 수 있겠는가! 이 모든 것은 하나님의 소유이다. 땅 위에 건축된 집은 인간의 소유가 될 수 있지만, 땅 자체는 하나님이 **모든 피조물을 위해** 마련하신 생명의 터전이다. 따라서 인간이 땅을 소유하며 그것을 팔고 사고 독점하는 것은 성서의 정신에 위배된다. 땅에 대한 인간의 소유권은 철폐되어야 한다.

2. 자연환경은 하나님의 소유이므로, 그것은 **하나님의 통치 영역**에 속한다. 하나님의 천지창조는 온 세계에 대한 하나님의 주권의 선포이다. 그의 주권, 그의 통치 영역은 인간의 세계, 인간 영혼의 영역에 제한될 수 없다. 하나님의 주권은 인간의 영혼과 인간의 사회에서는 물론 자연의 영역 안에도 세워져야 한다. 자연환경도 하나님의 소유이며 구원의 대상이다. 성서는 하나님의 주권의 보편성을 다음과 같이 고백한다: 하나님을 대리하는 왕은 바다에서부터 바다까지, 강에서부터 땅 끝까지 다스릴 것이다 (시편 72:8). 하나님께서 "모든 것 안에서 모든 것"이 될 것이다 (고린도전서 15:28).

폰 라트(G. von Rad) 이후 이스라엘의 창조신앙은 출애굽의 **구원신앙의 확대**라는 생각이 지금까지 세계 신학계에서 하나의 정설로 간주되었다. 즉 창세기의 창조신앙은 역사 속에서 선택하고 행동하는 계약의 하나님에 대한 구원의 신앙을 이 세계의 태초로 확대시킴으로써 생성되었다는 것이다. 그리하여 "이 하나님의 역사의 시작은 이제 창조에 이르기까지 그 이전에 있었던 것으로 생각되었다"고 폰 라트는 말한다.[10] 그러나 일련의 학자들은 다음과 같이 주장한다: 출애굽 사건 이전부터 이스라엘은 고대 근동의 여러 종교사상들의 창조 내지 우주생성(Kosmogonie)에 관한 신앙을 알고 있었으며, "그의 특수한 역사 경험과 하나님 경험을 이들의 지평 속에서 이해하였다.[11]

고대 근동의 종교들이 가진 우주론적 표상들과 우주 생성에 관한 신화들은 이스라엘의 족장들에게 결코 생소한 것이 아니었다. 창조 이야기 가운데 P문서의 기자(記者)는 팔레스틴 땅에 살고 있던 가나안 사람들과 고대 바빌론의 창조신화를 잘 알고 있었던 것으로 보인다. 그러므로 초기 이스라엘이 가지고 있었던 세계의 신적 생성에 관한 신앙은 가나안의 하늘 신 엘(El) 신앙과 바빌론의 창조신화의 영향을 받은 것이라고 일련의 성서학자들은 주장한다.

아브라함 전승에서 아브라함이 경배하는 하나님은 엘과 동일시된다.[12] 이것은 예루살렘의 엘 엘욘(El Eljon)의 제사장 멜기세덱과 아브라함의 만남의 이야기에 나타난다: 멜기세덱은 "하늘과 땅을 지으신 엘 엘욘"의 이름으로 아브라함을 축복한다. 후기 이스라엘에게 아브라함의 하나님 야웨는 출애굽의 하나님과 동일시되었는

10) G. von Rad, Theologie des Alten Testaments I, 1957, 143. 원문: "Der Beginn dieser Gottesge- schichte wurde nun bis zur Schöpfung vordatiert."

11) H. H. Schmid, "Schöpfung, Gerechtigkeit und Heil, 'Schöpfungstheologie' als Gesamthorizont biblischer Theologie", in: ZThK 70, 1973, 11 f. 이와 비슷한 주장에 대해 R. P. Knierim, "Cosmos and History in Israel's Theology", in: Horizons in Biblical Theology 3, 1981, 59 ff.

12) 이에 관해 H. H. Schmid, Altorientalische Welt in der alttestamentlichen Theologie, 1974, 38 ff.

데 (출애굽기 3:6), 이제 그는 창조자 엘(El)로 이해된다. 여기서 중요한 것은, 이스라엘이 출애굽 사건을 통해 경험한 야웨 신앙이 엘과 족장들의 전승들을 자기의 것으로 동화시키고 변형시키면서, 바알(Baal)과 결합된 우주 생성에 관한 신앙을 수용한다는 점이다.

이렇게 이스라엘이 엘과 바알과 결합된 우주 생성에 관한 신앙을 자기의 것으로 수용하면서 그것을 변형시키는 근본 동인은 **야웨 하나님의 전적 주권**에 대한 신앙에 있다. 이스라엘을 구원한 야웨 하나님만이 참 하나님이요, 이 하나님만이 세계의 유일한 통치자이다. 야웨 하나님에 대한 이 신앙은 십계명 제1계명에 나타난다: "너희는 내 앞에서 다른 신들을 섬기지 못한다" (출애굽기 20:3). 이스라엘이 출애굽에서 경험한 야웨 하나님을 우주 생성에 관한 신앙, 곧 창조신앙과 결합시킴으로써, 온 세계에 대한 야웨 하나님의 배타적 주권이 고백된다. 자연과 역사를 포함한 우주 전체가 하나님의 소유이며 그의 행동의 장(場)이다. 그의 구원의 역사는 출애굽 사건에 제한되지 않으며 온 우주로 확대된다. 온 우주가 그의 구원의 역사에 통합된다.

3. 자연환경이 우리 인간의 것이 아니라 하나님의 것이라면, 인간에게 그것은 **하나님의 은혜**, 곧 "녹색은총"이라[13] 말할 수 있다. 자연환경은 인간의 삶의 터전이다. 자연환경 없이 인간은 생존할 수 없다. 그러나 그것은 인간 자신이 만든 것이 아니다. 본래 그것은 돈을 주고 살 수도 없는 것이다. 없던 공기나 하늘을 제작할 수 없으며 돈을 주고 그것을 살 수 없다. 그것은 인간과 모든 피조물의 생명을 가능케 하기 위해 하나님이 차려 놓은 하나님의 은혜,

---

13) 이정배, "기독교 영성의 본질로서의 자연은총", 『公共性의 윤리와 평화』, 손규태 교수 정년퇴임 기념논문집, 한국신학연구소 2005, 370.

곧 값없는 선물이다.

개신교회의 신학 전통은 오랫동안 하나님의 은혜와 자연을 분리시켰다. 하나님의 은혜는 그리스도 안에만 있으며, 자연과 관계없는 것으로 생각되었다. **구원의 은혜**에 대해서는 말했으나, **창조의 은혜**에 대해서 말하는 것은 하나의 이단인 것처럼 생각되었다. 그러나 자연이 하나님의 창조이고, 자연 없이 인간의 생명이 불가능하다면, 자연은 하나님이 인간과 자연의 모든 피조물에게 차려 놓은 하나님의 은혜라고 말할 수밖에 없다. 따라서 모든 피조물은 하나님의 은혜 가운데서 살고 움직인다. 우리가 물과 공기를 마시며 자연환경 안에서 사는 것 자체가 하나님의 은혜이다.

자연환경이 우리 앞에 있다는 것 자체가 하나님의 은혜이다. 하늘과 땅, 물과 공기, 산과 숲, 강과 바다, 이 모든 것이 하나님의 은혜이다. 원시림은 그 속에 있는 모든 피조물들, 곧 짐승과 풀과 새와 벌레들을 위한 본향이요 어머니의 품과 같다. 물론 그 속에 생존투쟁이 있지만, 전체로서의 원시림 자체는 그 안에 있는 모든 피조물들의 삶의 터전이다. 그것은 모든 피조물에게 주신 하나님의 은혜이다.

그러나 본래 하나님의 은혜인 자연환경은 오늘날 인간 자신의 생명을 죽음으로 위협하고 있다. 그것은 하나님의 은혜인 동시에 인간의 횡포와 죄악을 심판하는 무서운 세력으로 변하고 있다. "오늘 우리에게 들려지는 소리들은 온통 고통과 탄식 그리고 아픔의 소리들뿐이다. 더 이상 '보시기에 좋았다'는 창조세계의 아름다움이 우리 현실이 아닌 것이다. 바로 이런 신음과 고통 그리고 탄식의 소리로 인해 기독교인들은 자연은총만으로는 충족할 수 없으며 하느님의 적색은총 곧 십자가 은총을 필요로 하게 된다."[14]

4. 자연환경은 하나님의 소유이므로, 자연환경의 모든 피조물이 하나님에게 소중하다. 하찮게 보이는 한 마리의 벌레와 땅 위의 돌 하나도 하나님에게는 귀중하다. 그는 모든 피조물에게 자비로운 마음을 가지시며, 그들을 지키고자 한다. 그러므로 "우리는 모든 피조물에 대하여 자비를 베푸시는 그분을 본받아야 한다. 주께서 하찮은 피조물을 돌보신다는 사실을 깨닫고 우리도 그런 피조물에 대해서 부드러운 마음을 가져야 한다. 우리 눈에는 아무리 혐오스럽게 보일지라도, 하늘에 계신 우리 아버지 눈에는 어느 것 하나 소중하지 않은 것이 없다는 사실을 생각하면서, 비천한 피조물에 대하여 우리의 마음을 넓게 열어야 한다."[15]

그러므로 우리 인간은 자연환경을 오염시키거나 파괴해서는 안 된다. 그 속에 있는 피조물들을 죽이고 멸종시켜서는 안 된다. 자연환경의 오염과 파괴는 하나님의 소유권을 파괴하고 하나님의 은혜를 배반하는 일이다. 물론 인간의 생존권을 지키기 위해 자연의 피조물을 죽일 수밖에 없는 경우도 있을 것이다. 메뚜기 떼가 농작물을 황폐화시킬 때, 우리는 메뚜기 떼를 죽일 수밖에 없다. 전염병을 옮기는 파리나 모기를 우리는 죽일 수밖에 없다. 그러나 그것은 반드시 필요한 최소한의 범위에 한정되어야 할 것이다. 파리나 모기는 우리에게는 해충으로 보이지만, 자연의 먹이사슬 속에서 그들은 자신의 존재 의미를 가지기 때문이다.

또 우리 인간이 자연환경을 변형시킬 수밖에 없는 경우도 있을 것이다. 그러나 자연환경의 변형은 그 속에 있는 피조물들의 생명

14) 이정배, "기독교 영성의 본질로서 자연은총", 373.

15) J. Wesley, "The General Deliverance", in: A. C. Outler, ed., The Works of John Wesley, vol. 2, Sermons II, 1985, Sermon 60, 449.

이 최대한 유지되며 자연환경의 순환과정이 방해되지 않는 범위에서 이루어져야 할 것이다. 자연환경의 무지막지한 변형은 인간 자신의 생명을 위협하며 인간의 문명을 파멸로 이끌어 가게 된다.

자연의 세계는 가능한 있는 그대로 보존되는 것이 원칙이다. 자연환경의 순환과정이 방해받지 않고 유지되어야 인간 자신의 건강하고 행복한 삶이 가능하다. 경제성장을 위해 인간이 자연환경의 순환과정을 방해하고 깨뜨림으로써, 오늘날 인간 자신이 얼마나 많은 재해를 당하고 있는지, 우리는 피부로 느끼고 있다. 이제는 자연환경을 인간이 마음대로 처리할 수 있는 인간의 소유로 보지 않고 하나님의 소유와 은혜로 생각하며, 자연의 모든 피조물에 대해 따뜻한 마음을 가지고 그들을 보존하는 것이 참으로 시급하다.

우리는 "개발"이라는 말을 자주 사용한다. 그러나 자연의 "개발"은 사실 상 자연의 "파괴"이다. 우리가 아무리 환경 친화적 도시를 건설한다 해도, 그것은 자연환경 자신에게는 파괴와 방해를 뜻한다. 늪지대와 갯벌을 매립하여 그 속에 사는 모든 생물들을 죽여 버리고 자연환경의 정화작용을 마비시키며, 아름다운 산과 숲을 없애고 거기에 골프장을 만들고 독성 제초제를 뿌려 모든 벌레와 미생물들을 죽이고 물을 오염시키며, 고층 아파트 단지를 세워 자연의 순환과정을 막아버리는 것을 가리켜 우리는 어떻게 "개발"이라 말할 수 있는가?

5. 자연환경이 하나님으로 말미암아 있게 된 하나님의 소유와 은혜이므로, 인간은 자연환경에 대해 **감사하며 기뻐하는 태도**를 취할 수밖에 없다. 폭스(M. Fox)가 말하듯이, 하나님의 창조는 "긍정"에서 출발하기 때문에, 창조에는 "기쁨"과 "축복"이 내포되어 있다. "창조는 이미 '축복'이며… 이 축복은 창조의 가장 작은 '양

자' 단위에서부터 가장 거대한 우주적 단위에 이르기까지, 생태계 전반에 울려퍼지는 축복과 기쁨의 진동"이다.[16)]

우리의 노력의 대가로 얻은 것에 대해 우리는 특별히 감사하며 기뻐할 필요가 없다. 그것은 우리가 당연히 얻어야 할 것이기 때문이다. 그러나 아무 값을 치루지 않았음에도 불구하고 우리에게 주어지는 것에 대해서는 기쁨을 느끼며, 감사한 마음을 갖게 된다. 예수 그리스도를 통한 우리의 구원과 새로운 삶이 하나님께서 거저 주신 하나님의 은혜이듯이, 자연환경도 우리의 노력 없이 하나님께서 거저 주신 그의 은혜의 선물, 곧 gratia(=은혜)이다. 우리가 마시는 공기, 우리가 그 위에 서 있는 땅, 산과 숲, 이 모든 것이 하나님의 공짜 선물이다. 그러므로 우리는 그의 구원의 은혜와 창조의 은혜에 대해 감사할 수밖에 없다.

감사가 있을 때, 기쁨이 있다. 기쁨이 있을 때, 생명은 생동케 되며 모든 일에 긍정적이며 적극적일 수 있다. 감사와 기쁨이 없는 사람은 우울증에 빠지기 쉽다. 그에게 모든 것은 당연한 것, 특별하지 않은 것, 우연한 것으로 간주된다. 그러므로 자연환경을 우연히 있게 된 우주적 진화의 산물로 보느냐 아니면 하나님의 소유와 은혜로 보느냐의 문제는 단순히 인식의 문제에 불과한 것이 아니라, 우리의 생명과 삶의 태도에 영향을 준다. 하나님의 소유와 은혜에 대한 감사와 기쁨은 권태감과 무기력에 빠진 사람의 마음을 생동케 할 수 있다. 똑같은 물건을 주어도 어떤 아이는 그 물건에 대해 기뻐하고 감사하는 반면, 어떤 아이는 그것을 당연한 것으로 생각하고 그것에 대해 감사하지도 않고 기뻐하지도 않는다. 이 두 아이

16) 최대광, "창조영성과 영성에 대한 학문적 연구", 한국조직신학회 편, 『현대신학자들의 동향』, 조직신학 논총 제8집, 219.

의 인생이 어떻게 진행될 것인지 우리는 충분히 상상할 수 있다.

6. 여자와 남자, 유색인종과 백인종, 가난한 자와 부유한 자, 건강한 자와 장애자, 이 모든 인간이 하나님의 피조물이요 하나님의 형상이다. 그러므로 하나님의 소유로서의 자연환경은 **모든 인간에게** 주어진 하나님의 은혜이다. 그의 은혜는 모든 인간적 차별을 넘어선다. 어떤 인간도 그것에 대해 값을 치루지 않았으며, 모두 공짜로 얻었기 때문이다. 하나님은 아담, 곧 인간 일반에게 자연환경을 위탁하였다. 모든 인간이 자연의 피조물들을 관리하고 보살피고 누리며, 땅에서 나는 것을 음식물로 삼을 수 있는 권리를 가진다. 따라서 **자연자원의 독점과 독점적 소비, 무절제한 사용은 하나님과 이웃 앞에서 죄악이다**. 인간의 세계에 빈부의 차이가 있을 수밖에 없지만, 재화의 과도한 독점으로 인한 빈부의 과도한 차이도 하나님 앞에서 불의한 일이다. 국민의 45%가 무주택자인데, 한 사람이 집을 1,083채나 소유하는 것도 죄악이다. 그리스도인들은 이 죄악과 불의를 극복하는 일에 관심을 가져야 한다.

3. 자연환경의 중심은 인간이 아니라 하나님이다

기독교 신학은 오랫동안 자연을 소외시키고 인간을 창조의 면류관, 창조의 지배자로 보는 인간 중심주의를 가르쳐 왔다. 개신교회의 인간 중심적 전통은 이미 루터에게서 발견된다: "하나님이 모든 피조물들과 함께 **나를** 창조하셨으며, **나에게** 몸과 영혼을… 주셨고 유지하신다는 것을 나는 믿습니다"라고 루터는 그의 소 요리문답에서 말한다. 여기서 인간인 내가 하나님의 창조의 중심에서 있다. 그의 대 요리문답에 따르면, 창조자 하나님을 믿는다는 것은 하나님이 "**내가** 하나님의 피조물이라는 것, 다시 말해 그가 **나에게**… 몸과 영혼을 주셨으며 쉬지 않고 유지하신다"는 것을 믿는다는 것을 말한다. 그는 나에게 집과 정원을 주셨고, 해와 달과 짐승과 곡식에 이르기까지 "모든 피조물을 생활의 유익과 필요를 위해 봉사하도록 하신다". 모든 피조물은 나를 위해 있고 나를 위해 봉사해야 한다.[17] 루터의 이러한 말은 개신교회가 지금까지 버리지 못하는 그릇된 인간원리와 인간 중심주의를 반영한다.

오늘날 세계의 근본 문제는 바로 인간 중심주의에 있다. 즉 인간이 하나님을 부인하고 하나님이 있어야 할 그 자리에 인간이 자기 자신을 세운다는 점에 있다: 인간이 모든 것의 중심이다. 모든 가치 판단의 기준도 인간 자신에게 있으며, 세계의 목적과 방향을 설정할 수 있는 것도 인간이다. 모든 것이 인간 자신의 뜻에 따라 이루어져야 한다. 하나님이란 존재가 없어도 우리는 살 수 있으며, 하나님이란 존재의 가설 없이 우주를 설명할 수 있다 (Laplace). 그러나 인간이 모든 것의 중심이 된 오늘의 세계가 어떤 위기에 서 있는지 우리는 우리 자신의 눈으로 보고 있다. "인간 중심주의는 인간의 삶에 대해 결코 적절한 구도가 아닐 뿐 아니라 오히려 삶의 생동성을 파괴하는 억압성을 지닌다는 데 그 문제의 심각성이 있다."[18] 그것은 "자연에 대한 폭력"이라 볼 수 있다.[19]

그러나 자연환경이 하나님의 소유와 은혜라면, 자연환경의 중심은 인간이 아니라, **하나님이 모든 것의 중심이다**. 여기서 인간 중

---

17) 이에 관해 S. Daecke, "Anthropozentrik oder Eigenwert der Natur?", in: G. Altner (Hrsg.), Ökologische Theologie. Perspektiven zur Orientierung, 1989, 285.

18) 정재현, 『티끌만도 못한 주제에』, 428.

19) 양명수, "악이란 무엇인가?" 『지구화시대의 신학과 대학교육』, 장상 교수 정년퇴임 기념 논문집, 62.

심주의는 철저히 배격된다. 우주의 역사도 인간 중심주의를 배격한다. 우주의 역사는 150억 년이 넘는 반면, 인간의 역사는 46만 년밖에 되지 않는다. 46만 년밖에 되지 않는 인간이 150억 년의 역사를 가진 자연환경의 중심이라고 보는 것은 말이 안 된다. 그렇다 하여 자연환경 그 자체가 중심이라 말할 수 없다. 그것은 중심이 없다는 말과 마찬가지다. 인간을 포함한 자연환경의 중심은 하나님이다. "창조의 면류관"은 "인간이 아니라 안식일이다."[20]

신약성서는 하나님 중심성을 **그리스도 중심**으로 수정한다. 이리하여 예수 그리스도를 하나님의 공동 창조자로 고백한다: "우리에게는 아버지가 되시는 하나님 한 분이 계실 뿐입니다. 만물은 그분에게서 났고, 우리는 그분을 위하여 있습니다. 그리고 한 분 주님이신 예수 그리스도가 계십니다. 만물이 그분으로 말미암아 있고, 우리도 그분으로 말미암아 있습니다" (고린도전서 8:6). "모든 것이 그로 말미암아 창조되었으니, 그가 없이 창조된 것은 하나도 없다" (요한복음 1:3). 그렇다면 자연환경의 중심은 인간도 아니고 자연도 아니다. 그것은 세계를 창조한 삼위일체 하나님이다.

성서에 나타나는 하나님 중심성 내지 그리스도 중심성은 인간이 우주의 중심이냐 아니면 자연이 우주의 중심이냐, 곧 인간 중심성(Anthropozentrik)이냐 아니면 자연 중심성(Physiozentrik)이냐의 양자택일의 문제를 넘어선다. 하나님 중심성 내지 그리스도 중심성은 일면적인 인간 중심주의는 물론 일면적인 우주 중심주의를 반대한다. 성령 가운데서 자기를 그리스도 안에서 계시하신 하나님이 자연환경의 중심이요, 하나님이 모든 것 안에 있어야 한다.

---

20) J. Moltmann, Gott in der Schöpfung. 45.

따라서 자연환경의 모든 것은 인간의 뜻이 아니라 하나님의 뜻에 따라 결정되고 처리되어야 한다. 하나님 중심성 내지 그리스도 중심성은 다음과 같은 보다 더 넓은 통찰들을 내포한다:

1. 자연환경이 하나님의 인격적 결단으로 말미암아 있게 된 하나님의 소유이며 그것의 중심이 하나님이라면, **자연환경은 그의 존재에 있어 하나님에게 의존한다**. 피조물인 자연환경은 그의 창조자 하나님에게 의존할 수밖에 없다. 하나님에 대한 의존성은 1) 자연의 모든 피조물은 본래 하나님으로 말미암아 있게 되었다는 사실에 근거한다. 이 세계의 모든 생명은 우연히 있게 된 것이 아니라, 우연 속에서 작용하시는 하나님의 인격적 결단으로 말미암아 있게 되었으며, 모든 물질도 하나님으로 말미암아 있게 되었기 때문이다.

하나님에 대한 자연환경의 의존성은 2) 자연환경의 모든 것이 하나님이 창조한 자연의 조건 속에서만 생존할 수 있다는 사실에 근거한다. 자연의 조건 없이 생존할 수 있는 피조물은 아무 것도 없다. 인간은 물론 자연환경의 모든 생명이 하나님께서 주시는 것을 통해 생존한다. 하나님은 공중의 새를 먹이시며 들의 풀들과 백합화를 입히신다 (마태복음 6:26,28-30). 생존하기 위해 가장 먼저 필요한 것은 먹고 마시며 생명의 기운을 되찾는 데 있다. 성서에서 하나님은 인간은 물론 자연의 생물들을 먹이시며 생명의 기운을 회복시키는 분으로 나타난다.

"주님은 골짜기마다 샘물이 솟아나게 하시어,
산과 산 사이로 흐르게 하시니,

들짐승이 모두 마시고, 목마른 들나귀들이 갈증을 풉니다.

....

주님은 들짐승들이 뜯을 풀이 자라게 하시고,
사람들이 밭갈이로 채소를 얻게 하시고,
땅에서 먹거리를 얻게 하셨습니다.
사람들의 마음을 즐겁게 하는 포도주를 주시고,
얼굴에 윤기가 나게 하는 기름을 주시고,
사람의 힘을 북돋아 주는 먹거리도 주셨습니다." (시편 104:10-15)

자연환경의 하나님 의존성은 3) 모든 생명들이 하나님의 사랑의 영을 통해 생명력을 얻을 수 있다는 사실에 근거한다. 피조물들의 생명력은 그들 안에 있는 하나님의 영(ruah)에 의존한다. 하나님의 영이 그들 안에 머물 때 그들은 생존하고, 하나님의 영이 떠나면 그들은 사멸한다:

"그러나 주님께서 얼굴을 숨기시면 그들은 떨면서 두려워하고,
주님께서 호흡을 거두어들이시면 그들은 죽어서
본래의 흙으로 돌아갑니다." (시편 104:29)

생명이 생동력을 유지하기 위해 필요로 하는 것은 먼저 **물질**이다. 배가 고프면 온 몸이 늘어지고 생동력을 상실한다. 물질은 생명의 기본 조건이다. 이와 동시에 모든 생물들의 생명을 생동케 하는 것은 **사랑의 영**이다. 물질과 사랑의 영, 이 두 가지가 생명을 생동케 하는 기본 조건이다. 아무리 배가 불러도 사랑의 영이 그 사람 안에 없을 때, 그의 생명은 bios의 차원을 넘지 못하게 된다. 물질과 사랑은 함께 있어야 한다.

인간은 물론 모든 피조물들이 하나님과 더불어 살도록 창조되었다. 그들은 그의 소유이기 때문이다. 그러므로 하나님이 그의 영을 통해 그들과 함께 계시면, 이 영의 힘을 통해 그들의 생명력이 소생한다. 그러나 하나님의 영이 그들을 떠날 때, 그들의 생명력은 약해지고, 그들은 결국 사멸하게 된다. 집에서 기르는 식물과 짐승도 사랑을 받으면 생동한다. 사랑을 받지 못하는 식물과 짐승은 발육이 늦어진다. 러시아의 동물학자였던 케슬러(Kessler)에 따르면, 자연에는 상호투쟁의 법칙 이외에도 상호부조의 법칙이 존재한다. 생존경쟁에서 살아남기 위해, 특히 종(種)이 계속 진화하기 위해서는 상호부조의 법칙이 훨씬 더 중요하다: "더 많은 개체들이 함께 모이면, 서로 더 많이 도울 수 있고, 지능적으로 더욱더 발달할 수 있을 뿐만 아니라 그 종들이 살아남을 기회를 더 많이 갖게 된다."[21)]

케슬러의 통찰에 동의하는 생물학자 크로포트킨(P. A. Kropotkin)은 생존경쟁을 자연의 보편적 법칙으로 과대평가하는 오류를 범하지 말라고 다윈주의자들에게 경고하면서, 수많은 동물 사회에서 생존을 위한 개체들의 투쟁이 어떻게 협동으로 대체되었는지, 그리고 이러한 변화가 일어나면서 그 종에게 최상의 생존 조건을 확보하게 해주는 지적, 도덕적 능력이 어떻게 발달하게 되었는지를 지적한다. 생존경쟁을 진화의 법칙으로 보았던 다윈 자신도 이 사실을 알고 있었다: "가장 적응을 잘한 종들은 육체적으로 가장 강하거나 교활한 종들이 아니라 공동체의 이익을 위해 강하든 약하든 동등하게 서로 도움을 주며 합칠 줄 아는 종들"이다. 다윈은 이것을 다음과 같이 요약한다: "가장 협력을 잘하는 구성원들이 가장 많은 공동체

21) 아래 내용에 관해 P. A. Kropotkin, 『만물은 서로 돕는다』, 김영범 옮김, 르네상스 2005, 13, 27 이하를 참조함.

가 가장 잘 번창하고 가장 많은 수의 자손을 부양한다."

이것은 다음의 사실을 시사한다: 생물들의 생명력을 더욱 강하게 하며 그들에게 생존과 행복을 가능케 하는 것은 무자비한 생존경쟁과 투쟁이 아니라, 서로간의 **사랑의 영과 상호협동**이다. 이 사랑은 하나님으로부터 온다. 하나님이 모든 생물들을 지으시고 그들 안에 그의 사랑의 영을 불어 넣으셨기 때문이다 (창세기 2:7 참조). 그들의 생명을 생동케 하고 강하게 만드는 것은 생존투쟁을 위해 서로 물고 뜯고 죽이는 것이 아니라, 그들 안에 있는 하나님의 사랑의 영이다. 하나님의 영이 그들 안에 머물 때, 그들의 생명은 생동하며 더욱 강해진다. 그러나 하나님의 사랑의 영이 그들을 떠날 때, 그들은 생명력을 잃어버리고 사멸한다고 위의 시편 기자(記者)는 고백한다. 이런 점에서 자연환경의 피조물들은 하나님에게 의존한다. 하나님이 그들의 조물주요 그들의 중심이기 때문이다.

그러나 자연환경의 하나님 의존성은 하나님이 피조물들의 모든 일에 초월적으로 개입하여 언제나 마술과 같은 기적을 일으키는 것으로 생각되어서는 안 될 것이다. 오히려 하나님은 사랑이시므로 피조물들에게 **자유**를 허락한다. 그는 피조물들이 자유롭게 활동하며 자기를 발전시켜 나가도록 허용한다. 생존을 위한 그들의 불가피한 투쟁과 죽임의 현상을 보면서 하나님은 함께 고통을 느끼며 그들을 동반한다. 그러나 피조물들의 생명은 1. 본래 하나님으로 말미암은 것이며, 2. 하나님이 마련한 자연환경의 조건 속에서 하나님이 주시는 것을 통해 유지될 수 있으며, 3. 하나님의 사랑 안에서 생동할 수 있고 유지될 수 있다는 점에서 하나님에게 의존한다.

2. 하나님이 자연환경의 주인이요 그것의 중심이라면, 자연환경

은 **하나님이 가리키는 목적**을 향해 발전해야 할 당위성과 방향성을 갖게 된다. 그것은 하나님이 의도하는 방향으로 나아가야 한다. 현대세계의 가장 중요한 문제점은 인간과 세계를 그 자체로서 전부이며 자족(自足)한 것으로 생각하는 점에 있다. 그러나 자족하는 자는 교만하며, 교만한 자는 패망한다는 것이 삶의 진리가 아닌가! 자기가 그 자체로서 전부이며 자기 자신으로써 충분하다고 생각하는 자는, 죽음을 넘어서는 초월의 차원을 갖지 못하며, 새로운 미래에 대한 희망을 갖지 못하게 된다. 지금 있는 것은 과거에 있었던 것의 연장(延長)일 뿐이며, 미래에 있을 것은 지금 있는 것의 연장에 불과하다. 이리하여 우리는 해 아래 새 것이 없다고 탄식하게 되며, 인생의 허무와 무의미에 빠진다. 자연의 영원하고 무의미한 순환과정과 죽음의 한계 앞에서 인간의 모든 부분적인 목적들은 의미를 상실한다.

초월의 차원을 상실할 때, 인간과 세계는 그가 지향해야 할 미래의 목적을 알지 못하게 된다. 그는 자기가 어떤 방향으로 변화되고 발전되어야 할 것인지 알지 못하며 또 알고자 하지도 않는다. 그에게는 목적과 방향이 없다. 그가 설정한 모든 유한한 목적들은 죽음에 삼켜져버린다. 하나님 없는 인간과 세계의 근본 문제는 여기에 있다. 자기가 지향해야 할 궁극적 목적과 방향을 알지 못하고 자유시장경제와 과학기술이 끌고 가는 대로 끌려가면서 오늘 얻을 수 있는 꿀맛에 빠져 있는 데 있다. 꿀맛에 빠진 자는 꿀맛에 빠져 죽을 것이다.

오늘날 세계의 거의 모든 나라들은 경제성장을 최고의 목적과 가치로 생각한다. 경제성장 앞에서는 모든 것이 정당화 된다. 아파트 분양권의 전매, 수입이 없는 미성년자에 대한 신용카드의 발급도 경제 활성화와 경제성장을 위해 허용된다. 그래서 아파트 가격이 치솟고, 신용불량자가 양산된다. 그러나 경제성장 자체가 우리의 삶과 세계의 궁극 목적이 될 수 없다. 국민소득 이만 불, 삼만 불, 아니 십만 불의 경제성장이 이루어진 다음에 우리에게 무슨 목적이 있을 것인가? 우리는 그 때에도 끝없는 경제성장이란 이름의 호랑이에 끌려가면서 자연재난으로 인해 고난을 당할 것이다. 소유가 많은 자들은 배를 두드리며 사는 반면, 소유가 없는 자들은 굶주림과 질병 가운데서 겨우 생명을 유지하는 역사가 계속될 것이다. 배가 고픈 사람들은 먹을 것이 없어 고통을 당하고, 배가 부른 사람들은 인생이 허무하여 우울증과 마약과 상상을 초월하는 쾌락에 빠지는 현상도 여전할 것이다. 경제성장이란 귀신으로 인해 바닷물과 공기마저 착취의 대상이 될 것이며, 피조물의 신음소리는 하늘에 사무칠 것이다.

이러한 인간 세계에 대해 창조신앙은 다음과 같이 고백한다: 자연환경의 주인과 중심은 하나님이다. 그러므로 자연환경은 하나님이 가리키는 목적을 지향해야 한다. 하나님의 소유권에 대한 인식을 통해 자연환경은 **하나님의 "새 하늘과 새 땅"을 향한 방향성 내지 목적 지향성**을 얻는다. 자연환경은 자신의 목적이 무엇인지 알지 못하는 맹목적 진화의 과정이 아니라, 하나님의 정의와 자비가 모든 것을 다스리는 하나님의 새로운 세계를 향한 과정이다. 그것은 하나님이 우리에게 지시하는 곳을 향해 발전해야 한다. 자연환경에 대한 인간의 파괴와 착취가 더 이상 없는 곳, "자연의 인간화"와 "인간의 자연화"가 완성된 곳 (Karl Marx), 모든 피조물의 자기 정체성이 실현된 곳 (Ernst Bloch), 즉 "이제는 죽음과 슬픔과 울부짖음과 고통이 없는" "새 하늘과 새 땅"을 지향해야 한다.

4. 하나님의 친구로서의 자연환경

왜 하나님은 이 세계를 창조했을까? 이 질문은 창조에 대한 하나의 추상적 질문에 불과한 것이 아니라, 역사에 있어 하나님의 옳으심, 곧 신정(神正, Theodizee)과 관계된 질문이다. 의로운 자가 고난을 당하는 반면 불의한 자가 권세를 누리는 현실을 보면서 우리는 질문하지 않을 수 없다. 하나님이 정말 존재하는가? 역사의 마지막에 하나님의 의가 승리할 것인가, 아니면 죄와 악의 세력이 승리할 것인가? 하나님이 세계를 창조했다면, 어찌하여 이 세계에 이루 말할 수 없는 죄악과 고난과 죽음이 일어나는가? 무엇 때문에 하나님은 이 세계를 창조했을까? 하나님이 세계를 창조하지 않았다면, 죄와 고난과 죽음도 일어날 필요가 없지 않겠는가?

이 질문에 대해 우리는 성서에서 어떤 속 시원한 대답도 발견할 수 없다. 성서는 이 질문에 대해 침묵을 지킨다. 우리가 해야 할 일은, 왜 하나님이 세계를 창조하였는지, 그 동기와 원인을 찾는 데에 있는 것이 아니라, 그가 창조한 이 세계의 죄와 고난과 죽음의 문제와 싸우는 데에 있다. 악이 어디로부터 왔는가(unde malum?)에 대한 해답을 찾는 것이 우리의 과제가 아니라, 악을 극복하는 것이 우리의 과제이다.

이 문제에 대한 한 가지 대답을 우리는 "하나님은 사랑"이라는 (요한일서 4:8,16) 기독교의 대명제에서 찾을 수 있다. 사랑의 본질은 **관계와 나눔**에 있다. 서로 한 마음이 되어 모든 것을 함께 나누는 거기에 사랑이 있다. 사랑하는 자는 혼자 있기를 원하지 않는다. 그는 자기와 다른 자, 곧 파트너와 함께 있으며 친교를 원한다. 그는 삶을 함께 나누고자 한다. 홀로 자기 안에 폐쇄되어 있는 자에게는 삶이 없다. 그에게는 너와 나 사이의 친교 대신에, 영원한 침묵과 독백이 있을 뿐이다. 자기 폐쇄, 침묵과 독백 속에서 홀로 사는 사람은 오래 살지 못한다. 그에게는 친구가 없고 생명을 생동케 하는 사랑의 나눔이 없기 때문이다. 그러한 삶은 하나님의 창조질서에 대한 모순이다. 짐승이나 사람이나 모두 쌍을 이루고 친구들과 더불어 군집하여 더불어 사는 것이 하나님의 창조질서이다. 그래서 하나님은 사람을 지으시되 "남자와 여자로" 지으셨다고 P 문서의 창조 이야기(창세기 1:1－2:4 상반절)는 말한다.

생명의 본질은 사랑에 있다. 생명이란 단지 목숨이 붙어 있는 것을 뜻하는 것이 아니라, 서로의 관계 속에서 대화하며 삶을 함께 나누는 관계의 행위, 사랑의 행위를 말한다. 그것은 서로간의 교통과 나눔을 말한다. 하나님은 본질적으로 사랑이요 생명이다. 그가 세상을 창조한 동기는 바로 여기에 있다. 홀로 있지 않고, 자기와 다른 자와 친구관계 속에서 친교를 원하기 때문에, 하나님은 자기와 구별되는 이 세계와 인간을 창조하였다고 말할 수 있다.

하나님이 지으신 피조물이 "하나님이 보시기에 좋았다"는 창세기 1장의 말씀은 이것을 암시한다. 왜 피조물은 하나님 보시기에 좋았을까? 그가 피조물을 보면서 기뻐한 이유는 무엇일까? 그 한 가지 이유는, 이제 하나님은 홀로 계시지 않고, 그가 지은 피조물들과 친구관계 속에서 친교를 나눌 수 있게 되었기 때문이다.

이에 대한 근거를 우리는 성서의 다른 구절에서 발견할 수 있다. 성서에서 인간은 "하나님의 친구"라 불리운다. 아브라함은 "하나님의 친구"였다 (야고보서 2:23). 하나님은 사람이 친구와 이야기하는 것처럼 모세와 대면하여 말씀하신다 (출애굽기 33:11). 이러한 구약성서의 전통은 신약성서로 이어진다: 예수는 세리와 죄인들을 그의 친구로 삼으셨다 (누가복음 7:34). 그는 가난뱅이 나사로를 자기의 친구라 부른다 (요한복음 11:11). 예수에게 속한 사람들은 예수의 친구이다 (요한복음 15:14). 인간이 삼위일체 하나님의 친구라면, 모든 피조물도 하나님과 친구관계에 있다. 인간은 자연의 일부이기 때문이다.

물론 하나님과 피조물의 친구관계는 하나님과 인간 사이에 명시적으로 나타난다. 자기 자신을 의식할 수 있는 인간은 하나님의 가장 가까운 친구이다. 그러나 자연의 피조물도 하나님의 친구관계에 포함된다. 피조물도 하나님의 소유이며 사랑의 대상이기 때문이다. 인간만이 하나님의 사랑의 대상이요 그의 친구라 보는 것은 인간 중심적 생각이다.

성서가 증언하는 하나님은 천상천하 유아독존(天上天下 唯我獨存) 하는 존재가 아니다. 그는 그의 존재 자체에 있어 **관계적 존재, 친교적 존재**이다.[22] 그는 **사회적 존재**, 곧 **사랑**이다. 기독교는 이러한 하나님의 모습을 삼위일체 신앙을 통해 고백한다. 기독교의 삼위일체 신앙은 단지 철학적 사색의 산물이 아니라, 먼저 하나님의 관계적 존재, 친교적 존재, 곧 하나님의 사랑에 대한 표현이다.

하나님의 삼위일체란 무엇인가? 그것은 성부, 성자, 성령이 각자의 독립된 인격성을 가지되, 서로 상대방의 존재에 침투하여 그 안에 거하며, 모든 것을 함께 경험하며, 삶을 함께 나누는 것, 곧 친교 혹은 교제를 가지는 것을 말한다. 따라서 삼위일체 하나님의 하나 됨, 곧 통일성(Einheit, unity)은 성부, 성자, 성령이 셋으로 있다가 때로 하나가 되는 것을 말하는 것이 아니다. 삼위일체 하나님의

22) 최승태, "성만찬적 교회론: 교회의 공동체성 회복을 위하여", 한국조직신학회 편, 『현대신학자들의 동향』, 조직신학 논총 제8집, 268: "하나님은 본질적으로 '관계적인 존재'"이다.

하나 됨 곧 통일성은 성부, 성자, 성령이 각자의 주체성 속에서 서로 구별되지만, 무한한 사랑 안에서 내가 너 안에, 너가 내 안에 있고 모든 것을 함께 나누면서 **한 몸**을 이룬다는 것을 말한다. 따라서 삼위일체 하나님은 이른바 고독한 "유일신"이 아니라, 친교의 존재, 공동체적 존재이다. 그는 곧 사랑이다.

따라서 삼위일체 하나님의 친교는 "이질적인 존재들의 모임"이 아니라 "유기적인 관계"를 말한다. 삼위의 관계는 "이질적인 존재들의 동지적 결합체가 아니라 존재론적인 연합체"이다.[23] 아들과 성령이 한 아버지로부터 나왔으며, 분리될 수 없이 서로의 존재에 참여하기 때문이다. 그러므로 하나님의 삼위일체는 "하나님은 사랑이다"라는 (요한일서 4:8.16) 것을 교리적 형태로 나타낸 것이다.

사랑이란 너와 내가 구별되지만, 구별 속에서 **한 몸 됨**을 말하며, 함께 있음, 모든 것을 함께 나눔을 말한다. 삼각형의 세 모서리가 서로 구별되지만 나누어지지 않고 삼각형의 한 몸을 이루듯이, 성부, 성자, 성령도 구별되지만 서로 상대방의 존재에 참여하여 한 몸을 이룬 가운데 있다. 너와 내가 구별되지만, 너가 내 안에, 내가 너 안에 있다. 바로 이것이 하나님의 내재적 삼위일체이며, 삼위일체 하나님의 사랑이다. 그러므로 삼위일체는 사랑 안에 있는 삼위의 관계적 존재 혹은 친구관계를 나타낸다. 이와 같이 하나님은 그의 존재 자체에 있어 관계적 존재, 곧 삼위일체적 존재이므로, 자연환경을 그의 친교의 파트너로 창조한다.

세계는 삼위일체 하나님에 의해 창조되었다. 그러므로 세계의 창조는 **삼위일체적 창조**이다. 아버지 하나님은 홀로 세계를 창조

---

23) 최승태, "성만찬적 교회론: 교회의 공동체성 회복을 위하여", 268.

하는 것이 아니라, 그의 아들과 **함께** 그의 영을 **통해** 창조한다. 따라서 하나님의 세계 창조는 아버지 하나님의 단독 사역이 아니라, 아버지 하나님의 주재 하에 그의 아들과 성령과 더불어 일어난 삼위일체적 사역, 곧 성부, 성자, 성령의 공동사역이다. "하나님의 영이 나를 만드시고, 전능하신 분의 입김이 내게 생명을 주셨습니다" 라는 (욥기 33:4) 성서의 말씀은 이것을 암시한다.

영을 통해 세계를 창조하신 하나님은 또한 그의 영을 통해 피조물 안에 거한다. 그는 사랑이기 때문이다. 사랑은 사랑의 영을 통해 상대방 안에 거함을 뜻한다. 그의 사랑의 영이 피조물 안에 거할 때, 피조물은 생동한다. 하나님이 그의 영을 거두어들이면, 피조물은 사멸한다 (시편 104:29-30).[24] 이와 동시에 피조물은 하나님의 사랑의 영 안에 있다. 즉 피조물들은 하나님의 친교 안에 있다. 따라서 이 세계에 대한 하나님의 관계는 지배의 관계(Herrschaftsverhältnis)가 아니라, 친구의 관계, 공동체의 관계(Gemeinschaftsverhältnis)라 말할 수 있다.

기독교는 하나님의 창조가 "**무로부터의 창조**"라고 고백한다. "무로부터의 창조"는 창조 행위에 있어 아무 전제가 없는 하나님의 절대적 자유를 나타내려는 의도를 가진다. 하나님은 어떤 필연성 때문에 창조하는 것이 아니라, 그의 내적 자유로부터 창조한다. 그러나 하나님의 **자유**는 소유물에 대한 절대적 처리권(Verfügungsrecht) 내지 자의(恣意), 곧 마음대로 할 수 있음을 뜻하는 것이 아니라, 그의 **사랑**을 뜻한다. 그것은 하나님이 세계의 그 무엇에 의존하거

24) 그러므로 칼뱅은 다음과 같이 말한다: "Si... Dominus spritum subtrahit, omnia in nihilum rediguntur" (주께서 그의 영을 취하시면, 모든 것은 무로 돌아간다): W. Krusche, Das Wirken des Heiligen Geistes nach Calvin, 1957, 15에서 인용함.

나 매이지 않는다는 것을 뜻하는 것이 아니라, 상대방의 존재에 참여하며 자기를 내어줄 수밖에 없는 그의 사랑을 말한다. 참 자유는 사랑에 있다.

따라서 "무로부터의 창조"는 세계의 모든 것이 하나님의 **사랑으로부터**, 아무 전제 없이 창조되었다는 것을 뜻한다. 사랑은 전제를 갖지 않는다. 그것은 조건을 알지 못한다. 조건부 사랑, 전제에 기초한 사랑은 참 사랑이 아니다. 무로부터의 창조는 하나님의 무한한 능력을 과시하는 것이 아니라, 아무 전제가 없는 그의 절대적 사랑의 전달이며, **하나님의 사랑으로부터의 창조**(creatio ex amore Dei)를 뜻한다.

사랑은 자기의 삶의 공간을 제한함으로써 상대방에게 삶의 공간을 허용하는 것을 말한다. 자기제한은 사랑을 가능케 하는 필수조건이다. 인격적 사랑을 이루기 위해 서로 자기를 제한해야 한다. 사랑이신 하나님은 자기의 공간을 제한함으로써 피조물에게 삶의 공간을 허용하며, 피조물을 그의 친구로 삼는다. 자유로운 사랑 안에서 하나님은 그의 선하심을 나눈다. 이것이 그의 창조 사역이다. 자연의 세계가 무로부터 창조되었다는 것은, 자연의 세계는 하나님 자신과 동일한 그의 내적 사랑으로 말미암아 하나님의 친교의 대상으로, 곧 하나님의 친구로 창조되었음을 말한다. 그의 아들을 십자가의 죽음에 내어준 바로 그 사랑 안에서 하나님은 그의 사랑과 친교의 파트너, 곧 자기의 친구로서의 세계를 창조한다.

자연환경은 인간이 자기 마음대로 처리할 수 있는 인간의 소유가 아니라, 하나님의 친구이다. 하나님의 친구로서 그것은 **인간의 친구**이다. 하나님과 자연환경과 인간이 우주적 친구관계 안에 있다. 인간이 자연환경을 자기의 친구로 보지 않고 지배와 착취의 대상으로 보는 데에 재난의 원인이 있다. 자연 만물이 하나님의 **우주적 친교** 안에 있는 하나님의 친구요 인간의 친구이다. 만물은 삼위일체 하나님의 사랑의 영 안에서 지으신 하나님의 피조물이기 때문에, 삼위일체 하나님처럼 사랑과 친교 안에서, 곧 친구관계 안에서 살도록 규정되어 있다. 해와 달과 별들도 하나님의 우주적 친교 안에 있는 하나님의 친구로서 하나님의 영광을 나타낸다. 인간이 자연의 세계를 파괴하며 자연의 생명들을 함부로 죽이는 것은 하나님의 우주적 친교를 파괴하는 행위이다.

친구는 서로의 모든 경험을 함께 나눈다. 한 편이 즐거움과 고통을 당할 때, 다른 편도 그것을 함께 당한다. 그러므로 자연환경의 모든 삶의 경험은 하나님 자신의 삶에 영향을 준다. 자연환경이 고통을 당할 때 하나님도 고통을 당하며, 자연환경이 즐거움을 경험할 때 하나님도 즐거움을 경험한다. 자연의 피조물이 하나님에게 의존하는 동시에, 하나님이 자연 피조물의 삶에 의존한다. 과정신학이 말하듯이, 하나님은 "공동 수난자"(Co-sufferer)이다.

5. 자연환경은 그 자체로서 존엄성과 권리를 가진다

현대사회의 한 가지 심각한 문제점은 인간의 존엄성과 생명의 권리를 인정하지만, 자연환경의 그것들을 충분히 인정하지 않으며, 자연환경을 인간의 존엄성과 생명의 권리를 실현하기 위한 수단으로 간주하는 점에 있다. 그러나 이것은 자연환경에 대한 인간의 오만에 불과하다. **생물학적으로** 볼 때, 인간도 자연의 다른 생물들과 마찬가지로 자연의 역사적 진화 과정에서 생성되었다. 그는 본래 자연으로부터 오는 존재이다. 인간이 아무리 뛰어난 능력을 가진다 해도, 인간의 몸 안에 이미 자연이 들어 와 있음을 우리는 부인할 수 없다. 그러므로 우리 인간은 자연의 피조물들과 생물학적, 물리적 공통성과 "자연사적 친족성"(naturgeschichtliche Verwandtschaft)을 가진다. 따라서 인간은 물론 자연의 모든 피조물은 "그 자신의 가치"(Eigenwert)와 "자신의 권리"(Eigenrecht)를 가진다.[25)]

여기서 우리는 **진화론의 타당성**을 인정할 수 있다. 진화론에 의하면, 자연계의 생명은 약 10억 년의 역사를 가진다. 이에 비해 인간의 생명은 겨우 46만 년의 역사를 가질 뿐이다. 그러므로 인간의 생명이 등장하기 이전, 9억 9천 9백 54만 년 전부터 자연의 생명이 있었다. 달리 말해, 자연의 생명은 인간 없이 9억 9천 9백 54만 년이나 생존하면서 생육과 번성과 진화의 과정을 거쳐왔다. 그렇다면 자연의 세계 모든 것은 그 자신의 존엄성과 생명의 권리를 가지며, 그 나름대로의 주체성을 가진다. 인간은 자연 없이 존재할 수 없지만, 자연은 인간 없이 존재할 수 있고, 생육하고 번성할 수 있다. 자연환경 자신의 가치와 존엄성과 생존의 권리에 대한 이러한 생물학적 성찰에 병행하여, 우리는 성서에서 다음과 같은 **신학적 근거**를 발견할 수 있다:

1. 자연환경과 그 속에 있는 모든 피조물의 가치와 존엄성, 생명의 권리는 근본적으로 **하나님의 사랑**에 근거한다. 사랑이신 하나님의 창조 행위는 사랑의 행위이다. 따라서 모든 만물이 하나님의 사랑의 산물이요, 가치의 원천으로부터 가치와 존엄성을 부여받았

25) 이에 관해 K. M. Meyer-Abich, Wege zum Frieden mit der Natur. Praktische Naturphilosophie für die Umweltpolitik, 1984, 47 ff.

다. 공중의 새와 들의 백합화도 하나님이 먹이시고 입히신다는 신약성서의 말씀은 (마태복음 6:28-30, 12:6, 누가복음 10:29, 12:27), 공중의 새 한 마리와 들의 꽃 한 송이도 하나님은 귀하게 여기시며, 따라서 공중의 새 한 마리와 들의 꽃 한 송이도 자신의 가치와 존엄성을 가진다는 것을 시사한다. 그러므로 웨슬리는 이렇게 말한다: "만물은… 그들만의 자리가 있으며 인간은 이들의 자리를 이해하고 보호해야 할 책무가 있다.… 우리가 하나님이 그의 창조물을 얼마나 귀히 여기시는지를 안다면 보잘 것 없는 피조물이라도 존엄하게 대해야 한다".[26)]

하나님의 사랑은 하나님의 성육신을 통해 극단적으로 나타난다. 성육신은 만물의 가치와 존엄성, 만물에 대한 사랑의 근거이다. 하나님에게 가치 없는 것은 아무 것도 없다. 모든 것이 하나님의 관심과 돌보심의 대상이 되기에 충분한 가치를 가진다. 땅 속에 있는 지렁이, 하늘을 날아다니는 새 한 마리도 하나님의 사랑의 대상이요, 그 자신의 가치와 존엄성을 가진다. 물질적인 것, 이른바 땅에 속한 것을 경멸하는 "신령한 것의 추구", 다른 인간이나 종(種)들의 운명에 대한 무관심, 배타적인 인간 중심적 가치관은 여기서 거부된다. 모든 부정적이며 모호한 요소들도 결국 하나님의 신비한 목적에 통합되며 이 목적에 기여하기 때문에, 자연의 세계는 그 자체에 있어 가치와 존엄성을 가진다.

2. 모든 피조물은 하나님의 창조이며 **하나님의 소유**다. 인간은 물론 자연환경 전체가 하나님의 **친교의 파트너**이다. 그러므로 모든 만물이 하나님에게 소중하다. 하나님에게 소중한 것은 그 자체

---

26) 김영선, "웨슬리의 신학과 영성", 한국조직신학회 편, 『조직신학 속의 영성』, 한국조직신학회 논총, 제7집, 대한기독교서회 2002, 69.

로서 존엄성과 생명의 권리를 가지며, 하나님의 사랑과 보호의 대상이다. 나무 한 그루, 꽃 한 송이도 하나님의 기쁨과 사랑의 대상이다. "'하나님 보시기에 좋았다'라는 말은 자연의 순수한 상태 속에서 모든 생물이 자기의 종류대로 개체의 차별성을 인정받으며, 서로 간에 크고 작음, 길고 짧음에도 완전한 평등한 관계를 말하는 것이다."[27)]

따라서 인간만이 생명의 가치와 존엄성과 권리를 가지는 것이 아니라, 자연의 모든 피조물이 그것을 가진다. 인간만이 그것을 가지며 자연환경은 그것을 갖지 않는다고 생각하는 것은 인간의 오만일 따름이다. 그러므로 자연의 모든 것은 인간의 목적을 위한 수단으로 취급되어서는 안 된다. 오히려 모든 사물 자체가 목적을 지닌 것으로 대우받아야 한다.

여기서 우리는 다음의 사실을 확정할 수 있다. 즉 성서는 자연환경을 하나님에게서 엄격히 구별한다. 자연은 자연이지 신적인 것이 아니다. 이런 점에서 성서는 분명히 **유일신론**(monotheism)을 가르친다. 유일신론은 유대교와 기독교의 포기할 수 없는 신앙의 진리이다. 그러나 성서의 유일신론이 자연환경의 모든 존엄성과 거룩함을 파괴하고 그것을 인간이 마음대로 처리할 수 있는 "물건"으로 전락시켰다고 말할 수 없다. 성서는 유일신론을 통해 하나님과 자연환경을 구별하는 동시에, 하나님의 소유와 친교의 파트너로서 자연환경 자신의 가치와 존엄성과 생명의 권리를 주장하며, 자연환경의 보호를 인간에게 명령한다. 이 명령은 구약성서의 율법에 명시적으로 나타난다.

---

27) 김은규, "창세기 1장의 생명과 생태사상: 노장사상과 불교적 이해", 『한국기독교 신학논총』, 제30집, 75.

3. 창세기 1장에서 하나님의 창조는 "…가 있으라" 말씀하시니 "…가 있었더라"는 형식으로 이루어진다. 여기서 우리는 "있음" 자체가 창조되며 하나님의 축복의 대상으로 등장함을 발견한다. 하나님에게는 만물의 "있음" 자체가 보시기에 좋은 일이었다. 따라서 자연의 만물은 그들의 "있음 자체"(being itself)에 가치와 존엄성을 가진다. 하늘과 땅이 있고, 한 송이의 꽃이 "있다"는 것 자체가 하나님과 우리에게 소중하며 그 자체로서 가치와 존엄성을 가진다. 가을 하늘을 아름답게 수놓은 코스모스 꽃이 그 자체로서 아름답고 그 자신의 가치와 존엄성과 생존의 권리를 가진다는 것을 누가 부인할 수 있을까!

일반적으로 기독교는 "천국"을 흰옷을 입은 죽은 사람들의 영혼들이 죽지 않고 영원히 사는 세계로 표상한다. 거기에 자연환경이 있다는 것을 우리는 상상하기 어렵다. 자연환경은 죄악된 이 세상에 속한 것이요, 따라서 천국에도 자연환경이 있다고 생각할 때, 천국과 이 세상의 본질적 차이를 인정하기 어렵기 때문이다. 그러나 필자는 이렇게 질문해 본다: 자연환경 없는 천국은 얼마나 삭막할까? 맑은 하늘도 없고, 아름다운 꽃들도 없고, 산도 숲도 아름다운 계곡도 없고, 흰옷만 입은 영혼들이 영원히 풍악을 울리면서 놀기만 하는 세계는 얼마나 지겨울까? 이런 천국보다는 그래도 이 세상이 더 아름답지 않을까? 과연 천국은 어떤 세계일까?

자연환경이 존재하며 자연의 만물이 자신의 삶의 경험을 가진다는 것 자체가 아름답다. 벌이 꽃에서 꽃으로 옮겨 다니며 꿀을 모우고, 강남 갔던 제비가 봄이 오면 다시 돌아오는 것 자체가 하나님 보시기에 좋은 일이다. 아름다운 숲과 들판, 꽃과 새들, 바다와 하늘이 "있다"는 것 자체가 아름답고 신비스럽고 거룩하며, 모든 피조물들이 자신의 삶의 역사를 가진다는 것 자체가 아름답고 경이로운 일이다. 만일 이 모든 것이 존재하지 않고 인간만이 존재한다면, 우리 인간의 삶은 얼마나 삭막할까! 우리는 기적을 찾지만, 기적 중에 가장 큰 기적은 자연 만물이 "있다"는 것이 아닐까! 하나님이 "…가 있으라" 말씀하시니 "…가 있었더라"는 창세기 1장의 말씀은 자연 만물의 가치와 존엄성, 생명의 권리에 대한 하나님의 선언이다.

4. P문서의 창조설화에서(창 1:1-2:4 상반절) 인간이 있기 전에 **먼저 자연의 세계가 있었다**. 자연의 세계가 미리 준비되어 있지 않았다면, 인간은 생존할 수 없었을 것이다. 자연의 세계는 인간이 없어도 이미 존재하였고 또 존재할 수 있지만, 인간은 자연의 세계 없이 존재할 수 없다. 자연이 인간에게 의존하는 것이 아니라, 사실은 인간이 자연에게 의존한다. 그러므로 자연의 세계는 인간을 떠나 그 자신의 독자적 주체성과 가치와 존엄성을 가진다. "자연은 하나님이 창조한 것이고, 하나님이 좋다고 선언하신 것이며, 하나님의 궁극적인 주권 아래 놓여 있는 것이기에 여전히 신성한 가치를 지니고 있다."[28] 하나님이 기뻐하시는 자연의 세계는 하나님을 찬양하고 그의 영광을 나타내며, 그의 진리를 전할 수 있을 만큼 신성한 가치와 존엄성과 아름다움을 가진다:

> "하늘은 하나님의 영광을 드러내고, 창공은 그의 솜씨를 알려 준다.
> 낮은 낮에게 그의 말씀을 전해 주고, 밤은 밤에게 그의 지식을 알려 준다.
> 그 이야기 그 말소리, 비록 아무 소리가 들리지 않아도,

28) C. Hyers, The Meaning of Creation. Genesis and Modern Science, 1984, 47.

그 소리 온 누리에 울려 퍼지고, 그 말씀 세상 끝까지 번져 간다." (시편 19:1-4)

"해와 달아, 주님을 찬양하여라. 빛나는 별들아, 모두 다 주님을 찬양하여라.
하늘 위의 하늘아, 주님을 찬양하여라. 하늘 위에 있는 물아, 주님을 찬양하여라.
너희가 주의 명을 따라서 창조되었으니, 너희는 그 이름을 찬양하여라." (시 148:3-5)

5. 창세기 1장에서 우리는 **피조물들의 연결 고리**를 발견한다. 하나님이 창조하신 하나의 사물은 그 다음에 오는 사물의 존재를 위해 필요하며 그에게 도움을 준다. 빛은 낮과 밤이 구별될 수 있도록 도움을 주며, 만물의 생존을 가능케 하는 조건이 된다. 하늘은 새들에게 삶의 공간을 제공하며, 땅은 그 위에 있는 모든 생물들의 생명에 도움을 준다. 흙 곧 땅은 "인간을 비롯한 모든 생명체의 본향이다."[29] 이와 같이 모든 피조물은 다른 피조물의 생명에 도움을 주는 점에서 그 자신의 존엄성과 생명의 권리를 가진다. 피조물들의 연결 고리에서 어느 한 부분이 파괴될 때, 피조물들의 세계 전체가 훼손된다.

필자는 음식을 대할 때마다 자연의 신비로움과 거룩함을 느끼며 이 모든 것을 허락하신 하나님께 감사를 드린다. 내가 먹는 밥과 반찬들은 태양과 땅과 물과 그 속에 있는 모든 물질들이 서로 의존하며 작용하기 때문에 있게 되었다. 또 그것은 땀 흘리며 수고

29) 김재진, "생명의 생태학적 환경과 생명 창조자", 한국기독교학회 편, 『한국기독교신학논총』, 제30집, 298.

한 농부들이 있기 때문에 생산될 수 있었다. 만일 이 모든 것 중 어느 하나라도 없다면, 나는 밥과 반찬을 얻을 수 없을 것이며 생명을 유지할 수 없을 것이다. 자연의 모든 것이 사실은 신비로우며 거룩하다. 그들의 신비로움과 거룩함을 느끼지 못하는 것은, 우리가 그들을 단지 하나의 "물건"으로 보기 때문이다. 그래서 음식을 함부로 남겨 쓰레기로 내버리며, 음식을 보아도 감사할 줄 모른다. 인간의 탐욕 앞에서 모든 것은 이용가치에 따라 평가되며, 이용되어야 할 물건으로 전락한다.

자연의 모든 피조물은 서로 다른 피조물의 생존을 위해 도움을 주고 도움을 받는 관계의 그물망 속에 있다. 땅의 습기가 하늘로 상승하여 구름을 이루고, 구름은 땅에 비를 내려 생명에 필요한 물을 공급한다. 나무는 물을 머금고 있다가 일년 내내 서서히 물을 내어준다. 이리하여 피조물의 생명을 유지시켜 준다. 만일 피조물들 서로간의 도움이 없다면, 인간도 생존할 수 없다. 이와 같이 모든 피조물은 **다른 피조물들의 생존과 미래에 도움을 주기 때문에**, 그 자체로서 가치와 존엄성과 생명의 권리를 가진다. 이렇게 자연의 만물이 서로 연결되어 생명에 필요한 도움을 주고받는 세계 속에서 우리 인간은 그들을 방해하고 파괴하는 존재가 되어서는 안 될 것이다. 가는 곳마다 무고한 생물들을 죽이고 쓰레기를 남기는 자연환경의 "해충"이나 "독충"이 아니라, 그들의 가치와 존엄성과 권리를 존중하는 아름다운 존재가 되어야 할 것이다.

6. 자연 세계 자체의 가치와 존엄성과 생존의 권리는 **노아 계약**에 다시 한 번 나타난다: "이제 내가 너희와 너희 뒤에 오는 자손에게 직접 언약(=계약)을 세운다. 너희와 함께 있는 살아 숨쉬는 모든 생물, 곧 너와 함께 방주에서 나온 새와 집짐승과 모든 들짐

승에게도 내가 언약을 세운다.…" (창세기 9:9-10) 이 본문에서 세 부류의 피조물, 곧 "너희", "너희 뒤에 오는 자손" 그리고 "삼아 숨쉬는 모든 생물"이 피계약자가 된다. 따라서 이 계약은 지금 살아 있는 우리 **인간의 권리**, **장차 올 후손들의 권리**, 그리고 살아 숨쉬는 모든 생물, 곧 **자연의 권리**를 보증한다. 창조자 하나님 앞에서 우리들과 우리의 후손들, 그리고 모든 살아 있는 생명들이 계약의 동등한 파트너가 된다.[30]

이 계약의 내용을 볼 때, 자연의 만물은 인간의 소유물이 아니다. 모든 생물들이 하나님의 소유로서 각자 하나님의 계약의 상대, 곧 피계약자이다. 그러므로 모든 생물들은 하나님의 피계약자로서 우리 인간에 의해 인정과 존경을 받아야 한다. 자연의 세계를 해치는 자는 곧 하나님의 얼굴을 해치는 것이다. 자연환경의 가치와 존엄성은 결코 인간에 대한 자연의 의존성을 통하여 비로소 성립되는 것이 아니라, 하나님의 피계약자로서 그의 존재 자체에 주어져 있다. 하늘과 땅, 산과 바다, 이 모든 것이 그 자신의 가치와 존엄성을 갖지 않는다고 누가 말할 수 있겠는가!

7. 김명용 교수는 구약의 율법에 근거하여 자연환경의 가치와 권리를 주장한다.[31] 안식일 계명은 "노동으로부터의 휴식의 권리"를 인간에게는 물론 동물에게도 부여한다. 안식일은 가축도 쉬는 날이다: "너희는 엿새 동안 일을 하고, 이렛날에는 쉬어야 한다. 그래야 너희의 소와 나귀도 쉴 수 있을 것이며…" (출애굽기 23:12).

---

30) 이에 관해 L. Vischer (Hrsg.), Rights of Future Generations – Rights of Nature. Proposal for enlarging the Universal Declaration of Human Rights, Studies from the World Alliance of Reformed Church 19, 1990.

31) 김명용, 『현대의 도전과 오늘의 조직신학』, 198 이하.

그밖에도 율법은 여러 곳에서 동물의 권리를 지킬 것을 명령한다: 소와 양의 어린 새끼는 칠일 동안 어미와 함께 있어야 한다 (출애굽기 22:30). 엎드려져 있는 나귀는 비록 원수에게 속한다 해도 부축해서 일으켜 주어야 한다 (출애굽기 23:5). 소와 양을 그 새끼와 함께 같은 날 죽여서는 안 된다 (레위기 22:26). 새끼 염소를 그 어미의 젖으로 삶아도 안 된다 (출애굽기 23:19). 하나님은 사람은 물론 짐승도 보호하신다 (시편 36:6). 그는 육축의 생명도 아낀다 (요나서 4:11 참조). 안식년 계명은 땅의 권리를 지킬 것을 명령한다: 땅은 칠년마다 한 번씩 휴경해야 한다 (레위기 25:4-5). 인간이 땅의 권리를 지키지 않을 때 징벌을 면치 못할 것이며, 인간이 징벌을 받는 동안 폐허로 버려진 땅은 "제 몫의 안식"을 누릴 것이다 (레위기 26:33-35)

8. 자연환경은 **하나님의 삶과 구원의 역사에 기여할 수 있기 때문에** 그 자체로서 가치와 존엄성과 생존의 권리를 가진다. 하나님의 삶은 인간은 물론 자연환경과 더불어 이루어진다. 자연환경은 인간의 삶은 물론 하나님의 삶의 한 구성 요소로서 인간의 삶과 하나님의 삶을 풍요롭게 한다. 하나님의 구원의 역사는 자연환경 없이 이루어지는 것이 아니라, 자연환경과 더불어, 자연환경의 도움을 통해 이루어진다. 그러므로 자연환경을 파괴하는 것은 하나님의 삶의 동반자의 가치와 존엄성과 생존의 권리를 파괴하는 것이요, 인간 자신의 삶의 기초를 파괴하는 어리석은 짓이다.

현대 자연과학의 인식론도 인간에게 완전히 파악되지 않으며 정복되지 않는 자연환경의 존엄성과 권리를 시사한다. 양자이론에 의하면, 자연의 대상에 대한 자연과학의 인식은 언제나 특정한 가설에 서 있으며 특정한 관점과 방법과 모델에 의존한다. 인식의 관점과 방법에 따라 대상의 현상(=나타남)이 다르게 인식된다. 또한 과학적 인식은 확실하고 근거 있는 지식에 도달하기 위해 대상을 추상화시키며, 대상의 다양한 측면들을 제한하고, 특정한 측면들을 배제한다. 그것은 특정한 측면만 관찰한다. 따라서 과학의 인식은 대상 그 자체의 복사(copy)가 아니라, 대상에 대한 인간의 특정한 관계의 상(像)에 불과하다. 그것은 대상의 부분적 측면에 대한 관찰일 뿐이다.

그러므로 이른바 자연과학의 객관적 진리는 절대적 진리가 아니라 제약된 진리이며, 관찰 방법과 모델이 변경될 때 포기될 수밖에 없는 일시적 진리이다. 대상 자체, 실재의 전체는 우리의 인식에 대해서는 물론 그 자신에 대해 숨겨져 있다. 그것은 인식하는 인간에 대해 "감추어져 있는 실재"(the veiled reality)이다. 칸트가 말했듯이 실재 자체, 대상 전체는 언제나 인간의 인식 저 너머에 있다. 그것은 우리 인간에게 결코 소유할 수 없는 하나의 비밀로 존속하며, 그것을 향해 우리 인간의 현실이 언제나 새롭게 인식되고 변화되어야 할 미래로 남아 있다. 그것은 결코 과학적 인식에 의해 정복되지 않는 자신의 존엄성 속에 머물러 있다.

그러나 여기서 두 가지 중요한 **윤리적 문제**가 제기된다.

1. 능동성을 결여한 무생물들과 독충이나 해충, 땅 속의 지렁이도 자신의 존엄성과 생존의 권리를 가진다고 볼 수 있는가? 이 질문에 대해 우리는 아래와 같이 대답할 수 있다: 우리가 정확히 파악할 수 없지만, 하나님이 지으신 모든 피조물은 상호작용 속에서 유기체적 전체를 구성한다. 이 유기체적 전체 속에서 모든 개체는 다른 개체들의 생존과 유기체 전체의 유지에 도움을 준다. 이런 점

에서 모든 피조물은 원칙상 그 자체의 존엄성과 생존의 권리를 가진다. 생물들의 몸속에 기생하는 박테리아는 그들의 몸을 약화시키는 부정적 측면을 가지는 동시에, 질병과 알레르기에 대한 몸의 저항력을 강화시키는 긍정적 측면을 가진다. 지렁이는 우리 인간에게 징그럽게 보이지만, 땅 속의 갖가지 오물들을 흡수하고 땅에 유익한 배설물을 배설함으로써 땅을 비옥하게 만든다. 북극의 늑대는 순록의 강적이지만, 약한 순록을 도태시키고 순록의 유전자를 건강하게 만드는 긍정적 기능을 가진다. 파리나 모기는 우리에게 백해무익한 해충으로 보이지만, 다른 생물들(예를 들어 개구리나 도마뱀)의 먹이가 됨으로써 그들의 종을 유지케 한다. 마약으로 쓰이는 양귀비는 진통제의 원료가 된다.

이와 같이 자연의 모든 피조물은 우리 인간의 눈에는 모호한 관계에 있지만, 자연환경 전체의 유지와 복리와 번성을 위해 모두 필요하다. 생물과 무생물을 포함한 모든 피조물은 "공동의 선"에 기여하며, 하나님이 지으신 창조의 세계를 유지하는 데 기여한다. 이와 같이 **생태계 중심의 관점**에서 볼 때, 자연의 모든 피조물은 그 자체로서 존엄성과 생존의 권리를 가지며 인간에 의해 멸종되어서는 안 된다고 말할 수 있다.

여기서 우리는 초기 안 네스(Arne Naess)의 **생물학적 평등주의**(biological egalitarianism)에 기초한 근원적 생태학(deep ecology)에 **원칙상** (in principle) 동의할 수 있다. 인간과 자연은 분리될 수 없이 결합되어 있으며, "모든 생명은 근본적으로 하나"이다. 인간을 포함한 모든 피조물은 동등한 권리와 동등한 내재적 가치를 가진다. 모든 피조물들 사이에 계급은 있을 수 없다.[32)]

슈바이처가 말한 것처럼, 모든 피조물들은 죽지 않고 살고자 하는 의지에 있어 인간과 동일하다. 인간과 마찬가지로 자연의 피조물들도 동일한 "생명에의 의지"를 가지며, 자기를 발전시키며, 자기의 종을 유지할 수 있는 동일한 권리를 가진다. 이 의지와 권리는 인간과 자연의 피조물들에게 공통된 것이다. 따라서 "모든 생물은 생명에 대한 동등한 권리를 가진다". 또한 자연 속에서 우리는 "질서의 원리들"(Ordnungsprinzipien)과 발전의 방향을 발견할 수 있다. 다시 말해 우리는 "자연의 목적을 인식할" 수 있다. 따라서 자연은 그 자신의 목적을 지향할 수 있는 권리를 가지며, 우리는 이 권리에 모순되는 어떤 조치도 취해서는 안 된다.[33]

2. 살고자 하는 의지에 있어 모든 피조물이 동등한 존엄성과 권리를 가진다면, 우리 인간은 모기나 파리나 쥐를 죽일 수 없는가? 이 문제에 있어 우리는 모든 종들이 도덕적으로 같은 수준에 있다는 생물학적 평등주의를 주장할 수 없다. **현실적으로**(in reality) 우리는 생물의 종들 사이에 가치와 권리의 차별을 둘 수밖에 없다. 즉 모든 종들은 원칙에 있어 자신의 가치와 권리를 갖지만, 현실적으로 똑같은 가치와 권리를 가진 것은 아니다. 가치 창조와 가치 경험의 능력에 있어 종들 사이에는 차이가 있으며, 이 능력의 정도에 따라 종들에 대한 도덕적 고려의 차이가 있을 수밖에 없다. 모기나 바이러스보다 인간이 더 본질적 가치와 권리를 가지며, 벌레나 박테리아보다 침팬지나 돌고래가 더 본질적 가치를 갖는다.[34]

32) 이에 관해 장도곤, "개발과 기독교", 한국기독교학회 편, 『한국기독교 신학논총』, 제30집, 322-323 참조.

33) H. Ruh, "Zur Frage nach der Begründung des Naturschutzes", in: ZEE 1987, 129 ff.

34) 이에 관해 H. E. Daly, J. B. Cobb, Jr., For the Common Good: Redirecting the Economy toward Community, The Environment and a Sustainable Future, 1989, 378. J. A. Nash, 『기독교 생태윤리』, 285 참조.

특히 인간과 다른 생명체 사이에 일어나는 충돌을 윤리적으로 판정할 때, 우리는 가치의 차이를 인정하지 않을 수 없다.

따라서 더 큰 가치와 권리를 가진 종의 유지를 위해 다른 종의 일부를 희생시킬 수 있다고 볼 수 있다. 이것은 종들의 먹이사슬 속에서 이미 일어나고 있다. 만일 우리가 엄격한 생물 평등주의를 지키고자 할 때, 인간의 생존이 불가능하다. 흑사병이 퍼져도 쥐를 죽일 수 없을 것이며, 뇌염이 퍼져도 모기를 죽일 수 없을 것이다. 원칙상 어떤 식물이나 동물의 생명도 파괴할 수 없을 것이다. 인간이 식물의 생명을 파괴하고 그것을 음식물로 삼아서도 안 될 것이다. 그러므로 우리는 피조물들 사이의 존엄성과 권리의 차이를 인정하지 않을 수 없다.

그러나 생태계 안에서 모든 종들은 다른 종들을 위한 도구적 가치를 가지는 동시에 그 자신의 본질적 가치를 가진다는 사실을 우리는 유의하면서, **도구적 가치와 본질적 가치의 균형**을 최대한 살려야 한다. 이 균형을 살리는 길은 소비의 억제와 검약을 실천하며, 모든 종들의 권리를 최대한 존중하는 데 있다. 존중해야 할 종들의 권리를 우리는 아래와 같이 제시할 수 있다:[35]

1. 존재하기 위하여 자연의 경쟁에 참여할 수 있는 권리.
2. 개체 생물이 자신의 생태학적 기능을 수행하기 위하여 기본적인 필요와 기회를 만족스럽게 가질 수 있는 권리.
3. 건강하고 온전한 서식처를 가질 권리.
4. 자신과 같은 종(種)을 재생산할 수 있는 권리.

35) 이에 관해 J. A. Nash, 『기독교 생태윤리』, 292-295.

5. 인간에 의해 멸종되지 않고 자유롭게 발전할 수 있는 잠재력을 충분히 발휘할 수 있는 권리.
6. 인간의 잔인하고 악독하고 경솔한 사용으로부터 해방될 권리.
7. 인간의 행위에 의해 붕괴된 자연이 본래 상태의 모습으로 회복되도록, 인간의 개입을 통하여 보상받을 수 있는 권리.

자연환경의 가치와 존엄성과 생명의 권리에 대한 생각은 일찍 존 콥(J. B. Cobb), 그리핀(D. R. Griffin) 등 과정신학자들에 의해 주장되었다. 이들은 "자연의 내재적 가치"(intrinsic value of nature)에 근거하여 다음과 같이 추론한다: "인간 외의 피조물이 내재적 가치를 가진다면, 그것은 또한 권리들을 가진다."[36] 이미 1970년대 초에 과정신학은 창조에 대한 인간 중심적 이해를 비판하고, "자연 세계 안에 있는 신적 내재"에 근거하여 자연을 "거룩한 것"으로 이해했으며, "인간과 자연환경의 친족성"을[37] 인정하였다. 과정신학은 하나님을 자연 속에 내재하는 창조적 과정으로 파악하고 이에 근거하여 자연 자신의 가치와 권리를 주장하였다: "인간은 아마도 이 지구 위에서 어떤 다른 종류들과도 동등시될 수 없는 독특한 가치와 값어치를 지니고 있다. 그러나 다른 종류들도 역시 내재적인 가치를 지니고 있으며, 그리고 어떤 경우에 있어서는 큰 값어치를 지닌다."[38]

---

36) Ch. Birch, J. B. Cobb,Jr., Th. S. Derr, D. R. Griffin, P. Verghese, Rights for Both, Man and Nature? in: Anticipation 16, 1974, 25, 28 f.

37) D. D. Williams, "Philosophical and Theological Concepts of Nature", in: D. C. Stone (Ed.), A New Ethics for a New Earth, 1971, 23.

38) J. B. Cobb, Jr., D. R. Griffin, 『과정신학』, 유기종 옮김, 황소와 소나무 1993 (원서: Process Theology: An Introductory Exposition, 1976), 258.

그러나 과정신학은 창조자와 창조 사이의 차이를 충분히 드러내지 못함으로 인해 범신론으로 기울어지는 오류에 빠진다.[39] 과정신학의 이러한 문제점은 다음과 같은 진술에 나타난다: "**하나님은 모든 사물들의 일체화된 경험을 말한다** (God is the unified experience of all things)."[40] 하나님을 철저히 세계 모든 사물들과의 관계 속에서 파악하려는 과정신학의 입장에 우리는 동의할 수 있다. 그러나 "모든 사물들의 일체화된 경험"이 곧 하나님이라면, 하나님은 더 이상 존재하지 않을 것이며, 단지 모든 사물들의 일체화된 경험만이 있을 것이다. 하나님의 존재가 사라질 때, 자연환경은 하나님 없는 인간의 전유물로 전락할 것이다.

---

39) 이에 관해 S. Daecke, "Anthropozentrik oder Eigenwert der Natur?" 292 f.
40) J. B. Cobb, Jr., D. R. Griffin, 『과정신학』, 263.

7.

자연환경은 하나님의 집, 모든 생명의 집이다

1. 자연환경은 하나님의 집이다

20세기의 신학은 칼 바르트의 영향으로 하나님과 인간, 하나님과 피조물을 구별하고 하나님의 초월성을 강조하였다. 그리하여 세계에 대한 하나님의 절대 타자성, 초월성, 세계에 대한 하나님의 독립성과 자족성(Aseität)을 강조하였다. 그 결과 피조물의 세계는 **하나님 없는 세계**로 규정되어, 인간의 손에 맡겨졌다. 그것은 기독교 신학과 관계없는, 자연과학자들의 탐구 영역으로 간주되었다.

그러나 성서에서 하나님은 하늘에 계신 초월적인 분인 동시에, 그의 사랑과 자비의 영을 통해 **피조물들 안에 거하는 분**으로 나타난다. 하늘에 계신 하나님은 단지 하늘에 머물러 계신 것이 아니라, 그의 영원한 사랑의 영을 통해 피조물의 세계 안에 계시며, 피조물의 세계는 하나님 안에 있다. 따라서 자연환경은 하나님이 그 안에 거하는 하나님의 집이다. 요한계시록 21:3은 이것을 종말론적

미래로 나타낸다: “보아라, 하나님의 집이 사람들 가운데 있다. 하나님이 그들과 함께 계실 것이요….” 자연환경을 하나님의 집으로 생각할 수 있는 성서적, 신학적 근거를 우리는 아래와 같이 제시할 수 있다:

1. 하나님의 집으로서의 자연환경에 대한 통찰은 앞서 기술한 **창조에 대한 성령론적, 삼위일체론적 이해**를 통해 근거될 수 있다. 성부, 성자, 성령의 구별되지만 분리될 수 없는 한 몸의 관계 속에서 성부 하나님은 성자와 함께 성령을 통해 피조물을 창조한다. 그는 사랑이다. 그러므로 그는 그의 영을 통해 피조물들 안에 거하신다. 그는 영의 힘 안에서, 영의 힘을 통해 피조물을 창조하며, 피조물의 생명의 힘으로서 그들 안에 현존한다. 하나님의 영 곧 “성령은 역사와 사회에서뿐 아니라 자연 속에 거하시고 역사하신다.”[1] 하나님의 영은 모든 피조물의 생명을 생동케 하는 힘, 곧 생명의 힘의 원천이다 (창세기 2:17 참조). 피조물은 하나님의 영 안에서 살고, 하나님의 영을 통해 새롭게 되며(hadash), 하나님의 영의 힘이 떠날 때, 피조물은 사멸한다:

> “주께서 그들에게 먹이를 주시면, 그들은 받아먹고,
> 주께서 공급하여 주시면, 그들은 좋은 것으로 배를 불립니다.
> 그러나 주께서 얼굴을 숨기시면, 그들은 떨면서 두려워하고,
> 주께서 호흡을 거두어들이시면, 그들은 죽어서 본래의 흙으로 돌아갑니다.

1) 권진관, “민중적 영성 시론(試論)”, 한국조직신학회 편, 『조직신학 속의 영성』, 한국조직신학회 논총 제7집, 270.

주께서 주의 영을 불어넣으시면, 그들은 다시 창조됩니다.
주께서는 땅의 모습을 다시 새롭게 하십니다." (시편 104:28-30)

이 세상에 존재하는 모든 피조물은 성령, 곧 하나님의 우주적 영의 에너지와 가능성이 계속 부어지기 때문에 생존하며 자기 자신을 발전시킬 수 있다. 그러므로 모든 피조물의 현실은 하나님의 영의 실현되어진 가능성으로 이해될 수 있으며, 하나님의 영의 에너지 장(場, field) 안에 있다고 말할 수 있다. 창조자 하나님은 피조물의 세계에 대해 단지 초월적으로 대칭해 있는 것이 아니라, 성령의 에너지와 가능성을 통해 그의 피조물 안에 임재하며, 그들과 교통을 가진다.

이와 비슷한 생각을 칼뱅도 말한다. 칼뱅에 의하면, 생명을 살리며 생동케 하는 성령은 "생명의 샘"(fons vitae)이다. 성령은 "어디에나 부어져서, 하늘과 땅에 있는 모든 것을 유지하고 생성케 하며 살리는 자이다."[2] 피조물 안에 있는 성령의 내재에 대한 칼뱅의 이러한 생각은 우주의 몸 안에 있는 세계영혼의 내재에 대한 스토아 철학 사상과 매우 가깝다. 그러나 우주적 영에 관한 칼뱅의 생각은 기독교의 삼위일체론을 통해 스토아 철학의 범신론에서 구별된다. 성령은 모든 피조물의 "생명의 샘", 생명의 근원으로 내재하지만, 피조물의 세계로 폐기되지 않으며, 삼위일체의 제3 품격으로 존속하기 때문이다.

2. 하나님이 피조물의 세계 안에 거하시며, 따라서 피조물의 세계, 곧 자연환경은 하나님의 집이라는 생각이 일찍부터 성서에 나

2) J. Calvin, Institutio I, 13, 14: "Ille enim est qui ubique diffusus omnia sustinet, vegetat et vivificat in coelo et in terra."

타난다. 다윗 왕이 하나님에게 성전을 건축하려고 했을 때 하나님은 이를 거부하면서, 그는 그의 백성이 가는 곳에는 어디에나 계신다고 말한다 (역대기 상 17:1-8). 솔로몬 왕이 처음으로 성전을 건축하고 봉헌기도를 드릴 때, 그는 하나님이 성전이란 특정한 공간에 제한되지 않으며, 온 우주가 하나님이 거하시는 공간임을 시사한다: "저 하늘, 저 하늘 위의 하늘이라도 주님을 모시기에 부족할 터인데, 내가 지은 이 성전이야 더 말해 무엇 하겠습니까?" (역대기 하 6:18).

여기서 우리는 다음의 사실을 추론할 수 있다. 즉 구약성서는 애초부터 온 우주를 하나님이 그 안에 계시는 하나님의 처소, 하나님의 집으로 생각하였다는 것이다. 앞서 기술한 바와 같이, 하나님이 그의 영을 통해 피조물 안에 거하신다면, 피조물의 세계 곧 온 우주가 하나님이 그 안에 거하는 하나님의 집이다. 하나님의 집은 인간이 손으로 만든 성전에 제한될 수 없다. 온 우주가 그의 집이요 성전이다: 하늘이 하나님의 보좌요, 온 땅이 그의 발 받침대다. 그러므로 인간이 하나님의 집을 짓는 것은 불필요한 일이다. 하나님에게 중요한 일은 인간이 그의 재력과 손으로 하나님의 성전을 짓는 것이 아니라, 하나님의 정의와 자비를 실천하는 데 있다. 인간이 지은 성전은 온 세계에 걸친 하나님의 활동 영역을 성전의 좁은 공간으로 제약시키며, 종교권력과 정치권력의 결탁을 초래한다. 이 생각은 신약성서로 이어진다:

"가장 높으신 분께서는 예언자가 말한 바와 같이,
사람의 손으로 지은 건물 속에 살지 않으십니다.
'나 주가 말한다. 하늘은 나의 보좌요, 땅은 나의 발판이다.

너희가 나를 위해서 어떤 집을 지어 주겠으며,
내가 쉴 만한 곳이 어디냐?
이 모든 것이 다 내 손으로 만든 것이 아니냐?" (사도행전 7:48-50)

3. **지혜문학**(욥기, 시편, 잠언, 전도서, 아가서)에서도 우리는 자연환경을 하나님의 집으로 보는 통찰을 발견할 수 있다. 잠언에 의하면 하나님은 세계를 그의 지혜를 통해 지으셨다:

"주께서 일을 시작하시던 그 태초에, 주께서 모든 것을 지으시기 전에,
이미 주께서는 나를 데리고 계셨다. 영원 전, 아득한 그 옛날,
땅도 생기기 전에, 나는 이미 세움을 받았다.
....
나는 그분 곁에서 창조의 명공이 되어, 날마다 그 분을 즐겁게 하여 드리고,
나 또한 그 분 앞에서 늘 기뻐하였다. 그분이 지으신 땅을 즐거워하며,
그분이 지으신 사람들을 내 기쁨으로 삼았다." (잠언 8:22-31)

고대 알렉산드리아의 유태인 철학자 필로(Philo)는 하나님의 딸 지혜(chockma)를 로고스(Logos)로 번역하였다. 따라서 요한복음이 말하는 "로고스", 곧 말씀"은 "지혜"를 말하며, 예수 그리스도를 가리킨다. 사실 신약성서에서 예수에게 붙여진 첫 번째 이름은, 복음서가 기록되기 이전에 바울이 자신의 서신에서 쓴 소피아, 곧 지혜라는 이름이었다.[3] 지혜문학에서 하나님과 더불어 세계를 창조

3) M. Fox & R. Sheldrake, 『창조, 어둠, 그리고 영혼에 관한 대화』, 57.

한 지혜는 하나님의 말씀 혹은 하나님의 영이라 불릴 수 있다. 이 지혜가 땅의 기초이며, 사람들을 지혜롭게 한다. 그것은 사람들 안에는 물론 만유 안에 있다. 지혜가 있는 곳에 하나님이 있다. 그렇다면 하나님은 만유 안에 있으며, 만유는 하나님이 그 안에 계시는 하나님의 집이다. 이것을 도마복음 어록 77은 다음과 같이 고백한다:

> "나는 모든 것 위에 있는 빛이다. 나는 만유이다.
> 만유가 내게서 나왔고, 만유는 내게로 돌아온다.
> 나무를 쪼개보아라. 내가 거기에 있다.
> 돌을 들어보아라. 그러면 너희는 나를 발견할 것이다."

4. 자연환경을 하나님이 그 안에 거하시는 하나님의 처소, 하나님의 집으로 보는 신학적 통찰을 우리는 유대교 랍비신학의 **쉐히나**(Schechina) 이론과[4] **카발리아** 이론에서 발견한다. 쉐히나는 하나님이 그의 백성과 피조물 안에 거하심, 곧 내주하심을 뜻한다. 유대교 신학자 로전츠바익(Fr. Rosenzweig)에 의하면, "쉐히나, 곧 인간을 향한 하나님의 내려오심과 그들 가운데 거하심은 하나님 자신 안에서 일어나는 구별로 표상된다. 하나님은 자기를 자기 자신에게서 구별하며, 그의 백성에게 자기를 내어주며, 그들의 고난을 함께 당하며, 그들과 함께 낯선 곳의 고통 가운데서 유리한다."[5]

---

4) 김영진 교수(연세대학교 연합신학대학원)에 의하면 본래 이스라엘어로 "쉬쿠나"(shikunah)이지만, 여기서는 조직신학계의 일반적 관례에 따라 "쉐히나"로 표기함.

5) Fr. Rosenzweig, Der Stern der Erlösung, 1954, III. Teil, 3. Buch, 192. 또한 이에 관하여 G. Scholem, Von der mystischen Gestalt der Gottheit, 1973, 135 ff. 이 내용은 J. Moltmann, Gott in der Schöpfung, 27 ff.에 근거함.

하나님의 쉐히나는 성서 안에 깊은 뿌리를 가진다. 그것은 먼저 하나님과 이스라엘의 계약과 더불어 시작한다: "내가 이스라엘 자손 가운데 머물면서…" (출애굽기 29:45). 이 계약에서 하나님은 이스라엘 자손들 가운데 있는 그의 거하심, 곧 쉐히나를 약속한다. 거하심의 약속은 성전에서 사용되는 용어지만, 성전 이전의 시대로 거슬러 올라간다. 우리는 먼저 이스라엘의 법궤에서 하나님의 쉐히나를 발견하는데, 하나님은 이동성을 가진 법궤 안에 혹은 그 위에 "거하신다". 이 법궤를 다윗이 예루살렘으로 가져오고, 솔로몬은 법궤가 있는 예루살렘에 성전을 건축한다. 이제 하나님은 이 성전의 가장 거룩한 곳, 곧 지성소에 "거하신다".

그러나 주전 587년의 남 유다의 멸망과 성전 파괴, 바빌론 포로생활이 뒤따른다. 하나님은 고향을 잃어버리고 이방인들의 멸시를 당하면서 포로생활을 하는 그의 백성들 가운데 거하신다. 이 백성에게 일어나는 일은 그들 안에 거하시는 하나님 자신에게 일어난다 (이사야 63:9 참조). 그는 그 자신의 영역, 곧 "하늘에" 계신 동시에, 이 땅의 가난한 자들, 굴욕을 당하는 자들 가운데 거하신다: "내가 비록 높고 거룩한 곳에 있으나, 겸손한 사람과도 함께 있고, 잘못을 뉘우치고 회개하는 사람과도 함께 있다" (이사야 57:15). 하나님이 그 안에 거하시는 하나님의 "처소" 혹은 "집"이 그의 백성들 가운데 있을 것이다 (에스겔 37:27).

5. 하나님의 아들 예수의 **성육신**도 자연환경을 하나님의 집으로 볼 수 있는 중요한 단서가 된다. 성육신은 하나님이 피조물들 가운데 그의 쉐히나를 취하는 결정적 사건이다: "말씀이 육신이 되어 우리 가운데 거하였다" (요한복음 1:14), "그리스도 안에 하나님의 모든 신성의 충만함이 몸이 되어서 거하신다" (골로새서 2:9). 그리

스도 안에 있는 하나님의 쉐히나는 구약성서의 쉐히나를 넘어선다. 이제 그것은 나사렛 예수의 몸과 이름과 형태를 가진다. 하나님은 나사렛 예수와 그의 뒤를 따르는 사람들을 통해 이 세계 안에 거하신다.

예수의 **부활**을 통해 하나님은 그의 **쉐히나의 보편성**을 약속한다: 그리스도께서 그의 사역을 완성하시고 그의 나라를 아버지 하나님에게 넘겨주실 때, 하나님이 만유 안에 거하실 것이다 (고린도전서 15:28). 온 세계가 하나님이 그 안에 거하는 하나님의 장막, 곧 하나님의 우주적 성전이 될 것이다. 하늘과 땅과 그 안에 있는 모든 것이 새롭게 변화될 것이며, 죽음과 슬픔과 울부짖음과 고통이 더 이상 있지 않을 것이다. 하나님의 거하심이 사람들이 사는 그곳에 있을 것이다 (요한계시록 21:3). 온 땅에 그의 영광이 가득할 것이며 (이사야 6:3), 하늘은 하나님의 영광을 선포하고, 창공은 그의 솜씨를 나타낼 것이다 (시편 19:1).

자연환경이 하나님의 집이라면, 하나님은 우주 바깥에서 가끔 개입하는 분이 아니라, 우주의 과정 속에서 계속적으로 작용하는 분으로 이해된다. 그는 피조물의 세계를 군주와 같이 자기의 목적을 위해 일방적으로 끌고 가는 것이 아니라, 그것에 자유를 허용하며 스스로 활동케 한다. 그러나 그는 이신론이 표상하는 것처럼 피조물의 세계를 자신의 법칙에 따라 움직이도록 방기하지 않는다. 오히려 그는 생명의 힘, 사랑의 힘으로서 피조물의 세계 안에 내재하며 그 속에서 작용한다. 그의 힘은 영적인 힘이요 사랑의 힘이다. 사랑의 힘으로서의 하나님은 피조물 안에 현존하면서 안으로부터 영향을 주고, 그 속에서 감화시키고 생명의 힘을 준다. 사랑은 생명을 생동케 하는 힘을 가지기 때문이다.

사랑의 영을 통해 세계 안에 임재하는 하나님은 모든 피조물의 생명의 에너지와 가능성이다. 하나님의 영은 모든 피조물들에게 부어지며, 그들을 유지하고 생동케 하며, 그들을 새롭게 변화시킨다. 그러므로 모든 생명은 하나님의 사랑의 영 안에서 살며 활동한다. 모든 피조물들 안에 사랑의 영이 있고, 사랑의 영 안에 하나님은 현존(임재)한다. 미움과 증오는 생명을 죽이는 반면, 하나님의 사랑은 생명을 생동케 한다. 사랑이 있는 곳에 삶은 생동케 되고 힘을 얻으며, 새로운 가능성을 실현한다.

그의 사랑의 영을 통해 피조물들 안에 거하시는 하나님은 피조물의 고난을 함께 당한다. 그는 그들과 함께 유리하며 신음한다. 사랑의 영 안에 계신 하나님은 그의 피조물들 안에 현존하며, 기쁨과 고난 속에서 그들과 결합되어 있다. 그러므로 피조물이 당하는 고통은 곧 하나님 자신의 고통이요, 그들의 기쁨은 곧 하나님 자신의 기쁨이다. 이것은 "그리스도가 모든 만물의 빛이실 뿐만 아니라 모든 만물의 상처이시기도 하다는 우주적 그리스도 전통을 위해서도 매우 중요한 차원을" 가진다. "열대 우림이 파괴될 때, 우리는 그리스도를 죽이고 있는" 것이다.[6]

그러나 하나님은 피조물들을 강요하거나 강압하지 않는다. 오히려 그들을 설득하고 영향을 준다. 그는 인과론적 제1원인이 아니라, 피조물들 속에 숨어 있는 가능성을 자극함으로써 새로운 창조를 유발하며, 보다 새롭고 풍부한 가능성으로 유혹하는 목적론적 원인으로 활동한다. 그는 이른바 절대적 초월자, 군주와 같은 존재가 아니라, 창조적인 동참자요, 생명을 주고 양육하는 어머니처럼

6) M. Fox & R. Sheldrake, 『창조, 어둠, 그리고 영혼에 관한 대화』, 77.

인내하며 자상하게 그리고 조심스럽게 작용한다. 이리하여 그는 피조물의 세계를 그의 정의와 자비와 평화가 있는 “새 하늘과 새 땅”을 향해 인도한다. 이것을 우리는 자연과학적으로 증명할 수 없지만, 우리 자신의 삶 속에서 경험할 수 있다.

2. 자연환경은 모든 생명의 집과 본향이다

주말이 오기만 하면 도시를 빠져 야외로 나가는 사람들의 자동차 행렬로 인해 고속도로가 정체되는 현상을 우리는 매 주 볼 수 있다. 그 까닭은 무엇인가? 도시의 생활, 특히 닭장 같은 아파트 생활은 우리의 육체와 마음을 피곤하게 만드는 반면, 자연은 우리의 심신을 편안하게 만들기 때문이다. 근본 원인은, 자연은 우리 인간의 본향이요, 우리가 본래 그 안에서 살아야 할 우리의 집이기 때문이다. 집과 본향은 우리에게 안식을 주며 우리의 존재의 뿌리와 정체성을 확인시켜 준다. 그래서 명절이 되면 수 십 만 명의 사람들이 자동차를 타고 고생 고생하면서 고향으로 돌아갔다가 다시 돌아온다. 고속도로에서 당하는 스트레스보다 본향에서 느끼는 마음의 안식과 기쁨이 더 크기 때문이다.

전통적으로 한국인들은 자연환경을 자신의 본향으로 생각하는 경향을 지니고 있었다. 인간은 땅 위에서 살다가 언젠가 땅으로 돌아간다고 그들은 생각했다. 그러므로 한국인들은 자연과의 조화 속에서 사는 것을 이상으로 생각했다. 이 생각은 한국의 전통 건축 양식과 정원의 모습에 나타난다. 한국 고유의 건축물들(초가집과 기와집, 집의 담장)은 그 뒤에 서 있는 산의 높이를 넘어서지 않는다. 세계 다른 나라의 건축물과 비교할 때, 한국의 전통적 건축물들은 자연환경을 위압하는 모습을 갖기보다 그것과 조화된 모습을 보인다. 또 일본인들의 정원은 지나치게 인위적으로 꾸며진 모습을 보이는 반면, 한국인의 정원은 자연의 모습을 가능한 유지하는 모습을 보인다.

그러나 1970년대에 시작한 한국 사회의 산업화 과정 속에서 우리는 자연환경을 우리의 본향 내지 집으로 생각하기보다, 우리가 이용하고 거기서 더 큰 이익과 소유를 얻어야 할 **이용대상**으로 생각하는 데 익숙해졌다. 최대의 이익과 보다 더 많은 소유, 물질적 성장을 최고의 목적으로 삼는 자본주의 사회 속에서 우리는 자연환경을 우리가 지배하고 거기에서 더 큰 효용가치를 얻어야 할 대상으로 인식한다. 자연환경은 생산에 필요한 재료들을 제공해야 할 **재료 공급원**이요, 우리가 쓰다 남은 쓰레기들을 보존하고 처리해야 할 **정화시설**로 생각된다. 혹은 위락시설이나 아파트 단지를 그 위에 조성하여 재산을 증식시킬 수 있는 수단 곧 **투기수단**으로 생각되기도 한다. 그것은 우리의 집과 본향이 아니라 지배대상, 정복대상으로 인식된다. 이러한 인식은 산업사회의 보편적 의식을 형성하며, 자연을 비인간화시키는 동시에 인간을 비자연화시킨다.

맥페그(Sallie McFague)의 표현을 빌린다면, 우리는 너무 오랫 동안 지구를 호텔로 간주해 왔다. 즉 우리의 목적과 편리를 위해 일시 사용하다가 버려야 할 물건과 같은 것으로 생각해 왔다. 이제 우리는 지구를 호텔이 아니라 가정으로, 곧 우리의 집과 본향으로 여겨야 한다.[7]

---

7) S. McFague, The Body of God: An Ecological Theology, 1993, 56 f. 동일한 생각에 관해 S. Toulmin, The Return to Cosmology: Postmodern Science and the Theology of Nature, 1982, 272.

성서의 증언들, 특히 구약성서의 지혜문학에 따르면, 자연환경은 인간을 포함한 모든 생명들의 **집과 본향**으로 이해된다. 몇 가지 근거를 우리는 아래와 같이 제시할 수 있다:

1. 인간은 흙에서 왔고 언젠가 흙으로 돌아간다는 창세기 3:19의 말씀은 이것을 시사한다. 히브리어로 인간 곧 아담(adam)은 땅을 뜻하는 아다마(adamah)에서 유래하는데, 이것은 인간과 땅, 곧 자연환경의 밀접한 관계를 가리키는 동시에, 자연환경은 인간이 **거기서부터** 와서 **그 위에** 살다가 **거기로** 돌아갈 집과 본향이란 사실을 암시한다.

2. 여우도 굴이 있고 공중의 새도 거처(집)가 있다"는 예수의 말씀은 자연환경이 피조물의 집이라는 것을 시사한다. 이 말씀은 "참새도 제 집을 얻고 제비도 새끼 둘 보금자리를 얻는다"는 시편 84:3으로 소급된다.

3. 고린도후서 5:1의 "땅에 있는 우리의 집(장막)"도 자연환경 전체를 인간과 자연 피조물의 집으로 이해할 수 있는 단서가 된다. 자연환경의 모든 것이 본래 하나님의 영 안에 있고 그의 영을 통해 유지되며 생명의 힘을 얻는다면, 자연환경은 삼위일체 하나님의 생명 공동체, 곧 하나님이 그 안에 거하는 하나님의 집인 동시에 모든 피조물들의 집이요 그들의 본향이라 말할 수 있다.

하나님의 집은 피조물들의 집이기도 하다. 하나님은 그의 영을 통해 어디에나 계심으로써, 자기의 공간 곧 그의 집을 피조물에게 삶의 자리로 내어 준다. 그러므로 **하나님의 집은 피조물의 집이요, 피조물의 집은 하나님의 집이다**. 피조물의 세계는 세상적인 방법으로 하나님 안에 거하며, 하나님은 신적인 방법으로 피조물의 세계 안에 거한다. 성서는 이것을 다음과 같이 시사한다: 사랑 안에 거하는 자는 하나님 안에 거하며, 하나님이 그 안에 거한다 (요한일서 4:12). 하나님의 사랑의 영 안에서 우리는 하나님 안에 거한다. 이리하여 하나님은 우리가 그 안에서 먹고 마시고 활동하는 **우리의 삶의 공간**이 되신다.[8] 하나님의 편재 혹은 무소부재(無所不在)는 이것을 암시한다. 하나님이 그의 영을 통해 어디에나 계시다면, 우리는 하나님 안에 있고, 하나님은 우리의 삶의 공간이 되신다. "주의 집에 거하는 자가 복이 있다"는 시편 84:4의 말씀은 이것을 암시한다.

이와 같이 하나님이 피조물의 삶의 공간이 되는 동시에, 피조물은 하나님이 그 안에 거하시고 활동하는 **하나님의 삶의 공간**이다. 하나님의 삶은 단지 하늘에서 이루어지는 것이 아니라, 자신을 비워 피조물들에게 마련한 그의 집, 곧 피조물들 안에서 이루어진다. 인간을 포함한 모든 피조물들, 곧 자연환경은 하나님의 삶이 이루어지는 하나님의 집이다.

하나님의 집 - 피조물의 집은 결코 인간만을 위한 집이 아니다. 그것은 인간을 포함한 **모든 생명들의 집**이다. 그것은 모든 피조물의 어머니요 본향이다. 이것을 인간에게 허락하신 하나님은 인간의 주님인 동시에 자연 세계 전체의 주님이다. 그는 인간에 대해서는 물론 그가 지으신 자연 세계 전체에 대해 관심을 가지며, 그의 주권과 섭리는 인간은 물론 자연 세계 전체를 포괄한다. 세계의 모든 것이 하나님의 주권과 섭리 안에 있다. 하나님의 주권과 섭리가 인간에게만 해당한다고 보는 것은 인간 중심적 사

8) 이에 관해 J. Moltmann, Gott in der Schöpfung, 162 ff.

고의 산물이다. 그러므로 베스터만은 기독교의 인간 중심주의를 다음과 같이 비판한다:

> "성서의 첫 페이지가 하늘과 땅, 해, 달, 별, 그리고 새, 고기, 동물에 관해서 이야기하고 있다는 단순한 사실은 우리가 사도신경에서 예수 그리스도의 아버지로 인지하고 있는 하나님은 단지 인간에게만 관심을 갖고 계신 것이 아니라, 모든 피조물에 대해서 관심을 갖고 계신다는 확실한 표가 된다. 인류의 신으로만 이해되는 하나님은 더 이상 성서의 하나님이 아니다."[9)]

자연환경이 모든 피조물 내지 생명들의 본향 내지 집이라는 표상을 우리는 "자연"과 "물질"이란 개념의 어원에서도 발견한다. "자연"(nature)은 태어남(natus)이란 개념에서 유래하며, "물질"은 존재하는 모든 것의 모체 혹은 자궁(matrix)인 어머니(mater)에서 유래한다. 이와 같이 물질과 자연의 두 개념은 여성과 관계되어 있기 때문에, 자연과 물질을 뜻하는 라틴어 natura와 materia는 그 문법적 성에 있어 여성형이다. 인간과 동물의 모든 생명이 거기서 태어나는 여성의 자궁은 모든 생명의 본향이다. 자연환경은 여성의 자궁과 같다. 우리가 자연환경 속에서 평화와 안식을 느끼는 것은, 그것이 우리의 본향이요 우리가 그 안에 거해야 할 우리의 집이기 때문이다.

자연환경은 모든 피조물의 집이기 때문에, 모든 피조물은 그들 자신의 **주거영역과 삶의 공간을 소유할 권리**를 가진다. 피조물에게서 이 권리를 박탈하는 것은 하나님과 피조물 앞에서 죄악이다.

---

9) C. Westermann, Genesis 1 – 11, A Commentary, trans. J. J. Scullion, S.J., 1984, 176.

인간의 무한한 소유욕으로 인해 오늘날 자연의 피조물들이 얼마나 많이 그들의 삶의 공간을 박탈당하고 있는가! 예언자들이 경고한 것처럼, 집에 집을 붙이고, 땅에 땅을 붙여 자기의 삶의 공간을 확대시키는 자는 언젠가 그 모든 것을 잃게 된다. 불의한 자는 땅에서 쫓겨나는 것이 역사의 진리요 삶의 진리다. 불의하고 무자비한 민족 중에 멸망하지 않은 민족은 없다. 우리 인간이 자연의 생명들과 가난한 사람들에게서 삶의 공간을 박탈하고 자기의 공간을 확대하는 불의를 계속 저지를 때, 그들의 원성이 하늘에 사무치게 되고, 하나님이 그들의 원성을 들으실 것이다. 그리고 불의를 저지른 인간을 그 땅에서 추방하실 것이다. 창세기 4장에 기록된 가인과 아벨의 이야기는 이것을 예시한다.

이것은 인간이 자연환경 속에 도로나 집도 지어서는 안 된다는 것을 뜻하지 않는다. 인간도 자연환경의 일부이므로, 자신의 주거 영역과 삶의 공간을 가질 권리를 가진다. 그러나 이 권리는 다른 피조물의 권리를 최대한 배려하는 범위에서 집행되어야 한다. 자신의 권리를 집행하기 위해 다른 피조물의 삶의 보금자리를 무분별하게 파괴하는 것은 죄악이요 불의이다. 기독교가 정말 하나님의 사랑을 믿는다면, 모든 피조물의 삶의 공간을 보존하는 일에 관심을 가져야 한다.

삼위일체론적 사고에 따르면, 우주적 공동체 안에서 하나님과 인간과 우주는 구별되는 동시에 한 몸을 이룬다. 성부, 성자, 성령이 서로 구별되는 동시에 한 몸을 이루는 것과 마찬가지다. 김흡영 교수의 표현을 빌린다면, "우주는 전 생명체 몸의 근원이 되는 큰 몸이요, 생명이 숨쉬고 사는 집이요, 하느님(한울님)이 생명의 살림살이 하는 한울(타리)인 것이다. 그리고 한울님(신), 우주, 생명

(인간)은 모두 한(같은) 우리(한울)요, 같은 태극이니(一物一太極說), 곧 이 신우주인간의 삼재는 삼위일체적 하나"이다.[10]

여기서 우리는 타당성과 위험성을 동시에 발견한다. 하나님과 자연환경과 인간을 "하나"라고 생각할 때, 하나님의 하나님 되심이 약화되고, 심지어 하나님의 존재가 없어질 수 있는 위험성이 여기에 나타난다. 만일 하나님과 우주와 인간이 "하나"라면, 우주와 인간을 구원할 수 있는 것은 무엇일까? 이러한 위험성과 더불어 김흡영 교수의 생각은 우리에게 다음과 같은 긍정적 통찰을 제공한다: 1. 하나님과 인간과 자연환경은 구별되지만 분리될 수 없다. 2. 삼위일체적 공동체 안에서 모든 피조물은 하나이며 삼위일체 하나님과 교통을 가진다. 3. 모든 피조물이 하나님을 그 안에 모시고 있으며(侍天主), 영이신 하나님 안에서 "우리는 살고 움직이며 존재한다" (행 17:28).

3. 포기될 수 없는 유일신론의 전통

- 만유재신론을 통한 하나님의 세계초월과 세계내재의 종합 -

구약성서는 하나님만이 참 신이시오, 세계의 모든 것은 신이 아니라고 고백한다. 이를 통해 구약성서는 이른바 유일신론을 주장한다: "오직 나만이 하나님이다. 나 밖에는 다른 신이 없다" (신명기 32:39, 또한 역대기 상 17:20, 이사야 44:6, 45:5 참조). 신약성서

10) 김흡영, "생명 · 생태 · 신학: 신 · 우주 · 인간(삼태극)의 묘합(도의 신학)", 한국기독교학회 편, 『생명 · 생태 · 신학』, 2003년 제32차 정기학술대회 자료집, 38. 그러나 여기서 우리는 하나님과 우주와 인간의 혼동을 경계하는 성서의 진술을 유해야 할 것이다: "나 외에는 다른 신이 없나니…"

는 구약성서의 유일신론을 전제한다. 예수의 아버지 되신 하나님만이 참 하나님이다. 그런데 앞서 언급한 바와 같이, 성서의 유일신론은 오늘날 생태계의 위기를 초래한 주요 원인으로 비판의 대상이 되고 있다: 유일신론으로 말미암아 하나님과 자연환경이 신적인 것과 비신적인 것으로 구별되고, 하나님은 자연환경에 대해 초월적 존재, 전적 타자로 규정되었다. 이리하여 하나님은 그의 본질상 자연환경 없는 하나님이 되었고, 자연환경은 하나님 없는 세속적 영역이 되었다. 그것은 자신의 신성과 거룩함을 박탈당하고, 인간이 마음대로 처리할 수 있는 물건으로 전락하였다는 것이다.

또한 유일신론은 모든 잘못된 **이원론적 구조의 온상**으로 비판의 대상이 된다. 유일신론으로 말미암아 일어난 하나님과 세계, 하나님과 인간의 이원론은 피안과 차안, 인간과 자연, 남자와 여자, 인간의 영혼과 신체의 이원론을 초래했으며, 소위 위에 있는 강자를 통한 약자의 지배와 착취를 가능케 했다. 남성으로 표상되는 유일신은 땅 위에 있는 모든 계급질서(hierarchy)의 원인이라고 그들은 비판한다. 그래서 어떤 학자는 고대종교의 범신론이나 다신론, 혹은 다신론적 여신종교를 찬양하며 범신론의 전통의 회복을 주장한다. 범신론은 세계의 신성을 인정하며, 이를 통해 자연환경의 거룩함과 존엄성을 살리는 인상을 주기 때문이다. 또 하나님은 피조물에 대해 낯선 존재, 전적 타자가 아니라, 피조물과 한 몸을 이루며 그들과 유사한 친밀한 존재라는 따뜻한 느낌을 주기 때문이다.

그런데 많은 학자들은 구약종교의 유일신론과 기독교의 유일신론을 구별하지 않고, 마치 기독교와 구약종교가 동일한 유일신론을 가진 것처럼 비판한다. 물론 기독교는 구약종교의 유일신 전통을 수용한다. 그러나 기독교는 유일신 하나님을 일자(一者)로 이해하지 않고 삼위일체 되신 분으로 이해한다. 즉 기독교는 구약종교의 유일신론을 삼위일체적으로 해석하여, 하나님을 아버지 하나님과 그의 아들과 성령의 구별 속에 있는 한 몸 됨과 한 몸 됨 속에서 구별되는 세 신적 인격 내지 품격으로 이해한다. 바로 이 삼위일체 하나님을 기독교는 유일한 하나님, 곧 유일신으로 파악한다. 그런 점에서 기독교는 칼 바르트(Karl Barth, 1886-1968)가 말한 것처럼 "기독교적 유일신론" 내지 삼위일체적 유일신론을 믿으며, 이 점에서 구약종교의 유일신론에서 구별된다. 그러나 삼위일체 하나님만이 신이시고 그밖에 세계의 그 무엇도 신이 아니라는 점에 있어 기독교적 유일신론은 구약종교의 유일신론과 공통점을 가진다.

필자의 생각에 의하면 유일신론은 유대교와 기독교의 포기할 수 없는 중요한 신앙의 유산이요, 종교 간의 대화에서 망각될 수 없는 요소이다. 만일 기독교가 유일신론을 포기한다면, 그것은 더 이상 기독교가 아닐 것이다. 구약성서의 유일신론이 생태계의 위기를 초래한 근본 원인이라는 비판도 피상적이다. 유일신론을 가진 구약성서는 "생태학적 모티브"로 가득 차 있으며,[11] 유일신 하나님을 "사람과 짐승을 보호"하며 "토지를 영영히 팔지 말라"고 명령하는 분으로 고백하기 때문이다.

유일신론은 기독교가 **포기할 수 없는 진리**를 그 속에 내포하고 있다: 1. 그것은 하나님과 피조물의 혼동을 거부하며, 하나님의 참 하나님 되심을 확보한다. 만일 하나님의 타자성과 세계초월이 확보되지 않을 때, 하나님은 세계 속으로 흡수되어 폐기되고, 세계만

11) 위형윤, "자연생태계와 인간과의 관계에 관한 신학적 연구", 한국기독교학회 편, 『한국기독교 신학논총』, 제30집, 350.

이 남을 것이다. 2. 유일신론은 세계의 모든 거짓된 신성화, 신격화를 거부한다. 그것은 불의한 세계의 현실을 종교적으로 미화시키거나 정당화시키지 못하게 하며, 오히려 불의한 현실을 있는 그대로 직시하게 한다. 3. 이를 통해 유일신론은 불의하고 비인간적인 세계가 정의롭고 인간적인 세계로 변화 되는 것을 가능케 한다. 그것은 땅과 모든 생명을 보호하라는 하나님의 정언명령 앞에 인간을 세운다. 4. 유일신론을 비판하는 많은 여성신학자들과는 달리, 이은선 교수는 유일신론의 또 한 가지 중요한 진리를 다음과 같이 드러낸다:

> "인격적인 유일신의 종교는 다신교적인 전통들과는 달리 性적인 것을 신적인 것과 연결시키지 않는다. 거기에는 어떤 '여성다움'을 대변할 여신이 없고, 우주 속의 여성적인 원리 같은 것도 없다. 그리하여 이렇게 신에게서 성차를 없이하며, 더 이상 남성적이거나 여성적인 기능을 없이한 것은 유일신교가 가져온 큰 혁신의 산물이며, 새로운 세계관의 변화로 인식된다."[12)]

고대의 범신론적, 모계중심의 자연종교들이 지배하는 세계 속에서 이스라엘의 야웨 신앙이 줄기차게 하나님과 세계의 구별성, 하나님의 유일하심을 주장한 이유는 무엇보다 먼저 **범신론의 위험**을 피하기 위해서였다: 야웨 하나님만이 신이시고, 세계의 모든 것은 신적인 것이 아니다. 그러므로 생산과 수확의 풍요를 가져오는 자

12) 이은선, "한국 여성신학의 영성", 한국조직신학회 편, 『조직신학 속의 영성』, 한국조직신학회 논총 제7집, 281. 이은선 교수의 이 생각은 많은 여성신학자 내지 생태여성신학자들의 비판과는 달리, 유일신론의 타당성을 주장하는 점에 큰 의미를 가진다.

연의 능력이 신적 능력으로 숭배될 수 없다. 제의를 통해 자연의 풍요를 숭배하는 가나안의 종교들은 우상숭배이며, 야웨 하나님을 가나안 종교의 바알(Baal)로, 혹은 자연의 신적 능력으로 혼동하는 것은 가장 나쁜 형태의 신성모독으로 간주된다.

왜 이스라엘의 야웨신앙은 그렇게도 강경하게 범신론을 거부했을까? 고대세계에 보편화 되어 있던 범신론을 구약종교가 수용했다면, 다른 종교들과 평화롭게 지낼 수 있지 않았을까? 그럼에도 불구하고 야웨신앙이 범신론을 강경하게 거부한 것은 분명히 어떤 이유가 있기 때문이었을 것이다. 그 이유는 무엇일까?

이 질문에 대한 대답으로서 우리는 **범신론의 위험성**을 파악하고자 한다. 범신론은 하나님의 존재와 피조물을 혼동 내지 혼합시킴으로써, 사실상 참 하나님의 존재를 폐기시킨다. 참 신의 존재를 폐기함으로써 범신론은 세계를 아름다운 세계로 조성하는 것이 아니라, 오히려 미신과 세계의 타락과 비인간화를 초래한다.

고대의 문명에서 우리는 이 사실을 발견할 수 있다. 범신론이 지배하던 고대 문명권의 세계는 결코 인간적인 세계가 아니었다. 그것은 인간의 생명을 하나의 물건처럼 취급하고 강자가 약자를 무자비하게 억압하고 착취하며, 노예제도가 어디에나 있던 무자비한 세계였다는 사실을 우리는 고대문명권에 대한 다큐멘타리에서 볼 수 있다. 그 세계는 인간이 자연 피조물의 노예가 되어 그것을 섬기던 세계였다. 왕이나 황제는 물론 각종 짐승들을 신적 존재로 섬기기도 했다. 고대 이집트의 벽화가 보여 주는 것처럼, 뱀을 신적 존재로 섬겼으며 사람을 제물로 뱀에게 바쳤다. 독사에게 물려 죽으면 영원한 생명을 얻게 된다고 믿게 하여, 파라오를 뱀에 물려 죽게 했다. 이를 통해 사실은 파라오의 장기 집권을 막았다고 한다. 이것은 범신론이 보편화되어 있던 고대세계의 비인간적이고 잔인한 모습의 일면에 불과하다. 그럼에도 불구하고 성서의 유일신론을 비판하고, 범신론을 회복하면 지구의 신성과 거룩함을 회복할 수 있고 인간적인 세계를 이룰 수 있다고 생각하는 것은 잘못된 착각이다.

물론 유일신론의 전통을 가진 기독교 역시 역사적으로 많은 오류를 범하였다. 그러나 기독교는 범신론이 지배하던 문명권에서 볼 수 없는 중요한 일들을 이루었다. 기독교의 유일신론을 통해 인간은 자연에 대한 공포와 자연의 지배에서 해방되었다. 노예제도의 폐기는 범신론이 지배하던 문명권에서 시작한 것이 아니라, 기독교 문명권에서 시작하였다. 고대세계 어디서나 볼 수 있는 현상, 곧 어린이나 젊은 여성을 제물로 바치는 종교의식을 공적으로 금지시킨 것도 범신론적 종교가 아니라, 유일신론의 전통을 가진 유대교와 기독교였다. 이스라엘 백성이 참 하나님을 망각하고 자연종교의 신들을 섬길 때, 어린이를 제물로 바치고 성전에서 혼음을 하며, 정치권력이 타락하고 결국 나라가 몰락하는 일이 일어나지 않았던가!

정재현 교수는 범신론의 위험성을 다음과 같이 지적한다: 범신론은 인간의 존재를 신적 존재로 승화시키는 것 같지만, "하나님과 인간의 간극을 부정함으로써… 인간의 자유가 말살되는 억압적 구도로" 발전할 수 있다.[13] 기독교가 우리나라에 들어오기 전 범신론이 지배하던 사회에서 우리는 이것을 뼈 속 깊이 경험하였다. 범신론과 결부된 각종 미신 속에서 인간이 자신의 존엄성과 권리

13) 정재현, 『티끌만도 못한 주제에』, 140 이하.

를 상실하고, 자연에 대한 공포와 두려움 속에서, 또 비인간적 사회구조 속에서 신음하며 살던 것을 필자는 어린 시절에 눈으로 보았다.

비인간화 된 세계를 인간화시키고 세계의 타락을 극복할 수 있는 길은, 세계의 모든 것을 신적인 것으로 보는 범신론이나 고대의 여신종교로 돌아가는 데 있는 것이 아니라, 먼저 참 하나님의 유일하심, 곧 유일신론의 전통을 확보하는 데 있다고 필자는 생각한다. 타락한 인간의 세계는 유일하신 하나님의 말씀을 들어야 한다. 그의 말씀이 없을 때, 세계는 그의 참 근거와 목적을 상실할 것이다. 구원의 길은 세계의 모든 것이 신적인 것이라고 호도하는 데 있는 것이 아니라, 신적 존재로서의 하나님과 비신적인 그의 피조물의 관계를 바르게 정립하는 데 있다. 피조물과 함께 계시는 동시에 그들 "위에" 있는 참 하나님이 사라질 때, 인간이나 자연의 피조물이 신격화되는 일이 재현될 것이며, 강한 자가 약한 자를 지배하는 비인간적 사회구조가 다시 나타날 것이다. 인간이 자연에 대한 공포와 두려움 속에서 자연을 섬기며 인간을 산 제물로 바치는 일이 반복될 것이다. 아직도 지구 한 편에서는 이런 일이 일어나고 있지 않은가!

그러므로 오늘날 일련의 학자들은 최근의 범신론적 경향에 대해 비판적 태도를 취한다. 김애영 교수는 오늘날 자연을 신격화하는 생태신학자 내지 생태여성신학자들의 범신론적 경향에 대한 학자들의 비판을 기술하면서 이 경향의 위험성을 경고한다.[14] 류터(R. R. Ruether), 맥페이그의 생태신학을 조심스럽게 검토해 온 그

14) 김애영, "생명 · 생태 · 여성신학", 한국기독교학회 편, 『한국기독교 신학논총』, 제30집, 581-602.

린(E. Green)에 의하면[15] 생태여성신학의 표현들은 하나님과 세계를 동일화시키는 범신론을 어떻게 회피하는지 분명치 않다. "우리가 전통적으로 '하나님'이라고… 부르는 것, 그리고 '물질'이라고… 부르는 것은 하나가 된다"는 류터의 말은 범신론의 위험을 분명히 보여준다. 밀리오리(D. L. Migliore)는 유신론, 범신론, 만유재신론 중 어느 것도 삼위일체 하나님에 적합하지 않으며, 하나님과 세계의 친밀성을 강조하는 것은 세계에 대한 하나님의 자유와 하나님에 대한 세계의 타자성이나 자유를 적절히 묘사하지 못한다.[16]

초대교회가 "**무로부터의 창조**"(creatio ex nihilo)를 고백한 이유도 여기에 있다. 오늘날 "무로부터의 창조"는 과정신학과 일련의 여성신학자들에 의해 거부되고 있지만, 그 속에는 포기될 수 없는 기독교의 중요한 진리들이 숨어 있다.[17] 그 가운데 몇 가지를 우리는 다음과 같이 기술할 수 있다:

1. "무로부터의 창조"를 통해 하나님과 피조물의 존재는 신적인 것과 비신적인 것, 영원한 존재와 유한한 존재로 구별된다. 하나님은 영원히 존재하는 신적 존재인 반면, 피조물은 본래 없었던 것(無)으로 비신적 존재다. 이를 통해 하나님은 하나님의 자리에, 피

---

15) E. E. Green, "The Transmutation of Theology", in: E. E. Green and M. Grey, eds., Ecofeminism and Theology), 한국장로교 출판사 1994, 53-54.

16) D. L. Migliore, 『기독교 조직신학 개론: 이해를 추구하는 신앙』, 장경철 역, 한국장로교출판사 1994 (원저: Faith Seeking Understanding: An Introduction to Christian Theology), 142-146.

17) 정미현, "한국 여신학자로서 나는 바르트 신학을 어떻게 이해하는가?" 『성서 · 여성 · 신학』, 장상 교수 정년퇴임 기념 논문집, 한국신학연구소 2005, 268에 의하면, "무로부터의 창조"는 "인간과 자연을 지배하는 하나님의 '군주론적 모델'을 강화시키는 것"으로 여성신학자 케서린 캘러(Catherine Keller)에 의해 비판된다.

조물은 피조물의 자리에 있게 된다.

2. 이를 통해 하나님과 피조물의 존재를 혼동 내지 혼합하는 모든 형태의 **범신론**은 거부되며, 세계의 거짓된 신성화가 거부된다. 최고의 근원자 신(神)의 존재에서 모든 피조물이 유출된 것으로 보는 고대 그리스 철학의 **범신론적 일원론**도 이에 속한다.

3. "무로부터의 창조"는 "절대적 무(=없음)"로부터의 창조를 말하는데, 그것은 초대교회 당시의 질료와 형상의 **이원론**을 거부하고 "이와 밀접하게 관련되어 있는 선악의 원리적 분리라는 주장으로부터 창조의 절대적 주권성을 확고하게" 지키기 위함이다.

4. "무로부터의 창조"는 세계의 모든 것에 대한 **하나님의 주권 내지 통치권**을 나타내려는 의도를 가진다. 세계의 그 무엇도 영원하지 않다. 모든 것은 하나님으로 말미암아 없음에서 있게 되었다. 그러므로 하나님만이 만유의 주(主)이시며, 만물은 그에게 속한다. 하나님 외에 자신의 통치권을 주장할 수 있는 존재는 이 땅 위에 없다. 이로써 모든 인간적인 통치권은 하나님의 통치권 앞에서 상대화된다.

유일신론을 통해 근거되는 하나님의 **세계 초월성과 전적 타자성**도 오늘날 많은 신학자들, 특히 과정신학자들과 여성신학자들 내지 생태여성신학자들을 통해 격렬한 비판의 대상이 되고 있다. 하나님이 세계에 대해 초월적 존재, 전적 타자로 생각됨으로써, 하나님과 세계의 관계성이 사라지고, 하나님과 세계는 서로에게 낯선 존재가 된다. 세계에 대한 하나님의 친밀성이 악화되고, 하나님은 세계에 대해 전능자, 절대자, 저 위에 있는 자로서 세계로부터 추상화된다. 이리하여 세계는 "하나님 없는 세계"가 되어 인간의 정복과 지배의 대상으로 전락한다는 것이다. 칸베라(Kanberra)에서 열린 제8차 세계교회협의회는 하나님의 초월성과 타자성을 다음과 같이 비판한다: "신학이 물질의 세계에 대한 하나님의 초월성과 높으심을 강조하면 할수록, 땅은 더욱 더 인간의 착취의 단순한 대상으로, '비 영적(非 靈的)' 현실로 이해되었다."[18]

이리하여 일련의 신학자들은 과정신학, 뉴에이지 운동, 폴 틸리히(Paul Tillich, 1886-1965)의 신학적 영향 속에서 하나님의 **세계내재**, 하나님과 피조 세계의 **결합성**, **친밀성**을 주장한다. 하나님을 자연의 피조물 속에 내재하는 존재로 생각할 때, 자연환경의 신성과 거룩함을 회복할 수 있으며, 이를 통해 자연환경의 무자비한 파괴를 막을 수 있다는 것이다. 이리하여 하나님의 세계내재는 오늘날 많은 신학자들의 유행가처럼 되었다. 미국의 생태여성신학자 맥패그는 자연환경을 "하나님의 몸"이라 정의함으로써 하나님의 세계내재를 강조한다. 하나님의 세계내재에 마치 구원의 길이 있는 것처럼 생각된다. 하나님은 전적 타자가 아니라, 피조물 안에서 "함께 고난당하는 동료(companion)"로 정의되기도 한다.

우리 나라의 김경재, 김흡영, 이정배, 전현식 등 일련의 학자들은 주장하기를, 기독교는 동학사상에서 하나님의 세계내재를 배워야 한다고 말한다. 동학사상에 의하면 한울님은 만물 속에 내재한다. 그러므로 우리는 만물을 한울님 모시듯이 해야 한다. 우리가 먹는 밥 안에도 한울님이 계신다. 그러므로 밥을 남겨서는 안 된다.

여기서 우리는 하나님의 세계내재에 충분히 동의할 수 있다. 하나님의 세계내재를 간과하고 세계초월만을 강조할 때, 우리는 근대의 기계론적 세계관의 **이신론**(deism)에 빠질 수 있다. 그러나 하

---

18) L. Boff, Von der Würde der Erde, 81에서 인용함.

나님의 세계초월을 간과하고 그의 세계내재만을 강조할 때, **범신론**에 빠질 수 있다. 이리하여 세계가 신격화되는 대신 하나님의 존재가 폐기될 수 있는 위험에 빠진다. 이 위험을 우리는 맥페이그의 이론에서 대표적으로 발견할 수 있다. 우주가 "하나님의 몸"이라면, 우주는 신적인 것이 되고, 하나님은 우주와 동일시 될 수 있다.

이 위험을 우리는 동학사상에서도 발견한다: "지금 베를 짜고 있는 것은 그대의 며느리가 아니라 한울님이야. 이 세상에는 한울님 아닌 것이 하나도 없네."[19] 만일 우주가 "하나님의 몸"이라면, 우주 안에 일어나는 모든 죄와 악은 어디로부터 오는가? 거룩하신 "하나님의 몸" 안에 어떻게 죄와 악이 생길 수 있는가? 죄와 악은 "하나님의 몸" 안에 일어나는 불가피한 활동으로 정당화 될 수 있지 않는가? 세상의 모든 것이 한울님이라면, 분뇨와 오물도 한울님인가?

이러한 문제점에 반해 성서는 **하나님의 전적 타자성**과 **세계초월**을 주장한다. 즉 하나님은 신적 존재로서 세계의 모든 피조물과는 전적으로 다른 존재이며 세계의 모든 것을 넘어서는 존재이다. 하나님만이 신이고, 세계의 모든 피조물은 신이 아니다: 하나님 외에 다른 신이 없다. 그는 하늘에 계신다 (시편 115:3, 전도서 5:2, 예레미야 애가 3:41). 그의 영광과 보좌는 하늘에 있다 (시편 2:4, 8:1, 11:4, 115:3, 123:1, 전도서 5:2 등).

그러나 하나님의 타자성과 세계초월이 마치 성서의 대명사인 것처럼 호도하는 것은 잘못이다. 위에서 기술한 바와 같이, 성서는 하나님의 타자성과 초월성을 강조하는 동시에 그의 **내재성**을 강조

19) 『천도교 창건사』, 제2편 35.

한다. 성서에서 **하나님의 세계초월과 세계내재는 하나님의 존재의 양극을 이룬다.** 하나님의 보좌는 하늘에 있다. 그는 하늘에 계시다. 이와 동시에 그는 그의 영을 통해 그의 백성과 함께 계시며 그들의 모든 것을 아신다. 그들의 모든 기쁨과 슬픔, 고통과 즐거움은 곧 하나님 자신의 것이다: "나는 이집트에 있는 나의 백성이 고통받는 것을 똑똑히 보았고, 또 억압 때문에 괴로워서 부르짖는 소리를 들었다. 그러므로 나는 그들의 고난을 분명히 안다" (출애굽기 3:7). 하나님의 세계초월과 세계내재는 주기도문에 요약되어 나타난다: 하나님은 "하늘에 계신" 동시에 우리와 함께 계시며 우리를 돌보시는 "우리의 아버지"이다.

그러므로 "신의 세계 초월성과 세계 내재성을 어떻게 창조적 긴장 가운데 유지할 수 있느냐는 물음이 중요한 과제가 되는데, 이 물음에 대한 답을 우리는 기독교의 삼위일체 신 이해에서 확실히 얻을 수 있다."[20] 창조자 하나님은 그의 우주적 영을 통해 모든 피조물들 안에 현존한다. 하나님은 **세계의 창조자**인 동시에 **우주의 영**이다. 그의 영의 능력들(=힘들)과 가능성들을 통해 삼위일체 하나님은 그의 피조물들 안에 거하시며, 죄와 죽음의 세력으로 인해 죽어 가는 피조물들을 생동케 하며, 그들을 유지하고 하나님 나라의 미래로 인도한다. 이와 동시에 그는 "하늘에" 계신다.

하나님의 초월성과 내재성을 동시에 유지할 수 있는 길을 우리는 **만유재신론**(pan-en-theism)에서 발견한다.[21] 만유재신론, 곧 하

---

20) 조용훈, "전통적 생태사상과 기독교 환경윤리", 『公共性의 윤리와 평화』, 손규태 교수 정년퇴임 기념논문집, 397.

21) 신옥수, "몰트만 신학에 있어서의 만유재신론적인 비전", 한국조직신학회 편, 『현대 신학자들의 동향』, 조직신학 논총 제8집, 99 이하 참조.

나님이 그의 영을 통해 만유 안에 계시다는 표상은 **유일신론**이 가진 진리의 요소 곧 하나님의 세계초월과, **범신론**이 가진 진리의 요소 곧 하나님의 세계내재를 긴장관계 속에서 결합시키고, 양자의 진리를 통합한다. 즉 하나님은 피조물의 세계에서 구별되는 동시에 그의 영을 통해 피조물 세계의 모든 것 안에(pan-en) 계시며, 모든 것 안에 계시는 동시에, 피조물 세계의 모든 것에 대한 구별 속에 계신다. 여기서 하나님의 초월성과 내재성은 변증법적 동시성을 가진다. 그것은 "초월적 내재성"(transcendental immanence) 혹은 "내재적 초월성"(immanental transcendence)이다.[22] 김흡영 교수가 말하는 "삼위일체론의 탁월성"은[23] "하늘에 계신 하나님"의 초월적 측면과, 피조물 안에 거하는 하나님의 내재적 측면을 함께 포괄하는 점에 있다.

위에서 우리가 자연환경 곧 우주를 "하나님의 집"으로 표현한 것은 하나님의 초월성과 내재성을 적절하게 나타내기 위함이었다. 자연환경을 우리는 "그리스도의 몸" 혹은 "성령의 전"이라 부를 수는 있을 것이다. 그러나 맥페이그처럼 우주를 "하나님의 몸"으로 파악할 경우, 하나님의 내재성과 피조물들과의 관계성은 분명히 드러나지만, 그의 초월성은 약화된다. 이에 반해 "하나님의 집"은 초월성과 내재성, 구별성(Unterschiedenheit)과 결합성(Verbundenheit)

---

22) S. McFague, The Body of God, 21. 이에 관해 김진희, "창조, 생명, 그리고 여성: 생태여성신학을 위한 우주 중심적 시각의 창조론", 한국기독교학회 편, 『한국기독교신학논총』 제23집, 대한기독교서회 2002, 146.

23) 삼위일체론은 "희랍사상의 일원론과 이원론이 가진 모순을 극복하고", 하나님의 구별성과 초월을 말하는 동시에 그의 내재를 말한다. 김흡영 교수가 말하는 "다원적(pluralistic)이고 동중심적(concentric)인 실재"는 인간과 우주 안에 있는 하나님의 내재로 말미암아 귀결되는 것으로 이해된다. 김흡영, "생명·생태·신학: 신·우주·인간(삼태극)의 묘합(도의 신학)", 25.

을 보다 더 적절하게 나타낼 수 있다. 집 안에 거하는 자는 집 안에 있지만, 집과 구별된다. 모든 피조물은 **하나님과의 구별 속에서** 하나님의 집 안에 있고, 하나님은 **피조물과의 구별 속에서** 피조물의 집 안에 있다. 하나님과 피조물은 하나님의 영을 통해 구별 속에서 결합되며, 결합 속에서 구별된다. 하나님이 그의 백성 안에 거하시는 동시에(=내재) 하늘에 계신다는(=초월) 성서의 진술은 하나님의 내재와 초월, 결합성과 구별성을 나타낸다.

여기서 우리는 만유재신론을 좀 더 정확히 파악할 필요가 있다. 만유재신론은 하나님이 **물질적으로** 세계의 모든 것 안에 계시다는 것으로 이해되어서는 안 될 것이다. 그렇게 이해할 경우, 만유재신론은 범신론과 다르지 않다는 비판을 받게 된다. 하나님의 내재를 물질적 내재로 이해할 때, 우리는 참으로 우스운 결론에 이르게 될 것이다. 즉 하나님은 오물이나 분뇨 안에도 계시며 파리나 모기 안에도 계시다고 우리는 생각해야 할 것이다. 그래서 파기나 모기를 죽일 수 없게 될 것이다. 또 동학사상에서 볼 수 있는 것처럼, 밥을 먹을 때, 하나님을 씹어 먹는다고 생각해야 할 것이다. 나무를 자를 때, 하나님의 몸을 자르는 꼴이 될 것이다. 이러한 문제점은 범신론의 그것과 별로 다르지 않다. 따라서 만유재신론이 말하는 하나님의 내재는 물질적 내재가 아니라 **영적 임재 내지 현존**, **영적 함께 계심**으로 이해되어야 한다. 이 때 하나님은 그의 무한한 사랑의 영을 통해 그가 사랑하는 모든 피조물과 **함께 계시며** 그들의 모든 것을 함께 경험하고 나누는 동시에, 피조물로부터 **구별된다**고 말할 수 있다.

4. 만물이 "하나님의 가족"이요 형제자매들이다

모든 피조물이 같은 집 안에 있다면, 그들은 **친족성**을 가진다. 그들은 한 하나님의 영 안에서 움직이고 존재하는 "하나님의 가족"(familia Dei)이요 형제자매들이다.[24] 모든 사물이 우주적 친척 관계에 있다. 인간도 친척관계의 한 부분이요 구성원이다. 우리 인간은 자연의 사물들을 정복과 지배와 이용의 대상으로 보지만, 사실상 그들은 우리의 친척들이다. 산과 들, 나무와 숲, 하늘과 땅, 하늘을 나르는 새들과 땅 위에 있는 모든 짐승들이 우리의 친척이요 친구이다. 우리의 마음이 해야 할 일들과 이루어야 할 목적에 쫓기며 인위적 문명의 편리함과 아름다움에 빠져 있을 때, 우리는 이것을 분명히 의식하지 못한다. 젊은이들은 자연의 아름다움보다 디스코텍이나 카페를 더 좋아하며 그 속에서 자기의 짝을 찾는다. 그러나 차츰 나이가 들면서 우리는 자연의 아름다움을 알게 되고, 삶의 마지막 한계에 이르렀을 때 다음의 사실을 알게 된다. "나는 이제 이리의 형제가 되고, 타조의 친구가 되어 버렸는가?" (욥기 30:29) 자연환경과 그 속에 있는 모든 피조물의 친족성 내지 형제자매의 관계에 대한 신학적 근거를 우리는 아래와 같이 분석할 수 있다:

---

24) 이와 비슷한 생각에 관해 K. Barth, Kirchliche Dogmatik III/1, 4. Aufl. 1970, 198: 성서의 창조 이야기는 인간을 특별한 존재로 파악한다. 그러나 그것은 인간을 고립된 존재로 보지 않고 자연 피조물의 "이 환경과 사회 속에", "온순한 동물들, 땅을 기어 다니는 동물들, 사나운 동물들의 친구 관계 속에 있는" 존재로 파악한다. 인간이 고귀한 존재이지만, 그래도 그는 자연을 필요로 한다. 그러나 자연의 피조물은 인간을 반드시 필요로 하지 않는다. 창조자에 대한 독자적 찬양에 있어, 창조와 더불어 주어진 규정의 자연적 성취에 있어, 자기의 피조성에 대한 겸손한 인정과 활성화에 있어 짐승은 사람을 앞선다.

1. 모든 피조물의 친족성 내지 형제자매의 관계는 그들이 동일한 근원에서 나왔다는 점을 통해 근거된다. 자연환경의 모든 피조물은 단 한 분 하나님의 인격적 결단으로 말미암아 있게 되었다. 그들은 **동일한 근원**을 가진다. 그들은 한 하나님 아버지의 피조물이요 형제자매들이다.

2. 인간을 포함한 모든 생물들 속에 하나님의 영이 **생명의 힘**으로 현존한다: "만일 하나님이 결심하시고, 생명을 주는 영을 거두어 가시면, 육체를 가진 모든 것은 일시에 죽어, 모두 흙으로 돌아가고 만다" (욥기 34:14-15). 모든 피조물은 그들 안에 생명의 힘으로 현존하는 하나님의 사랑의 영 속에서 하나이다. 그들은 친족성을 가진 형제자매들이다.

3. 신약성서에서 모든 피조물의 친족성과 형제자매의 관계는 **그리스도론적으로** 근거된다: 만물은 그리스도 안에서, 그리스도로 말미암아, 그리스도를 향해 창조되었다. 만물은 그리스도 안에서 존속한다. 교회의 머리이신 그리스도는 부활의 시작이며, 만물의 으뜸이 되실 것이다 (골로새서 1:16-18). 그리스도 안에서 만물은 하나로 통일될 것이다 (에베소서 1:10).

4. **죽음의 필연성** 앞에서 모든 피조물은 친족성과 형제자매의 관계를 가진다. 그들은 언젠가 죽을 수밖에 없는 유한한 존재이다. 존재의 유한성과 죽음의 필연성을 통해 모든 피조물은 하나로 결속되어 있다. 피할 수 없는 죽음의 운명 앞에서 우리는 "이리의 형제"요 "타조의 친구"이다 (욥기 30:29).

5. **죄와 죽음의 세력**에 묶여 신음하는 동시에 **하나님의 구원**을 기다리고 있다는 점에서 모든 피조물은 친족성과 형제자매의 관계성을 가진다. 인간을 포함한 모든 피조물이 사멸의 세력에 묶여 신

음하고 있으며 하나님의 구원을 기다리고 있다 (로마서 8장). 죄와 죽음의 세력이 그들을 하나로 연대시키는 동시에, 하나님의 구원의 의지가 그들을 형제자매의 관계로 연대시킨다. 모든 피조물의 우주적 고난을 통해서, 또 모든 피조물이 서로를 형제자매로 인식하는 하나님 나라의 미래를 향한 공동의 희망 속에서 그들은 하나로 결속되어 있다.

모든 피조물의 친족성과 형제자매의 관계는 **자연의 생명들의 본능**에도 나타난다. 크로포트킨의 "상호부조론"에 의하면, 군집생활을 하면서 상호부조 하고 "삶의 즐거움"을 함께 누리고자 하는 본능 곧 "사회성"은 고등동물에서 시작하여 하등동물에 이르기까지 거의 모든 생물들의 공통된 현상이다. 고양이류(사자, 호랑이, 표범 등)는 군집생활보다는 고립된 생활을 좋아하는 경향을 가지지만, 군집과 상호부조는 포유류들에게는 철칙이다. "사자들 사이에서조차 '떼를 지어 사냥하는 것은 매우 일반적인 습속이다.'" 군집생활을 통해 동정심이 발달한다. 그리하여 야생 동물들 사이에서도 상호애착과 동정심이 발견된다. "개미에서 시작해서 서로의 관심을 끌거나 집적거리면서 놀고 뒹굴고 서로 쫓아다니기를 좋아한다…."[25]

형제자매의 관계 내지 친족성은 때로 종(種)의 한계를 넘어서기도 한다. 즉 때로 자기와 다른 종의 생물을 수용하고 보호해 주는 생물들의 태도에서 우리는 모든 생명의 친족성과 형제자매의 관계를 발견할 수 있다. 사람과 원숭이, 독수리가 한 가족처럼 같이 사는 경우도 있고, 개와 고양이가 밥을 나누어 먹으며 함께 사는 경

25) P. A. Kropotkin, 『만물은 서로 돕는다』, 68, 84.

우도 있다. 다른 종의 새끼 짐승을 받아주고 이 짐승을 보호해 주는 현상을 우리는 생물의 세계에서 자주 발견할 수 있다. 주인의 생명을 구하기 위해서 자신의 생명을 희생하는 개와 고양이도 있다. 혼자 살지 않고 공동체를 이루어 함께 살며, 서로 교통을 나누는 것이 하나님의 창조질서요 자연질서이다.

이와 연관하여 우리는 원불교의 지혜를 배울 필요가 있다. 원불교의 삼동윤리(三同倫理)의 세 가지 강령, 곧 동원도리(同源道理), 동기연계(同氣連契), 동척사업(同拓事業) 가운데 동기연계는 성서가 암시하는 만물의 친족성과 형제자매의 관계를 역설한다. 우주만물은 보이지 아니하는 하나의 기운의 작용에 의해서 살아가는 생명 공동체다: "동기연계란 모든 인종과 생령이 근본은 다 같은 한 기운으로 연계된 동포인 것을 알아서, 서로 대동 화합하자는 것이니라. 천지를 부모삼고 우주를 한 집안 삼는 자리에서는 모든 사람이 다 같은 동포 형제인 것이며, 인류 뿐 아니라 금수 곤충까지도 본래 한 큰 기운으로 연결되어 있나니라. 〈도운편36장〉"[26]

전현식 교수에 의하면 오늘날 생태여성학(ecofeminism)은 "만물의 상호 연결 및 상호 의존의 영성"을 강조하면서, "우주 발생의 과정 안에서 나오는 모든 생명의 형태들의 한 형제이며 자매라는 사실을 깊이 깨닫게 해 준다. 만물의 상호 연관성을 표현하는 만물의 혈족 관계의 인식은 인간의 몸뿐만 아니라 모든 존재들의 몸을 구성하는 기본요소가 은하수로부터 유래한 우주진(stardust)이라는 사실을 확인한다.…"[27]

---

26) 김성곤, "원불교의 자연관", 한국종교인평화회의 편, 『종교와 환경』, 118. 조용훈, "전통적 생태사상과 기독교 환경윤리", 『公共性의 윤리와 평화』, 손규태 교수 정년퇴임 기념논문집, 394에서 재인용함.

모든 피조물이 친족관계 내지 형제자매의 관계에 있음에도 불구하고 짐승들이 서로 잡아먹는 것은 생존을 위해 불가피한 자연현상이다. 그것은 자연의 먹이사슬을 유지하기 위한 최소한의 악이라 말할 수 있다. 이 최소한의 악은 본래 하나님의 창조와 함께 주어진 자연질서가 아니라, 인간의 탐욕으로 말미암아 초래된 결과가 아닐까? 성서에 따르면 본래 하나님은 땅에서 나오는 것을 인간에게 먹거리로 주셨다. 동물들에게는 푸른 풀을 주셨다 (창세기 1:29-30). 따라서 본래 하나님이 창조하신 "동물의 세계 속에는 피 흘림이 없으며 인간이 다른 생물들을 죽이면서 개입하는 일이 없었다."[28] 그러나 인간의 탐욕으로 인해 피흘림이 있게 되었고, 이로 인해 동물의 세계에도 살생이 있게 되었으리라 생각된다. 인간의 이기심과 탐욕이 모든 살생과 죄악의 근원일 것이다. 그러므로 에덴동산에서 하나님은 먼저 아담, 곧 사람을 벌한다.

그러나 동물들 사이에 일어나는 살생은 긍정적 기능을 가진다. 살생으로 인하여 강한 유전자가 배양되기 때문이다. 또 동물들 사이의 살생은 인간의 그것에 비하면 아무 것도 아님을 우리는 발견할 수 있다. 일반적으로 자연의 생물들은 배가 부르면, 그것으로 만족하고 다른 생명을 죽이지 않는다. 배가 부르면 그들은 각자의 영역을 지키며 평화롭게 공생한다. 영리를 목적으로 한 살생은 동물의 세계에는 없다. 아무리 배가 불러도 만족하지 않고 자신의 힘과 소유의 더 많은 축적을 위해 다른 생명들을 희생시키는 인간의 욕망에 비하면, 동물들의 살생은 아무 것도 아니라고 볼 수 있다.

---

27) 전현식, "에코페미니즘 신학과 생태학적 영성", 한국조직신학회 편, 『조직신학 속의 영성』, 조직신학 논총 제7집, 330.

28) G. von Rad, Das erste Buch Mose Genesis, ATD 2-4, 9. überarbeitete Aufl. 1972, 40.

8.

"하나님이 보시기에 좋은" 자연환경

일찍부터 기독교 신학은 자연환경에 무관심한 태도를 취하였다. 그 주요 원인은 기독교가 타종교의 영향을 통해 받아들인 영혼과 육체, 정신적 내면 세계와 물질적 외면 세계, 이 세계와 저 세계의 이원론에 있다. 이러한 이원론에서 인간의 육체와 물질의 세계, 차안의 세계는 허무하고 무가치한 것으로 생각된다. 이 세계의 물질적 영역에 속한 것으로 보이는 자연환경도 허무하고 무가치하며 하나님의 구원과 관계없는 것으로 보이기 때문에, 역사적으로 기독교 신학은 자연환경에 무관심한 태도를 취하였다. 이러한 태도는 아직도 극복되지 않고 있다. 이 장에서 우리는 먼저 자연환경에 대한 몇 가지 부정적 사상을 고찰하고, 성서의 긍정적 사상을 고찰하고자 한다.

1. 자연환경에 대한 부정적 사상들과 이데올로기적 기능

구약성서의 창조 이야기가 기록되기 이전 고대세계는 우주의 기원에 관한 다양한 신화들을 가지고 있었다. 고대 바빌론은 "**에누마 엘리쉬**"(Enuma Elish)라는 창조신화를 가지고 있었는데, 기원전 2천 년 초에 생성된 것으로 추측된다. 이 신화는 우주의 생성을 다음과 같이 이야기한다:

어머니 여신 티아맛(Tiamat)은 압수(Absu)라 불리는 남신을 배우자로 가진다. 어느 날 압수는 젊은 신들의 소란스러움이 자기의 평화를 방해하기 때문에 그들을 죽이려고 계획한다. 그러나 젊은 신들의 아들인 에아(Ea)는 압수를 죽이고 젊은 신들을 보호한다. 에아는 우주와 신들의 지배권을 장악하고 자기를 숭배케 하며, 자기의 아내 담키나(Damkina)와 함께 아들 마르둑(Marduk)을 낳는다. 그러자 티아맛은 그녀의 새로운 배우자 킹구(Kingu)에게 압수의 죽음을 보복할 준비를 시킨다. 깜짝 놀란 신들은 처음에 아누(Anu), 그 다음은 에아, 마지막으로 젊은 전사(戰士)인 마르둑에게 도움을 청한다. 마르둑은 티아맛과 전투를 벌여 그녀를 그물로 잡아 화살로 심장을 관통하여 죽인다. 그는 그녀의 몸을 죽은 물질이 되게 한 후, 이 죽은 물질로 우주를 만든다.

이러한 바빌론의 창조신화에서 차안의 세계, 곧 자연환경은 반역의 여신 티아맛의 몸에서 나온 것으로 파악된다. 자연환경의 모든 것은 반역의 여신 티아맛의 후예로서, 그 본성에 있어 악한 것이다. 그것은 인간이 향유해야 할 대상이 아니라, 저주하고 등을 돌려야 할 대상이다. 여기서 자연환경은 허무하고 무가치한 것일 뿐 아니라, **저주의 대상**으로 규정된다. 그것은 반역의 여신에게서 유래하기 때문이다. 그러므로 인간은 자연환경에 대해 등을 돌려야 하고 그것을 저주하는 마음 자세로 살아야 한다. 또한 그는 여성을 저주하고 억압해야 한다. 이것은 세계 부정의 극단적 형태라 말할 수 있다.

플라톤의 철학에 따르면, 세계 형성자 데미우르고스(Demiurgos)는 근원적 요소들인 불, 공기, 물 그리고 흙으로 공간을 형성하고, 이것으로 구(球) 모양의 우주의 몸을 만든다. 즉 우주는 물질적인 것으로 구성되어 있다. 물질적인 것은 무가치하고 허무한 것이다. 따라서 이 세계는 무가치하고 허무한 것으로 생각된다. 그 속에 있는 모든 것은 변화하며 지나가버린다. 영원히 존속하는 것은 아무것도 없다. 이에 비해 피안의 세계는 영원하다. 허무한 차안의 세계는 가상의 세계인 반면, 영원한 피안의 세계는 실재의 세계이다. 참 가치는 차안의 세계에 있지 않고 피안의 저 세계에 있다. 우리 인간은 신들과 영원한 이데아와 영원한 생명이 그 속에 있는 피안의 저 세계를 동경해야 한다. 이러한 플라톤의 **이원론**에서 자연환경은 **허무하고 무가치한 것**, 그러므로 우리 인간이 등을 돌려야 할 것으로 규정된다.

플라톤의 이원론적 세계관은 초대 기독교를 위협했고 또 그의 신학에 영향을 준 **영지주의**에 다시 나타난다. 영지주의에 따르면[1] 순수한 빛의 세계인 신의 영역에서 한 부분이 아래로 떨어져 나와 물질과 결합됨으로써 세계가 생성되었다. 세계는 일종의 타락을 통해 생성되었으므로, 그것은 신성의 본래적 작품이 아니라 낯선 작품이요, 적대적인 세력들의 지배 아래에 있다. 그것은 어둠의 세력에 묶여 있다. 그것은 인간의 영혼이 그 속에 갇혀 있는 감옥이

---

1) 이에 관해 E. Lohse, Umwelt des Neuen Testaments, NTD Ergänzungsreihe 1, 2. Aufl. 1974, 190.

다. 인간의 육체는 작은 감옥이라면, 자연환경은 큰 감옥으로 생각된다.

영지주의의 세계 부정적 세계관은 스토아 철학의 세계관과 좋은 대조를 이룬다. 스토아 철학에 따르면 우주, 곧 세계 속에는 신적 질서가 있으며, 이 질서를 통해 신이 모든 것을 다스린다. 신의 섭리가 모든 것을 배열하고 인도한다. 이리하여 신의 의지가 모든 것 안에서 이루어진다. 이에 반해 영지주의에 따르면 세계는 천상의 세계에서 타락한 것이요 죄악된 것이다. 그것은 빛의 파편들이 그 속에 갇혀 있는 감옥이다. 세계의 법칙은 신의 질서가 아니라, 모든 것을 악한 상태로 유지하고자 하는 악한 세력이다. 세계를 지배하는 악의 세력은 또한 인간을 지배하며 그를 술에 취한 것처럼 만들었다. 이리하여 인간은 하늘에 있는 그의 본향을 잊어버리고, 그가 어디로부터 왔는지, 어디를 향해 가고 있는지 알지 못한다. 신의 계시를 통해 이에 대한 인식, 곧 영지(gnosis)를 얻을 때, 인간은 이 세계의 감옥을 벗어나 구원의 길을 걷게 된다.

영지주의의 이러한 세계관과 구원관은 신약성서, 특히 **요한문서와 후기 바울서신**에 영향을 준 것으로 보인다. 요한문서와 후기 바울서신에서 "세상", 곧 세계는 하나님에게 낯선 것, 적대적인 것으로 이해된다. 이리하여 세상의 영과 하나님의 영, 세상의 지혜와 하나님의 지혜, 세상의 더러운 것과 하나님의 거룩한 것, 세상의 어두움과 하나님의 빛, 세상에 속한 사람과 하나님에게 속한 사람이 서로 대립하는 것으로 나타난다. 그리스도와 그리스도인들, 또 그리스도의 나라는 세상의 영역에 속하지 않고 하나님의 영역에 속한 것으로 파악된다: "내가 세상에 속하지 않은 것과 같이, 그들도 세상에 속해 있지 않습니다" (요한복음 17:16), "내 나라는 이 세상에 속한 것이 아니다" (요한복음 18:36). "세상적인 것"은 "정욕적이요 마귀적인 것"과 동일시된다 (야고보서 3:15). 하나님은 영원한 반면, 이 세상은 사라질 것으로 규정된다. 따라서 세상은 그리스도인들이 버려야 할 것으로 이해된다:

> "아버지의 사랑이 없습니다. 세상에 있는 모든 것, 곧 육신의 욕망과 눈의 욕망과 살림살이의 자랑거리는, 아버지께로부터 나온 것이 아니라, 세상으로부터 나온 것이기 때문입니다. 이 세상도 사라지고, 이 세상의 욕망도 사라지지만, 하나님의 뜻을 행하는 사람은 영원히 남습니다." (베드로전서 2:15-17)

> "우리는 세상의 영을 받은 것이 아니라, 하나님께로부터 온 영을 받았습니다… 자연(=세상)에 속한 사람은 하나님의 영에 속한 일들을 받아들이지 않습니다…" (고린도전서 2:12-4)

자연의 세계 내지 자연환경에 대한 부정적 사고(思考)는 다른 종교들 내지 종교사상에도 나타난다. 이에 관한 **불교의 가르침**을 아래와 같이 정리할 수 있다.[2)]

1. 세계의 모든 것은 원인과 결과의 법칙 곧 연기(緣起) 혹은 인연(因緣)의 법칙에 매여 있다. 모든 현상은 무수한 원인과 조건이 서로 관련되어 성립한다. 원인이나 조건이 없는 결과는 있을 수 없

---

2) 이 내용에 관해 곽철환, 『불교 길라잡이』, 시공사 1995, 27 이하를 참고함. 여기서 필자는 불교의 가르침을 결코 격하시키려는 의도가 전혀 없으며, 단지 학문적 관심에서 불교의 세계관을 기술하고자 하였을 뿐이다. 필자는 기독교 자체의 오류도 이 책에서 지적하였음을 밝혀 둔다.

다. 하나의 결과는 새로운 원인이나 조건이 되어 또 다른 결과를 낳는다. 괴로움도 어떤 원인에 의해 생겨난 것이다. 그 원인을 알고, 그것을 없애면 괴로움에서 벗어날 수 있다.

2. 모든 것이 인과의 법칙 곧 원인과 결과의 필연적 법칙에 매여 있기 때문에, 독립해서 실체를 가지고 있는 존재는 없다. 모든 사물은 그물처럼 서로 얽혀 있으며 서로 의존한다.

3. 서로 얽혀 있는 모든 사물은 항상 변하는 가운데 있다. 변하지 않고 영원히 존속하는 것은 아무 것도 없다. 제행(諸行), 곧 모든 현상은 변해 간다. "인간은 생로병사의 굴레 속에서 변하여 가고, 나무나 돌 등은 생성되고 모습이 달라지는 과정을 되풀이한다. 이처럼 모든 현상은 모였다가 흩어지고, 흩어졌다가 모이면서 시시각각 변해 간다". 이것이 곧 "제행무상의 법칙"이다. 그러므로 이 세계는 무상(無常)의 세계이다. 신체, 감각, 표상, 의지, 의식도 무상하다.

4. 모든 것이 무상하므로, 이 세계는 그 속에 실체도 없고 본질도 없는 가상(假像)의 세계이다: "신체는 물결, 감각은 물거품, 표상은 아지랑이, 의지는 파초, 의식은 허깨비, 이것이 세존의 가르침이다." 신체, 감각, 표상, 의지, 의식에도 실체와 본질이 없다.

5. 무상, 무아는 곧 고(苦)를 뜻한다. 행(行) 곧 "모든 것은 흘러간다", "일체는 옮아간다"이로 말미암아 고, 곧 행고(行苦)가 일어난다. 한 마디로 "무상한 것은 고다", "늙음, 죽음은 고다." 세계는 고로 가득하다. 그것은 한 마디로 고통의 세계이다: "출생은 괴로움이다. 늙음은 괴로움이다. 병듦은 괴로움이다. 죽음은 괴로움이다…"

6. 그러므로 인간은 이 세계의 모든 것에 집착해서는 안 된다.

집착하지 않음으로써 해탈에 이른다." 집착과 갈애(渴愛)는 고를 가져온다.

7. 이것을 꿰뚫어 보는 것이 명(明)이고, 그 반대는 무명(無明)이다. 무명이 모든 괴로움의 원인이다. 무명으로 말미암아 괴로움이 일어나는 과정은 열두 단계로 구별되는데, 이것이 곧 십이연기(十二緣起)이다: "무명(無明)으로 말미암아 행(行)이 있고, 행으로 말미암아 식(識)이 있고, 식으로 말미암아 명색(名色)이 있고, 명색으로 말미암아 육처(六處)가 있고, 육처로 말미암아 촉(觸)이 있고, 촉으로 말미암아 수(受)가 있고, 수로 말미암아 애(愛)가 있고, 애로 말미암아 취(取)가 있고, 취로 말미암아 유(有)가 있고, 유로 말미암아 생(生)이 있고, 생으로 말미암아 노(老), 사(死), 우(憂), 비(悲), 고(苦), 뇌(惱)가 생긴다. 이리하여 모든 괴로움이 생긴다."

8. 괴로움을 벗어날 수 있는 길은 십이연기를 벗어나는 데에 있으며, 십이연기를 벗어날 수 있는 길은 세계의 모든 것에 집착하지 않고 그것을 떠나는 데 있다. "갈애를 남김없이 멸하고, 버리고, 벗어나, 아무 집착도 없는 것"이 곧 "괴로움의 소멸"이다: "라타(羅陀)야… 일체를 떠나라. 일체를 떠나면 탐욕은 없어지고, 탐욕이 없어지면 해탈할 수 있다. 해탈할 그 때, 미혹된 삶은 끝난다." 이와 동시에 "괴로움을 소멸시키는 수행 방법"은 팔정도(八正道), 곧 "정견(正見), 정사유(正思惟), 정어(正語), 정업(正業), 정명(正命), 정정진(正精進), 정념(正念), 정정(正定)"에 있다.[3] 이것은 불교의 윤리에 있어 매우 중요한 요소라 생각된다.

9. 마지막 목표는 삼독(三毒)이 소멸된 상태, 곧 "탐욕의 소멸,

3) 팔정도의 의미에 관해 곽철환, 『불교 길라잡이』, 38-40.

노여움의 소멸, 어리석음의 소멸"이 있는 열반(涅槃), 곧 "불이 꺼진 상태"에 있다.

이러한 불교의 가르침에서 세계는 인과의 법칙에 묶여 있으며 그 속의 모든 것이 무상한 세계, 괴로움으로 가득한 세계, 그러므로 인간이 집착하지 않고, 내적으로 "떠나야 할" 세계로 규정된다. 비록 팔정도를 행한다 할지라도, 이 세계는 허무하고 괴로움이 가득하며, 그러므로 우리 인간이 집착하지 말고 떠나야 할 세계라는 인식은 변하지 않는다. 열반에 이르는 목적은 괴로움이 가득한 세계를 있는 그대로 방기(放棄)하고 괴로움을 벗어나는 데에 있다. 극락정토(極樂淨土)는 모든 괴로움이 현실적으로 사라진 새로운 세계에 있는 것이 아니라, 진리를 깨달은 사람의 마음 속에 있다. 그러므로 "깨달은 사람은 가는 곳마다 안락하다."[4] 세계가 어떤 상태에 있든, 깨달은 사람은 그의 마음 속에서 극락정토를 경험한다. 세계의 모든 것은 서로 결합되어 있으며, 팔정도를 행함으로써 괴로움을 벗어날 수 있다는 불교의 귀한 가르침을 기독교는 수용할 수 있어야 할 것이다.

세계 내지 자연환경에 대한 부정적 사고는 통속적, **묵시사상적 종말신앙**에도 나타난다. 묵시사상적 종말신앙에 따르면, 세계는 인간의 무한한 욕망과 죄로 인해 점점 더 악해질 것이며, 결국 대재난과 파멸로 끝날 것이다. 이러한 종말신앙은 고대로부터 지금까지 전승되는 많은 종교사상에 나타나는데, 이들 사상에서 세계를 파멸의 종말로 이끌어가는 파괴적 세력은 1. 완전히 물질적인 것(홍수, 대화재 등)으로 생각되기도 하고, 2. 자연 현상과 관계된

4) 곽철환, 『불교 길라잡이』, 140.

신화적인 것으로, 3. 완전히 신화적인 것으로 생각된다.[5] 여하튼 세계의 운명은 신(神)의 영원한 예정에 의해 결정되어 있다. 그러므로 우리 인간은 대 재난과 파멸의 운명을 바꿀 수 없다. 여기서 자연의 세계는 파멸되어 없어질 것으로 생각된다. 우리 인간은 자연의 세계를 위해 관심을 가질 필요도 없고 수고할 필요도 없다. 오히려 그것을 포기하는 것이 마땅하다. 이러한 묵시사상적 종말신앙은 성서에서도 발견된다: "그 날에 하늘은 불타서 없어지고, 원소들은 타서 녹아버릴 것입니다" (베드로후서 3:12).

세계의 마지막을 대 재난과 파멸과 폐기로 보는 묵시사상적 종말신앙은 오늘날 세계의 마지막(=종말)에 관한 일련의 자연과학적 가설들에 의해 강화된다. 이에 대해 우리는 아래 제11장에서 자세히 고찰하게 될 것이다.

자연의 세계에 대한 부정적 사상들은 그 속에 교묘한 **정치 이데올로기적 기능**을 내포한다. 비록 이 기능이 의도된 것은 아닐지라도, 그것은 필연적 귀결로서 따라온다. 세계 부정적 사상들은 세계와 그 안에 있는 모든 것을 무가치한 것 내지 저주스러운 것으로 부정함으로써 세계에 대한 사람들의 무관심을 조성한 다음, 그것을 지배계급의 전유물로 보장해 준다. "이것은 허무하고 무가치한 것이니, 너희는 이것에 대해 등을 돌리는 것이 마땅하다. 그 대신 우리가 이것을 갖겠다"는 논리가 여기에 숨어 있다. 이리하여 고대 바빌론의 창조신화 등 세계 부정적 사상들은 세계에 대한 기득권자들의 기득권을 보장하고 그 세계의 기존 질서를 유지시키는 지배 이데올로기의 기능으로 작용한다. 여기서 우리는 고대시대로

5) U. H. J. Körtner, Weltangst und Weltende. Eine theologische Interpretation der Apokalyptik, 1988, 197.

부터 정치와 종교가 교묘히 결합되어 있다는 사실을 다시 한 번 확인할 수 있다.

칼 맑스가 종교를 가리켜 "민중의 아편"(das Opium des Volkes)이라 비판한 이유는 바로 여기에 있다. 그의 이론에 의하면 종교가 가르치는 신(神)은 "참 현실을 갖지 못한" 소외된 인간이 참 자기를 투사시킨 "반사물"(Widerschein)에 불과하다. 이 반사물은 "하늘의 환상적 현실 속에" 있다고 가르침으로써, 종교는 인간의 자기 실현을 하늘의 환상적 세계, 곧 피안의 세계 속에서 찾게 한다. 이를 통해 종교는 거짓된 현실의 모든 고통에 대해 거짓된 위로를 받게 하며, 차안에 대한 모든 관심과 창조적 의지를 마비시킨다. 그것은 거짓된 현실을 도덕적으로 인정케 하며 그것을 정당화시키는, 그리하여 거짓된 현실을 유지시키는 현실의 아주 훌륭한 보충물이다: "종교는 이 세계의 보편적 이론이요… 그것의 도덕적 인정이며, 그것의 축제적인 보충이요, 그것의 보편적 위로와 정당화의 근거이다. 그것은 인간 본질의 **환상적 실현**이다. **인간의 본질**이 참된 현실을 갖지 못하기 때문이다."[6] 이러한 종교 사상은 "지배계층의 사상"(Gedanke der herrschenden Klasse)이다.

2. "하나님이 보시기에 좋은" 자연환경

세계의 많은 종교사상, 철학사상에서 볼 수 있는 세계 부정적, 비관주의적 세계관에 반해 성서의 창조설화는 세계를 긍정한다. P 문서의 창조설화에서 자연 세계는 "하나님이 보시기에 좋은" 세

6) K. Marx, Die Frühschriften, hrsg. von S. Landshut, Kroner Ausgabe, 7. Aufl. 2004, 274 f.

계, 하나님이 기뻐하며 좋아하는 세계로 긍정된다. J문서의 창조설화에서 세계에 대한 긍정은, 하나님이 에덴동산, 곧 세계를 위해 수고하며 땀 흘린다는 소박한 형태로 나타난다. 세계에 대한 모든 이원론적, 비관주의적 사상을 거부하는 **하나님의 세계 긍정**이 여기에 나타난다. 그러므로 세계에 대한 부정적, 비관주의적 생각이 구약성서에는 좀처럼 나타나지 않는다.

창세기의 창조설화에 따르면, 자연의 세계는 바빌론의 창조신화가 말하는 것처럼 악마적인 것도 아니요, 우리가 포기하거나 등을 돌려야 할 무가치한 것도 아니다. 그것은 "하나님이 보시기에 좋은", 곧 하나님이 기뻐하며 좋아하는 하나님의 창조이다. 하나님의 창조의 결과인 하늘과 땅, 곧 자연의 세계는 신적인 것도 아니요 악마적인 것도 아니다. 그것은 하나님 자신처럼 영원하지 않다. 그러나 그것은 무의미하거나 무가치한 것도 아니다. 그것은 하나님이 기뻐하는 그의 파트너요 친구이다. 창조자 하나님의 긍정으로 말미암아 자연의 세계는 그의 현실을 가진다.

베스터만(C. Westermann)에 의하면, 하나님이 보시기에 "좋다"는 것은, 제작자가 그의 설계대로 작품을 완성하고, 그 결과가 성공적임을 나타낼 때 쓰는 말이다. 성취된 것은 아름답고 기능적으로도 훌륭하다. 그것은 제작자가 설계한 대로 작동할 뿐 아니라, 창조한 목적을 성취할 수 있다.[7)] 피조물들에게는 신비로 싸여 있지만, 하나님이 창조한 자연의 세계는 일관성 있고 목적이 분명한 하나님의 지혜의 산물이다: "이 모든 것을 주께서 지혜로 만드셨으니…" (시편 104:24). 그것이 하나님의 의도와 기대를 충족시켰

7) C. Westermann, Genesis 1 – 11, 113, 166.

기 때문에, 하나님은 만족해하시고 좋아하시며 기뻐하신다. 이 생각을 우리는 다음과 같이 더 발전시킬 수 있다:

1. 자연의 세계가 하나님이 보시기에 "좋은", 하나님이 기뻐하는 하나님의 창조라면, 자연환경에 대한 모든 형태의 부정은 거부된다. 자연의 세계에 대한 형이상학의 이원론적 경멸과 멸시도 거부되지만, 세계의 종말을 인간의 죄로 말미암은 대 파멸과 폐기로 보는 묵시사상적 세계 부정(Weltverneinung)도 거부된다. 하나님에게 자연의 세계는 이른바 허무한 것도 아니고 무가치한 것도 아니다. 그것은 이른바 "세상적인 것"에 불과하지 않다. 또 그것은 묵시사상적 재난 속에서 불에 타 없어져야 할 저주의 대상도 아니다. 그것은 하나님의 사랑 안에 있는 **하나님의 친교의 대상**이요 **하나님의 친구**이다. 그것은 하나님 보시기에 좋은, 하나님이 기뻐하고 좋아하는 하나님의 소유이다. **생명에 대한 부정**도 거부된다. 모든 생명은 하나님의 피조물이며 "하나님이 보시기에 좋은" 것이다. 생명은 무가치하고 허무한 것이 아니라 하나님의 소유이며 친교의 파트너이다.

2. 자연환경은 "하나님이 보시기에 좋은" 것이므로 **보존되어야 한다**. 이웃의 있음 자체가 나에게 좋듯이, 자연환경의 있음 자체가 인간과 하나님에게 좋은 일이기 때문이다. 하나님은 홀로 계시기를 원치 않는다. 그의 내재적 삼위일체의 교통만으로 부족하다. 그는 자기와 동일한, 혹은 비슷한 종류에 속한 자들로 만족하지 않는다. 그 속에는 새로움이 없다. 하나님은 자기와 다른 자들과의 교통과 친교를 원한다. 그러므로 그는 세계와 그 속에 있는 모든 피조물을 창조한다. 그러므로 자연환경은 하나님이 원하시는 것, 그

의 사랑 안에서 이루어지는 교통과 친교의 파트너로서 긍정된다.

그러므로 자연환경과 그 속의 모든 생명이 건강하게 보존될 수 있는 **정치, 경제, 사회적 조건**이 형성되어야 하며, 이러한 조건을 형성하는 것이 하나님의 자녀들이 감당해야 할 사명이다. 땅을 정복하고 모든 생물을 다스리라는 하나님의 명령은 (창세기 1:28) 자연의 피조물들에 대한 지배와 착취를 가리키는 것이 아니라, 모든 생명이 건강하고 행복하게 살 수 있는 새로운 삶의 세계를 이루라는 것을 뜻한다.

3. 자연환경이 하나님 보시기에 좋고 그가 기뻐하는 것이라면, 그것은 우리 인간에게도 좋고 우리가 기뻐해야 할 대상이다. 그것은 무가치하고 허무한 것이 아니라, 하나님과 인간이 함께 좋아하고 기뻐해야 할 대상이다. 만일 자연환경이 없다면, 인간도 생존할 수 없을 것이다. 자연환경은 인간의 생명에 안식을 주며, 그의 생명에 필요한 모든 것을 제공한다. 그러므로 자연환경은 인간에게 **기쁨 자체**이다. 허무한 것은 자연환경이 아니라, 죄와 죽음의 세력에 사로잡힌 인간 자신의 생명이다. 인간 자신의 생명이 죄와 죽음으로 끝나기 때문에, 자연환경이 허무하고 무가치한 것으로 보일 뿐이다. 이 세계에 자연만큼 아름다운 것이 또 어디에 있겠는가! 자연에 대한 허무주의적 관념은 여기서 철저히 배제된다.

4. 하나님이 그가 지으신 자연환경을 좋아하고 기뻐하신다면, 자연환경에 대한 인간의 무관심과 등을 돌린 태도(Weltabgewandtheit)는 극복되어야 한다. 자연환경은 하나님의 창조이기 때문에, 하나님은 자연환경을 기뻐하고, 자연환경에 대해 **지속적 관심**을 가지며 그 속으로 개입한다. 이리하여 그는 자연환경을 "하나님이 모든 것 안에서 모든 것"이 되신(고전 15:28) "새 하늘과 새 땅"으로

(사 65:17, 계 21:1) 변화시키고자 한다. 인간은 이 하나님의 역사에 동참해야 한다.

5. "**생명에의 경외**"(Ehrfurcht vor dem Leben, A. Schweitzer)의 근거는 바로 여기에 있다. 모든 생명이 살고자 하는 욕망 그 자체는 신성하며 거룩한 것이다. 하나님은 죽지 않고 살고자 하는 모든 피조물을 좋아하고 기뻐하며 그들의 생명을 긍정한다. 모든 생명이 그의 것이기 때문이다. 그는 모든 생명과 친교를 원한다. 생명이 살아 있다는 것 자체가 "좋은" 일이다. 따라서 모든 생명은 그 자체로서 존재해야 할 가치와 권리를 가지며, 이 가치와 권리는 인간을 통해서 원칙상 파괴될 수 없다.

생명의 훼손과 파괴는 하나님의 기쁨을 파괴하는 동시에 결국 자기 자신의 생명에 훼손을 가져온다. 모든 생명은 관계의 그물망 속에 있기 때문이다. "하나님이 긍정하는 모든 것은 그 자신의 존엄성과 그 자신의 존재의 권리를 가진다. 하나님에 의해 창조된 모든 것은 자기의 방법으로 존재할 권리를 가진다. 창조된 모든 것은 하나님의 사랑의 작품이요, 부차적인 것(Nebensächlichkeit)이 아니기 때문이다."[8)]

그러나 하나님이 보시기에 좋은 창조의 세계 속에는 부정적인 것, 악한 것들, 모호한 것들이 가득하다. 그것은 하나님이 보시기에 좋은 세계가 아니라, 하나님이 보시기에 괴로운 세계가 되어버렸다. 그 속에는 아름다움도 있지만, 고난과 죽음과 슬픔과 울부짖음이 있다. 진화의 역동적 과정에 따른 약탈과 낭비, 아름다움과 추함, 홍수와 지진을 통한 파괴와 재건설, 사멸과 재생의 반복, 모

---

8) W. Krötke, "Der christliche Glaube an den Schöpfer", 76.

든 피조물이 피할 수 없는 삶의 고통과 질병과 죽음, 생태계의 구조에서 발견되는 정해진 혼돈 등이 내포되어 있다. 악(惡)은 생태계의 이질적 세력이 아니라, 그 속에 내재된 본질적 요소인 것처럼 보인다.

예를 들어 고통과 죽음은 인간의 죄의 타락으로 인해 비로소 들어온 것이 아니라, 그 이전부터 보편적으로 일어난 현실이었다. 죽음은 인간이 자유롭게 판단할 수 있는 도덕적 능력을 갖게 되기 이전부터 모든 피조물들에게 주어진 자연질서였다. 그들은 언젠가 죽음을 통해 끝날 수밖에 없는 **유한한 존재**로 창조되었기 때문이다. 자연 세계의 이러한 양면성을 테드 피터스(Ted Peters)는 다음과 같이 말한다: "만일 우리가 자연을 그 아름다움의 측면에서 연구한다면, 우리는 아름다움을 보게 될 것이다. 만일 우리가 자연을 그 폭력의 측면에서 연구한다면, 우리는 시인 테니슨이 보았던 것처럼 '이와 발톱에 묻은 붉은' 피를 보게 될 것이다."[9] 그러므로 "하나님이 보시기에 좋은" 세계는 지금의 세계를 가리키는 것이 아니라, **종말론적 미래의 현실**을 가리킨다. 그것은 추함과 죄악이 가득한 지금의 세계가 지향해야 할 **방향과 당위성**을 시사한다: "하나님이 보시기에 좋았다"는 성서의 말씀은 옛날에 있었던 세계를 가리키는 것이 아니라, 세계는 정말 하나님이 좋아하고 기뻐하는 세상으로 변화되어야 함을 말한다.[10]

그러나 자연환경의 선하고 아름다운 측면과 악하고 고통스러운

9) T. Peters, "과학과 신학", T. Peters 엮음,『과학과 종교』, 68.

10) 정기철, "신학과 과학에서의 창조", 한국조직신학회 엮음, 『과학과 신학의 대화』, 한국조직신학회 논총, 제9집, 대한기독교서회 2003, 75: "보시기에 심히 좋았다"라는 말은 Chr. Link에 의하면 "보시기에 심히 좋을 것이다"라는 "새로운 창조의 약속"으로 이해되어야 한다.

측면을 비교할 때, 선하고 아름다운 측면이 더 크다고 볼 수 있다. 하나님이 지으신 이 세계가 하나님의 구원의 빛 속에서 지금 "있다"는 것 자체가 "없음"보다 더 좋기 때문이다. 우리의 삶 속에 괴로운 일이 많지만, 그래도 우리가 생존한다는 것 자체가 "좋은" 것과 마찬가지다. 또한 자연의 세계 속에 피 흘리는 일이 지금도 일어나지만, 그래도 우리가 아는 대부분의 생물들은 배가 부르면 더 이상의 살생을 하지 않고 자기의 무리와 더불어 평화롭게 살기 때문이다. 그러므로 이 세계의 선함과 악함의 두 가지 측면을 동등하게 보는 피터스의 생각은 타당하지 않다.

하나님은 영원히 변함없는 사랑이다. 그렇다면 자연환경의 부정적이며 모호한 요소에도 불구하고 자연환경에 대한 하나님의 사랑과 긍정은 변함이 없다. 그는 자연환경을 지금도 사랑하시고 긍정하신다. 자연환경은 지금도 하나님이 좋아하고 기뻐하는 그의 창조이다. 하나님의 창조적인 긍정의 지속성은 "그의 사랑의 신실함에 근거한다. 그가 인간을 긍정하는 것을 멈추지 않는 것처럼, 창조 전체를 언제나 새롭게 긍정하는 것을 멈추지 않는다. 하나님은 긍정하는 것을 멈추지 않음으로써, 태초의 긍정에 계속 신실하다."[11)]

3. 성서에 나타나는 하나님의 세계 긍정

성서 전체를 읽어 볼 때, 성서는 세계의 긍정을 그의 기본 사상으로 가진다는 사실을 발견할 수 있다. 물론 고대 그리스 철학의

---

11) W. Krötke, "Der christliche Glaube an den Schöpfer", 78.

이원론의 영향으로 말미암아 세계 부정적 요소들이 신약성서 후기 문헌에 발견됨은 사실이다. 그러나 전체적으로 성서는 눈에 보이는 이 세계를 부정하면서 피안의 세계를 지향하지 않는다. 성서는 눈에 보이는 이 세계를 전부로 생각하지 않지만, 눈에 보이는 이 세계, 곧 차안의 세계를 일차적 관심의 대상으로 가진다. 그러므로 성서의 종교는 피안을 지향하는 "피안의 종교"가 아니라, 차안을 중요시 하는 "차안의 종교"다. 하나님의 구원은 차안의 세계 속에서 이루어져야 한다. 그러므로 우리는 성서의 전통 속에서 차안의 세계에 대한 긍정을 거듭거듭 발견할 수 있다:

1. 차안의 세계에 대한 긍정을 우리는 먼저 **구약의 율법**에서 발견할 수 있다. 하나님이 이스라엘 민족에게 율법을 주신 목적은 무엇인가? 지난 이천 년 동안 기독교는 율법을 매우 부정적인 것으로 가르쳤다. 그 근거는 바울서신에 있다: 1) 로마서 3:19에 의하면 율법의 목적은 "모든·입을 막고, 온 세상을 하나님 앞에서 유죄로 드러내려는" 데에 있다. 즉 우리 인간으로 하여금 죄를 깨닫게 하는 데에 있다. 율법은 우리의 죄를 깨닫게 하는 "몽학선생"이다(갈라디아서 3:24.25). 2) 우리가 하나님의 의롭다 하심을 얻는 길은 율법이 가르치는 것을 행함에 있지 않고 예수 그리스도의 의에 대한 "믿음"에 있다: "사람이 율법의 행위와는 상관없이 믿음으로 의롭다고 인정을 받는다고 우리는 생각합니다" (로마서 3:28), "우리로 하여금 믿음으로 의롭다고 하심을 받게 하시려고 한 것입니다" (갈라디아서 3:24).

여기서 바울서신은 율법의 본래 목적과 기능을 간과한다. 선하신 하나님은 단지 인간이 죄를 깨닫고 그리스도의 죄 용서를 받아들이게 하기 위해 율법을 주셨을까? 여기서 그리스도의 구원은 그의 희생제물로 인한 개인의 죄 용서로 축소된다.

그러나 구약성서의 율법을 주의 깊게 읽어 볼 때, 우리는 다음의 사실을 발견할 수 있다. 즉 구약성서의 율법은 하나님의 의와 자비가 모든 것을 다스리는 하나님의 구원받은 공동체를 이루는 데 그의 목적을 가진다는 것이다. 율법이 인간의 죄를 깨닫게 하는 기능을 갖게 된 것은 하나님이 본래 의도하는 바가 아니라, 인간이 그 율법을 지키지 못함으로 말미암은 부차적 귀결에 불과하다.

율법의 본래 목적은 세계에 대한 하나님의 변치 않는 사랑과 긍정을 전제한다. 즉 이 세계는 인간의 죄로 말미암아 타락한 상태에 있지만, 그럼에도 불구하고 하나님은 이 세계를 사랑하시고 긍정하시기 때문에, 율법을 주신 것이다. 만일 하나님에게 이 세계가 파멸되거나 포기되어야 할 세계라면, 하나님은 율법을 주시지 않았을 것이다.

세계에 대한 하나님의 긍정은 먼저 연약한 생명들을 보호하며 그들의 기본 생존권을 보장해 주라는 하나님의 명령에 나타난다. **사회의 약자들에 대한 배려**가 율법의 기본 정신이다: "너희는 너희에게 몸붙여 사는 나그네를 학대하거나 억압해서는 안 된다. 너희도 이집트 땅에서 몸붙여 살던 나그네였다. 너희는 과부나 고아를 괴롭히면 안 된다. 너희가 그들을 괴롭혀서, 그들이 나에게 부르짖으면, 나는 반드시 그들의 부르짖음을 들어주겠다." (출애굽기 22:21-23). 약한 생명들의 보호 명령에 나타나는 하나님의 세계 긍정은 안식일 법과 희년 법으로 확대된다. 또한 그것은 인간과 인간 사회에 국한되지 않고 자연의 영역으로 확대된다: "너희가 너희를 미워하는 사람의 나귀가 짐에 눌려서 쓰러진 것을 보거든, 그것을 그대로 내버려두지 말고, 반드시 임자가 나귀를 일으켜 세우는 것을 도와주어야 한다" (출애굽기 23:4-5). 안식년이 오면, 땅의 생명력을 보호해야 한다.

2. 세계에 대한 하나님의 긍정은 그의 **약속과 구원의 의지**에 나타난다. 먼저 구약성서에서 하나님은 "약속의 하나님"으로 나타난다: 1) 하나님은 아브라함에게 땅과 많은 후손과 특별한 축복을 약속한다 (창세기 12:2,7). 2) 모세에게 그는 "젖과 꿀이 흐르는 땅"을 약속한다 (출애굽기 3:8). 3) 사무엘에게 하나님은 다윗 왕조를 약속한다 (사무엘 하 7:10-16). 4) 이스라엘의 예언자들에게 하나님은 메시야의 구원을 약속한다 (이사야 9:1-7). 5) 이사야 65:17에서 하나님의 구원의 의지는 이스라엘 민족의 범위를 벗어나 피조물의 세계 전체로 확대된다. 즉 하나님은 하나님을 아는 지식과 그의 공의와 자비가 충만한 "새 하늘과 새 땅"을 약속한다. 6) 예수 그리스도의 부활을 통해 하나님은 "이제는 죽음과 슬픔과 울부짖음과 고통이 없는" "새 하늘과 새 땅"을 다시 한 번 약속한다. 만일 하나님에게 이 세계가 포기되거나 떠나야 할 것이라면, 하나님은 약속을 주시지 않았을 것이다.

3. 세계의 모든 허무하고 부정적인 모습에도 불구하고 거듭거듭 나타나는 하나님의 세계 긍정은 하나님의 **성육신**에서 결정적으로 일어난다. 성육신(incarnation)은 하나님이 육 안으로 (in+carne) 들어오셨다는 것을 뜻한다. 그것은 자연의 세계, 이 세계의 모든 생명에 대한 하나님의 결정적 긍정의 사건이다. 하늘에 계신 하나님이 이 세계에 속한 육(肉)을 자신의 것으로 삼으셨기 때문이다. 이를 통해 피조물의 세계는 새로운 의미를 얻게 된다.

많은 종교 사상에서 이 세계와 그 속의 모든 물질적인 것, 육체적인 것은 허무한 것, 무가치한 것, 우리 인간이 억압하거나 등을 돌려야 할 것으로 생각된다. 이에 반해 성육신은 피조물의 세계 전체에 존엄성을 부여하며, 모든 것을 의미 있고 가치 있고 소중한 것이라 선언한다. 그것은 생명-물리적인 세계 전체를 성스러운 것이 되게 한다. 이로써 거룩한 것과 속된 것, 가치 있는 것과 무가치한 것의 이원론적 구도는 거부된다. 성육신의 빛에서 볼 때, 이 세계의 모든 것은 하나님에 의해 긍정되고 수용되었다. 하나님에게 그것은 거룩하고 가치 있는 것이다. 따라서 모든 것이 하나님의 사랑의 대상이다.

성육신은 하나님 자신에게는 고난의 사건이다. 그것은 하나님의 자기 낮추심, 곧 자기비하이며 자기제한이다. 그것은 하늘의 영광을 버리고 죄악으로 가득한 이 세계의 가장 낮은 곳으로 내려오셔서, 이른바 세계의 낮고 천한 것을 자기 자신과 동일화시키는 것을 말한다. 이 하나님의 고난이 예수 그리스도의 십자가의 고난과 죽음에서 정점에 도달한다. 그리스도의 십자가의 고난과 죽음이야말로 세계에 대한 하나님의 긍정의 선언이다.

4. 성육신을 통해 일어난 하나님의 세계 긍정은 **예수의 부활**을 통해 다시 한 번 확인된다. 예수의 부활은 단지 그의 영에게만 일어난 것이 아니라, 그의 육에게도 일어났다. 영과 육이 하나를 이루고 있는 그의 존재 전체가 죄와 죽음의 세력을 깨뜨리고 영원한 생명, 곧 "영적인 몸"(soma pneumatikos, 고전 15:44)으로 다시 살아났다. "빈 무덤"의 이야기는 영과 육을 포함한 예수의 존재 전체가 부활하였다는 것을 말한다. 이 예수가 모든 "잠든 사람들의 첫 열매"라면, 예수의 부활로 말미암아 그리스도인들은 부활의 희망을 갖게 되었다: "아담 안에서 모든 사람이 죽는 것과 같이, 그리스도

안에서 모든 사람이 생명을 얻을 것입니다.… 첫째는 첫 열매이신 그리스도요, 그 다음은 그리스도께서 재림하실 때에, 그리스도께 속한 사람들입니다" (고전 15:22-23). 그리스도인들의 썩어질 몸이 "썩지 않을 것으로" 다시 살아날 것이다 (고전 15:42).

육은 물질에 속한다. 따라서 육을 포함한 예수의 존재 전체가 부활하였으며 그리스도인들의 썩어질 몸이 "썩지 않을 것으로" 부활한다는 것은, **물질의 영역**도 부활의 역사에 포괄된다는 것을 시사한다. 육, 곧 물질과 자연의 영역도 하나님의 영원한 생명으로 변화되어야 한다. 여기서 하나님은 물질의 영역, 자연의 영역을 포기하지 않는다. 오히려 그는 죄와 죽음의 세력에 사로잡힌 이 영역을 긍정하시고, "이제는 죽음과 슬픔과 울부짖음과 고통이 없는" "새 하늘과 새 땅"을 계시하면서(=열어 보여 주면서), "내가 모든 것을 새롭게 변화시킬 것이다"라고 약속한다 (계 21:5). 요한계시록의 이 약속에서 구약성서의 세계 긍정의 전통이 되살아난다.

성서의 이러한 전통을 생각할 때, 기독교는 본래 세계 부정의 종교가 아니라 **세계 긍정의 종교**라 말할 수 있다. 이 종교의 관심은 피안의 세계가 아니라 먼저 차안의 세계에 있다. 기독교는 단지 영적 세계를 추구하지 않고 물질의 세계, 자연의 세계 속에 "하나님의 뜻"이 실현되기를 희망한다: "뜻이 하늘에서 이룬 것 같이, 땅에서도 이루어지게 하소서." 차안의 세계, 물질의 세계 속에 하나님의 구원이 이루어져야 하며, 하나님을 아는 지식과 하나님의 공의와 자비가 충만한 "하나님의 나라"가 세워져야 한다.

그러므로 예수는 정신과 물질을 포함한 온 땅 위에 세워져야 할 "하나님의 나라"와 "회개"를 선포의 중심으로 삼는다. 하나님의 나라에 관한 그의 선포와 모든 사역은 현실 지향적인 것이었으며,

그것은 성서에 나타나는 하나님의 세계 긍정의 전통에 근거한다. 사도신경에서 초대교회는 고대 그리스의 모든 이원론과 영지주의의 위협을 거부하고, 히브리적 세계 긍정의 전통을 따른다: "몸이 다시 사는 것(=육의 부활, resurrectionem carnis)과 영원히 사는 것(=영원한 생명, vitam aeternam)을 믿사옵니다."

세계의 많은 종교사상들, 철학사상들이 세계를 부정하는 세계관을 가르침에 반해, 왜 성서는 세계를 긍정하는가? 그것은 **생명에의 갈망** 때문이다. 부유한 사람들, 이 세계의 모든 것을 향유하는 사람들에게는 새로운 것이 별로 없다. 그들은 이 세계의 것을 충분히 소유하고 있으며 그것을 향유하기 때문이다. 그러므로 부유한 사람들은 생명에의 갈망과 갈애가 약하다. 그래서 가난한 사람들보다 부유한 사람들이 더 많이 삶의 권태감을 느끼고 우울증에 걸리며, 심지어 자살로 인생을 끝낸다. 부유하다 하여 반드시 오래 사는 것도 아니다. 경제적으로 부유한 국가일수록 자살율이 높다. 소유는 삶을 풍요롭게 하지 않고 오히려 빈곤하게 만든다. 가난한 사람들이 모여 사는 곳에는 시끄럽긴 하지만 삶의 기쁨과 생동성이 있는 반면, 부자들이 모여 사는 곳에는 적막함과 냉정한 계산과 삶의 권태감이 깃들어 있다. 가난한 사람들의 동네에는 어린 아이들이 뛰노는 것을 볼 수 있지만, 부유한 사람들이 모여 사는 동네에는 어린 아이들을 볼 수 없다.

가난한 사람들, 우선 먹고 사는 것이 급한 사람들은 삶의 권태와 우울증에 빠질 겨를이 없다. 에른스트 블로흐(Ernst Bloch)가 말한 것처럼, 굶주린 배를 채우는 것이 그들에게는 가장 급한 일이다. 그 다음 이 세상의 것을 충분히 소유하며 안정된 삶을 누리는 것이 그들의 희망이다. 그러므로 그들은 강한 생명력을 보인다. 부유한 사람들의 눈동자는 흐릿해 보이지만, 가난한 사람들의 눈동자에는 생명에의 강한 집착력이 보인다. 그래서 그들의 눈에는 힘과 생동력이 있다. 이글거리는 갈망이 보인다. 그들에게 이 세계는 권태로운 것이 아니라 한 번 가져보고 싶은 좋은 것으로 보인다. 당장 필요한 양식을 갈구하는 그들에게 "세상만사 무상하고 허무하다"는 종교의 가르침은 공허한 이야기로 들린다. 사실 굶주린 배를 채우고 자기의 삶을 보장할 수 있는 물질을 확보하기 위한 그들의 안타까운 몸부림 속에서 사회와 역사가 발전하여 왔다는 것도 부인할 수 없는 사실이다. 소설가 조정래는 이것을 다음과 같이 말한다:

> "나날은 쉼없이 흘러 세월의 강이 된다. 그 무심한 물결을 타고 사람들은 유심한 나날을 사느라고 얼마나 각축하고 고달픈가. 그런 인간사들은 초월적 종교관으로 볼 때는 더없이 부질없고 허망한 것이다. 그러나 삶의 여건과 환경이 나쁠수록 하루하루를 살아가는 사람들의 생활은 고통스럽고 급박해진다. 아무리 애를 써도 굶주림을 면할 수 없는 사람들 앞에서 초월적 종교관은 얼마나 공허하고 설득력 없는 객소리일 뿐인가. 또한 인간 세상의 모순 많고 갈등 많은 삶이 결코 무가치할 수만은 없는 것은, 인간은 그 괴로움과 고달픔 속에서 역사를 잉태시키고 사회 진실을 발현시켜 왔던 것이다."[12)]

본래 히브리인들은 가난한 사람들이었다. 그들은 땅이 없는 사람들, 유랑민족이었다. 하란을 떠나 지금의 팔레스틴 땅으로 이주한 아브라함에게 가장 급한 일은 땅을 확보하는 일이었다. 그 땅에

12) 조정래, 『한강』, 제1권, 해냄출판사 2001, "작가의 말" 중에서.

기근이 들어 그는 이집트에 몸붙여 살다가 다시 팔레스틴으로 쫓겨났다 (창세기 12:10-20). 야곱의 종들은 그 지방 원주민들에게 쫓겨 다니면서 우물을 파야만 했다(창세기 26:17-22). 우물은 그들에게 바로 "구원"이었다: "너희가 구원의 우물에서 기쁨으로 물을 길을 것이다" (이사야 12:3). 야곱과 그의 후손들은 죽지 않고 살기 위해 이집트로 건너가 거기서 400년이나 노예생활을 해야만 했다. 400년 후 팔레스틴으로 돌아왔을 때, 그들은 이미 그곳에 정착하고 있는 아랍인들과 치열하게 싸우면서 땅을 확보해야만 했다. 그들에게 땅은 바로 생명 자체였다. 땅은 생명의 보금자리요, 먹을 것을 얻을 수 있는 삶의 터전이기 때문이다. 그래서 하나님은 아브라함에게 먼저 땅을 약속하며, 모세에게 "젖과 꿀이 흐르는" 가나안 땅을 약속한다. 땅을 확보하고자 하는 히브리 후예들의 투쟁은 지금도 팔레스틴 땅에서 계속되고 있다.

이와 같이 땅이 필요하고 먹을 것이 필요한 히브리인들에게 "이 세상 모든 것이 무상하고 허무하다"는 말은 공허한 이야기로 들렸을 것이다. 그들에게는 죽지 않고 살아남고자 하는 삶에의 강한 욕구와 집착이 있었다. 그들에게 이 세계는 허무하고 무가치한 것이 아니라, 그들의 생명을 보장해 줄 수 있는 참으로 소중한 것이었다. 이러한 역사적 배경 속에서 땅을 포함한 이 세계에 대한 긍정의 전통이 형성된다.

그러나 세계에 대한 하나님의 긍정은 궁극적으로 모든 생명에 대한 하나님의 사랑에 근거한다. 사랑이 그 마음 속에 있는 자에게는 모든 것이 아름다워 보인다. 들판에 있는 풀 한 포기, 이름 모를 새 한 마리도 아름다워 보인다. 아름답기 때문에 그는 모든 것을 긍정하게 된다. 하나님은 무한한 사랑이므로, 이 세계를 긍정한다:

모든 것이 "하나님이 보시기에 좋았더라!"

있는 것은 없는 것보다 더 좋다. 비록 부정적 요소가 있을지라도, 있음(being) 그 자체는 없음(nothingness)보다 아름답다. 풀 한 포기, 나무 한 그루, 맑은 하늘과 바다와 산들, 정다운 친척들과 친구들이 우리 곁에 있다는 것, 그 자체가 좋다. 물론 이 세계 속에 고난과 고통과 죽음이 가득하고 불의하고 억울하고 아니꼬운 일들이 많지만, 그래도 이 세계가 있고 생명이 있다는 것이 좋다. 아무것도 없고 나 혼자 있다면, 이 세계는 얼마나 삭막하겠는가! 인생이 힘들고 고달플지라도, 내가 죽어 무(無) 곧 없음으로 돌아가지 않고 살아 "있다"는 것(有) 자체가 좋은 일이다.

생활고 때문에 죽지 못해 살아가는 사람들, 월세방에서 쫓겨날 형편에 빠진 사람들, 굶주린 배를 움켜쥐고 견디어야만 하는 사람들, 질병에 걸렸으나 병원에 갈 돈이 없는 사람들에게 이런 얘기는 사치스럽게 들릴지 모른다. 그들에게 살아 있음은 아름다운 일이 아니라 고통 그 자체요 저주스런 일로 느껴질지도 모른다. 그러나 우리는 다음의 사실을 생각할 필요가 있을 것 같다: 살아 있다는 것이 고통스럽지만, 그래도 거기에는 기다림과 갈망이 있고 꿈이 있다. 거기에는 이 세계를 경험할 수 있는 가능성이 남아 있고, 나를 생각하며 나를 기억하는 사람들도 있다. 삶 그 자체는 가능성 자체이다. 죽으면 삶의 모든 가능성이 사라진다. 이 세계의 모든 것이 나에게 끝난다. 죽음을 통해 나는 이 세계의 그 무엇도 경험할 수 없게 된다. 아름다운 것도 추한 것도, 고운 것도 미운 것도 더 이상 경험할 수 없다. 추한 것, 미운 것, 고통스러운 것이 있을지라도, 내가 살아서 경험할 수 있는 이 세계는 그 자체로서 아름답고 귀하며 가치가 있다는 사실을 우리는 죽음 앞에서 의식한다.

그래서 사람은 죽음에 가까울수록 세계를 긍정하며, 모든 피조물들 그 자체의 가치와 존엄성을 느끼게 된다. 그는 죽지 않으려고 애쓴다. 있음 그 자체가 좋은 일이기 때문이다.

그러므로 인간은 물론 모든 생물이 가능한 죽지 않고 살려고, 곧 "있으려고" 몸부림친다. 돌맹이 아래 숨어 있는 지렁이를 건드리면, 살려고 온 힘을 다해 꿈틀거린다. 이 꿈틀거림은 생명을 향한 몸부림이요 생명에 대한 갈망의 표현이다. 그래서 사람들은 정력과 몸에 좋다는 것은 무엇이나 먹는다. 뱀, 개구리, 지렁이, 거북이 등, 닥치지 않고 먹는다. 어린애 태반까지 구해서 삶아 먹는다. 죽음을 거부하는 이러한 몸부림 속에서 우리는 생명에 대한, "있음" 자체에 대한 강열한 긍정을 볼 수 있다. 있음 자체에 대한 긍정은 죽음에 대한 거부로 나타난다. 그러나 생물학적으로 생명과 정력을 유지한다 하여, 그것이 정말 사는 것일까?

사랑은 상대방의 있음 자체를 기뻐하며 그것을 좋아한다. 잘난 것은 잘난 대로, 못난 것은 못난 대로 그것의 있음을 기뻐하고 좋아한다. 자녀들에 대한 부모의 사랑에서 우리는 이것을 분명히 볼 수 있다. 똑똑한 자녀들이나 똑똑하지 못한 자녀들이나 부모에게는 모두 귀한 존재들이다. 그들의 있음 자체가 부모들에게는 기쁨이다. 그러므로 자녀가 비록 불구자일지라도 부모들은 그들의 생명을 끝까지 유지하고자 한다. 하나님은 무한한 사랑이다. 그러므로 그는 피조물 세계의 있음 자체를 기뻐하며 그것을 긍정한다: "하나님이 보시기에 좋았다."

그러나 이 세계는 죄악으로 가득하다. 그것은 하나님이 기뻐하는 세계가 아니라 슬퍼하는 세계가 되어버렸다. 하나님의 아들 예수는 슬퍼할 수밖에 없는 세계를 기뻐할 수 있는 세계로 변화시키기 위해 이 세상에 오셨지만, 세계는 죄와 고난과 죽음과 굶주림과 울부짖음으로 가득하다. 그렇지만 이 세계 속에는 아직도 좋고 아름다운 것이 많다. 단지 우리에게 필요한 것, 우리가 아직 갖지 못한 것을 생각하고 그것에 온 마음을 빼앗기다 보니, 그것을 보지 못하거나 잊어버릴 뿐이다. 마음의 여유를 가지고 이 세계의 좋고 아름다운 것을 발견하며 이것을 우리에게 허락하신 하나님께 감사드릴 수 있을 때, 우리의 삶은 한층 더 아름답게 될 것이다. 삶의 행복이란 결코 소유에 있지 않다는 사실을 생각하면서 하나님이 긍정하신 세계를 우리도 긍정하는 지혜를 갖는 것이 좋지 않을까! 이와 관련하여 어느 중학교 교사는 그의 사랑하는 제자들에게 이렇게 말한다:

"친구여! 세상은 참으로 아름답습니다.
좋은 사람은 또 얼마나 큰 기쁨을 주는지요.
그런 걸 깨닫고 나면 정말 세상을 살고 싶은 욕망이 가슴에서 파도처럼 일렁입니다.
세상은 참 아름다운 곳이며, 산다는 건 참 즐거운 일이건만, 생활 앞에는 언제나 해야 할 일이 가로막고 있어서 그 아름답고 즐거운 것들을 발견하거나 깨닫기가 쉽지 않지요.
그러나 우리의 마음에 여유가 있다면, 우리의 눈이 맑게 닦여져만 있다면, 그런 것들을 찾을 수가 있지요. 우리가 무엇엔가 쫓기듯 살면 비 온 뒤의 무지개도 볼 수 없고 해질 무렵의 노을조차 제대로 보지 못합니다. 아름다운 음악도 바람 소리처럼 스쳐 지나가고, 꽃이 피는 것도, 낙엽이 지는 것도 느끼지 못하고, 하얀 눈이 내려도 길이 불편함만 걱정할 뿐이지요. 그러니 인생살이가 고달프고 하루하루가 무의미한 반복처럼 여겨지는 거지요."[13)]

4. "하늘은 하나님의 영광을 드러내고…"

- 하나님을 계시하는 아름다운 자연환경 -

기독교 신학은 하나님이 자기의 존재와 뜻(=의지)을 나타내는 두 가지 길이 있다고 말한다. 하나는 자연을 통한 길이요, 다른 하나는 성서와 성서의 중심이 되는 예수 그리스도를 통한 길이다. 전자를 가리켜 자연계시라 하고, 후자를 가리켜 특별계시라 한다.

먼저 **자연계시에 대한 근거**를 우리는 성서 많은 곳에서 발견할 수 있다. 구약성서의 가장 대표적인 근거는 시편 19:1-4이다: "하늘은 하나님의 영광을 드러내고, 창공은 그의 솜씨를 알려 준다. 낮은 낮에게 말씀을 전해 주고, 밤은 밤에게 지식을 알려 준다.…" 신약성서의 대표적 근거는 로마서 1:20이다: "이 세상 창조 때로부터 하나님의 보이지 않는 속성, 곧 그분의 영원하신 능력과 신성은, 사람이 그 지으신 만물을 보고서 깨닫게 되어 있습니다.…" 중세기의 신비주의자 마이스터 에크하르트(Meister Eckhart)에 의하면 "모든 창조물의 형상 속에는 하나님의 모습이 담겨 있으며 따라서 모든 피조물은 곧 하나님의 말씀이며 하나님에 관한 기록"이다.[14)]

특별계시의 대표적 근거는 요한복음에 나타난다: "나를 보는 사람은 나를 보내신 분을 보는 것이다" (12:45), "나를 본 사람은 아버지를 보았다.… 내가 너희에게 하는 말은 내 마음대로 하는 것이 아니다. 아버지께서 내 안에 계시면서 자기의 일을 하신다. 내가 아버지 안에 있고, 아버지께서 내 안에 계시다는 것을 믿어라. 믿지 못하겠거든 내가 하는 그 일들을 보아서라도 믿어라" (14:9-11).

---

13) 채찬석, 『친구야, 세상이 얼마나 아름다운지 아니』, 어문각 1993, 1.

14) M. Fox, Meditation with Meister Eckhart, 1982, 14. 이은재, "하나님 경험은 세상에 대한 책임이다", 한국기독교학회 편, 『한국기독교 신학논총』, 제30집, 392에서 인용함.

이 두 가지 계시 곧 자연계시와 특별계시에 근거하여 전통적으로 신학은 하나님을 인식할 수 있는 두 가지 가능성을 말한다.[15] 첫째 가능성은 하나님이 창조하신 **자연의 세계로부터** 인식할 수 있는 길을 말하며, 둘째 가능성은 예수 그리스도를 그 중심으로 가진 **성서로부터** 인식할 수 있는 길을 말한다. 자연의 세계를 통한 하나님 인식은 다시 두 가지로 구분된다: 1. 인간이 타고나면서부터 가진 인식(notitia insita), 곧 각 사람의 양심의 내적 증언을 통해 주어지는 인식과, 2. 자연에 대한 인식을 통해 후천적으로 얻게 되는 하나님 인식(notitia acquisita)으로 구별된다. 전자는 직접적 인식이라면, 후자는 중재되어진 인식이다.

그러나 자연적 하나님 인식은 불완전하다. 자연 그 자체는 우리에게 하나님에 관해 아무 것도 구체적으로 말하지 않기 때문이다. 따라서 자연의 세계를 통한 하나님 인식은 하나님과의 완전한 교통 내지 사귐을 줄 수 없다. 그것은 인간에게 하나님에 관한 이해를 줄 수 있지만, 참 구원을 줄 수는 없다. 참 구원을 주는 하나님 인식은 예수 그리스도 안에서 일어난 하나님의 "초역사적 계시"로 말미암아 가능하다. 초역사적 계시와 이로 말미암은 하나님 인식은 하나님과의 완전한 교통 내지 사귐으로 인도한다. 이리하여 이른 바 **자연계시와 특별계시, 자연신학과 계시신학**이 구별된다.

이 구별은 이미 구약성서에 나타난다. 물론 고대 이스라엘은 이른바 "자연신학"을 알지 못한다. 자연신학이란 개념은 그리스 철학에서 유래한다. 그러나 "스스로 있는 자"로서의 하나님의 자기계시, 곧 출애급의 구원사건과 시내산 계약을 통한 하나님의 **특별**

15) 아래의 내용에 관하여 J. Moltmann, Gott in der Schöpfung. 66 이하 참조.

한 자기계시를 통해 이스라엘은 하나님에 대한 **특별한 경험**을 갖게 되며, 이 경험에 기초하여 이스라엘은 자연의 세계를 하나님의 창조로 인식한다.

이스라엘의 신앙에서 하나님의 **구원에 대한 경험과 창조에 대한 경험**은 동전의 양면과 같은 관계에 있다: 1) 창조에 대한 경험은 이스라엘의 구원의 하나님을 온 세계의 주님과 창조자로 나타내는 동시에, 이 하나님의 보편성을 드러낸다. 2) 다른 한편 모든 인간과 민족들과 자연의 세계 전체가 이스라엘이 경험하였고 또 희망하는 구원의 지평 속에 있게 된다. 하나님이 창조한 자연의 세계는 하나님에 대한 이스라엘의 특별한 역사적 경험의 넓은 지평을 형성한다. 온 세계의 창조자 하나님은 온 세계의 구원자 하나님으로 인식된다. 이리하여 자연의 세계를 통한 하나님의 자기계시와 특별한 역사적 구원의 사건을 통한 자기계시, 자연신학과 계시신학이 구별된다.

신학의 역사에서 자연계시와 특별계시의 관계는 다양하게 규정된다. 자연계시는 특별계시의 준비로, 확인으로, 목적으로, 보충으로, 경쟁자로, 혹은 특별계시의 적(敵)으로 규정된다. 여기서 우리는 자연신학의 세 가지 중요한 기능을 아래와 같이 기술할 수 있다:

1. 자연계시는 **교육적 기능**을 가진다. 그것은 인간이 참 하나님을 찾도록 인도한다.

2. 자연계시는 **해석학적 기능**을 가진다. 그것은 인간이 신앙하는 바를 해석하고 이해할 수 있도록 도와준다. 그것은 하나님에 대한 신앙을 증명하지 못하지만, 그것을 이해할 수 있도록 도와준다.

3. 자연계시는 **종말론적 기능**을 가진다. 인간의 타락이 있기 이

전의 파라다이스에서 자연의 세계는 하나님을 완전히 계시하였을 것이며, 인간은 자연의 세계로부터 하나님에 대한 완전한 인식을 얻었을 것이다. 파라다이스에서 이른바 자연계시와 특별계시는 하나였을 것이며, 인간은 하나님과의 완전한 교통 가운데 있었을 것이다. 타락 이후의 세계에서 우리가 가진 자연적 하나님 인식과 자연신학은 파라다이스에 있었던 완전한 하나님 인식과 자연신학의 "나머지" 혹은 "흔적"이라 볼 수 있다.

그런데 파라다이스는 단지 태초(proton)를 가리키는 것이 아니라, 하나님의 구원받은 세계의 미래, 곧 종말(eschaton)을 가리킨다면, 자연계시는 파라다이스의 나머지 내지 흔적인 동시에, 장차 올 하나님 나라의 희미한 광채요, 그것의 앞당겨 옴 내지 선취(先取, Antizipation)라 말할 수 있다. 달리 말해 자연계시는 장차 올 하나님의 영광의 나라를 앞당겨 오는 **종말론적 기능**을 가진다. 하나님의 구원의 역사가 완성될 때, 자연을 통한 하나님 인식과 예수 그리스도를 통한 하나님 인식, 이른바 자연계시와 특별계시, 자연신학과 계시신학은 일치할 것이다. 예수 그리스도 안에 계시되는 하나님이 온 자연을 통해 계시될 것이기 때문이다.[16)]

자연계시와 특별계시에 대한 이러한 토의에서 자연환경은 인간의 타락으로 인해 상실된 파라다이스의 나머지 내지 흔적인 동시에, 장차 올 **하나님 나라의 희미한 광채와 비유**(Gleichnis)라 말할 수 있다. 이 생각은 하나님의 나라에 대한 예수의 비유에 근거한

16) 정미현, "한국 여신학자로서 나는 바르트 신학을 어떻게 이해하는가?" 277-8: 자연계시, 자연신학에 대한 Karl Barth의 거부는 "나치즘에 대항한 그의 신학적, 정치적 맥락에서 이해되어야" 하며, "인간적 사변을 포함한 모든 것을 신성과 동일시하는 범신론에 대한 경고이기도하다."

다. 예수는 이 세계의 사물들을 하나님의 나라에 대한 비유로 삼는다. 가라지와 알곡, 누룩, 씨앗과 나무, 자기의 전 재산을 팔아 보물이 묻혀 있는 밭을 사는 농부의 행위 등, 이 세계의 사물들이 하나님의 나라를 가리키는 비유가 된다. 이 비유들은 일상의 세계 경험들을 수용하고 이 경험들을 하나님 나라의 표징으로 삼는다. 그리고 하나님의 나라는 이 표징들 속에서 현재화된다. 종교적, 문화적, 정치적 경험은 물론, 자연에 대한 경험의 영역도 하나님 나라의 비유가 될 수 있으며, 장차 올 하나님 나라의 현재를 앞당겨 나타낼 수 있다. 간단히 말하여 하나님 나라에 대한 예수의 비유에서 자연환경은 종말에 완성될 하나님 나라의 비유로 파악된다.

비유는 그것이 비유하는 것을 암시하며, 비유를 통해 비유되는 것이 현재화된다. 따라서 하나님의 나라에 대한 예수의 비유의 말씀 속에서 하나님의 나라가 선취되며 현재화된다. 그러므로 하나님의 나라를 비유하는 자연환경은 **하나님 나라의 아직 은폐 상태에 있는 현재**라 말할 수 있다. 미래에 성취될 하나님의 나라가 자연의 세계 속에 은폐된 상태로 현존하며, 그 안에 미리 앞당겨 희미하게 나타난다. 그렇다면 자연환경은 장차 올 **하나님 나라의 약속**이요, 하나님의 나라는 이 **약속의 성취**라 말할 수 있다. 자연환경이 하나님 나라의 약속이라면, 자연환경은 하나님 나라의 역사가 그 위에서 일어나는 무대 내지 배경에 불과한 것이 아니라, 이 역사 자체에 속한다고 보아야 할 것이다.

아우구스틴이 말한 **삼위일체의 흔적들**(vestigia trinitatis)에 관한 표상에서도 우리는 이러한 생각을 발견할 수 있다. 하나님이 창조한 자연의 세계는 단지 하나님의 사역, 곧 하신 일에 불과한 것이 아니라, 삼위일체 하나님의 흔적들이다. 비록 자연의 세계는 인간의 죄로 인해 파괴되었고 훼손되었지만, 그럼에도 불구하고 하나님의 삼위일체의 흔적들, 곧 그의 광채와 아름다움이 자연의 세계 곳곳에 나타난다.

그러나 삼위일체의 흔적들은 성서가 증언하는 특별계시와 하나님 신앙의 기초 위에서 인식될 수 있다. 성서에서 자기를 계시하는 하나님을 아는 사람만이 자연의 세계 속에 나타나는 삼위일체의 흔적들을 볼 수 있다. 태양-빛-열, 샘-시내-강, 사랑하는 자-사랑을 받는 자-그들 사이에 있는 사랑 안에 삼위일체의 흔적들이 보인다.

삼위일체의 흔적들은 **하나님 나라의 흔적들**(vestigia regni Dei)이라 말할 수 있다. 그들은 장차 올 하나님의 나라를 예비하는 창조적인 삼위일체 하나님의 흔적들이요 그의 나라에 대한 약속들이다. 하나님의 나라가 성취될 때, 자연환경 전체가 하나님의 자기계시가 될 것이며, 그의 영광으로 가득할 것이다. 모든 피조물이 하나님의 영원한 생명에 참여하며 그를 찬양할 것이다. 하나님과 피조물의 차이는 여전히 유지되겠지만, 하나님은 자연환경의 모든 피조물들 안에 거할 것이며, 자연환경 전체가 하나님의 집이 될 것이다. 이러한 종말론적 미래는 위에 인용한 시편 19:1-4에 대표적으로 나타난다.

중세의 신비주의자 에크하르트(Meister Eckhart)에 따르면, 모든 피조물의 형상 속에는 하나님의 모습이 담겨 있으며 따라서 모든 피조물은 곧 하나님의 말씀이요 하나님에 관한 책이다. 온 자연이 하나님의 영광을 나타내며 그의 본질의 표지를 지닌다. "하나님은 모든 피조물을 만드셨으며 또한 그 안에 머무십니다. 그분은 자신이 놀랍게 창조하신 것 안으로 흘러들어 오셨습니다. 그러므로 모든 피조물에서 그를 조망할 수 있습니다."[17] 자연 속에 기록되어 있는 하나님의 책을 읽을 수 있기 위해 우리는 열린 마음과 자발적 침묵이 필요하다. 니카라구아(Nicaragua)의 혁명가 에르네스토 카데날(Ernesto Cardenal)은 자연 속에 있는 하나님의 책을 다음과 같이 묘사한다:

> "아침의 여명 속에서 소리를 내기 시작하는 모든 짐승들은 하나님을 노래한다. 화산과 구름과 나무는 우리에게 하나님에 관해 이야기한다. 모든 창조는 큰 소리로 하나님의 존재와 아름다움과 사랑에 대해 우리에게 계속하여 이야기한다. 음악은 그것을 우리의 귀에 들려주며, 자연 풍경은 그것을 우리의 눈에 보여준다.
>
> …자연은 하나님의 그림자, 그의 아름다움의 반사요 광채와 같다. 고요하고 푸른 바다는 하나님의 반사이다. 모든 원자 속에는 삼위일체의 모습, 삼위일체 하나님의 모양이 머물고 있다. 내 자신의 육체도 하나님을 향한 사랑을 위해 창조되었다. 나의 모든 세포는 창조자를 향한 찬양이요 지속적인 사랑의 고백이다."[18]

칼뱅도 이와 동일한 생각을 가지고 있었다:

> "하늘과 땅에는 그의 놀라운 지혜를 증명하는 무수한 증언들이 있다.… 교육을 받지 못한 자와 무지한 자도, 볼 수 있는 눈을 가진 자라면 누구나, 너무도 조화롭게 자리 잡고 있는 하늘의 무수한 별들의 무한한 다양함 속에서 스스로 드러나는 신적 예술과 지혜의 위대함을 볼 수밖에 없을 것이다."[19]

---

17) 이은재, "하나님 경험은 세상에 대한 책임이다 -신비주의의 자연이해", 한국기독교학회 편, 『한국기독교 신학논총』, 제30집, 393에서 인용함.

18) E. Cardenal, Das Buch der Liebe. Vorwort von Th. Merton, 4. Aufl. 1976.

자연환경이 하나님 나라의 비유와 약속으로, 하나님의 계시로 인식될 수 있는 근거는 자연환경 속에 있는 **성령의 현존(임재)**에 있다. 옛부터 신비주의자들은 이 사실을 파악하였다: "성령은 피조물들 안에 거하며 땅의 표면을 새롭게 변화시킨다." 또 동방교회의 신비주의자들은 다음과 같이 말하였다: "성령은 바위 속에서 잠자며, 꽃들 속에서 꿈을 꾸며, 짐승들 속에서 깨어 있다. 그는 남자 안에서 깨어 있다는 것을 알며, 여자 안에서 깨어 있다는 것을 느낀다."

하나님은 그의 사랑의 영을 통해 피조물들 안에 거하신다. 따라서 피조물들은 하나님과 그의 나라의 광채요 약속이다. 그들은 신성의 신비를 그 속에 지니고 있다. 인간의 탐욕으로 인해 이 신비가 파괴되고 어둡게 되었지만, 하나님의 신실하심을 통해 그것은 아직도 남아 있다. 오늘의 총체적 재난의 위기 속에서 자연환경을 하나님과 그의 나라를 비추어 주는 계시와 약속으로 인식하며, 자연환경 속에 숨어 있는 신적 신비를 경험하는 것이 필요하다. 과학자들도 그들이 연구하는 사물들의 내면을 깊이 탐구할 때 이 신적 신비를 느끼고 고백한다. 양자이론의 대변자 하이젠베르크(W. Heisenberg)는 이것을 다음과 같이 암시한다:

> "…현실이 우리의 의식 구조에 의존한다는 사실을 우리는 잘 알고 있다. 객관화 될 수 있는 영역은 우리의 현실의 한 작은 부분에 불과하다. 그러나 주관적 영역에 대해 질문하는 그 때에도 중심적 질서가 작용하며, 이 영역의 형태들을 우연이나 자의(恣意)의 놀이로

19) Joh. Calvin, Unterricht in der christlichen Religion, übersetzt von O. Weber 1955, I, 5, 2.

볼 수 있는 권리를 거부한다. 주관적 영역 속에는… 많은 혼란이 있을 수 있다… 그러나 결국에는 중심적 질서, 고대의 어휘로 말한다면, 우리가 종교의 언어 속에서 관계를 맺는 '일자'(一者, das Eine)가 자기를 관철한다… 일자의 작용은 이미 여기에 나타난다. 즉 우리가 질서 있는 것을 좋은 것으로 느끼며 혼란스러운 것과 카오스적인 것을 나쁜 것으로 느끼는 데에 나타난다… 자연과학에서 중심적 질서는, '자연은 이 계획에 따라 창조되어 있다'는 것과 같은 은유들을 우리가 마침내 사용할 수 있다는 점에서 인식될 수 있다."[20]

자연의 사물들 속에서 발견되는 이 "중심적 질서"(zentrale Ordnung)를 하이젠베르크는 "영혼"으로 이해한다: "외적으로 나타나는 그의 형식들이 매우 다양하고 우리의 눈으로 모두 볼 수 없는 그런 존재에 있어 '영혼'이란 단어는 여기서 중심적 질서, 중심을 가리킨다."[21] 신학적으로 말하여 하나님의 영은 피조물들의 "중심적 질서"로서 그들 안에 현존하며, 피조물들은 그들 안에 영으로 현존하는 하나님과 그의 나라를 나타낸다.

그러나 오시는 하나님을 나타내며 그의 나라의 광채를 드러내야 할 자연환경이 오늘날 인간의 욕심과 무배려로 인해 점점 더 오염되고 파괴되고 있는 오늘의 현실을 우리는 간과해서는 안 될 것이다. 이것을 간과할 때, 우리는 현실의 기만에 빠질 것이다. 오늘날 자연환경은 하나님과 그의 나라를 계시하고 약속하는 것이 아니라, 오히려 악의 세력과 그의 왕국을 계시하고 약속하는 것처럼 보인다. 피조물 속에 있는 하나님의 영적 현존, 그의 쉐히나는 인간의 무지와 탐욕과 죄악으로 인해 거의 보이지 않을 정도이다.

20) W. Heisenberg, Der Teil und das Ganze, 291 f.

21) W. Heisenberg, Der Teil und das Ganze, 293.

그것이 투명하게 나타날 때, 하늘은 하나님의 영광을 드러내고, 창공은 그의 솜씨를 알려 줄 것이다. 따라서 "하늘은 하나님의 영광을 드러내고…"라는 시편 말씀은 자연의 만물이 하나님과 그의 나라를 투명하게 계시할 종말론적 미래를 나타낸다. 모든 피조물이 신음하면서 이 **종말론적 미래**를 기다리고 있다.

이 종말론적 미래가 올 때까지, 우리는 우리의 눈길을 예수 그리스도에게로 돌려야 한다. 하나님의 솜씨와 영광을 나타내야 할 창공은 인간이 만든 전깃불과 네온사인으로 가려져 있고, 우리의 눈은 어리석음과 무지(無知)로 어두워져 있기 때문이다. 예수 그리스도가 눈에 보이지 않는 하나님의 형상이요 "하나님 나라 자체"(autobasileia, Origenes)이다. "그리스도 안에" 있을 때, 우리는 자연 만물 안에 있는 하나님의 위대한 계시의 책을 발견할 수 있으며, 하나님 나라의 약속을 그 속에서 경험할 수 있을 것이다. 하나님의 뜻이 이 땅 위에 이루어지며 하나님의 나라가 임할 때, 자연계시와 특별계시는 일치하게 될 것이다. 예수 그리스도와 성서 안에 나타나는 하나님이 자연의 모든 피조물들 안에 나타날 것이며, 자연의 모든 피조물들 안에 나타나는 그 하나님이 예수 그리스도와 성서 안에 나타날 것이다.

9.

진화의 과정 속에 있는 유기체로서의 자연환경

현대 자연과학은 자연의 사물들을 대상화시키고 분석하며, 개체화시키고 환원시키는 방법에 기초한다. 연구자는 어떤 대상이나 현상을 더 이상 나누어질 수 없는 가장 작은 부분으로 환원시키고 이것을 다시 전체로 재구성한다. 이것은 이른바 "정확한 학문"이라 불리는 물리학의 모범을 따르는 현대과학의 전반적 경향이다. 이러한 경향을 가리켜 과학자들은 환원론 혹은 환원주의(reductionism)라 부른다. 환원론의 방법으로 인해 우리가 알 수 있는 사물들의 영역은 점점 작아지고 특수화되며, 극소수의 전문가만이 대상 사물들에 대한 정확한 지식을 소유하게 되었다. 인접 분야에 종사하는 과학자라 할지라도 자기가 연구하는 좁은 영역 바깥의 다른 연구 영역에 대해서 이야기 할 수 없다. 더구나 과학을 알지 못하는 일반인들은 과학자들의 연구에 대해 왈가왈부 할 자격이 없는 것으로 생각한다. 과학자들이 사용하는 특수한 용어들과 기호 및 암호들은 일반인들의 접근을 불허한다. “나누어라 그리고 지배하라”(divide et impera)는 고대 로마의 통치원리가 자연을 지배하기 위한 현대의 과학적 방법을 형성한다.

이러한 현대과학의 환원론적 방법에서 연구 대상은 고립된 개체로 간주된다. 자연환경은 고립된 개체들의 집합에 불과하며, 전체로서의 자연환경은 그 속에 생명이 없는 하나의 물건으로 생각된다. 물질론적(=유물론적) 사고에 따르면 세계는 때로 물질로, 때로 에너지로 나타나는 분자 덩어리에 불과하다. 인간의 정신적, 영적 활동은 뇌 세포의 활동으로 환원된다. 세계의 모든 것이 생명 없는 물질로 간주된다.

모든 것이 물질로 환원될 때, 모든 것은 인간의 의도에 따라 조작되고 처리될 수 있는 것으로 쉽게 전락한다. 자연환경의 사물들은 물론, 인간의 영적, 정신적 활동과 육체적 활동, 사회 현상들도 인간의 의도에 따라 조작할 수 있는 것으로 생각된다. 모든 것이 인간의 도구적 이성의 지배 대상이다.

1. 성서의 유기체적 자연관

이에 반해 성서는 유기체적 자연관을 시사한다. 자연을 하나의 생명을 가진 유기체로 보는 것은 고대세계의 공통적 경향이었으며, 성서도 이 경향에서 예외가 아니었다. 물론 성서는 유기체적 자연관을 직접적으로 말하지 않는다. 특정한 세계관 내지 자연관을 가르치려는 것이 성서의 본래 목적이 아니기 때문이다. 그러나 자연환경은 모든 피조물이 그 속에서 서로 관계되어 있는 “생명의 그물망”(web of life)이요, 그 전체에 있어 생명을 가진 하나의 유기체라는 생각에 대한 많은 암시를 우리는 특히 구약성서에서 자주 발견한다. 자연환경과 그 속에 있는 모든 피조물이 **한 분 하나님의 피조물**로 보는 구약성서의 기본 신앙은 온 세계를 하나의 유기체로 볼 수밖에 없었다. 곧 하나님의 통일성은 세계의 유기체적 통일성에 대한 기초로서 작용하였다. 유기체적 자연관에 대한 성서의 근거를 우리는 아래와 같이 분석할 수 있다:

1. 모든 피조물의 친족관계는 자연환경이 하나의 유기체임을 시사한다. 그것은 먼저 모든 피조물 속에 하나님이 부어 주신 혼을 통해 근거된다. 그 동안 기독교 신학은 하나님의 형상으로 창조된 인간만이 혼을 가지며, 그 밖의 다른 피조물들은 혼을 갖지 않는다고 생각하는 경향을 가지고 있었다. 그런데 앞서 언급한 대로 창세기 2:19에서 인간은 물론 동물도 "네페쉬 하야"라 불리며, 동물도 인간과 마찬가지로 생명의 기운을 가진 것으로 나타난다. 창세기 1:30에 의하면, "생명의 숨"은 모든 동물들, 땅 위의 짐승들과 공중의 새들 안에도 있다. 하나님이 흙으로 지으신 모든 생물의 형체에 생명의 숨을 불어넣음으로써, 그것들이 살게 되었기 때문이다. 인간과 동물은 물론 식물을 포함한 모든 생물이 혼을 가진다. 모든 생물들의 혼과 사람의 목숨이 다 하나님의 손 안에 있다는 욥기 12:10의 말씀도 이것을 증명한다.

동물과 식물도 혼을 가지고 있다는 것은 오늘날 잘 알려진 사실이다. 젖소도 좋은 음악을 계속 들려주면 더 많은 우유를 생산하고, 식물도 사랑을 받으면 더 잘 자란다. 식물을 가꾸는 사람이 매일 식물과 얘기를 나누면, 식물이 더 잘 자란다고 한다. 식물과 동물, 이 모든 생물들 속에 혼이 있기 때문이다.

이와 같이 하나님의 혼이 모든 생물들 안에 있다면, 모든 생물들은 친족관계 속에서 하나의 유기체를 이룬다고 볼 수 있다. 혼과 혼을 통해 그들은 서로 결합되어 있으며 교통한다. 그들은 서로에게 삶의 자리와 가능성을 제공한다. 구약성서의 지혜문학은 모든 피조물이 서로 의존하며 삶의 가능성을 제공하는 유기체적 결합성을 나타낸다 (예를 들어 욥기 37-41장).

2. 고대인들의 유기체적 세계관에 따라 구약성서는 식물과 동물은 물론 자연의 모든 피조물을 그 자신의 혼을 가진 **인격체**로 이해한다. 인간은 물론 자연 만물이 인격성을 가진다. 그러므로 성서는 인격체가 할 수 있는 일을 자연의 피조물들도 행할 수 있는 것으로 묘사한다. 욥기 31:38에 따르면, 인간이 땅을 괴롭히면 땅이 부르짖어 인간을 책망하며 "그 이랑이 일시에 운다". "담에서 돌들이 부르짖으면, 집에서 들보가 대답할 것이다" (하박국 2:11). 하늘이 기뻐하고 땅이 즐거워하며, 섬들이 기뻐한다 (역대상 16:31, 시 97:1). 백향목이 의로운 자로 인해 기뻐하며, 광야와 메마른 땅이 기뻐한다 (이사야 14:8, 35:1) 하늘의 별들이 노래한다 (욥기 38:7). "사막은 꽃이 무성하게 피어, 크게 기뻐하며, 즐겁게 소리 칠 것이다" (이사야 35:2). 땅의 깊은 곳들이 함성을 올리며, 산들과 숲과 그 속에 있는 모든 나무들이 소리를 높여 노래할 수 있다 (이사야 44:23). 모든 피조물이 신음하면서 하나님의 자녀들이 나타나기를 간절히 기다리고 있다 (로마서 8:18-22).

여기서 우리는 인간만이 인격성을 가진다는 인간 중심적 생각을 수정할 수밖에 없다. 자연의 피조물들이 말을 하지는 못하지만, 그들도 기쁨과 슬픔을 느낀다. 고통을 당할 때, 그들도 탄식하며 부르짖을 것이다. 자연환경이 인간에 의해 파괴되고 착취를 당할 때, 자연환경도 한을 품을 것이며, 이 한은 곧 하나님 자신의 한이 될 것이다. 우리가 자연 피조물들의 노래와 탄식을 듣지 못하며 그들의 슬픔과 기쁨을 함께 느끼지 못하는 것은 우리의 마음이 세상 근심으로 가득하며 잔인하게 변해버렸기 때문이 아닐까! 그러나 시편 기자는 다음과 같이 증언한다:

> "하늘은 즐거워하고, 땅은 기뻐 외치며,
> 바다와 거기에 가득 찬 것들도 다 크게 외쳐라.
> 들과 거기에 있는 모든 것도 다 기뻐하며 뛰어라.
> 그러면 숲 속의 나무들도 모두 즐거이 노래할 것이다.
> ....
> 주님께서 땅을 심판하러 오실 것이니,
> 숲 속의 나무들도 주님 앞에서 즐거이 노래할 것이다." (시편 96:11-13)

그밖에도 성서의 많은 구절들은 자연 피조물들의 인격성을 전제하고 있다. 하나님을 찬양하며 그의 진리를 전할 수 있는 자연 피조물들의 능력도 (시편 19:1-4) 그들의 인격성을 전제한다. 자연의 모든 피조물 속에 하나님의 혼이나 영이 들어 있기 때문이다. 모든 피조물이 인격성을 가진다면, 그들은 하나의 인격적 유기체 내지 유기체적 전체를 이루며 상관관계(Korrelation)를 가진다. 한 편이 다른 편에 행하는 것은 사실상 자기 자신에게 행하는 것이며, 결국 자기 자신에게 돌아온다. 선을 행하면 선이 돌아오고, 악을 행하면 악이 돌아온다. 말 못하는 짐승들일지라도 그들에게 선을 베풀면 선이 돌아오고, 그들을 학대하고 괴롭히면, 그들의 부르짖음이 하늘에 상달되어 그 악이 자기 자신에게 돌아온다. 이것이 삶의 지혜요 진리이다. 동생 아벨을 죽인 가인이 땅에서 쫓겨나게 된다는 이야기는 (창세기 4:1-13) 이 진리를 예증한다.

3. 모든 생명이 흙에서 와서 흙으로 돌아간다는 구약성서의 생각도 유기체적 자연관을 전제한다. 모든 생명은 "흙"이라는 공통된 요소를 가진다. 그들의 몸을 구성하는 흙을 통해 그들은 유기체적 관계성 속에 있게 된다. 여기서 흙은 다양한 의미를 가진다. 그것은 모든 생명들의 몸을 구성하는 **자연의 영역**을 가리키는 동시에, 모든 생명의 **시간적 제한성과 허무함**을 가리킨다. 그것은 죽음 앞에 서 있는 모든 생명들의 공동 운명을 나타낸다. 모든 생물들의 유기체적 공동체성 내지 결합성은 흙으로부터 와서 흙 위에서 살다가 흙으로 돌아가야 할 공동 운명을 통해 강화된다. 그들은 사실상 한 하나님에게서 나온 한 가족으로, 한 하나님의 생명의 기운을 가지며, 죽음이라는 공동의 운명을 가진다. 하나님이 생명을 주는 그의 영을 거두어 가시면, "육체를 가진 모든 것은 일시에 죽어, 모두 흙으로" 돌아간다 (욥기 34:14-15). 죽음 앞에서 그들은 하나로 결속되어 있다. 전도서는 이것을 다음과 같이 고백한다:

> "사람에게 닥치는 운명이나 짐승에게 닥치는 운명이 같다. 같은 운명이 둘 다를 기다리고 있다. 하나가 죽듯이 다른 하나도 죽는다. 둘 다 숨을 쉬지 않고는 못 사니, 사람이라고 해서 짐승보다 나을 것이 무엇이냐? 모든 것이 헛되다. 둘 다 같은 곳으로 간다. 모두 흙에서 나와서, 흙으로 돌아간다." (전도서 3:19-20)

죽음이란 공동의 운명과 더불어 모든 피조물은 자연의 **공통된 시간의 리듬** 속에 있다. 그들은 이 리듬을 벗어날 수 없다. 유기체의 모든 구성원들은 서로 결합되어 있고, 이 결합 속에서 각 피조물에게 자신의 고유한 시간이 주어지기 때문이다. 따라서 이 시간을 따르는 것이 삶의 지혜이다:

"태어날 때가 있고, 죽을 때가 있다.
심을 때가 있고, 뽑을 때가 있다.
죽일 때가 있고, 살릴 때가 있다.
허물 때가 있고, 세울 때가 있다.
....
사랑할 때가 있고, 미워할 때가 있다.
전쟁을 치를 때가 있고,
평화를 누릴 때가 있다." (전도서 3:2-8)

4. 히브리어 basar은 육 혹은 육체를 가리키는데,[1] 그것은 인간과 인간의 결합성 내지 친족관계를 가리킨다: "그는 우리의 형제요 우리의 basar이다" (창세기 37:27). 한 걸음 더 나아가 basar은 이웃 사람 전체를 가리키며, "모든 육"(kol-basar)은 제2 이사야서와 (이사야 40:5,6, 49:26) 시편 145:21에서 "온 인류"를 가리킨다. 또한 노아홍수 이야기에서 kol-basar은 인간의 세계와 동물의 세계를 포함한다 (창세기 6:17, 9:16 이하). 한 마디로 구약성서에서 basar은 "살아 있는 모든 것의 친족관계(Artverwandtschaft)"를 가리킨다, 모든 육체(basar)가 하나님의 영광을 볼 것이라는 이사야 40:5의 말씀은 모든 피조물의 유기체적 친족관계를 시사한다.

이와 같이 모든 피조물이 하나의 유기체적 관계 속에 있기 때문

1) 아래 내용에 관해 H. W. Wolff, Anthropologie des Alten Testaments, 2. Aufl. 1974, 49 ff.

에, 자연의 피조물들도 하나님을 찬양할 수 있다 (시편 19:1-4). 또한 자연의 피조물들은 인간의 숨은 이야기들을 전해 줄 수 있다: "하늘을 나는 새가 네 말을 옮기고, 날짐승이 네 소리를 전할 것이다" (전도서 10:20).

5. 신약성서는 구약성서의 유기체적 세계상을 그리스도론적으로 수정한다. 즉 만물은 그리스도 안에서, 그리스도로 말미암아 창조되었고, 그리스도를 위하여 창조되었다 (골로새서 1:16). 그들은 그리스도의 우주적 몸의 유기체적 관계 속에 있다. 이 유기체적 관계는 종말론적 지평 속에 있다. 하나님의 구원의 역사가 완성될 마지막 때에 이 관계는 완전히 회복될 것이다. 그리하여 "그리스도 안에서 그분을 머리로 하여 통일될" 것이다 (에베소서 1:10). 종말에 완성될 모든 피조물의 유기체적 관계, 형제 자매의 관계는 먼저 그리스도인들의 공동체 속에 선취된다. 그리스도인들의 공동체는 그리스도의 우주적 유기체의 앞당겨 옴, 곧 선취(先取, Antizipation)이다: "몸은 하나이지만 많은 지체가 있고, 몸의 지체는 많지만 그들이 모두 한 몸이듯이…." (고린도전서 12:12) 이 공동체 안에서 모든 지체들은 서로 구별되지만 나누어지지 않는다. 하나님의 사랑의 영 안에서 그들은 결합되어 있으며 삶을 함께 나눈다. 한 지체에 일어나는 것은 사실상 모든 지체들에게 일어난다.

여기서 기계론적 자연관 대신 **유기체적 자연관**이 등장한다. "자연은 이제 더 이상 결정적이고 기계적이며 수동적인 객체/물질로 이해되지 않는다. 자연은 오히려 극도의 복잡함이 밀접하게 얽혀 있는 거대한 소용돌이 혹은 그 소용돌이가 일어나는 동적인 과정 자체"로,[2] 거대한 생명의 유기체로 보인다.

유기체적 자연관은 한국의 다양한 종교사상 중 동학사상에 예시적으로 나타난다.[3] 세계의 모든 것이 유일한 지기(至氣)에서 나왔다. 그러므로 동물에서 식물에 이르기까지 만물이 천주(天主)를 모시고 있다. 그들은 "하나의 동포"이며 "한울의 표현"이다. "기연의 세계 안에 있는 모든 생명의 형태는 지기(우주적 에너지)의 상호 의존적 흐름 안에서 서로 연결되어 있다."[4] 그들은 서로의 생존에 절대적으로 중요하다. 한울님이 만물 안에 내재하므로, 우리 인간은 만물을 한울처럼 모셔야 하며 소중히 여겨야 한다:

> "대개 천지(天地), 귀신(鬼神), 조화(造化)라는 것은 유일(唯一)한 지기(至氣)로 생긴 것이며, 만물이 또한 지기의 소사(所使)이니, 이렇게 보면 하필 사람뿐이 천주(天主)를 시(侍)하였으랴. 천지만물이 시천주(侍天主) 아님이 없나니… 그러니 제군은 일생물(一生物)을 무고히 해하지 말라. 이는 천주를 상함이니 대자대비(大慈大悲) 하여 조화(造化)의 길에 순응하라."[5]

이정배 교수에 따르면, "풀 한 포기, 돌멩이 하나, 우마육축이라 하더라도 그것을 한울님처럼 모셔야 한다는 시천주(侍天主)의 자각은 우주적 큰 생명인 지기(至氣)와 내 자신의 자각적 연대감, 곧 모든 사물간의 전일성과 상호연관성을 깨달아 개별아(我)라는 관

---

2) 김진희, "창조, 생명 그리고 여성: 생태여성신학을 위한 우주 중심적 시각의 창조론", 154.

3) 이에 관해 이경숙, 박재순, 차옥숭, 『한국 생명 사상의 뿌리』, 이화여자대학교 출판부 2001, 87 이하. 또한 이에 관해 김경재, "崔水雲의 神概念", 한국사상연구회 편, 『崔水雲 硏究』, 한국사상 12, 원곡문화사 1974, 47 이하; 신인철 외, 『동학사상과 동학혁명』, 청아출판사 1989, 131 이하; 김지하, 『살림』, 동광출판사 1989, 76.

4) 전현식, "에코페미니즘, 군사주의, 악 그리고 생태 정의의 지구 생명 공동체", 한국기독교학회 편, 『한국기독교 신학논총』, 제26집, 대한기독교서회 2002, 432.

5) 『천도교 창건사』, 제2편, 36. 위의 책 88에서 재인용함.

념의 초극을 목적하고 있다… 이는 곧 가깝게는 박테리아로부터 광범위한 동식물, 그리고 살아있는 인간에 이르기까지 모든 유기체를 통합된 전체이자, 동시에 살아 있는 생태체계라고 보는 신물리학의 유기체화의 원리(principle of organisation)와 다르지 않는 것이다."[6]

유기체적 자연관을 우리는 라이프니츠(Leibniz, 1618-1648)에게서도 발견할 수 있다. 라이프니츠는 데카르트의 기계론적 자연관의 영향을 벗어나지 못하여, 육체는 물론 자연 전체를 원인과 결과의 법칙에 따라 진행되는 "기계" 혹은 "자연의 기계"로 본다. 그러나 그는 "자연의 기계"를 유기체로 파악한다. 그의 단자론과 신정론에 의하면, 세계의 모든 사물들은 단자(單子, monade)로 구성되어 있다. 단자는 엔텔레키(Entelechie) 혹은 혼이다. 그러므로 인간과 식물과 동물은 물론 물질도 혼을 가지며, 혼을 갖기 때문에 무엇을 지각할 수 있고 욕구할 수 있다고 본다. 그들도 인간과 마찬가지로 단자로 구성되어 있기 때문이다. 단자와 육체가 결합함으로써 생물이 생성된다. 짐승을 단지 기계로만 간주하고, 짐승도 혼을 갖고 있다는 것을 보지 못한 점에 데카르트의 오류가 있다고 라이프니츠는 지적한다.[7]

물론 짐승의 지각과 인간의 인식은 구별된다. 짐승의 지각은 이미 경험된 사실들이나 결과에 대한 회상에 근거하며, 원인의 인식에 근거하지 않는다. 이에 반해 인간의 영혼은 반성의 능력을 가지

---

6) 이정배, "생명파괴 구조와 侍天主의 생명의식", 숭실대학교 기독교사회연구소 편, 『생명의 신학과 윤리』, 231, 이에 관해 스트레트락, 카프라, 『녹색정치』, 강석찬 역, 정신세계사 1990, 68.

7) G. W. Leibniz, Vernunftprinzipien der Natur und der Gnade, PhB 253, 1956, § 4.

며, 비물질적 사물들과 진리들을 인식한다. 그의 영혼은 논리학, 수학, 기하학의 진리들처럼 영원한 혹은 필연적인 진리를 인식하며, 이를 통해 학문을 발전시킬 수 있는 능력을 가진다. 그러나 인간의 영혼과 짐승 혹은 식물의 영혼 사이에는 연속성이 있다. 따라서 "자연의 기계"는 "살아 있는 육체", 곧 하나의 유기체이다. 자연의 모든 사물들 속에 있는 영혼들은 "피조물들의 우주의 살아 있는 거울 혹은 초상들(Abbilder)"이다. "자연의 물리적 왕국과 은혜의 도덕적 왕국, 다시 말해 세계 기계의 건축자로서의 하나님과 영들의 신적 나라의 왕으로서의 하나님" 사이에는 조화가 있다.[8)] 자연은 은혜로 이끌어가며, 은혜는 자연을 완성시킨다.

2. 자연환경의 진화와 하나님의 창조

자연과학의 입장에서 볼 때, 자연환경을 구성하는 본질적 요소는 물질적인 것이다. 인간의 영적, 정신적 활동도 뇌세포의 물질적 기반을 통해 이루어진다. 전통적으로 물질은 더 이상 나누어질 수 없는 가장 작은 실체, 곧 원자라고 하는 미세한 알갱이로 구성된 것으로 인식되었다. 그러나 오늘날 자연과학의 인식에 따르면, 물질은 에너지의 관계들로 이루어져 있다. 물질의 기본 요소는 에너지이다. 이것은 만물의 근본을 기(氣)에 있다고 보는 동양사상과 매우 흡사하다. 아인슈타인의 특수 상대성이론은 에너지가 물질의 양 곱하기 빛의 속도의 제곱임을 보여 준다($E=MC^2$). 양자이론에 따르면 에너지는 파동으로 나타나기도 하고 입자로 나타나기도 한

8) G. W. Leibniz, Monadologie, § 64, 87. Vgl. G. W. Leibniz, Theodizee, § 62, 74, 112, 118, 130, 247, 248.

다. 입자는 고전물리학이 표상한 것처럼 딱딱한 알갱이가 아니라, 진동하는 에너지의 연속적 운동이 어느 시점에 와서 지협적으로 결정화된 것으로서 본질적으로 유동적이다. 모든 것이 유동적이고 불안정하며 결정되지 않았다. "에너지"라는 말 자체가 활동적인 것, 운동하고 있는 것(energei, ergon)을 가리킨다.

공간과 시간의 연속성 속에서 물질을 발생시키는 에너지는 네 가지의 기본적인 힘들로 구성되어 있다: 1. 빛과 입자의 운동을 일으키는 전자기적 힘, 2. 방사능의 붕괴를 초래하는 약한 핵의 힘, 3. 양성자와 중성자를 핵으로 결합하는 강한 핵의 힘, 4. 물질들 사이의 인력을 초래하는 중력의 힘을 말한다. 현대 물리학에 따르면 세계는 이러한 네 자기 힘들이 작용하는 통합의 장 내지 역동적 총체성이며, 다음과 같은 다양한 차원들로 구성된다: 1. 물리적-화학적 차원, 2. 유기체적 차원, 3. 지각적 차원, 4. 정신적 차원, 그리고 5. 문화적 차원. 각 차원들은 하나님의 영 안에서 서로 침투하고 신비로운 통합에 참여하는데, 이전의 차원들은 거기서 성장한 보다 고등한 차원들에 의해 포함된다.

이 모든 차원들이 자연환경이란 하나의 유기체를 구성하며, 보다 더 복합적이며 고등한 형태로 진화한다. 유기체로서의 자연환경은 빅뱅 이후 끊임없이 계속된 진화의 과정 자체이다. 이 진화과정은 반복적 활동이 아니라 방향 지향적이다. 즉 그것은 새로운 형태들과 전에 없던 발전들을 지향한다. 그것은 거꾸로 진행되지 않고 새로운 생명의 세계를 향해 나아간다. 그러므로 멸종된 것들은 다시 생겨나지 않는다. 우주적 시간은 새로움을 창조하며 끝없이 펼쳐나간다. 자연환경의 모든 사물들은 유기체적 관계성 속에서 진화의 과정에 참여되어 있다.

물론 자연환경의 진화 과정 속에는 부정적 요소들도 있다. 자신의 생명을 유지하기 위해 타자를 희생시키는 동식물들의 자기중심성, 동물들의 폭력성, 분열, 소외 현상이 여기에 속한다. 또한 자연환경은 화산 폭발, 산불, 폭풍과 홍수, 허리케인 등을 통해 생명을 죽이는 파괴적 작용을 일으키기도 한다. 그것은 때로 모든 생물들의 어머니가 아니라 도살자와 파괴자로 보인다.

그러나 자연환경의 진화 과정 속에는 "다양한 형태들과 구조들을 진보적으로 보다 풍부하게" 생산할 수 있는 잠재력이 숨어 있다. 그 속에는 예측할 수 없는 새로운 가능성과 창조적 힘으로 가득하다. 이 가능성과 창조적 힘을 우리 인간은 측정하기 어려우며, 그것이 가져 올 새로운 생명의 형태를 우리는 예측하기 어렵다. 진화의 과정 속에서 자기의 생명을 보호하기 위해 단단한 각질을 갖게 된 조개나 전복이 장차 어떤 생명의 형태를 가질지 우리는 예견할 수 없다.

폴 데이비스(Paul Davies)에 의하면 사용할 수 있는 에너지 양이 열역학 제2법칙 곧 엔트로피 법칙을 통해 점차 소비되는 것은 사실이다. 그러나 우주는 "구조, 조직, 복잡성의 꾸준한 성장을 통해 물질과 에너지의 가장 발달된 상태로 진보하고 있다. 엔트로피의 법칙은 우주가 유한함을 의미하지만, 네그엔트로피(negentropy: negative entropy)의 힘을 통해 우주는 생명의 보다 풍부함, 통전성, 복잡성을 향해 진화한다.[9]

---

9) 이에 관해 P. Davies, The Cosmic Blueprint: New Discoveries in Nature's Creative Ability to Order of the Universe, 1988. 위의 내용들에 관해 P. C. Hodgson, 『기독교 구성신학』, 손원영, 손호현, 김영선 역, 은성출판사 2000 (원저: Winds of the Spirit, 1994), 300-308 참조.

이러한 자연과학의 인식에 반해, 유대교, 기독교의 창조신앙은, 자연환경은 하나님의 창조로 말미암아 있게 되었다고 말한다. 그럼 자연환경의 진화는 하나님의 창조와 어떤 관계에 있는가? 전자는 자연과학적인 것이요 후자는 종교적인 것으로서 서로 모순되는가?

이 문제는 기독교가 역사적으로 하나님의 창조를 태초에 있었던 완결된 사건으로 생각하는 오류로 말미암아 일어난다. 위의 제6장에서 언급했듯이, 창세기 1장과 2장에 기록된 하나님의 창조는 태초에 있었던 완결된 사건이 아니라, 그 이후에 계속되는 하나님의 모든 창조 과정을 묘사하는 것이라 볼 수 있다. 따라서 하나님이 창조한 세계는 완결된 세계가 아니라, 우리 인간이 예측할 수 없는 새로운 형태를 향해 개방되어 있는 세계였을 것이다.

개방성은 변화를 전제하며, 변화는 오직 시간 속에서 일어난다. 시간이 없다면 변화도 있을 수 없다. 따라서 시간은 변화의 전제요 변화가 그 속에서 일어나는 틀이다. 이와 동시에 시간은 오직 변화를 통해 경험될 수 있다. 아무 변화가 없고 모든 것이 정체되어 있다면, 우리는 영원한 현재를 경험할 수 있을 뿐, 미래를 향한 과정으로서의 시간을 경험할 수 없을 것이다. 시간은 변화의 과정 자체이다. 그렇다면 미래를 향해 개방되어 있고 변화되어야 할 세계의 창조는 시간의 창조와 더불어 일어났다고 말할 수 있다.

달리 말해, 태초의 창조는 **시간의 창조**이다. 태초의 창조와 더불어 시간의 세계가 창조되었다. 그것은 완결된 것이 아니라, 멸망과 구원, 파멸과 완성을 향해 열려 있다. 시간의 세계는 곧 변화의 세계이다. 하나님은 시간의 세계를 창조하시고 그것을 변화의 활동 속에 세우셨으며, 거꾸로 돌이킬 수 없는 방향성을 부여하였다.

따라서 태초의 창조는 완결된 창조, 끝나버린 창조가 아니라, 계속적으로 창조되어야 할 **시간적인 세계**를 하나님이 창조하신 것을 말한다. 그것은 시간의 과정 속에서 일어나는 새 창조의 근거인 동시에 목적이다. 하나님의 창조는 태초의 창조만을 가리키는 것이 아니라, 태초의 창조 이후에 계속되는 하나님의 **새 창조**를 포괄한다. 하나님은 태초의 창조 때에만 활동하신 것이 아니라, 그 이후의 계속적 창조에서도 활동하신다.

이것을 우리는 성서에서 발견한다. 구약의 예언서에 따르면, 하나님은 역사의 과정 속에서 지속적으로 행동하신다. 인간의 세계에는 새 것이 없지만 (전도서 1장 참조), 하나님은 때로 전혀 새로운 것을 창조하신다: "이제 내가 새로 일어날 일들을 예언한다" (이사야 42:9), "이것은 이제 비로소 내가 일으킬 일이다. 옛적에 일어난 것과는 다르다. 지금까지 네가 들어 본 일이 없는 일이다" (이사야 48:7). 그는 "새 하늘과 새 땅"을 창조하실 것이다: "내가 새 하늘과 새 땅을 창조할 것이니, 이전 것들은 기억되거나 마음에 떠오르거나 하지 않을 것이다" (이사야 65:17). 그는 "새 언약"(=계약)을 세우신다 (예레미야 31:31). 그의 새 창조는 사람에게 "새로운 영"을 넣어 주시는 일로 시작하여 (에스겔 11:19, 36:26) 생태계로 확대된다:

> "내가 이제 새 일을 하려고 한다…
> 내가 광야에 길을 내겠으며, 사막에 강을 내겠다.
> 들짐승들도 나를 공경할 것이다. 이리와 타조도 나를 찬양할 것이다." (사 43:19-20)

역사의 과정 속에서 새로운 것을 창조하는 하나님의 역사적 창조, 계속적 창조의 전통은 신약성서에 이어진다: 하나님은 예수 그리스도와 성령을 통해 역사 속에서 새로움을 창조하는 분으로 나타난다. 예수 그리스도의 십자가의 죽음 속에서 그는 "새 언약"(=계약)을 세우신다 (누가복음 22:20, 고린도전서 11:25, 히브리서 8:8, 13, 12:24). 그리스도의 부활은 하나님의 새 창조의 새로운 시작이다. 부활하신 그분을 통해 죽은 자들이 새 생명으로 다시 태어나는 부활의 과정, 곧 새 창조의 역사가 새롭게 시작한다. 그러므로 그리스도 안에 있는 사람들은 "새로운 피조물"이 된다. 옛것은 지나가고 새것이 되었다 (고린도후서 5:17). 그들은 이제 "새 사람" (골로새서 3:10), 곧 새로운 피조물이다. 새 창조의 생태학적 측면도 신약성서에서 계속된다: 하나님은 만유 안에서 만유가 되실 것이다 (고린도전서 15:28). 그는 만물을 새롭게 창조하실 것이다: "보아라, 내가 모든 것을 새롭게 한다" (요한계시록 21:5). 역사의 마지막에 그는 "새 하늘과 새 땅", "새 예루살렘"을 세울 것이다 (요한계시록 21:1-2).

"새 하늘과 새 땅"의 표상은 하나님이 태초에 창조한 세계의 개방성을 다시 한 번 제시한다. 죽음과 슬픔과 울부짖음과 고통, 곧 이 세계의 모든 부정적인 것이 더 이상 존재하지 않는 새 하늘과 새 땅에서 "처음 것들은 다 지나갔다"고 요한계시록은 말한다 (21:4). 따라서 새 하늘과 새 땅은 태초에 있었던 처음 세계, 곧 에덴동산이 회복된 세계가 아니라, 하나님이 만물을 새롭게 변화시킴으로써 세워질 새로운 세계를 말한다.

전통적으로 신학은 창세기 1장과 2장이 보도하는 태초의 창조만을 하나님의 창조로 이해하였다. 이리하여 그의 창조를 태초의 창조로 제한하였다. 태초의 창조 이후에 일어나는 하나님의 활동은 피조물을 동반하고 유지하는 섭리로 파악하였다. 그러나 위의 성서 구절을 고려할 때, 하나님의 창조는 태초의 창조로 제한될 수 없다. 하나님의 창조는 이른바 태초의 창조와 그 이후에 일어나는 하나님의 역사적 창조, 계속적 창조를 포함한다.

여기서 우리는 하나님의 **태초의 창조**(creatio originalis)와 **계속적 창조**(creatio continua)를 구분할 수 있다. 태초의 창조는 전제가 없는 창조, 곧 "무로부터의 창조"이고, 계속적 창조 혹은 지속적 창조는 태초의 창조에 근거하여 시간의 과정 속에서 계속되는 창조를 가리킨다. 계속적 창조는 이미 창조된 것을 기초로 하여 일어난다. 그러나 하나님의 계속적 창조는 이미 창조된 것의 유지와 보존에 제한되지 않는다. 만일 그렇다면, 하나님의 새 창조는 아무런 새로움을 창조하지 못할 것이다.

오히려 위에 기술한 예언자의 전통에서 하나님은 예기치 않게 해방과 구원의 새로움을 창조한다 (이사야 43:18-19). 여기서 그의 역사적 창조, 계속적 창조는 이미 창조된 것의 유지와 보존을 지향하는 것이 아니라, 창조를 완성하는 구원의 선취, 곧 앞당겨 옴(Antizipation)을 지향한다. 따라서 그것은 계속적 창조인 동시에 새 창조(creatio nova), 선취적 창조(creatio anticipativa)이다.[10] 그의 계속적 창조, 새 창조는 태초에 시작된 창조의 완성을 앞당겨 온다. 인간의 역사 속에 정의와 자유와 구원을 창조하심으로써, 태초의 창조를 통해 주어진 하나님의 약속, 곧 모든 것이 하나님 보시기에 좋으며 하나님의 안식 속에서 평화를 누리게 되리라는 약속의 성

10) 이에 관해 J. Moltmann, Gott in der Schöpfung, 216.

취가 이루어진다. 따라서 하나님의 계속적, 역사적 창조는 **종말론적 지향성**을 가진다.

종말론적 지향성을 가진 하나님의 태초의 창조와 계속적, 역사적 창조를 우리는 자연환경의 진화과정으로 파악할 수 있다. "진화는 하나님의 계속적 창조 행위의 일부일 수 있다."[11] 하나님은 빅뱅 이후 우주의 진화과정 속에서 그의 창조의 사역을 수행한다. 창조 이야기의 기자는 그 당시 자연과학적 지식을 사용하여 하나님의 창조를 묘사하였다. 만일 그가 현대인이었다면, 그는 우주 진화의 이론을 사용하여 하나님의 창조를 묘사했을 것이다. 그러므로 우리는 우주 진화의 이론과 하나님의 창조를 모순되는 것이 아니라, 서로 통합될 수 있는 것으로 볼 수 있다. 자연의 진화과정이 곧 하나님의 계속적 창조에 포함된다. 그는 진화의 과정 속에서, 이 과정을 통해 일하신다.

진화의 과정 속에 있는 성령의 작용을 우리는 아래와 같이 설명할 수 있다:[12]

1. 성령은 "**창조성의 원리**"(Prinzip der Kreativität)로서 작용한다. 그는 자연환경의 유기체를 새롭게 변화시키는 힘이요, 모든 생명과 물질 안에 있는 창조적 힘이다. 성령은 새로운 가능성을 창출하며, 모든 피조물 안에 작용하는 죽음의 세력을 극복하고 새로운 생명을 앞당겨 오는 힘으로 작용한다. 따라서 성령은 **진화의 능력 혹은 힘**이라 말할 수 있다. 성령의 힘으로 인해 언제나 다시금 새로운 삶의 형태가 진화의 과정 속에 등장한다. 이것은 인간의 세계에

11) 김명용, 『현대의 도전과 오늘의 조직신학』, 208.

12) 이에 관해 J. Moltmann, Gott in der Schöpfung, 111 f.

서 가장 명백하게 일어난다. 인간이 기나긴 진화의 과정 속에서 언제나 새로운 삶의 형태를 시도하며 문화를 발전시키는 것은 성령의 능력으로 말미암은 것이라 말할 수 있다.

2. 성령은 "**전일적 원리**"(holistisches Prinzip)로서 작용한다. 그는 자연의 유기체적, 총체적 공동체를 형성하는 힘이다. 진화의 모든 단계에서 성령은 피조물들의 상호 작용과 상호 작용 속에서의 일치를 일으키며, 공동의 삶을 창출한다. 이것도 인간의 세계에서 가장 분명히 나타난다. 인간과 인간, 민족과 민족, 인종과 인종을 분리시키고 결국 인간의 세계 전체를 파멸시키고자 하는 죄와 죽음의 세력에 반해, 서로 간의 작용 속에서 일치를 찾으며 상생의 길을 찾는 시도가 인간의 역사 속에서 언제나 다시금 일어난다. 달리 말해, 성령은 자연환경의 유기체를 형성하고 유지시키는 힘이다.

3. 성령은 "**개별화의 원리**"(Prinzip der Individuation)로서 작용한다. 그는 자연환경의 유기체 안에 있는 모든 물질과 생명을 구별하는 힘이다. 성령의 힘 속에서 물질과 생명의 체계들은 자기를 구별하고 자기를 주장하며, 자기를 보존하고자 한다. 이와 동시에 그들은 서로 관계를 맺으며, 서로 통합하고 자기를 초월하고자 한다. 틸리히가 말하는 모든 사물의 "개체화와 참여의 양극성"(Polarität der Individualität und Partizipation)은 바로 이것을 가리킨다. 자기 구별과 참여, 개별화와 통합(Individuation-Integration), 자기 보존과 자기 초월(Selbstbewahrung-Selbsttranszendenz)은 자연환경의 진화 과정의 양극적 측면이다. 이 두 가지 측면의 긴장관계 속에서 진화가 일어난다.

4. 성령은 자연환경의 유기체의 "**지향성의 원리**"(Prinzip der Intentionalität)로서 작용한다. 그는 모든 피조물들이 자기를 개방하

고 공동의 미래를 지향케 하는 힘이다. 성령의 작용으로 말미암아 피조물들은 자기를 구별하는 동시에 서로 통합하면서 공동의 미래를 지향하는 본성을 가진다. 이러한 지향성은 모든 물질과 생명의 체계들 속에 내재하며, 인간의 세계에서 가장 분명히 나타난다. 비록 희미하지만, 모든 피조물들이 함께 살 수 있는 공동의 미래를 추구하는 본성이 인간 속에 내재한다. 이 본성은 성령의 능력으로 말미암은 것이다.

3. 유기체적 자연관의 생명-생태신학적 의미

유기체는 관계의 그물망이라 말할 수 있다. 한 유기체에 속한 모든 지체들은 서로 연결되어 있으며 상호작용과 교통 속에 있다. 한 지체에게 일어나는 것은 사실상 모든 다른 지체들에게 일어난다. 한 지체가 고통을 당할 때 유기체 전체가 고통을 당한다. 이것은 우리의 몸 한 부분이 고통을 당할 때, 우리의 몸 전체가 고통을 당하는 것과 마찬가지다.

이러한 유기체적 자연관은 현대 자연과학에서도 주장된다. "데이비드 보옴(David Bohm)은 관계들로 이루어진 우주의 '손상 받지 않은 전체성'을 말하고, 제프리 츄(Geoffrey Chew)는 '모든 입자는 모든 다른 입자들로 이루어져 있다'고 말함으로써 모든 실재의 상관성과 전체성을 극적으로 강조한다."[13]

기계론적 자연관에 의하면, 먼저 개별의 사물들이 있고, 그 다음에 그들의 관계가 있다. 그러나 유기체적 자연관에 따르면, 개별의

13) 박재순, "한국인의 생명체험과 생명이해: 묘합(妙合)과 서로 살림", 『지구화시대의 신학과 대학교육』, 30.

사물들과 그들의 관계는 언제나 함께 있다. **개별의 사물들**과 그들의 **관계**는, 어느 것이 먼저 있고, 어느 다른 것이 뒤에 오는 것이 아니다. 원자의 세계에서 입자와 파장이 함께 있는 것처럼, 그들은 언제나 함께 있으며, 서로의 존재에 참여하며, 서로를 보완한다.

이 세계에 자기 홀로 살고 움직이는 것은 아무 것도 없다. 땅 속의 지렁이들도 함께 모여 자연환경의 유기체적 관계 안에서 산다. 모든 피조물은 하나님의 영의 우주적 관계성 속에서 서로 함께, 서로 안에, 서로를 위해 살고 움직인다. "생태학적 전망에서 존재하는 모든 것은 공존한다. 공존하는 모든 것은 모든 것을 포괄하는 무한한 관계망을 통해 생존한다. 어떤 것도 이 관계 바깥에 존재하지 않는다. 모든 것은 모든 점에서 모든 것과 관련되어 있다."[14] 그러므로 "태초에 관계가 있었다"고 마르틴 부버(Martin Buber)는 말한다. 1854년 미국의 피어스 대통령이 인디안 부족들에게 그들이 조상 대대로 살아 온 땅을 팔라고 강요하자, 이에 대한 대답에서 인디안 추장 시애틀(Seattle)은 모든 피조물의 유기체적 관계를 다음과 같이 말한다:

> "우리들이 땅을 팔지 않으면 백인들이 총을 들고 와 빼앗을 것이다. 하지만 우리가 어떻게 하늘을 사고 팔 수 있단 말인가? 어떻게 대지의 온기를 사고 판단 말인가? 신선한 공기와 재잘거리는 시냇물을 어떻게 소유할 수 있단 말인가? 소유하지 않은 것을 어떻게 저들에게 팔 수 있단 말인가? 우리는 대지의 일부분이며 대지 또한 우리의 일부분이다. 들꽃은 우리의 누이이고, 사슴, 말과 얼룩독수리는

14) L. Boff, 『생태신학』, 김항섭 역, 가톨릭 출판사 1996 (원저: Ecology & Liberation, 1995), 15.

우리의 형제이다. 바위 투성이의 산꼭대기, 강의 물결과 초원의 꽃들의 수액, 조랑말과 인간의 체온, 이 모든 것은 하나이며 모두 한 가족이다.… 나의 할아버지에게 첫 숨을 베풀어 준 바람은 그의 마지막 숨도 받아줄 것이다. 바람은 아이들에게 생명의 기운을 불어넣어 준다. 생명의 거미집을 짜는 것은 사람이 아니다. 우리는 그 안에 한 가닥 거미줄에 불과하다. 생명의 거미집에 가하는 행동은 반드시 그 자신에게 되돌아온다.… 언젠가 당신들 또한 우리가 한 형제임을 깨닫게 될 것이다."[15]

여기서 우리는 아메리카 인디언들의 지혜를 배울 수 있다: 인디언들은 생명을 신에게서 받았다가 언젠가 신에게 돌려주어야 할 신의 선물이라고 생각하고, 철저한 무소유의 생활을 실천했다. 이 세상의 모든 존재와 생명은 신성하다. 그러므로 그들은 동물을 잡더라도 꼭 필요한 만큼만 사냥하고, 그 뼈는 모아 혼령이 다시 환생할 수 있도록 빌어 준다. 그들은 동물을 인간과 함께 살아야 할 당당한 지구의 일원으로 생각한다. 그들이 자연으로부터 멀어져 자연에 대한 존경심을 갖지 않으면, 자연도 그들에 대한 존경심을 갖지 않을 것이라고 본다.[16]

우주의 거대한 유기체 안에서 살아 움직이는 것과 살아 움직이지 않는 것, 정신과 물질, 영혼과 육체, 인간과 자연, 인간의 삶의 형식과 인간이 아닌 것의 삶의 형식, 이 모든 것은 구별되지만 분리되지 않는다. 그들은 하나님의 우주적 영 안에서 하나로 결합되어 있으며, 서로 영향을 주고 받으며 삶을 함께 나눈다. 모든 생명

15) 조선일보, 기획특집, "인디언에게 배운다", 2003년 4월 18일 금요일 40판, A21.

16) 이에 대해 김영선, "생명의 개념과 본질에 대한 신학적 고찰", 한국기독교학회 편, 『한국 기독교 신학논총』, 제30집, 245 참조.

은 서로 연결되어 있다. "살아 움직이는 것은 언제나 살아 움직이는 것이 아니며, 살아 움직이지 않는 것은 영원히 살아 움직이지 않는 것이 아니다. 그들은 항상 그들의 자리를 바꾼다. 살아 움직이는 것은 기본적으로 물, 공기, 다양한 물질 등 그들의 몸 바깥에서 공급받는 살아 움직이지 못하는 것 없이는 그들의 생명을 유지할 수 없다. 그리고 살아 움직이지 못하는 이 물질들은 살아 움직이는 몸 속으로 들어가자마자 살아 움직이는 것이 되며, 살아 움직이는 것은 생명을 잃어버리거나 살아 움직이는 몸에서 분리되자마자 살아 움직이지 못하는 것이 된다."[17]

이와 같이 세계의 모든 부분들은 위치를 달리할 뿐, 본질적으로 서로 결합되어 있고 의존하는 상태에서 상대방의 생명을 가능케 한다. 따라서 인간이 자연환경을 파괴할 때, 그것은 사실상 자기 자신의 생명을 파괴하는 일이다. 강대국이 약소국을 착취하고 생명의 기반을 파괴하는 것은, 사실상 강대국 자신의 생명의 기초를 억압하고 그 기반을 파괴하는 일이다.

이 사실을 오늘날 우리는 눈으로 보고 있다. 산업 선진국들은 다른 나라의 자연환경을 파괴하고 오염시키면서 자국의 자연환경을 깨끗하게 보존하고자 한다. 그래서 공해산업을 외국으로 옮기고 산업 쓰레기를 외국으로 수출한다. 자국의 산림자원을 지키면서 외국의 열대 우림을 파괴한다. 자국의 수자원은 깨끗하게 지키면서 외국의 지하수를 깨내어 청량음료 생산에 사용한다. 그러나 이것은 매우 근시안적인 생각이다. 지구의 한 부분이 파괴되고 오염

17) Sang-Sung Lee, "Life Beyond Organism: A Critical Evaluation of the Concept of Life in Process Theology", in: 연세대학교 신과대학 편, 『생명신학과 한국기독교』, 2003, 74 이하.

될 때, 사실은 지구라고 하는 유기체 전체가 파괴되고 오염되며, 그 결과는 언젠가 지구 위의 모든 국가와 인류에게 돌아오고야 만다는 사실을 그들은 간과한다. 지구의 유기체 전체가 온난화 될 때, 자신의 환경을 깨끗하게 지킨 선진국들도 온난화 현상을 피할 수 없다. 물과 공기, 곧 자연환경에는 국경선이 없다.

지금도 필자의 책상 위에는 하이젠베르크의 자서전이 놓여 있다. 이 책의 제목인 "부분과 전체"(Der Teil und das Ganze)는 자연환경의 유기체적 "전체" 속에 있는 모든 "부분"이 서로 분리될 수 없이 결합되어 공동의 운명 속에 있음을 시사한다. 부분이 전체에 영향을 주며, 전체는 다시 부분에게 영향을 준다. 양자는 상호작용 속에 있다. 한 부분에게 일어나는 것은 다른 부분들과 자연환경 전체에 일어난다는 사실을 하이젠베르크의 자서전은 암시한다.

베이컨과 데카르트 이후 서구의 근대세계는 인간과 세계의 관계를 주체와 객체의 관계, 지배와 예속의 관계로 파악하였다. 이에 힘입어 근대 자연과학과 기술의 개선행진이 시작되었다. 인간과 자연의 주체-객체의 관계, 지배-예속의 모델은 인간과 자연, 자연 안에 있는 모든 사물들의 연관성과 상호작용을 파악하지 못한다. 오히려 상호 교통과 협동(Kommunikation und Kooperation)의 모델이 더 적절하다. 상호교통과 협동의 모델에서 자연의 모든 사물들은 인간에게 예속된 대상이 아니라, 자신의 주체성을 가지고 서로 교통하고 협동하는 개방된 생명체로 파악된다. 그들은 인간이 마음대로 만들 수 있고 기술을 통해 사용할 수 있는 "물건"이 아니라, 자신의 주체성과 가치와 존엄성을 가진 자연 주체이다. 성서가 간접적으로 증언하듯이, 모든 피조물이 하나님의 영을 그 안에 가진 하나의 인격체이다.

유기체 속에서 살아 있다는 것, 곧 생명은 다른 존재자들과의 관계 속에서 친교를 나누며 산다는 것을 말한다. 아무리 고독하게 홀로 산다할지라도, 다른 생명들과의 관계와 친교 없이 사는 생명은 하나도 없다. 풀벌레 한 마리도 풀과 이슬과 땅과의 관계와 친교 속에서 산다. 사람도 마찬가지다. 고립과 무관계는 모든 피조물에게 죽음을 뜻하며, 가장 작은 입자에게도 그것은 폐기를 의미한다. 그러므로 우리가 어떤 대상이나 사실을 적절하게 이해하고자 한다면, 우리는 그들을 분리시키거나 가장 작은 부분들로 분열시켜서는 안 된다. 오히려 우리는 그들을 "전체"의 그물망 속에서 인식해야 한다. 세계의 모든 것은 그들의 관계와 상황과 환경이 농축된 것으로, 이들 관계와 상황과 환경을 반영한다. 한 인간의 얼굴 표정이 그 사람의 관계와 상황과 환경 속에서 형성되어진 그의 삶의 역사를 반영하는 것과 마찬가지다.

우리가 어떤 대상을 관계와 상황과 환경 속에서 **전체적으로** 인식하고자 할 때, 우리는 그것을 더 이상 분석하고 최소의 단위로 개체화시키고 이를 통해 그것을 지배하고자 하지 않는다. 오히려 우리는 그것을 전체성 속에서 이해하고 상호간의 관계 속에서 그 대상에 참여한다. 우리가 한 인간을 인식할 때도, 우리는 그에 관한 자료들을 분석하고 그를 내 것으로 점유하고 지배하기 위해서가 아니라, 그를 자신의 삶의 역사 속에서 전체적으로 이해하고 그의 존재에 참여하며 "친구"가 되기 위해 인식케 된다. 여기서 인식은 점유와 지배를 위한 인식이 아니라, **이해와 참여와 친교를 위한 인식**이다. 그것은 전체를 부분으로 개별화시키는 부분적 인식이 아니라, **통합적이며 전체적 인식**이다.

통합적이며 전체적 인식은 인간과 인간, 인간과 자연 사이에 유기체적 공동체를 이루며 그들의 생명을 장려한다. 인간의 생명도 전체에 통합되고 전체적으로 이해될 때, 아름답게 발전할 수 있다. 통합되지 않고 분리될 때, 그의 생명은 이지러진다. 소외 혹은 "왕따"의 문제성은 여기에 있다. 왕따는 왕따 당하는 사람의 생명은 물론, 왕따 시키는 사람 자신의 생명을 파괴한다. 그것은 서로간의 관계 속에서 친교를 나누며 살도록 모든 것을 창조한 하나님의 창조질서에 대한 "모순"이기 때문이다.

따라서 경쟁과 투쟁과 소외가 자연환경의 삶의 원리가 아니라 교통과 친교와 더불어 함께 사는 것, 곧 공생(共生)이 그것의 원리라 말할 수 있다. 일반적으로 진화론의 영향으로 인해 자연 생태계의 기본 질서는 생명체 상호간의 경쟁과 투쟁이라 생각한다. 약육강식을 위한 경쟁과 투쟁 속에서 살아남는 자만이 진화의 과정 속에서 자기를 유지할 수 있다는 것이다. 이것은 진화론을 오해함으로 말미암아 생성된 잘못된 생각이다.

일련의 생물학자 혹은 생태학자들이 주장하는 바와 같이, 자연 생태계의 기본 질서는 경쟁과 투쟁이 아니라 상부상조(相扶相助)와 공생이다. 진화의 역사 속에서 다른 생물체에 공격적인 종은 서로 돕고 공생하는 종들보다 일찍 소멸하는 반면, 서로 돕고 공생하는 종들이 더 오래 살아남을 확률이 크다. "생존을 위한 투쟁" 속에서 서로 경쟁하는 유기체들의 갈등보다, 상부상조와 공생이 더 큰 생존의 기회를 제공한다.

이것을 우리는 우리 자신의 몸에서 여실히 발견할 수 있다. 우리 몸의 모든 부분들, 곧 발가락, 손가락, 신경조직, 각 부위의 근육, 눈과 귀와 코, 이 모든 부분들이 각자의 기능을 수행함으로써, 다른 부분들과 몸 전체가 생존할 수 있도록 기여한다. 그들은 상부상조 하면서 공생한다. 상부상조와 공생의 관계가 깨어질 때, 우리의 몸은 건강을 유지할 수 없으며 차츰 사멸하게 된다. 우리의 몸이라는 유기체가 유지되고 생존할 수 있는 것은 몸의 모든 부분들이 상부상조 할 때 가능하다.

자연환경도 마찬가지다. 그 속에 있는 모든 부분들이 상부상조하고 공생할 때, 자연환경은 유지될 수 있다. 인간과 자연의 주체-객체, 지배-예속, 지배와 착취의 관계는 생존의 능력을 가진 공생으로 인도하는 것이 아니라, 자연과 그 속에 있는 모든 사물들을 침묵시키고, 인간을 포함한 자연의 모든 유기체들의 생태학적 죽음을 초래한다.

기독교가 고백하는 **하나님의 삼위일체**는 유기체적 공동체의 원형(prototype)이라 말할 수 있다: 성부, 성자, 성령은 서로 구별되면서 하나의 유기체를 이룬다. 그들은 삶을 함께 나누며 모든 사역을 함께 수행한다. 그들은 상대방의 존재에 참여하며 상대방의 기쁨과 슬픔, 고통과 희락을 함께 나눈다. 삼위일체의 한 품격(=인격)에게 일어나는 것은 사실상 다른 품격들에게 일어난다. 그들은 유기체적 관계, 곧 한 몸 됨의 관계 속에 있다.

자연환경이 삼위일체 하나님의 영을 통해 창조되었고 하나님의 영이 그 속에 생명의 힘으로 내재한다면, 자연환경과 그 안에 있는 모든 생명도 삼위일체 하나님처럼 유기체적 관계 속에 있을 수밖에 없다. 아우구스틴(Augustinus)이 말한 "삼위일체의 흔적들"(vestigia trinitatis)은 자연환경의 유기체적 관계성을 시사한다. 삼위일체 하나님의 흔적들이 피조물들 안에 있다면, 삼위일체 하나님의 유기체적 관계가 피조물들 안에도 있다. 아버지 하나님이 **말씀으로** 모든 피조물을 창조하실 때, 그의 숨, 곧 영(ruah)이 함께 나가며, 이 영을 통해 하나님은 피조물들과 함께, 피조물들 안에 계시기 때문이다. 모든 피조물 속에 있는 하나님의 영 안에서 자연환경은 하나의 유기체를 형성한다.

하나님의 말씀이 있는 곳에 하나님의 영이 있다. 하나님은 먼저 그의 구별하고 판단하는 말씀을 통해 모든 피조물을 지으신다. 그러므로 모든 피조물은 서로 구별되며 개체성을 가진다. 그들은 서로 다르다: 그들은 "그 종류대로" 창조되었다. 그러나 하나님은 생명을 살리는 그의 영을 내쉬는 가운데서 말씀하신다. 이리하여 말씀과 영은 서로 보충하는 기능을 가진다. 말씀은 구별하고 판단하는 기능을 가지는 반면, 영은 구별되는 것들을 연합시키고 일치와 조화를 형성한다. 피조물들은 그들 안에 계신 하나님의 영을 통해 서로 결합되며 그리스도의 우주적, 유기체적 몸을 형성한다. 성부, 성자, 성령이 구별되면서 유기체적 관계 속에서 한 몸을 이루고 있듯이, 모든 생명은 관계의 그물망 속에서 사실상 하나로 결합되어 있다. 거대한 유기체로서의 자연환경 속에서 모든 피조물은 상호 작용과 공동의 삶의 그물망 안에 있으며, 비록 그들이 의식하지 못할지언정, 모든 것을 함께 느끼고 함께 나눈다.

4. "가이아" 가설의 생명-생태신학적 의미

오늘날 일련의 학자들이 말하는 "가이아"(Gaia) 가설은 유기체적 세계상을 대변한다.[18] 본래 이 개념은 영국의 과학자 러브록

18) 이에 관해 R. R. Reuther, 『가이아와 하느님』, 전현식 옮김, 이화여자대학교 출판부 2000. "가이아" 가설에 관해 E. Sahtouris, Vergangenheit und Zukunft der Erde. Mit

(James E. Lovelock)이 1979년 그의 저서 "Gaia-a New Look at Life on Earth"의 제목으로 말한 것으로, 그리스 신화에 나오는 땅의 여신을 가리킨다. 가이아 가설에 따르면, 인류가 그 안에 살고 문명을 발전시킨 지구는 하나의 슈퍼 유기체처럼 작용한다. 그것은 자신의 고유한 주체성을 가지고 거대 분자들, 미시 유기체들, 세포들로 구성된 생명체계들을 생산하며, 이 체계들의 생명을 유지할 수 있다. 그 속에는 생명에 해가 되는 유전적 결합들에 저항하면서 생명을 보호하고 유지하는 안전장치가 있다. 유기체로서의 땅이 인간이라는 고도의 지능을 가진 생물을 생성시켰다면, 이 땅 자신이 고도의 지능과 수 십만 년을 거쳐 형성된 기억을 가진다고 볼 수 있다. 그러므로 스토아 철학자 키케로는 말하기를, 땅은 "살아 있다"고 말한다. 창세기 1:24에 따르면, 땅은 모든 살아 있는 것의 "생성자"이다. 땅에서 인간과 짐승들과 식물들이 생성된다. 유대교의 랍비 전통에 따르면, 하나님은 땅과 더불어 인간을 창조한다(창 1:26).[19)]

지구와 그 안에 있는 모든 것이 하나의 살아 있는 유기체를 형성한다면, 인간과 자연의 모든 생명들은 동일한 유전자 코드를 통해 결합되어 있을 수밖에 없다. 동일한 유전자 코드를 통해 세포들과 유기체들은 의사소통을 가진다. 인간의 유전자 코드는 미시 유기체에서 고래에 이르기까지, 최초의 단세포에서 파충류에 이르기까지 모든 생물들이 가진 유전자 코드의 변이일 따름이다. 이 유전

---

einem Vorwort von James Lovelock, 1993. 이 내용에 관해 J. Moltmann, Gott im Projekt der modernen Welt, Beiträge zur öffentlichen Relevanz der Theologie, 102-104를 참조함.

19) 이에 관해 St. Schreiner, "Partner in Gottes Schöpfungswerk - Zur rabbinischen Auslegung von Gen 1,26-27", in: Judaica, 49, 1993, 3, 131 ff.

자 코드를 통해 모든 생물들은 서로 간에 친화성을 가지며 교통 가운데 있다. 우리가 의식, 이성, 의지라 부르는 것은 동일한 유전자 코드를 통해 조정되는 거대한 유기체의 한 작은 부분일 뿐이다. 유전자 코드를 인지할 수 있는지, 유전자 코드가 인간의 의식에 의사를 전달하는지는 아직 분명치 않다. 그러나 그것은 신체의 형태와 리듬, 신체의 지혜와 꿈 등을 통해 우리에게 말을 한다고 추측할 수 있다.

일련의 학자들은 가이아 가설을 반대한다. 개별의 생물들을 유기체라고 볼 수 있지만, 지구 전체를 하나의 살아 있는 유기체로 보는 것은 불가능하다는 것이다. 이에 대해 정용 교수는 (연세대 예방의학과) 필자에게 다음과 같이 설명하였다: 물론 지구에는 수많은 무생물들이 있다. 무생물들은 생명이 없는 물질 덩어리에 불과한 것처럼 보인다. 그러나 생물과 무생물을 포함한 지구가 그 전체에 있어 하나의 생명체라는 사실을 우리는 우리 자신의 몸에 비유할 수 있다. 우리의 몸은 하나의 작은 지구(mikrokosmos)라 볼 수 있기 때문이다. 우리 몸에 속한 팔이나 다리, 눈이나 코나 귀 그 자체는 생명이라 볼 수 없다. 그것들은 물질 덩어리일 뿐이다. 그러나 팔과 다리, 눈과 코와 귀, 이 모든 부분들이 결합되어 몸이라는 하나의 생명체를 이룬다. 지구와 그 속에 있는 모든 피조물도 이런 관계에 있다.

러브록(J. Lovelock)은 다음과 같이 가이아 가설을 변호한다:[20] 지구가 출현한 이후 태양의 온도는 대략 30-50% 정도 상승하여 지구에 더 많은 태양 빛을 보낼 수 있었다. 이로 인해 지구는 광합

20) 아래 내용에 관해 이정배, "기독교 영성의 본질로서 자연은총", 367.

성 작용을 통해 산소를 더 많이 만들어 낼 수밖에 없었다. 그럼에도 지난 4억만 년 간 지구 대기권은 21%의 산소량을 항상 유지해 왔다. 지구 산소 층이 1%만 높아지면, 지구의 화재 발생률이 60% 정도 증가하게 된다는 사실을 고려할 때, 이것은 천만다행한 일이다. 이에 대해 과학자들은 지구내의 생명체와 지구화학적 순환 사이의 인공 지능적 과정이 있었음을 추론해 내었다.

러브록에 의하면 열대 우림 지역에 정주해 온 흰개미 등 수많은 미생물들이 매년 100톤 이상의 메탄가스를 생산해 낸다. 이렇게 만들어진 메탄가스가 성층권에 이르면서 산소층과 만나 물과 수증기로 산화되면서 과도하게 생성된 산소를 소비한다. 이리하여 메탄가스는 대기층을 돌면서 공기 중의 산소를 가감하는 일종의 조정자 역할을 한다. 이것은 지구가 살아 있는 유기적 생명체임을 보여주며, 인간 및 모든 생명체와 무기체들의 상호 연관 속에서만 생명현상이 지속될 수 있음을 증거한다.

필자는 2005년 9월 KBS의 환경 다큐멘터리에서 지구 전체가 그 속의 모든 것이 서로 연결되어 있는 하나의 살아 있는 생명체임을 본 적이 있다: 태평양에 인접한 남미의 페루 앞 바다의 물고기들이 몇 년에 한 번씩 갑자기 사라지고, 뜻밖에 비가 많이 와서 인근 사막지역에 식물이 자라고 꽃이 피는 현상을 다큐멘터리는 보여 주었다. 그 까닭은 페루 연안의 바닷물 온도가 상승하여 물고기들이 다른 곳으로 이동하며, 그 지역 전체의 기온 상승으로 인해 비가 많이 내리기 때문이라고 한다. 그런데 이 일이 거의 예외 없이 성탄절 즈음에 일어나기 때문에, 원주민들은 이 현상을 가리켜 "엘니뇨"라 부르는데, "엘니뇨"란 단어는 그 철자를 대문자로 바꾸면 페루의 원주민 언어로 "아기 예수"를 뜻한다는 것이다. 즉 예수께서 오신 성탄절 즈음에 엘니뇨 현상이 발생하기 때문에, 이 지역 원주민들은 이 현상을 가리켜 "아기 예수"라 불렀고, 이것이 오늘날 "엘니뇨"의 어원이라는 것이다.

그런데 과학자들의 연구 조사에 의하면 페루 연안의 바닷물 온도가 몇 년만에 한번 씩 상승하면, 그 반대 쪽 곧 인도네시아 부근의 바닷물 온도가 내려가고, 이쪽 바닷물 온도가 상승하면, 거꾸로 저쪽 바닷물 온도가 내려가서 다시 생선들이 페루 연안으로 몰려온다고 한다. 이와 같이 지구는 그 안의 모든 것이 연결되어 있고 자신의 균형을 유지하는 하나의 생명체인데, 지구 온난화 현상으로 인해 이 균형이 깨어짐으로 인해 페루 연안의 엘니뇨 현상이 옛날보다 훨씬 더 자주 일어나고, 어족의 이동으로 인해 그 지역 어민들의 생활이 매우 어렵게 되었다는 것이다. 그런데 기원 전 약 4,000년 전 중동지역의 도시 하란(Haran)은 매우 번성했으나 큰 홍수와 산사태와 사회적 대 혼란으로 인해 온 도시가 매몰되어 사라졌음이 고고학적으로 증명되었다고 한다. 그래서 엘니뇨 현상이 앞으로 더 자주 일어날 때, 온 지구가 고대의 도시 하란과 같은 운명을 당할 수 있을 것이라 한다. 21세기가 시작하기 2주 전 베네주엘라 북부에 큰 홍수가 일어나 많은 마을들이 파괴되고 3만 명 이상의 사람이 죽어버린 사건은 이에 대한 경고라고 다큐멘타리는 보도하였다.

앞서 고찰한 유기체적 자연관에 대한 성서의 근거를 고려할 때, 우리는 가이아 가설을 수용하고, 그것이 지닌 생명-생태신학적 의미를 아래와 같이 분석할 수 있다.[21]

21) 이에 관해 정용, "환경과 생명: 21세기 환경보전 파라다임", 13 이하.

1. 가이아 가설은 자연환경과 그 안에 있는 모든 생명에 대한 인간의 경외심을 요구한다. 근래에 심층 생태학자(deep ecologist)들은 자연 자체가 심오한 종교적 감정과 가치와 권리를 가진다고 주장한다. 자연환경은 그 전체에 있어 하나의 생명체이기 때문이다.

2. 이와 동시에 가이아 가설은 "현재 당면한 생태계 오염과 파괴 문제를 접하면서 보다 치밀한 생태과정을 관찰할 수 있게" 하며, "인간의 안녕(well-being)을 위하여 생태계의 보전은 절대적이라는 신념을 갖게 한다." 그것은 "유아독존적 인간의 존재로부터 생명공동체로서 자연과 인간의 조화로운 삶을 주장한다."

3. 가이아 가설은 자연환경을 인간의 지배와 정복과 소유의 대상으로 보는 현대의 인간 중심주의적 세계관에 대한 대안을 제시한다. 또 그것은 지구를 영혼을 갖지 못한, 아무 목적도 의미도 없이 태양의 주변을 맴돌다가 불에 타버리거나 아니면 냉각되어버릴 우주선으로 보는 세계상에 대한 대안을 제시한다. 자연환경은 자신의 자정능력과 회복능력을 가진 생명체이다.

4. 가이아 가설은 과학의 방법의 전환을 요구한다. 과학은 전문가들의 전문지식을 더욱 더 세분화시키고 그리하여 과학의 분야들을 점점 더 분화시키며 분리하는 방법을 지양해야 한다. 지구 속에 숨어 있는 거대한 연관성들을 탐구함에 있어 가능한 모든 분야의 과학들이 협동하고 통합되어야 한다. 생태계의 모든 대상들은 다양한 분야의 과학들이 협동하고 통합 될 때 보다 적절히 인식될 수 있다.

5. 따라서 가이아 가설은 모든 과학 분야의 통합적 지식을 요구한다. 통합적 지식은 분화된 지식에 비해 덜 과학적이 아니다. 그것은 대상에 대한 총체적 인식을 제공할 수 있으며, "나누어라, 그

리고 지배하라"(divide et impera)는 고대 로마의 통치 방법을 따르는 지배의 관심을 위해 봉사하지 않고, 오히려 협동과 공생을 통한 공동의 삶과 존속을 위한 관심에 봉사한다.

6. 가이아 가설은 인간 중심적 자기이해와 세계이해, 자연세계에 대한 인간 중심적 태도를 포기하고, 인간이 지구의 총체적 삶 속에 민주적으로 자기를 통합시킬 것을 요구한다. 인간은 자연환경의 거대 유기체에 속한 한 부분이며, 이 유기체 속에서만 생존할 수 있기 때문이다. 인간이 아무리 위대하다 할지라도, 그는 자연환경의 유기체 안에서 생존하도록 창조되었다. 이로써 가이아 가설은 우리 인간이 자연 환경을 생명 중심적으로 또 지구 중심적으로 인식할 것을 요구한다.

7. 가이아 가설은 국가와 민족의 한계를 넘어서는 범세계적, 보편적 사고를 요구한다. 핵무기의 위험 앞에서 세계 각국의 대외정치는 온 인류의 세계정치의 한 부분으로 이해되어야 한다. 온 인류를 위협하는 생태계의 위기와 재난에 직면하여 세계의 모든 나라는 인류의 공동 세계정치를 "지구정치"로 이해할 필요가 있다. 지구와 관련하여 인간이라는 종(種)을 더 이상 "민족", "국가", "인종"으로 이해하지 않고, 오히려 "땅의 피조물"로 이해할 때, 우리 인간은 자연의 다른 생물의 종들과 친화적 관계를 갖게 될 것이며, 자신을 땅 위에 있는 다른 생명의 형태들 가운데 한 형태로 인식하게 될 것이다.

8. 오늘의 생대학적 위기에 직면하여 가이아 가설은 지구의 거대 유기체를 위한 행동을 요구한다. 류터에 따르면,[22] 뒤보(Rene

---

22) R. R. Reuther, 『가이아와 하느님』, 317 이하.

Dubos)가 말한 "지구적으로 생각하고 지역적으로 행동하자"(Think globally and act locally)라는 유명한 표어는 수정되어야 한다. 이제 우리는 "지역적으로 지구적으로 함께 생각하고 또한 동시에 지역적으로 지구적으로 행동해야 한다." 국부적 생태 체계들을 지구 전체의 기능들 속에서 인식해야 하며, 그들을 이 체계에서 분리시켜서는 안 된다. 지구는 하나의 전체이며, 모든 국부적 생태 체계들은 전체의 연관 속에 있기 때문이다.

9. 일부 보수적 그리스도인들은 가이아 가설이 땅을 신격화시키며 땅에게 신적인 힘을 부여한다고 우려한다. 그러나 가이아 가설의 관심은 결코 땅의 신격화에 있지 않다. 그것의 관심은 모든 인류와 자연의 피조물들이 살아남는 데에 있다. 땅 위의 모든 피조물이 살아남는 길은 분화와 분리에 있는 것이 아니라, 지구라고 하는 거대 유기체와의 조화와 공생과 연합에 있다는 사실을 가이아 가설은 시사한다.

10.

미래를 향한 개방된 역사로서의 자연환경

1. 자연환경은 폐쇄된 체계인가?

일반적으로 인문과학에서 자연과 역사는 구별되어 왔다. 역사는 새로운 미래를 향해 개방되어 있으며 그 속에 언제나 새로운 것이 일어나는 과정임에 반해, 자연은 일정한 법칙들, 곧 자연법칙에 따라 순환하며 따라서 그 속에 새로움이 없는 영원한 회귀 내지 원운동(Kreislauf)이라는 것이다. 이러한 생각을 우리는 20세기의 많은 신학자들에게 발견할 수 있다. 예를 들어 20세기의 한 대표적 신학자 칼 바르트(Karl Barth)는 자연에 대해 다음과 같이 말한다: 자연은 "원운동을 통해 그리고 순전히 동일한 것들 혹은 아주 비슷한 것들을 통해 지배되며 그 특징을 가진다.… 우주 그 자체의 현존 속에는 아무런 근본적으로 새로운 것이 일어나지 않는다. 하나님 안에 있는 그의 근원과 의미와 목적은 다음의 사실을 특징으로 가진다. 즉 그것은 그 자신에게 언제나 동일하게 존속한다는 것

이다." 하나님의 구원이 완성될지라도 자연의 존재와 본질에는 "아무 것도 변하지 않을 것이다".[1)]

원운동은 언제나 동일한 운동을 반복한다. 그것은 새로운 미래를 갖지 않은 하나의 **폐쇄된 체계**이다. 자연환경에 대한 이러한 생각은 앞서 기술한 근대 기계론적 자연관과 공통점을 가진다. 기계론적 자연관에 의하면, 자연의 세계는 자신의 법칙에 따라 정확하게 움직이는 하나의 기계와 같다. 원인과 결과의 법칙이 세계의 모든 것을 결정한다면(=결정론적 세계관), 세계의 미래는 이미 결정되어 있다. 결정되어 있기 때문에 그것은 수학 공식을 통해 정확하게 계산될 수 있고 예측될 수 있다. 그리고 과거와 미래 사이에는 아무런 본질적 차이가 없다. 과거의 시간이나 미래의 시간은 언제나 동질의 것이다.

이것을 우리는 시계를 통해 설명할 수 있다. 시계는 그 속에 있는 수많은 톱니바퀴들의 원인과 결과의 법칙에 따라 움직인다. 그 움직임은 한 치의 오차도 보이지 않는 엄격한 기계적 움직임이다. 그것의 움직임은 수학적 법칙에 따라 엄격히 결정되어 있다. 엄격하게 결정되어 있다는 것은 원인과 결과의 법칙을 마지막 포인트까지 적용할 수 있으며, 이 법칙에 따라 모든 것을 완전하게 설명할 수 있다는 것을 말한다. 시계는 그것의 움직임이 수학적으로 완전하게 파악될 수 있고 설명될 수 있는 하나의 폐쇄된 체계이다. 시계도 과거의 시간과 미래의 시간을 가진다. 그러나 시계의 과거 시간과 미래 시간은 동일하다. 양자 사이에는 아무런 차이가 없다. 이 두 가지 시간은 시계의 톱니들이 가진 원인과 결과의 법칙에

1) K. Barth, Kirchliche Dogmatik IV/3, 1959, 156.

따른 동질적 운동에 불과하기 때문이다.

자연환경을 동일한 법칙, 곧 자연법칙에 따라 움직이는 하나의 폐쇄된 체계로 보는 것은 매우 자연스러운 일로 보인다. 자연환경은 지금 있는 그대로 아름답지 않은가? 여기에 더 이상의 변화와 발전은 불필요하지 않은가? 자연환경은 낮과 밤, 봄, 여름, 가을, 겨울 등의 영원한 법칙에 따라 움직이는 하나의 수레바퀴와 같은 것이 아닌가?

자연환경을 폐쇄된 체계로 보는 자연관은 세계의 타락과 구원에 대한 성서의 표상과 연결된다: 인간이 타락하였지, 자연이 타락한 것은 아니다. 그러므로 구원은 인간에게만 필요하며, 자연은 구원을 필요로 하지 않는다. 인간은 변화되고 구원을 받아야 하지만, 자연은 지금 있는 그대로 있어도 좋다. 자연 그 자체는 아름답기 때문이다.

그러나 폐쇄된 체계로서의 자연관은 그 속에 중요한 문제점을 가진다. 이 문제점을 우리는 시계의 비유를 통해 설명할 수 있다. 앞서 언급한 바와 같이 시계는 언제나 동질적 시간을 가진다. 과거의 시간과 미래의 시간에는 아무 차이가 없다. 거기에는 영원히 동일한 시간이 있을 뿐이다. 그러므로 동질적 시간에는 **새로운 미래**가 없으며, 새로운 **목적**이 없다. 톱니바퀴들의 움직임으로 말미암은 기계적인 운동, 목적을 알지 못하는 운동만이 있을 뿐이다.

이른바 **자연법칙**의 문제점은 여기에 있다. 즉 그것은 자연을 고정된 법칙에 따라 움직이는, 그러므로 새로운 미래가 없는 폐쇄된 체계로 보는 데에 있다. 본래 자연법칙이란 개념은 자연 속에서 일어나는 사건들의 회귀와 반복을 전제한다. 모든 사건들은 영원히 변하지 않는 자연의 법칙 속에서 언제나 다시금 반복된다. 그러므로 자연법칙은 과거의 우주론적 사고에 따르면 무시간적 타당성을 갖게 된다. 그것은 시간을 초월하여 언제나 타당하기 때문에 시간을 제거하며, 모든 시간들을 똑같은 것으로 격하시킨다. 시간은 그의 특수성을 상실하고 무시간적인 것으로 되어버린다. 그러나 회귀와 반복을 통해 자연 법칙이 검증하는 것은 반복될 수 없는 역사적 현실에서 추상화 된 것이며, 결코 현실을 적절히 파악한 것이 아니다. 그것은 기껏해야 현실에의 접근일 뿐이다. 현대 물리학이 발견한 자연의 유일회적 역사성은 자연법칙을 상대화시켜버린다.

이른바 자연법칙을 시간에 적용할 때, 시간도 인과율이 지배하는 하나의 폐쇄된 체계를 뜻한다. 그 속에는 엄밀한 의미에서의 새로운 것, 예기치 못한 것이 일어날 수 없다. 현재와 미래는 연결되어 있다. 그러므로 현재를 정확히 알 때, 미래를 예견할 수 있다고 라이프니츠는 말한다. 자연의 세계 속에서 발견되는 원인과 결과의 연관성은 현재와 미래의 연관성에 상응한다. 그렇다면 새로운 미래는 인정될 수 없다. 미래는 이미 현재 속에 내재하며, 현재의 연장에 불과하다고 보아야 할 것이다.

자연환경을 하나의 폐쇄된 체계로 생각하는 자연관의 문제점은 바로 여기에 있다. 자연환경을 폐쇄된 체계라고 생각할 때, 자연환경은 새로운 미래와 목적을 갖지 않은 무의미한 물질 덩어리 혹은 분자 덩어리에 불과한 것으로 생각된다. 오늘날 인류가 직면하고 있는 **세계의 무목적성과 무의미**, 세계에 대한 **니힐리즘**은 근대 자연과학의 폐쇄된 체계로서의 자연관에서 생성된 것이다.

그러므로 하바드 대학의 천문학자 젤러(Margaret Geller)는, 자연이 궁극 목적을 가지는가의 문제는 이야기 할 가치가 거의 없다고 생각한다: "(우주가) 왜 목적을 가져야만 하는가? 도대체 무슨 목적을? 그것은 단지 물리적 체계일 뿐인데, 무슨 목적이 있겠는가?"[2] 목적이 없고 새로운 미래가 없는 자연환경, 그 속에는 주어진 환경에 최대한 잘 적응하고 생존투쟁에서 승리함으로써 자기의 생명과 종을 유지하는 단순하고 맹목적인 과정이 있을 뿐이다. 우리의 삶을 참으로 무기력하고 무의미하게 만드는 것은, 세계의 모든 것이 우연에 내맡겨진 채 영원한 회귀를 반복한다는 관념이다.

2. 메시아적 개방성 속에 있는 자연환경

성서는 자연환경을 폐쇄되어 있는 것이 아니라, 하나님의 미래를 향해 개방된 체계로 이해한다. 자연환경은 완성되었고 그러므로 새로운 변화와 발전을 필요로 하지 않는 폐쇄된 체계가 아니라, 하나님이 지시하는 미래를 향해 열려져 있다. 하나님 나라의 미래를 향한 개방성이 모든 사물들의 본성이다. 하늘의 별들도 새로운 미래를 향해 열려 있으며 그것을 기다린다. 그래서 자연의 모든 생물들이 죽지 않고 자기의 종을 유지하려는 것이 아닐까! 자연환경의 개방성에 대한 통찰들을 우리는 성서 여러 곳에서 발견한다:

1. 창세기 1장에서 하나님은 인간에게 모든 생물들을 다스리라고 명령한다. 오늘의 상황에서 볼 때 이 명령은 자연환경의 정복과 파괴를 뜻하는 것이 아니라, 자연을 신으로 섬기던 인간이 자신의 존엄성을 회복하고 하나님이 지으신 자연을 가꾸며 보존하라는 것을 뜻한다. 이것은 자연환경이 완결된 체계가 아니라, **인간과의 관**

---

2) A. Lightman, R. Brawer, Origins: The Lives and Worlds of Modern Cosmologists, 1990, 377. J. F. Haught, "진화, 비극, 희망", in: T. Peters(Ed.), 『과학과 종교』, 387 참조.

계 속에서 새로운 미래를 향해 열려 있음을 시사한다.

2. 자연환경은 **하나님과의 관계에서도** 개방되어 있음을 창세기 1장은 암시한다. 그것은 하나님의 친교의 파트너로서 창조되었다. 친교는 결정된 것이 아니라 언제나 열린 상태에 있다. 그것은 긍정적 방향으로 발전할 수도 있고, 부정적 방향으로 발전할 수도 있다. 고정되어 있는 친교란 존재하지 않는다.

따라서 "에덴동산"은 모든 것이 완성되었고 완결된 세계, 그러므로 아무 새로운 것도 일어날 수 없는 세계가 아니라, 모든 피조물이 기다리는 미래의 세계를 가리킨다. 이런 뜻에서 태초(proton)와 종말(eschaton), 곧 알파와 오메가는 동일하다. 태초의 세계는 오메가, 곧 하나님의 구원의 역사가 완성된 미래의 세계를 향한 개방된 체계이다.

3. 또한 자연환경의 개방성은 세계의 창조와 함께 일어난 **시간의 창조**에 있다. 앞서 언급한 바와 같이, 아우구스틴에 의하면 세계의 창조 이전에 시간은 존재하지 않았으며, 하나님의 영원만이 있었다. 영원 속에는 아무 변화가 없다. 변화가 없는 곳에는 시간도 없다. 따라서 세계의 창조는 시간 안에서의 창조가 아니라, 시간과의 창조(creatio cum tempore)이다. 즉 세계의 창조와 함께 시간도 창조되었다. 이것을 아우구스틴은 "하나님의 도성"에서 다음과 같이 말한다:

"의심할 바 없이 세계는 시간 안에서 창조되지 않고, 시간과 함께 창조되었다(non est mundus factus in tempore, sed cum tempore). 시간 안에서 일어나는 것은, 어떤 다른 것 후에 일어나기도 하고, 어떤 다른 것 이전에 일어나기도 한다. 그것이 일어난 후의 시간은 과거이고, 그것이 일어난 이전의 시간은 미래이다.… 세계 속에 변화될 수 있는 활동이 창조되었다면, 세계는 시간과 함께 창조되었다."[3]

"고백록"(Confessiones)에서 아우구스틴은 그의 생각을 한 걸음 더 발전시킨다: 시간은 하나님의 세계창조와 함께 창조되었다. 하나님이 세계를 이미 존재하는 시간 안에서 창조하지 않고 시간과 함께 창조했다면, 그는 시간을 세계와 함께 창조하였다. 세계의 창조 이전에는 하나님만이 존재하였다. 이 생각은 그의 고백록 제11권에 나타난다: "당신은 시간 속에서 시간들을 앞서는 것이 아닙니다.… 오히려 당신은 언제나 현재적인 영원의 무시간적 높으심을 통해 모든 과거의 시간들을 앞서 계시며, 또한 당신은 모든 미래의 시간들 위에 계십니다.…" "시간 자체를 당신은 창조하였습니다."[4]

그런데 아우구스틴 자신이 말하는 것처럼, 시간은 오직 활동(motus)과 변화(mutatio)에서 경험될 수 있다. 활동과 변화가 전혀 없을 때, 거기에는 모든 것이 정지된 상태에 있으며, 시간이 경험될 수 없다. 또 시간을 잴 수도 없다. 따라서 하나님이 세계를 시간과 함께 창조했다는 것은, 하나님이 이 세계를 활동하고 변화될 수 있는 세계로 창조했음을 말한다. 다시 말해, 하나님이 창조한 모든 것은 활동하며 변화될 수 있는, 그래서 시간이 경험될 수 있는 것으로 창조되었다. 활동하며 변화될 수 있다는 것은 개방성을 전제한다. 개방된 상태에서만 변화가 일어날 수 있기 때문이다. 따라서

3) Augustin, De Civitate Dei XI, 6.

4) 원문: "Nec tu tempore tempora praecedis…. Sed praecedis omnia praeterita celsitudine semper praesentis aeternitatis et superas omnia futura…." "...quia ipsum tempus tu feceras." Confessiones XI, 13:16, 14:17.

시간과 함께 창조된 자연환경은 개방성을 그의 본질로 가진다. 그것은 미래를 향해 개방된 체계이다.

4. 구약성서에서 자연환경은 **메시야적 개방성**을 가진 것으로 나타난다. 메시야의 나라가 완성될 때, 인간과 자연의 모든 피조물들이 하나님의 의와 자비와 평화 속에서 함께, 더불어 살게 될 것이다. 예언자 이사야는 이것을 다음과 같이 말한다:

> "그러나 주께서 저 높은 곳에서부터 다시 우리에게 영을 보내 주시면, 황무지는 기름진 땅이 되고, 광야는 온갖 곡식을 풍성하게 내는 곡창지대가 될 것이다.
> 그 때에는 광야에 공평이 자리잡고, 기름진 땅에 의가 머물 것이다." (사 32:15-16)

> "예루살렘은 나의 기쁨이 되고, 거기에 사는 백성은 나의 즐거움이 될 것이니,
> 그 안에서 다시는 울음 소리와 울부짖는 소리가 들리지 않을 것이다.
> 거기에는 몇 날 살지 못하고 죽는 아이가 없을 것이며,
> 수명을 다 채우지 못하는 노인도 없을 것이다.
> ....
> 이리와 어린 양이 함께 풀을 먹으며, 사자가 소처럼 여물을 먹으며, 뱀이 흙을 먹이로 삼을 것이다.
> 나의 거룩한 산에서는 서로 해치거나 상하게 하는 일이 없을 것이다." (사 65:19-25)

5. 모든 사물들의 메시야적 개방성은 예수 그리스도의 **부활의 개방성**으로 승화된다. 로마서 8장에 따르면, 자연의 모든 피조물들

이 하나님의 구원을 기다리며 신음하고 있다. 그들은 하나님의 아들들이 나타나서 그들을 파멸에서 구원하여 주기를 기다린다 (8:18-22). 그들은 모든 죽은 것들이 하나님의 영을 통해 다시 살아나는 그리스도의 부활의 미래를 향해 개방되어 있다. 예수 그리스도는 창조의 중재자이다. 자연의 세계는 "그로 말미암아" (요 1:3), "그분 안에서" (골로새서 1:16) 창조되었다. 그것은 그리스도로 말미암아, 그 분 안에서 창조되었기 때문에, 그 분 안에 계시되었고 그 분의 부활을 통해 약속된 미래의 목적을 향한 지향성을 가진다: 만물은 "그를 향해" 창조되었다 (골로새서 1:16). 만물의 중재자 되신 그 분이 만물 가운데서 으뜸이 되게 하시고 만물을 성취하기 위해, 하나님은 "그리스도로 말미암아 만물, 곧 땅에 있는 것들이나 하늘에 있는 것들이나 다, 기쁘게 자기와 화해시키셨다" (골로새서 1:20). 지금은 모든 사물들이 나누어져 있으나, 그 때가 오면 그리스도 안에서 하나로 연합할 것이다 (에베소서 1:10).

6. "**새 하늘과 새 땅**"에 대한 하나님의 약속은 자연환경의 메시야적 미래 개방성을 요약한다. 지금의 자연환경은 인간의 탐욕으로 말미암은 억울한 죽음과 울부짖음과 고통으로 가득하다. 인간이 산을 깎아 만든 아스팔트 도로를 건너다가 자동차에 치어 죽음을 당한 수많은 짐승들, 인간의 이익을 위해 무참히 살해당한 짐승들 그리고 식물들의 원한이 하늘에 사무쳐 있다. 그러나 자연환경의 역사는 이렇게 끝나지 않을 것이다. 하나님의 새 하늘과 새 땅이 이루어질 때, 하나님이 "그들의 눈에서 모든 눈물을 닦아 주실 것이니, 다시는 죽음이 없고, 슬픔도 울부짖음도 고통도 없을 것이다. 이전 것들이 다 사라져 버렸기 때문이다" (요한계시록 21:4). 자연환경은 새 하늘과 새 땅, 곧 메시야적 미

래를 향해 개방되어 있다.

자연환경의 개방성을 우리는 인간의 일상적 삶의 태도에서 가장 분명히 볼 수 있다. 인간도 자연에 속하기 때문이다. 일반적으로 우리는 항상 내일을 기다리며 살아간다. 그래서 그 다음 날 신문이 집에 도착하면, "무언가 새로운 것이 없나?"라는 막연한 기대 속에서 신문을 펴 본다. 죽는 순간까지 우리는 "내일은 무언가 더 낳은 일이 있겠지!"라는 막연한 기다림과 동경 속에서 하루하루를 살아간다. 더 이상 새로운 내일을 기대할 수 없는 양로원의 할머니, 할아버지들도 새로운 소식을 가져 올 우체부를 기다리면서 살아간다. 주말에 올지 모를 아들과 딸, 손자와 손녀를 기다리면 살아간다. 이러한 일상적 삶의 태도에서 우리는 언제나 보다 나은 미래를 기다리는 인간의 본성을 발견한다. 이 본성은 자연의 생물들에게도 희미하게 있을 것이다. 그들도 의식을 갖고 있기 때문이다.

개방되어 있다는 것은 완결되지 않았다는 것을 뜻한다. 이 세계에 완결된 것은 아무 것도 없다. 모든 것은 미래의 완결을 향해 열려 있으며, 결정된 것이 아니라 아직 결정되지 않은 새로운 가능성을 언제나 내포하고 있다. 모든 피조물은 자기에게 주어진 가능성을 실현해나가는 과정 속에 있다. 피조물들이 자기의 가능성을 실현해나가는 이 과정 속에서 하나님의 뜻에 모순되는 일들, 곧 죄와 고난과 죽음도 일어난다. 하나님은 이 모든 것을 참고 인내한다. 그의 전능은 모든 것을 참고 견디는 그의 인내에 있다. 하나님의 전능은 모든 것을 자기 마음대로 할 수 있는 힘의 전능이 아니라 그의 **사랑의 전능**을 말한다. 하나님은 그의 사랑에 있어 전능하며, 그의 사랑의 힘을 통해 모든 것을 참고 인내한다: "사랑은 오래 참고 친절합니다.… 사랑은 모든 것을 덮어 주며, 모든 것을 믿으며,

모든 것을 바라며, 모든 것을 견딥니다" (고린도전서 13:4,7).

하나님은 모든 것을 참고 견디면서 피조물들에게 **생명의 힘**으로서 작용한다. 그는 피조물들에게 생명의 힘을 주시며, 자기를 유지하고 자기의 새로운 가능성을 발견하고 그것을 실현할 수 있는 지혜를 주신다. 그는 새로운 가능성을 열어주신다. 그는 최고의 가능성이요, 모든 가능성들의 원천이며, 모든 가능한 것들을 가능케 하는 초월적 힘이다. 그는 세계의 개방성을 유지하는 새로움의 원천이다. 생명의 힘이요 새로움의 원천이신 하나님으로 말미암아 피조물들은 새로운 가능성을 얻게 된다. 과거는 이미 실현된 현실의 영역이라면, 미래는 새로운 가능성의 영역이다. 이 가능성은 긍정적으로 실현될 수도 있고, 부정적으로 실현될 수도 있다. 새로운 가능성은 긍정적으로 실현되어 피조물들의 생명을 장려할 수도 있고, 부정적으로 실현되어 그들의 생명을 파괴할 수도 있다.

따라서 모든 생명은 언제나 건설과 파괴, 생명과 죽음의 갈림길에 서 있다. 창세기 2장이 말하는 **생명의 나무**와 **죽음에 이르게 하는 나무**, 곧 선악과가 언제나 그들 앞에 서 있다. 그러나 예수의 부활을 통해 죽음의 세력을 이기신 하나님의 사랑과 신실하심을 통해 피조물들은 그들의 모든 부정적 면모에도 불구하고 메시아적 미래의 실제적 상징이 된다. 그들은 죄와 죽음의 그늘 속에서 메시야적 미래를 가리키며 또 그것을 지향한다.

그러므로 성서가 시사하는 자연환경의 개방성은 막연하고 추상적인 "열려 있음", "완결되지 않은 상태에 있음"을 뜻하지 않는다. 오히려 그것은 하나님이 약속하는 미래, 곧 하나님의 의와 자비와 평화와 하나님을 아는 지식이 충만한 세계를 향한 **메시야적 개방성**을 말한다. 이 개방성은 모든 가능성과 새로움의 원천이신 **하나**

님의 신실하심을 통해 유지된다. 하나님의 신실하심으로 인해 자연환경은 영원히 동일한 소위 자연질서의 반복이 아니라, 모든 피조물이 하나님 안에서 평화롭게 더불어 사는 "새 하늘과 새 땅"을 향한 지향성을 얻게 된다. 그것은 기계론적 세계관이 말하듯이, 아무 목적도 없는 맹목적 진화 과정이 아니다. 그것은 하나님의 의와 자비가 충만한 하나님의 미래를 향한 새 창조의 과정이다. 따라서 세계의 메시야적 개방성은 세계 자체의 내적 본성이 아니라, 신실하신 **하나님의 은혜**이다. 그리스도인들은 메시야의 나라를 향한 새 창조의 봉사자로서 하나님의 부르심을 받은 사람들이다. 그들은 "그리스도의 사람들", 곧 "메시야의 사람들"이다.

3. 현대 자연과학에서 자연환경의 개방성

성서가 말하는 자연환경의 개방성은 현대 자연과학에서도 인정된다. 고전 물리학은 우주를 하나의 폐쇄된 체계로 이해하였다. 우주는 하늘의 별들이 보여주는 완전한 질서에 따라 모든 것이 조화롭게 배열되어 있고 그 자신 안에서 쉬고 있는 둥근 공과 같은 것으로 생각되었다. 고대인들의 세계관에 따르면, 우주의 순환활동은 신들의 영원을 비추어 주며, 그의 합법칙성은 세계의 이성을 계시하였다. 흔들릴 수 없는 우주의 불변성과 고정성은 세계의 안전성을 보장해 준다. 그러나 이러한 정체된 우주상은 현대 천문학의 새로운 발전을 통해 낡은 것이 되어버렸다. 우주는 고정되어 있는 것이 아니라, 별들과 은하계들이 생성되고 발전하며 또 폐기되는, 전혀 예측할 수 없는 활동 속에 있는 것으로 관측되었다.

빅뱅이론은 자연환경의 개방성을 대변한다. 우주의 생성에 대한 빅뱅이론은 아직도 하나의 가설로 머물러 있지만, 고정된 우주의 상을 깨뜨리고, 지금도 팽창하고 있는 역동적 우주의 상을 제시한다. 비선형계(nonlinear system) 혹은 비평형계(nonequilibrium system)에서의 초기 조건에의 민감한 의존성을 지적하는 카오스 이론(chaos theory)은 극미한 초기의 파동이 이후의 거시적 규모와 연결되어 있음을 보여준다. 또한 규칙적 움직임이 난류로 변화하는 운동에서 일어나는 바이퍼케이션(bifurcation)과 스트레인지 어트랙터(strange attractor)의 등장, 그리고 이들을 잇는 피드백 고리(feedback loop)는 전체와의 깊은 상호 관련성을 시사한다.

다시 말해, 무질서하게 보이는 자연계의 운동들은 함축적인 상호 관련성을 갖는데, 이 상호 관련성은 매우 혼돈하고 동적이며 예측할 수 없는 세계에서의 끊임없는 흐름 자체를 말한다. 이 상호 관련성이야말로 새로움의 근원이다. 그것은 고정되고 분리된 존재들 사이의 상호적인 관계를 말한다기보다, 그 관계의 운동성, 흐름, 과정을 말한다. 관계라는 것 자체가 이미 유동적인 변화의 과정 안에서 항상 움직이는 것이지, 고정되어 있는 개체로 분리될 수 있는 것이 아니기 때문이다.

자연환경의 개방성은 20세기 초에 등장한 **양자물리학**을 통해 한층 더 강화된다. 양자물리학에 따르면 물질의 최종적인 요소는 뉴턴이 믿었던 "실체"가 아니라, 때로는 "파장"처럼, 때로는 "입자들"처럼 움직인다고 밖에 달리 말할 길이 없는 에너지의 진동과 장(場, field)이다. 에너지의 진동과 장이 어떻게 변화될지 미리 계산한다는 것은 사실상 불가능하며, 단지 그것의 개연성을 말할 수 있을 뿐이다. 자연의 질서는 영원히 변하지 않는 "법칙이라기보다는 오히려 습관과 같은 것으로, 그것들은 처음부터 원래대로 고정되어 있는 것이 아니다". 그것들은 "자연 안에서 성장해 온 습관들"이다.[5] 따라서 어떤 사물의 미래를 정확하게 계산하고 그것을 예측하는 것은 불가능하다. 세계의 미래는 인과율에 따라 결정되어 있는 것이 아니라 개방되어 있다.

하이젠베르크(W. Heisenberg)의 "불확정성의 원리"는 세계의 개방성에 대한 양자물리학의 입장을 대변한다. 모든 사물들의 불확정성(Unbestimmtheit)은 인간의 지식의 한계로 말미암은 것이 아니라 자연의 객관적 모습이다. 모든 사물은 반드시 인과율에 따라 움직이지 않기 때문이다. A라는 원인은 반드시 B라는 결과를 가져오지 않는다. A의 미래는 확정되어 있지 않으며, 관찰자에 의해 정확히 계산될 수 없다: "우리가 현재를 정확히 알 때, 미래를 측정할 수 있다는 인과율의 엄격한 공식에서 잘못된 것은 부문장이 아니라, 그것의 전제이다. 우리는 현재의 모든 특정 부분에 있어서 원칙적으로 알 수 **없다**." "이리하여 양자역학을 통해 인과율의 비타당성이 결정적으로 확정된다."[6]

하이젠베르크에 의하면 우리의 눈으로 볼 수 없는 원자 혹은 소립자의 세계는 "사물들이나 사실들(facts)의 세계라기보다 오히려 잠재성들 혹은 가능성들의 세계를 형성한다." 원자의 영역에서 일어나는 사건들에 대한 실험과 관찰에서 우리는 실제로 존재하는 사물들, 곧 우리의 일상생활의 현상들처럼 실재하는 현상들과 관계하지만, "원자들 혹은 소립자들은 그와 같이 실재적이지 않다."[7]

---

5) M. Fox & R. Sheldrake, 『창조, 어둠, 그리고 영혼에 관한 대화』, 238.

6) W. Heisenberg, Über den anschaulichen Inhalt der quantentheoretischen Kinematik und Mechanik, in: Zeitschrift für Physik 43 (1927), 172-198.

현대 물리학의 **카오스 이론**도 자연환경의 개방성을 주장한다. 자연의 사물들 중에는 환경 속에서 일어나는 작은 변화에 대해 매우 민감하게 반응하면서 스스로 큰 변화를 일으키는 체계들이 있다. 그들 가운데 일어나는 작은 변화가 그들의 행동 전체를 변화시킨다. 그들은 원인과 결과의 고정된 법칙에 따라 정확하게 움직이는 것이 아니라, 예기치 못한 다른 체계들의 변화와 환경의 변화로 말미암아 엄청난 변화를 스스로 일으키는 혼돈을 보인다. 칼 포퍼(Karl Popper)에 따르면, 이 체계들은 일정한 질서를 가진 시계와 같다기보다, 오히려 무질서하게 있다가 없어지며 없다가 있기도 하는, 그의 활동을 전혀 예측할 수 없는 무질서한 구름과 같다.[8)]

카오스 이론에 따르면, 자연계의 모든 체계들은 환경과 결합되어 있다. 그들은 환경에서 분리되어 생각될 수 없으며, 환경에 대한 그들의 민감성은 환경의 미세한 변화에 대해 엄청난 영향을 줄 수 있다. 질서 있는 체계들은 물론 무질서한 카오스적인 체계들에서도 초기의 작은 변화가 나중에 거대한 새로운 변화를 초래할 수 있다. 초기의 아주 미미한 불확실성이 그 뒤에 나타나는 행동의 관측에 있어 매우 큰 불확실성을 가져올 수 있다.

자연계의 모든 체계들의 활동과 작용에 나타나는 이러한 현상들은 결정론적 법칙 내지 인과율에 의해 파악되지 않는다. 그들은 모든 결정론적 예측을 벗어난다. 이들은 기계적 법칙에 따른 시계의 운동처럼 일어나는 것이 아니라, 인간의 인식에 포착되지 않고 예측되지 않는 방식으로, 예를 들어 구름과도 같이 생성

---

7) J. Polkinghorne, Quantum Theory. A Very Short Introduction, 2002, 85에서 인용함.
8) J. Polkinghorne, Theologie und Naturwissenschaften. Eine Einführung, 1998, 59.

되고 사라지는 것에 비유될 수 있다. 카오스 이론은 "나비효과"(Schmetterlingseffekt)라는 개념을 통해 이것을 설명한다. 신준호 교수는 나비효과를 이렇게 설명한다: "아프리카의 숲 속의 작은 나비의 날개 짓이 정글의 공기를 휘저어서 약 3주의 기간 후에 런던에 폭풍우를 몰고 올만큼 증폭적으로 확대되는 효과를 일으킬 수 있다는 것이다. 카오스 이론은 거시적인 폭풍우의 생성과 소멸이 측정 불가능한 미시적인 관계성에 의하여 야기될 수 있음을 말한다."[9] 나비효과는 우주의 차원에서도 일어날 수 있다: 멀리 떨어진 은하계의 한 전자(電子)의 활동이 점차 강화되어 지구에서 일어나는 사건들에 영향을 줄 수 있다.[10] (불확정성의 원리를 포함한 양자물리학과 카오스 이론의 자연관에 대해 우리는 아래 12장에서 보다 더 자세히 고찰할 것이다.)

이와 같이 세계의 모든 것은 서로 연결되어 있으며 서로 영향을 주고받는다. 이 상호작용에 있어 인과율은 절대적 타당성을 갖지 못한다. 사물들의 상호작용은 결정론적 법칙들 혹은 인과율에 의해 설명되지 않는 경우가 허다하기 때문이다. 물론 인과율을 통해 파악될 수 있는 부분도 있지만, 현재의 상태가 시간이 지나면서 어떻게 변할지는 원칙적으로 결정되어 있지 않다. 그것은 열린 상태, 곧 인간이 정확하게 측정할 수 없는 개방 상태에 있다. 따라서 세

9) 신준호, "양자물리학자 존 폴킹혼의 신학적 종말론", 연세대학교 연합신학대학원 편, 『현대와 신학』 제26집, 2001, 372.

10) 이정배, "폴킹혼의 공명론과 유신론적 자연신학 연구", 한국조직신학회 엮음, 『과학과 신학의 대화』, 한국조직신학회 논총, 제9집, 41: 카오스적 현상을 폴킹혼은 "하느님 활동의 결과로 인식한다. 하느님이 그 과정들 배후에서 형이상학적으로 피조물들에게 자유를 허락했기 때문"이다. 그는 "비예측적이며 카오스적 방식으로 피조물과 관계"한다: 위의 논문 53.

계는 "존재론적 비결정성"(ontological indeterminancy)을[11] 그의 본질로 가진다.

4. 자연도 역사이다

"역사"라는 말은 "사건"들을 전제하며 사건들의 전체 과정을 가리킨다. 사건은 현재적이다. 지금 일어나고 있는 것을 가리켜 우리는 사건이라 부른다. 그러나 역사는 지금 일어나고 있는 사건은 물론 과거에 일어난 사건들과 미래에 일어날 사건들을 포함한다. 사건은 시간적임에 반해, 역사는 과거, 현재 미래, 곧 시간의 전체 속에서 일어나는 모든 사건들의 총괄개념이다. 그러나 단순한 사건들의 전체를 가리켜 우리는 역사라고 말하지 않는다. 오히려 **변화**가 있고 **새로움**이 있을 때, 그리고 모든 사물들과 사건들에게 부여되는 공통된 **의미 연관성**과 **내적 연속성**이 있을 때, 우리는 사건들의 연속을 가리켜 역사라고 말한다. 변화와 새로움이 없을 때, 동일한 시간의 끝없는 지속이 있을 뿐이다.

그런데 자연에는 변화와 새로움이 없는 것처럼 보인다. 하늘의 별들은 아무런 변화와 새로움이 없이 언제나 동일하게 머물러 있는 것처럼 보인다. 그들은 수 십억 년 전부터 똑 같은 궤도를 돌고 있다. 그들은 끊임없이 움직이고 있지만, 본질적으로 변하는 것이라곤 아무 것도 보이지 않는다. 아침이 오면 또 저녁이 온다. 초생달이 보름달이 되고, 보름달은 또 초생달이 된다. 여름이 오면 또 겨울이 온다. 봄이 오면 나무에 새 순이 솟고 무성한 잎이 열린다.

---

11) R. J. Russell, "'행위하는 신'은 진정 자연 안에서 활동하는가?" T. Peters 엮음, 『과학과 종교』, 156.

그러나 가을이 오면 모든 잎들이 떨어져버리고, 나무는 앙상한 모습을 드러내는 동일한 **순환운동**이 매년 반복된다. 거기에는 아무 변화도 없고 새로움도 없는 것처럼 보인다.

그러므로 신학은 전통적으로 자연과 역사를 구별하였다. 역사는 변화와 새로움을 전제하는 반면, 자연은 끝없이 반복되는 순환운동 속에 있으며, 역사는 새로운 미래를 향한 **선형운동**(lineare Bewegung)을 가리킨다면, 자연은 영원히 동일한 순환운동 내지 **원운동**이라고 정의하였다. 자연의 순환운동에는 변화와 새로움이 보이지 않기 때문에, 자연은 역사를 갖지 않으며, "역사는 인간에게만 적용되는 것으로"[12] 생각하였다. 자연은 인간의 역사가 그 위에서 진행되는 무대 내지 배경으로 이해되었다. 자연에 대한 이러한 생각은 자연의 가치와 존엄성을 부인하고 자연에 대한 인간의 우월성을 조장하였다.

그러나 **열역학 제2법칙**에 따르면, 자연의 사건은 원칙적으로 돌이킬 수 없으며 반복될 수 없다.[13] 자연의 모든 사건은 유일회적이며, 한 번 일어난 사건은 다시 일어나지 않는다. 그것은 불가역적(不可逆的)인 것이다. 우리 인간의 눈으로 볼 때, 하루살이의 삶은 그 속에 새로움이 없고 영원히 반복되는 무역사적인 것으로 보이지만, 하루살이 자신에게 그의 삶은 단 한 번밖에 없고 거꾸로 돌이킬 수 없는 "새로운 것"이며 "역사적인 것"이다. 끊임없이 변해온 자연의 과정도 자연의 역사성을 보여준다. 지금 우리가 보는 숲들은 이만 년 전에 존재하지 않았으며, 지구는 얼음으로 덮여 있었다. 지금 우리가 땅에서 발견하는 석회석은 십억 년 전에는 존재하

12) 김명용, 『현대의 도전과 오늘의 조직신학』, 210.

13) C. F. von Weizsäcker, Die Geschichte der Natur, 10, 32.

지 않았다. 백억 년 전에는 해도 없었고 땅도 없었던 것으로 추정된다. 자연 세계의 과정은 "반복될 수 없는 과정"이다.

진화론은 여러 가지 문제점을 가지지만 다음과 같은 점에 있어 기여한다: 1. 진화론은 자연을 폐쇄된 체계로 보지 않고 역사로 보며, 2. 인간의 역사도 자연의 역사에 포괄된 것으로 보며, 3. 자신만이 역사를 가진다는 인간 중심적 역사관을 깨뜨리고, 인간의 역사를 자연의 역사에 통합시킨다. 4. 또한 진화론은 인간이 새로운 역사를 창조한다 하지만, 그것은 결국 자연의 역사라는 큰 틀 안에서 이루어진다는 사실을 시사한다.

그러므로 폰 바이체커(C. F. von Weizsäcker)에 따르면 "자연의 무역사성은 하나의 명백한 기만이다." 인간에게만 역사가 있고 자연에게는 역사가 없다고 보는 것은 인간 중심적 교만일 뿐이다. 인간이 등장하기 전, 150억 년 가까이 자연은 그 자신의 역사를 가지고 있었다. 인간과 자연의 차이는 다음의 사실에 있다. 즉 "자연에게는 그의 역사가 단지 일어나지만(widerfährt) 그것을 경험하지(erfährt) 못한다. 그것은 역사이지만 역사를 갖지 않는다. 자연은 자기가 역사라는 사실을 모르기 때문이다. 그러나 왜 인간만이 의식적이며 경험된 역사를 가지는가? 그것은 인간만이 의식과 경험을 가지기 때문이다."[14)]

앞서 언급한 **불확정성의 원리**에 따르면 모든 사물은 아직 확정되지 않은, 또 확정할 수 없는 변화의 과정 안에 있다. 자연의 세계는 더 이상 결정적이고 기계적이며 수동적인 객체 내지 물질이 아니다. 오히려 자연의 세계는 극도의 복잡함이 밀접하게 얽혀 확정

---

14) C. F. von Weizsäcker, Die Geschichte der Natur, 10. 또한 이에 관해 G. Picht, "Die Idee des Fortschritts und das Problem der Zeit", in: Hier und Jetzt I, 1980, 65.

되지 않은 미래를 향해 움직이는 거대한 소용돌이 혹은 그 소용돌이가 일어나는 동적인 과정으로 보인다. 이 과정 속에는 "우연성, 불확정성, 창조성 그리고 생명이 포함되어 있다."[15] 균형의 체계들이 아니라 불균형의 체계들이 그 속에 실존한다. 고정되어 있는 절대적 주체 혹은 객체란 그 속에서 인정될 수 없다. 주체 혹은 객체란 항상 상대적이며, 그러한 상대성 또한 항상 변화하는 흐름 가운데 있다. 따라서 주체와 객체의 구별도 유동적이다. 모든 주체가 주체이면서 객체이기도 하다. 주체와 객체는 서로 분리될 수 없으며, 다른 존재자들과 끊임없이 복잡한 연대를 이루면서 변화의 흐름에 자신을 내어놓으며, 하나님의 새로운 생성의 열린 지평을 지향하고 있다.

이러한 동적 세계상을 자연환경에 적용할 때, 자연환경은 규칙적이며 반복되는, 또 반복될 수 있는 활동의 총체가 아니라, 아직 확정되지 않은 미래를 향해 **개방된 역사**로 파악된다. 그것은 더 이상 무역사적인 것이 아니라 역사적인 것이다. 자연의 사건들은 반복되는 것이 아니라, 단 한 번밖에 없으며 반복될 수 없고 뒤로 되돌릴 수 없는 역사적 과정이다. 이리하여 자연도 역사를 뜻하게 된다. 자연이 유일회적인 역사 속에 있다면, 그 속에는 어떠한 사건이나 과정도 똑같이 반복되지 않는다. 모든 개별의 사건들은 유일회적이다. 따라서 똑 같은 물 속에 발을 두 번 담글 수 없다. 물은 항상 흐르기 때문이다. 모든 것은 불가역성(不可逆性)을 가진다. 그러므로 이른바 영원히 변하지 않는 자연법칙이란 존재할 수 없다. 모든 것이 유일회적이기 때문에, 영원한 자연법칙이란 실효성

15) P. Davies, "우주는 불합리한가?" T. Peters 엮음, 『과학과 종교』, 127.

을 갖지 못한다.

오늘날 자연과학의 인식에 따르면 인식의 한계는 단지 인간의 인식 능력의 결함에 있는 것이 아니라, 확정되지 않은 현실의 개방성에 있다. 개연성의 법칙은 결코 불완전한 결정주의적, 인과론적 법칙이 아니라, 오히려 자연세계 자체의 불확정성에 상응한다. 세계 자체가 확정되어 있지 않으며 또 확정될 수 없기 때문에, 우리는 이 세계를 오직 **개연성의 법칙**을 가지고 파악할 수 있을 뿐이다. 개연성의 법칙에 따르면, 미래는 현재 속에 완전히 내포되어 있지 않다. 미래는 현재에 대해 새로운 것이다. 그것은 새로운 것을 가져올 수 있기 때문에, 우연을 그 속에 내포한다. 개연성의 법칙들의 진술들은 현실의 가능성들을 증가시키며, 미래와 과거의 차이를 고려하며, 이리하여 가능성에서 현실성으로 흐르는 시간의 방향을 관찰한다.

이 시간의 방향은 동일한 것이 아니라, 유일회적인 것, 되돌릴 수 없는 것, 반복하지 않는 것으로 경험된다. 따라서 **현재의 시간과 미래의 시간은 동일하지 않다**. 오히려 양자는 차이를 가진다. 우주의 모든 사물들은 그 자신의 고유한 시간을 가지며 또 그것을 경험한다. 우주와 그 속에 있는 모든 생명체계들은 그 자신만의 독특한 시간과 되돌릴 수 없는 시간 방향의 경험 속에서 존재한다. 신학적으로 말하여, 하나님이 창조한 세계는 새로움이 일어날 수 없는 폐쇄된 체계, 모든 것이 인과의 법칙에 따라 연결되어 있는 세계가 아니라, 새로운 미래를 향해 개방되어 있는 역사의 과정이다. 하나님은 "새로운 것"을 창조하는 하나님이기 때문이다: "보아라, 내가 모든 것을 새롭게 한다!" (요한계시록 21:5).

자연환경의 개방된 역사 속에서 하나님 자신도 결정된 존재, 영원히 변하지 않는 존재가 아니라 유동적 존재, 인간이 예기치 못한 **새로움을 일으킬 수 있는 존재**라 보아야 할 것이다. 하나님은 그의 영을 통해 피조물의 세계와 밀접하게 연관되어 있으며, 이 상호 연관성의 흐름 속에서 하나님과 피조 세계의 상호 활동은 팽창하는 우주의 과정 속에서 함께 발전하기 때문이다. 출애굽 한 이스라엘 백성과 함께 시내광야를 유리하신 하나님은 지금도 그의 신음하는 피조물들과 함께 역사의 과정 속에서 함께 유리한다. 그는 영원히 확정되어 있는 절대적 존재가 아니라, 피조물의 역사 속에서 **스스로 변화될 수 있는 존재**이다. 그는 사랑이요 생명이기 때문이다. 생태계의 유기체적 그물망 속에서 모든 것은 상호 의존적이며 동시적인 활동 속에 있다. "그러므로 우리는 하느님에 대해서도 단정적으로 이런 존재다라고 결정지을 수 없다. 결정론적인 신의 파악은 오히려 신의 무한한 영역을 인간적 시각으로 국한시키는 것이다."16)

사랑은 고정되어 있지 않다. 그 속에는 생명이 약동하기 때문이다. 사랑은 생명, 곧 삶 자체이다. 그것은 언제나 유동적이며 가변적이다. 그것은 하나의 역사이다. 하나님과 자연 세계의 유동적인 상호 연관성은 고정된 질서, 곧 이른바 자연법칙에 따라 단일화되어 있고 폐쇄되어 있는 세계의 상을 거부하는 동시에, 절대적이고 변할 수 없는 하나님, 확정되어 있는 하나님, 이른바 영원히 변할 수 없는 절대적 하나님 상을 거부한다. 하나님과 세계의 상호작용을 통해 예측할 수 없는 변수를 가진 창조의 세계에서 "미래는 아

---

16) 김진희, "창조, 생명, 그리고 여성: 생태여성신학을 위한 우주 중심적 시각의 창조론", 156. 그러나 하나님을 인격적 존재로 보지 않고 우주의 모든 사물들이 그 속에 서로 결합되어 있는 "관계 자체"로 보는 이본느 게바라(Ivone Gebara)의 견해에 대해, 우리는 하나님의 초월적 인격성을 주장하지 않을 수 없다. 그렇지 않을 때, 하나님은 피조물들의 "관계"로 폐기될 것이다.

직 형성되지 않았으며, 하나님조차도 아직 알지 못한다."[17] 하나님 자신도 그의 피조물에 대해 개방되어 있다. 그는 자신의 역사 속으로 자연의 모든 피조물들을 이끌어 들인다. 이 하나님이 우리에게 제시하는 역사의 목적을 통해 자연환경은 참된 의미의 역사를 뜻하게 된다.

앞서 언급한 바와 같이, 인간은 약 46만 년의 역사를 가지는 반면, 자연환경은 150억 년 이상의 역사를 가진다. 따라서 인간 없이 자연환경은 150억 년 가까이 생육하고 번성하였다. 자연환경은 인간이 없어도 존재할 수 있으며 생육하고 번성할 수 있다. 그러나 인간은 자연환경 없이 생존할 수 없으며 번성할 수 없다. 그럼에도 불구하고 인간에게는 역사가 있고 자연환경에게는 역사가 없다고 보는 것은 인간의 교만이요 착각일 것이다. 이 교만과 착각을 우리는 버려야 한다.

무한한 우주는 앞으로도 그 자신의 역사를 가질 것이다. 인간이 자신의 역사를 창조한다 하지만, 그래서 자기를 역사의 주체라고 자처하지만, 그의 역사는 결국 우주의 대 역사 안에 있을 것이다. 우주의 역사의 큰 틀에서 볼 때, 인간이 아니라 우주가 역사의 주체다. 거대한 우주의 관점에서 볼 때, 인간의 역사는 거대한 우주의 한 점과 같은 극히 작은 부분에서 일어나는 미세한 활동에 불과하다. 하나님의 역사는 단지 하나님과 인간 사이에 일어나는 역사가 아니라, 하나님과 인간을 포함한 거대한 우주 사이에 일어나는 역사이다.

---

17) 이에 관해 J. Polkinghorne, "The Metaphysics of Divine Action", in: R. J. Russell, N. Murphy, A. R. Peacocke (eds.), Chaos and Complexity. Scientific Perspectives on Divine Action, 1997, 151 ff.

5. 구원의 기다림 속에 있는 자연환경

신학의 관점에서 자연환경을 역사로 보는 것은, 자연환경이 단지 적자생존과 자연선택의 진화 법칙에 따라 미래를 향해 진행되기 때문에, 혹은 우주가 지금도 불가역적으로 팽창하고 있기 때문이 아니라, 구원에 대한 **하나님의 약속**과 이 약속의 성취에 대한 모든 피조물들의 **기다림** 때문이다. 역사의 개방성은 자연의 진화에 대한 과학적 관찰이나 하늘의 별들을 관찰함으로써, 혹은 세계사의 사건들을 관찰함으로써 근거되는 것이 아니라, 성서가 증언하는 하나님의 약속과 약속의 성취에 대한 기다림을 통해 근거된다.

출애굽 사건을 통해 하나님은 그의 공의와 자비가 충만하며 먹을 것(=젖과 꿀)이 넘치는 세계를 약속한다 (출애굽기 3:8). 메시야에 대한 비전을 통해 하나님은 "새 하늘과 새 땅"을 약속한다 (이사야 11:1-9, 65:17). 그리스도의 십자가의 죽음과 부활을 통해 하나님은 이 약속을 갱신하면서, "하나님의 집"이 모든 피조물들 가운데 있는, 그러므로 "다시는 죽음이 없고 슬픔도 울부짖음도 고통도 없을" "새 하늘과 새 땅"을 약속한다 (요한계시록 21:3-4). 하나님의 이러한 약속과 약속의 성취에 대한 기다림을 통해 자연환경은 개방된 역사의 지평 속에 서게 된다.

신약성서에서 하나님의 약속의 성취는 앞당겨 일어나는 것으로 나타난다. 약속된 미래를 향한 하나님의 새 창조는 새로워진 그리스도의 실존을 통해 일어나기 시작한다. 신약성서는 자연의 세계에 대해 거의 말하지 않기 때문에 창조론과 관계가 없는 것처럼 보인다. 그러나 예수 그리스도의 부활에 대한 신약성서의 선포와, 새 창조의 능력으로서의 성령에 대한 진술은 자연 세계의 창조론적, 구원론적 측면을 시사한다. 로마서 4:16-17에서 바울은 "죽은 사람들을 살리시며, 없는 것을 있는 것 같이 불러내시는 하나님"을 믿었던 아브라함을 믿음의 조상이라 부른다. 여기서 죄인을 의롭게 하는 칭의의 신앙은 무로부터의 창조와 죽은 자들의 부활과 연결된다. 죄인을 의롭게 하는 약속의 하나님은 **만물의 창조자**요 **죽은 자들을 살리는 분**으로 고백되며, 창조와 부활이 결합된다. 제2 이사야가 출애굽의 기적, 홍해의 기적을 창조의 기적과 함께 속한 것으로 보는 것처럼, 바울도 죄인의 칭의와 죽은 자들의 부활과 무로부터의 창조를 함께 속한 것으로 본다.

바울의 신앙에 의하면, 예수 그리스도의 부활은 죽은 자들이 다시 살아나며 세계의 만물이 새롭게 창조되는 **종말론적 과정의 시작**이다. 그의 부활을 통해 죽은 자들의 부활과 자연 세계의 새 창조가 시작된다. 하나님을 알지 못하는 인간은 살아 있다 하지만 죽음의 그늘 속에 있다. 아담의 죄로 말미암아 죽음이 세계 속에 들어 왔고, 자연의 모든 생명들이 죽음의 세력에 묶여 있다. 사랑하지 않는 자, 하나님 없이 자기밖에 모르는 자는 이미 죽음 속에 있다 (요일 3:14). 이러한 죄인이 하나님의 의롭다 하심을 얻고 그의 자녀로 다시 태어남은 곧 죽은 자의 부활이요, **만물의 새 창조의 시작**이다. 부활의 신앙을 통해 죄와 죽음이 극복될 때, 인간의 사멸할 몸도 생동케 되며, 새로운 생명이 창조된다. 이와 같이 부활의 새 창조가 일어나기 때문에, 신약성서에서 창조자 하나님은 예수를 살리신 이, 예수 그리스도의 아버지, 죽은 자를 살리는 하나님, 희망의 하나님 등의 메시아적 이름을 얻는다 (롬 15:13). 따라서 부활신앙은 **창조신앙의 기독교적 형태**라 말할 수 있다.

부활과 함께 시작하는 하나님의 새 창조는 바울이 말하는 성령의 은사에 관한 이론을 통해 계속된다. 바울서신에서 성령은 부활의 영으로 파악된다. 부활의 영은 생명을 창조하는 하나님의 영의 능력이다. 그것은 루아하(ruah), 곧 하나님이 그의 생명의 힘을 피조물들에게 전달하는 창조자의 힘이다. 따라서 성령의 은사들은 새로운 생명의 창조자 하나님이 주시는 영원하고 새로운 생명의 힘들이다.

이 은사들을 통해 인간은 그들의 모든 힘과 가능성을 가지고 하나님의 나라에 참여한다. 인간의 영혼은 물론 그의 신체도 이에 참여한다. 마지막 날에 하나님은 그의 영을 "모든 육 위에" (요엘 3:1) 부으실 것이라는 요엘의 예언이 예수 그리스도의 부활과 더불어 성취되기 시작한다. 성령의 생명의 힘은 영적으로는 물론 신체적으로도 경험된다. 생명을 살리는 성령의 힘을 통해 일어나는 새 창조는 먼저 영혼과 신체를 포함한 전체적 존재로서의 인간에게서 일어난다.

그러나 인간에게서 일어나는 새 창조는 **시작**에 불과하다. 그것은 인간에게서 시작하지만 인간에게 제한되지 않고, 하나님이 창조하신 세계 전체로 확장되어야 한다. 인간에게서 일어나는 새 창조는 창조의 세계 한 부분, 곧 가장 중요하다고 생각되는 한 부분에서 이미 일어나고 있음을 뜻한다. 이것은 로마서 8:19 이하에 잘 나타난다: "피조물은 하나님의 자녀들이 나타나기를 간절히 기다리고 있습니다…" 여기서 아직 구원받지 못한 그리스도인의 신체와, 사멸의 세력에 묶여 있는 모든 피조물들과, 성령의 신음이 서로 연관되어 나타난다. 이 본문의 주요 내용을 우리는 아래와 같이 분석할 수 있다:

1. 그리스도인들은 생명의 영을 통한 새 창조의 "첫 열매"이다. 그러나 그들의 몸은 아직 구원을 받지 못하였다. 그러므로 그들은 몸의 구원을 기다린다. 그들은 "죄의 몸"에서 이미 해방되었지만, 아직 구원받지 못한 "죽음의 몸"으로 인해 더욱 고난을 당한다. 그러므로 죄의 세력에서 해방되었고 믿음을 통해 칭의를 얻은 바울은 이렇게 말한다: "아, 나는 비참한 사람입니다. 누가 이 죽음의 몸에서 나를 건져 주겠습니까?" (롬 7:24)

2. 새 창조의 열매인 그리스도인들은 죄와 죽음의 세력으로부터의 자유를 경험하였다. 그러나 그들의 자유는 완전하지 못하다. 그들은 그리스도의 공로로 의롭다 함을 얻었으나 여전히 죄인이다(simul justus et peccator). 그들은 보다 완전한 자유를 기다린다. 그들은 하나님의 영광을 경험하는 동시에, "장차 우리에게 나타날 영광"을 기다리며 희망한다. 따라서 그들의 믿음은 확신인 동시에 기다림과 희망이요, 기쁨인 동시에 고통을 동반한다.

3. 그리스도인들은 그들의 몸 혹은 신체에 있어 자연과 결합되어 있다. 인간의 몸은 흙 곧 자연으로부터 오기 때문이다. 따라서 자신의 몸에서 그들이 경험하는 것은 자연의 피조물에게도 해당한다. 그들이 자신의 몸에서 경험하는 구원받지 못한 상태는 사멸의 세력에 예속되어 있는 모든 피조물의 운명에 상응한다. 자연의 세계도 허무와 죽음의 세력에 예속되어 있다.

4. 모든 사물의 허무함은 세계에 대한 인류의 보편적 경험이다. 이 허무함을 많은 사상가들은 이원론적으로 해석하였다. 즉 피안의 세계는 영원함에 반해, 차안의 세계는 허무함을 그의 본성으로 가진다는 것이다: 이 세상에 변하지 않고 고정되어 있는 것은 아무것도 없다. 모든 것은 변하며 언젠가 사라지기 마련이다. 모든 것

이 허무하고 헛되다. 그러나 바울은 차안의 허무성을 이원론적으로 해석하지 않고, 메시야적으로 해석한다. 피조물이 허무성에 예속되어 있는 것은 그들을 거기에 예속시킨 분의 뜻으로 말미암은 것이요, 모든 피조물은 구원에 대한 희망 속에 있다: "그러나 희망은 남아 있습니다" (롬 8:20). 이 희망은 인간은 물론 자연 세계 전체에 해당한다. 자연의 세계 전체가 궁극적 구원을 희망하며 기다린다. 그들은 고난과 신음의 연대성 안에 있는 동시에, 기다림과 희망의 연대성 안에 있다.

5. 그런데 자연의 피조물들은 "하나님의 자녀들"이 나타나서 그들을 사멸의 세력에서 구하여 줄 것을 기다리고 있다. 하나님의 자녀들이 그들에게도 "영광된 자유"를 회복하여 줄 것을 기다린다. 여기서 그리스도인들이 성령 안에서 얻은 자유는 그들의 몸과 피조물들로부터 분리된 소위 영적 자유가 아니라, 그들의 몸과 피조물들의 구원을 위한 포괄적 자유로 이해된다. 사멸의 세력에서의 자유를 얻은 하나님의 자녀들을 통해 이제 모든 피조물들이 자유를 얻어야 한다. 그러므로 그리스도인들이 얻은 믿음은 그들을 자연의 세계에 대해 무관심하게 만드는 것이 아니라, "아직 구원받지 못한 피조물과의 연대성"으로[18] 인도한다.

창세기 1장에서 태초의 창조는 자연의 창조로 시작하여 인간의 창조로 끝난다. 이에 반해 부활의 영, 생명의 영을 통해 일어나는 종말론적 창조는 죄와 죽음의 세력으로부터 **인간의 해방**으로 시작하여 **자연 세계의 구원**으로 끝난다. 죄와 죽음의 세력에서 자유롭게 된 인간을 통해 자연의 세계는 구원을 얻어야 한다. 그러므로

18) E. Käsemann, "Der gottesdienstliche Schrei nach Freiheit", in: E. Käsemann, Paulinische Perspektiven, 1969, 211 ff.

자연의 세계는 그리스도의 나타남을 직접 기다리는 것이 아니라, 하나님의 자녀들의 나타남을 기다린다: "피조물은 하나님의 자녀들이 나타나기를 간절히 기다리고 있습니다" (로마서 8:19).

6. 성령은 그의 "이루 다 말할 수 없는 탄식"을 통해 신음 속에 있는 자연의 피조물들을 대변한다 (로마서 8:26). 성령은 자연의 말없는 탄식과 자유를 향한 인간의 부르짖음을 그 자신의 탄식 속에 수용하고, 이들과 함께 탄식한다. 성령을 통해 하나님은 피조물들의 신음과 자유를 향한 부르짖음과 연대한다. 창조자 하나님은 무한한 사랑이다. 그는 단지 "저 위에" 계시지 않고, 그의 사랑의 영을 통해 피조물 안으로 들어오시며 그들 안에 거하신다. 그는 그의 생명의 힘을 통해 피조물들의 생명을 유지하며 그들과 함께 고통을 당한다. 그는 그들과 함께 죄와 죽음의 세력으로부터의 해방을 기다리며, 온 세계 안에 나타날 그의 영광을 기다린다. 그는 모든 피조물들과 **고난의 연대성**, **기다림의 연대성** 안에 있다.

죄인은 하나님과 이웃으로부터 분리되어 있다. 그는 사실상 자기 자신 안에 폐쇄되어 있다. 구원은 분리와 폐쇄성, 곧 죄로부터의 해방을 일으킨다. 자연의 세계에서 피조물들의 폐쇄성은 허무성에의 예속을 뜻하며, 그들의 개방성은 자유와 생동성을 뜻한다. 자기 자신 안에 폐쇄되어 있는 인간과 자연은 서로 상응한다. 이에 반해 새로운 생명의 희망으로 개방되어 있는 인간과, 희망을 향해 개방되어 있는 자연도 서로 상응한다. 인간에게서 이 개방성은 희망을 뜻한다면, 자연에게서 그것은 삶의 체계의 보다 더 높은 복합성과 삶의 충만함을 향한 **충동**과 **동요**를 뜻한다. 인간과 자연의 세계는 각자 자신의 운명을 가지지만, 허무성에의 예속과 자유에 있어 양자는 공동의 역사를 가진다.

7. 앞서 언급한 바와 같이, 오늘 우리는 자연환경의 재난과 무수한 생명들의 죽음을 보면서 이렇게 질문한다: 만일 하나님이 계시다면, 어떻게 이런 일이 일어날 수 있는가? 왜 하나님은 가만히 계실까? 왜 그는 무고한 피조물의 고난과 죽음을 허용하는가? 그들의 고난과 죽음을 내버려 두는 것은 그의 사랑에 모순되지 않는가? 그의 전능과 의는 과연 어디에 있는가? 이 질문과 함께 우리는 본래 우리가 짊어져야 할 모든 책임을 하나님에게 넘겨버린다. 우리가 야기했기 때문에 우리 자신이 해결해야 할 모든 문제들을 하나님에게 전가한다. 우리의 책임을 묻지 않고 하나님의 책임을 묻는다: "만일 하나님이 계시다면…." 또 우리는 우리 자신에게 오늘의 위기를 극복할 수 있는 지혜와 능력이 주어져 있다는 사실을 생각하지 않고, 하나님의 초월적 개입과 초능력적 문제 해결을 기대한다. 우리 자신이 문제를 일으켰고 또 그 문제를 해결할 수 있는 능력이 있음에도 불구하고 우리는 하나님을 원망한다.

여기서 우리는 다음의 사실을 유의할 필요가 있다: 하나님이 지금 곧 나타나서 이 세계의 모든 문제를 칼로 자르듯이 해결해 준다 해도, 세계의 고난과 죽음은 또다시 시작될 것이다. 탐욕에 가득한 인간은 또다시 이 세계를 지옥과 같은 세계로 만들 것이다. 죄악된 인간의 존재가 변하지 않는 한, 악순환은 계속될 것이다. 그리고 하나님이 하늘로부터 내려와서 한 순간에 세계의 모든 문제를 해결한다는 뜻에서 하나님의 전능을 이해한다면, 그것은 매우 단순한 생각이다. 하나님의 전능하심은 요술쟁이의 전능함과 같은 것이 아니라, 그의 무한한 사랑과 인내와 기다림과 고난의 전능하심이요, 이 세계의 역사를 그의 나라를 향해 인도하시는 전능하심이다.

무한한 사랑과 인내 속에서 하나님은 **그의 자녀들** 곧 그리스도인들이 나타나서 모든 피조물을 사멸의 종살이에서 구원하여 줄 것을 기다린다. 그러므로 로마서 8장은 하나님이 초월적으로 개입하여 피조물들을 구원해 주기를 기다리지 않고, “하나님의 자녀들”이 나타나서 그렇게 해 주기를 기다린다고 말한다. 구원을 향한 피조물들의 기다림은 성령의 능력 속에서 일하는 하나님의 자녀들을 통해 성취되어야 한다.

11.

자연환경은 대 파멸로 끝날 것인가?

오랫동안 기독교는 묵시사상적 종말론을 신봉하였다. 그리하여 세계의 종말은 대 재난과 파멸이라고 믿었다. 이에 대한 성서적 근거를 기독교는 마가복음 13장, 마태복음 24장, 누가복음 21장에 기록되어 있는 소묵시록, 요한계시록(=묵시록), 그 외 베드로후서 3:8-13, 데살로니가전서 4:13-18 등에서 발견하였다. 그러나 성서의 역사비평적 연구를 통해 이 본문들은 세계의 종말에 관한 진술이 아니라, 주후 70년에 일어난 예루살렘의 멸망과, 기독교인들을 박해하는 로마 제국의 멸망에 관한 진술이며, 고대인들의 신화적 표상과 결합되어 있는 사실이 밝혀졌다.

그런데 고대의 신화적 표상들이 오늘날 새로운 형태로 현실화되고 있음을 우리는 발견할 수 있다. 고대의 신화적 언어로 말했던 것이 오늘날 과학기술을 통해 가능하게 되었다. 지금 세계가 보유하고 있는 핵폭탄의 위력은 지구를 몇 번이나 파괴하고도 남을만한 힘을 지니고 있다. 그것은 요한계시록에 등장하는 바다에서 올라오는 붉은 용과 다름없다. 요한계시록이 그 죄악상에 전율하면서 곧 멸망하리라 예언했던 음녀 바빌론은, 지구상의 약소국들을 침략하고 착취하면서 자신의 내적 무도덕성으로 말미암아 부패해 가는 세계의 강대국들에 견줄만하다.

"하늘은 요란한 소리를 내면서 사라지고, 원소들은 불에 녹아버릴" 것이라는 베드로후서 3:10의 진술은 오늘날 핵폭탄을 통해 가능케 되었다. 초월적으로 임할 것이라고 고대인들이 믿었던 종말이 오늘날 인류가 스스로 개발한 과학기술을 통해 가능케 된 것이다. 인간이 개발한 생명복제 기술은 이제 인간 자신의 생명도 복제할 수 있게 되었다. 인간이 인간의 생명을 얼마든지 조작할 수 있게 된 것이다. 이러한 새로운 상황 속에서 인류는 내일을 알지 못하는 묵시사상적 불안 속에서 살고 있다. 자연과학자들 가운데에도 세계의 미래에 대해 비관주의적 생각을 지닌 사람들이 있다. 이 세계의 마지막 곧 종말은 대 파멸과 폐기라고 보는 이른바 시한부 종말론은 이러한 시대적 정조를 반영한다.

세계가 대 파멸과 폐기로 끝나는 것이 하나님의 역사 계획이라 생각할 때, 우리는 자연환경도 언젠가 파멸로 끝날 것이라 생각할 수밖에 없다. 따라서 자연환경을 보존하기 위한 인간의 노력은 불필요하게 된다. 그리스도인들은 세계의 구원을 위해서 기도할 필요도 없을 것이다. 오히려 그들은 세계의 종말이 속히 와서 자연 피조물의 모든 고난을 속히 끝내 달라고 기도해야 할 것이다. 그들은 세계 안에 살지만 사실상 세계를 포기하며, 세계에 대한 책임을 회피한다. 그 반면 세계의 종말은 하나님이 시작한 창조와 구원의 완성이라 생각할 때, 그리스도인들은 하나님의 새 창조와 구원의 역사에 참여해야 할 책임성을 의식하게 될 것이다. 과연 세계의 종말은 무엇인가?

1. 우주의 종말에 대한 자연과학의 시나리오들

오늘날 자연과학자들은 우주의 종말에 대한 여러 가지 시나리오를 제시한다. 이를 통해 그들은 묵시사상적 불안에 사로잡힌 현대세계의 정조를 반영하는 동시에, 우주의 미래에 대한 비관적이고 암울한 분위기를 조성한다. 이 시나리오들 가운데 몇 가지를 고찰하기로 하자:

1. 플렛쳐 왓슨(Fletcher Watson)이 지구를 향해 다가오는 소행성을 최초로 발견한 이후, 많은 과학자들은 소행성과 지구의 충돌 가능성을 계속해서 경고한다. 1908년 6월 30일 지름이 약 30cm 내지 60cm 되는 암석으로 된 유성이 시베리아 북부의 퉁구스카(Tunguska) 지역의 약 5 내지 10km 상공에서 폭발하였는데, 비록 분화구를 남기지 않았으나 2,150 평방 킬로미터 안에 있는 거의 모든 것을 파괴하여 황폐화시켰다. 만일 그것이 대도시 위에서 폭발하였다면, 1,520 메가톤 급 폭탄과 맞먹는 에너지를 방출하여 그 도시를 파괴했을 것이라고 학자들은 말한다. 가장 주목할만한 사건은 1994년 7월 혜성 "슈메이커-레비 9"(Schoemaker-Levy 9)의 파편들 중 21개가 거의 일주일 동안 목성과 충돌하여 폭발하였던 우주적 사건이다.

이 충돌로 생겨난 목성 위의 검은 반점 중 어떤 것은 지구의 크기보다 더 크다고 한다. 만일 이 파편들 중 단 한 개라도 지구와 충돌했다면, 지구 전체에 대 재앙을 일으켰을 것이다. 이와 비슷한 대규모 충돌 사건이 6천 5백만 년 전에 일어났으며, 그 결과 공룡이 멸종했다는 가설은 이제 자연과학의 정설이 되었다. 1994년에 일어난 목성의 충돌 사건보다 작은 규모의 충돌 사건은 지금도 수시로 관찰되며, 태양 주위를 선회하다가 지구와 충돌할 수 있는 유성들과 혜성들이 계속 발견되고 있다. 지구의 생명계 전체를 위협하는 유성 혹은 혜성과 지구가 충돌할 수 있는 가능성은 항상 열려 있다.[1] 그러나 일련의 천문학자들에 의하면, 별들이나 유성들이 서로 충돌할 수 있는 개연성이 매우 작은 것처럼, 지구가 유성 혹은 혜성과 충돌할 수 있는 가능성은 매우 작다.[2]

2. 태양과 같은 크기의 별은 그 연료의 수명이 약 100억 년 정도 되는데, 이미 50억 년을 살았기 때문에, 앞으로 또 다른 50억 년 동안 핵의 수소를 불태우면서 살게 될 것이다. 그러니까 태양의 남은 수명은 약 50억 년 정도 된다. 그러나 언젠가 태양 중심부의 수소가 고갈될 때 태양 표면의 수소가 불타게 되고, 결국 연료가 소진되어 태양은 가냘픈 빛을 발하다가 어느 순간 대 수축을 시작할 것이다. 수축하기 시작한 즉시 극도의 압력을 내부에 가하게 되어, 핵에 존재하고 있는 핵반응 후 형성된 물질들이 다시 핵반응을 일으킬 것이다. 이로 인해 급격한 대규모의 폭발이 일어나면서 태양은 지금 크기의 수백 배로 부풀어 올라, 태양이 거느리고 있는 대다수의 혹성들을 산화시킬 것이다. 이 때 지구도 무서운 뜨거움 속에서 산화될 것이며, 흔적도 없이 우주 안에서 증발해 또 다른 별

1) 이에 관해 신준호, "'종말'에 관한 자연과학적 절망과 신학적 희망", 한국조직신학회 편, 『과학과 신학의 대화』, 한국조직신학회 논총, 제9집, 138.

2) U. H. J. Körtner, Weltangst und Weltende, 200.

을 형성하기 위한 우주 먼지가 되어서 떠돌게 될 것이다.

3. 빅뱅이론에 따라 우주가 하나의 출발점을 가진다면, 그것은 마지막 종착점을 가질 수밖에 없을 것이다. 이 마지막 종착점은 무엇인가? 빅뱅으로 인해 시작한 우주가 어떻게 끝날 것인가? 여기에는 닫힌 우주모형, 열린 우주모형, 편평한 우주모형의 세 가지 가설이 있다.[3] 먼저 닫힌 우주모형에 따르면, 우주는 점점 팽창하다가 마침내 그 속도가 줄어들어 팽창을 멈추고, 팽창하던 과정을 거꾸로 밟아 초기의 빅뱅 상태로 재수축되어 빅 크런치(Big Crunch)를 이룬다. 빅 크런치에서 우주는 다시 빅뱅을 일으켜 팽창한다. 이러한 수축과 팽창(=확장)이 반복된다. 따라서 우주는 무한한 우주적 시간 속에서 수없이 많은 종말을 갖게 된다. 지금까지 125억 년 이상 우주가 팽창해 온 것을 고려할 때, 한 번의 주기는 약 250억 년이 될 것이며, 이 어마어마한 기간을 주기로 우주는 스스로 이루어 낸 모든 진화를 무로 되돌려버리는 일을 반복할 것이다.

4. 빅뱅 모델의 열린 우주모형에 따르면, 우주의 팽창은 무한히 계속된다. 우주가 가지고 있는 인력이 그 팽창속도를 조금 완화시킬 수 있지만, 팽창속도가 매우 빨라서 팽창을 멈추게 하지는 못한다. 우주는 한없이 팽창하면서 별들이 가진 연료를 태울 것이다. 그 연료들이 다 소모된 후에 우주는 차갑게 식어들어, 이른바 "핵의 겨울"이 올 것이며, 죽음과 정적, 곧 무의 상태가 올 것이다. 이 가설에 따르면, 별들의 형성 자체가 불가능할 수 있다. 팽창 에너지가 중력 에너지를 넘어설 경우, 물질은 끊임없이 팽창만 할 뿐 결집할 수 있는 힘이 모자라기 때문에, 별들로 형성되지 못하기 때

---

3) 이에 관해 이상성, "빅뱅, 수퍼 노바 그리고 종말", 한국조직신학회 편, 『과학과 신학의 대화』, 한국조직신학회 논총, 제9집, 177 이하 참조.

문이다. 이 경우 우주는 희박한 물질의 밀도 아래 텅 빈 것과 같은 모습으로 끝없는 팽창을 계속하지만, 어떤 사건도 발생하지 않는 절대적 정적의 상태가 될 것이다. 즉 엔트로피가 그 증가의 최대치에 이르러 더 이상 소모할 에너지가 없어지게 되고 모든 운동이 멈추는 상태가 되면, 성서가 말하는 태초의 혼돈의 상태로 되돌아 갈 것이다. 시작도 끝도 없는 무의미한 우주가 존재하게 될 것이다.

5. 편평한 우주모형에 따르면, 현재 우주의 상태는 재수축의 닫힌 우주모형과 영원한 팽창의 열린 우주 모형을 구분 짓는 임계 팽창률에 가까운 비율로 팽창을 시작해서 100억 년이 지난 지금도 그 비율로 팽창하고 있다. 즉 편평한 우주 모형을 보이고 있다. 만약 빅뱅 1초 후의 팽창률이 천억 분의 1만이라도 더 작았다면, 우주는 현재의 크기에 도달하기 전에 재수축을 시작했을 것이다. 이 모델에서도 우주는 엄청난 뜨거움으로 말미암은 열죽음(heat death)의 상태에 빠져 영원히 어두운 죽음의 상태로 끝날 가능성이 있다. 그러나 별들이 끊임없이 진화하면서 생성과 소멸을 반복하고 자신의 질량을 에너지로 소모하기 때문에, 우주 내에 태울 모든 질량이 사라지기 전에는 에너지의 방출이 지속될 수 있다. 이 모델에서 종말은 그것이 우주적이건 지구적이건 한 번으로 끝나는 사건이 아니라, 거의 무한히 되풀이되는 사건이 된다.

2003년 10월 우리나라를 방문했던 슈바르츠(Hans Schwarz, München 부근의 Regensburg 대학 신학부) 교수에 따르면,[4] 우리가 우주에서 얻을 수 있는 에너지의 양은 제한되어 있다. 지금 우리가

4) 이에 관해 H. Schwarz, Creation, 233 f.

경험하는 우주의 생명은 어느 시점에 끝날 것이다. 이 견해는 열역학 제1법칙과 제2법칙을 통해 강화된다. 헤르만 폰 헬름홀츠(Hermann von Helmholtz, 1821-1894)가 정의하는 열역학 제1법칙, 곧 에너지 보존의 법칙에 따르면, 자연 전체 속에 운동을 일으킬 수 있는 에너지의 양은 "불변하며, 증가될 수도 없고 감소될 수도 없다."[5] 이 법칙은 루돌프 클라시우스(Rudolf Clasius, 1822-1888)가 정의하는 열역학 제2법칙, 곧 엔트로피의 법칙과 더불어 고려되어야 한다: "우주의 에너지는 항구적이다. 우주의 엔트로피는 최대치(maximum)를 지향한다."

이것은 다음의 사실을 의미한다. 즉 우주 안에 있는 에너지의 양은 변하지 않는데, 사용할 수 있는 에너지의 양은 점점 작아지는 반면, 사용할 수 없는 에너지의 양은 증가한다. 이리하여 미래의 어느 시점에 우주 안에 있는 "빛이 꺼질 것이다." 이것을 우리는 이미 지금 경험한다. 즉 자연자원은 제한되어 있는데, 인구의 수와 자연자원의 소비는 지속적으로 증가한다. 이로 인해 자연자원은 고갈될 위기에 처해 있다. 원유를 지금과 같은 속도로 소비할 경우, 지하의 원유는 약 50년 후 고갈될 예정이다. "탄소에 기초한 지구 에너지의 자원들이 고갈되고 태양의 빛이 꺼질 때, 모든 에너지 자원들이 없어질 것이다. 생명이 계속될 수 있는 어떠한 가능성도 더 이상 있지 않을 것이다."[6] 태양의 연료가 완전히 소진되는 약 400억 년 후, 우주는 죽음의 상태에 들어가거나, 아니면 혈관 운동처럼 확장과 수축(expansion and contraction)을 반복할 것이다.

5) E. N. Hiebert, "Modern Physics and Modern Faith", in: God and Nature, 425. H. Schwarz, Creation, 233 참조.

6) H. Schwarz, Creation, 234.

이상성 박사는 종말에 관한 현대의 자연과학적 가설들을 고려하면서 지구가 폐기될 가능성이 더 크다고 말한다: 지구는 태양이 적색거성을 거쳐 수퍼 노바로 대폭발을 일으키는 날 틀림없이 그의 최후를 맞이할 것이다. 즉 지구적 차원에서는 종말의 날이 정해져 있다. 따라서 지구에 사는 인류의 최후의 날이 분명히 언젠가는 온다. "현재의 물리학적 지식으로 판단할 때, 인류는 지구 최후의 날을 피할 길이 없다. 태양의 폭발로 태양계는 사라지게 되고 태양계를 벗어난 다른 곳에서 새로운 삶의 둥지를 틀기에는 그 거리가 너무나 멀다." 이에 대한 근거를 그는 "지구의 인류가 살아가는 모습과 그 인간성"에서 발견한다:

> "현재 지구의 인류가 살아가는 모습과 그 인간성을 보건대 태양계 최후의 날이 오기 전에 인류 최후의 날이 도래할 가능성이 훨씬 높다고 하겠다. 천연 자원의 고갈과 생태계 파괴, 그리고 기하급수적으로 증가하는 인구는 결국 지구의 모든 가용 자원을 소모하고 부족한 자원을 서로 끌어다 쓰려는 경쟁이 종말적 전쟁으로 이어져 스스로 멸망할 가능성이 오히려 훨씬 높다고 본다."[7]

지구와 우주의 종말에 관한 자연과학적 시나리오들은 다음과 같은 공통성을 가진다:

1. 이들은 아직까지 **가설의 성격**을 벗어나지 못하고 있다. 그들은 가설적 시나리오들이다. 이들은 과학적 이론으로 자처하지만, "과학 이전의 묵시사상의 표상 재료들"(Bildmaterial vorwissenschaftlicher

---

7) 이상성, "빅뱅, 수퍼 노바 그리고 종말", 196.

Apokalyptik)과 일치한다.[8] 그 속에는 "묵시사상적 잠재성"(ein apokalyptisches Potential)이 숨어 있다. 후기 유대교의 묵시사상이 그 시대의 자연과학적 지식을 배경으로 가진다면, 현대의 자연과학적 가설들은 묵시사상적 동기를 그 속에 지니고 있다. 이들은 지구와 우주의 종말을 "단절"로 보며, 종말 이전의 세계와 이후의 세계를 불연속성 가운데 있는 것으로 파악한다. 이들은 묵시사상적 종말론의 현대적, 자연과학적 형태이다.

2. 묵시사상적 종말론과 마찬가지로 우주의 종말에 관한 자연과학적 가설들은 이 세계에 대한 **시대적 불안과 절망**의 상황에서 등장하며, 우리 시대의 불안과 절망을 나타내는 공통점을 가진다. 그것은 불안과 절망의 이 시대를 반영한다. 모든 것이 불확실하게 보이며, 모든 생명이 죽음의 위협을 당하는 이 시대의 불안 의식과 세계에 대한 절망감이 지배하는 문화적 상황이 그들의 배경을 이룬다. 이와 동시에 그들은 불안 의식과 절망감을 확산시키는 기능을 가진다. 이 가설들에 의하면 우주는 방법은 다르지만 결국 무의 상태로 돌아갈 것이다. 아니면 빅 크런치로의 수축과 재확장의 순환운동을 반복할 것이다. 거기에는 어떤 의미 혹은 희망도 없다. 모든 의미와 희망이 단절되고 새로운 미래의 가능성이 부정된다. 미래에 대한 절망의 분위기가 확산될 뿐이다.

3. 현실에 대한 불안과 절망은 **현실에 대한 좌절감**을 조장한다. 좌절감은 무관심을 조장하며, 무관심은 이 세계를 인간다운 세계로 변화시키고자 하는 창조적 의욕과 노력을 마비시킨다. 이리하여 그들은 현실의 사태를 더욱 악화시키는 요인으로 작용한다. 그

112) U. H. J. Körtner, Weltangst und Weltende. 197.

들은 묵시사상적, 세대주의적 종말론과 마찬가지로 이 세계를 포기하게 만들며, 포기함으로써 그것을 지배하는 세력들에게 맡겨버리는 정치적 이데올로기로서 작용할 수 있다.

4. 세계의 종말에 대한 일련의 가설들은 다음과 같은 전제를 가진다: 우리가 경험하는 이 세계는 시간적이며 영원하지 않다. 그러므로 그것은 시간의 시작과 끝을 가진다. 따라서 우주는 단 한 번밖에 없는 활동 속에 있다. 이 활동은 보다 높은 현실을 향한 의미 있는 진보가 아니라, 우주적 폐허의 카오스적 확장에 불과하다. 그것은 목적, 곧 telos를 향한 것이 아니라, 끝남, 곧 finis를 향한 무의미한 과정이거나, 아니면 수축과 재확장의 무의미한 순환운동일 뿐이다. 우주의 역사는 목적을 향한 의미 있는 발전이나 진보가 아니라, 우주의 마지막 대 재난이 그 속에 나타나는 작은 재난들의 연속이요 "영원한 무의미의 순환운동"(Kreislauf ewiger Sinnlosigkeit)에 불과하다. 따라서 인간의 역사는 물론 우주의 역사는 "차례로 저주받은 것"(just one demned thing after another)에 불과하다.[9)]

만일 우주가 무서운 뜨거움으로 죽음을 맞이하든지 아니면 무서운 추위로 죽음을 맞이하든지 간에 죽음과 무로 끝난다면, 아니면 수축과 재확장의 순환운동을 영원히 반복한다면, 그것은 아무 의미도 갖지 못하게 된다. 우주가 아무 의미를 갖지 못한다면, 그 안에 있는 인간의 삶도 의미를 갖지 못한다. 우리 인간은 **무의미의 큰 바다** 위에 떠 있는 **한 작은 의미의 섬** 위에서 사는 꼴이 된다. 그러나 바다 자체가 무의미하다면, 그 위에 있는 섬과 섬 안에 있

---

9) 이에 관해 J. Moltmann, Wissenschaft und Weisheit. Zum Gespräch zwischen Naturwissenschaften und Theologie, 2002 (한국어 역: 『과학과 지혜』, 김균진 역, 대한기독교서회 2003), 89.

는 모든 것이 결국은 무의미하다.

이러한 사태를 칼 하임(Karl Heim)은 다음과 같이 묘사한다: 우주는 어떤 죄수가 사형 언도를 받은 오늘의 시점에서 시작하여 사형이 집행될 내일까지의 시점 사이에 있는 것과 같다. 우주에 대한 사형선고와 사형집행 사이의 시간이 매우 길지만, 그 긴 시간은 사형언도와 사형집행 사이의 시간일 뿐이다: "우주의 현실적 상황은 사형언도와 사형집행의 내일 사이에 오랜 시간이 놓여 있는 사형선고 받은 자의 상황과 같다."[10]

우주의 모든 것이 사형집행으로 끝난다면, 모든 것은 무의미하다. 이리하여 우주의 종말에 관한 자연과학적 시나리오들은 모든 것을 **무의미** 속에 몰아 넣어버리는 공통성을 가진다. 그들은 자연과학적 가설로 머물지 않고, 인간의 삶과 세계의 미래에 대한 **허무주의와 냉소주의**를 확산시키는 기능을 가진다. 허무주의와 냉소주의는 이 세계의 부패와 타락, 오염과 파괴를 방치할 뿐 아니라 그것을 촉진시킬 수 있다. 더 부패하고 타락하며, 더 오염되고 파괴될 때, 이미 선고받은 우주의 사형이 앞당겨 집행될 것이다. "될 대로 되어라"는 심리가 삶의 모든 영역을 지배할 수 있다.

5. 지구와 우주의 종말에 관한 자연과학적 가설들은 **환원론**(reductionism), **물질론**(materialism), **결정론**(determinism) 등 형이상학적 전제 하에서 형성되었다. 이러한 전제들은 본래 자연과학에 속한 것이 아니라, 철학적 내지 형이상학적 신념, 곧 "메타과학적인"(meta-scientific) 것에 속한다.[11] 오늘의 자연과학적 인식에서

10) K. Heim, Weltschöpfung und Weltende. Der evangelische Glaube und das Denken der Gegenwart VI, 4. Aufl. 1976, 128.

11) 이에 관해 신준호, "'종말'에 관한 자연과학적 절망과 신학적 희망", 147 이하; J.

종래의 환원주의, 물질론, 결정론은 상대화된다.

2. 우주의 종말은 폐기가 아니라 완성이다

위에 기술한 자연과학의 가설들에 대해 우리는 아래와 같이 대답할 수 있다:

1. 우주과학자 헥크만(Otto Heckmann)에 따르면, 일련의 과학자들은 우주는 유한한 나이를 가지고 있으며 일정한 시간 후에 멸망할 것이라고 말한다. 그러나 우주가 시작하기 전에 무엇이 있었으며, 우주의 마지막 다음에 무엇이 있을 것인가의 문제는 우주과학이나 물리학이 대답할 수 없는 문제이다. 한스 큉(Hans Küng)에 따르면, 우주의 시작과 마지막에 관한 질문은 단순히 자연과학의 문제가 아니라, 인간의 삶과 세계의 의미의 문제, 가치의 문제와 연결되어 있다. 참 의미와 가치의 문제는, 인간과 이 세계가 어떻게 시작되었으며 무엇을 지향하고 있는가의 문제, 곧 세계의 시작과 종말에 관한 문제에 의존한다. 만일 우주의 종말이 절대적 무(無)라면, 인간의 삶과 세계는 아무 의미도 희망도 갖지 못하게 되며, 참 가치라는 것도 불가능하게 된다. 따라서 우주의 시작과 종말의 문제는 인간의 공간적, 시간적 경험의 한계를 넘어서며, 물리학과 우주과학 영역 밖의 일이다.[12)]

Polkinghone. M. Welker, (eds.), The End of the World and the Ends of God. Science and Theology on Eschatology, 2000, 한국어 역: 『종말론에 관한 과학과 신학의 대화』, 신준호 역, 대한기독교서회 2002, 61 이하.

12) H. Küng, Ewiges Leben? 2. Aufl. 1982, 262 ff. 264.

2. 이상성 박사가 말하듯이, 우주가 다시 수축해서 원점으로 돌아가는 빅뱅의 닫힌 우주모형을 받아들인다 해도, 우주는 앞으로 최소한 150억 년 혹은 400억 년은 더 존재하게 될 것이다. 현재 일반적으로 수용되고 있는 편평한 우주모형이 정말 옳다면, 우주적 차원의 종말은 존재하지 않는다. 비록 모든 생명이 죽고 절대적 정적만이 있는 상태에서도 우주는 존속할 것이다. 그러나 그 속에 또 다른 생명이 생성될 것인지 아닌지, 그리하여 또 다른 자연의 세계가 형성될지 않을지, 그 누구도 확정할 수 없다.

3. 빅뱅 이후 우주는 150억 년 정도의 역사를 가지고 있다. 천억 개의 별들이 모여 이루어진 은하가 다시 천억 개 정도 모여 국부 은하군을 이루고, 이 국부 은하군이 다시 수천 개 모여 이루어진 은하단이라고 하는 거대한 우주의 구조를 생각할 때, 또 150억 년에 달하는 우주의 역사를 생각할 때, 먼지보다 못한 지구의 어떤 문제 때문에 온 우주가 어느 날 갑자기 파멸되지는 않을 것이다. 이 지구 위에 있는 아주 작은 존재인 인간의 죄 때문에, 온 우주가 파멸로 끝나지는 않을 것이다. 달리 말해 인간과 연관된 종말론, 곧 인간적 종말론(menschliche Eschatologie)이 우주적 종말론(kosmische Eschatologie)을 결정하지 못할 것이며, 인간의 원리(anthropic principle)가 우주의 원리(cosmic principle)로 될 수 없을 것이다.

빅뱅이론에 의하면 지구는 인간이 등장하기 이전, 인간 없이 약 46억 년 정도 지속해 왔다. 앞으로 그의 수명은 약 100억 년 정도 될 것이라 한다. 이러한 지구가 인간의 죄 때문에 갑자기 그 역사를 중단하게 되리라는 생각은 지나치게 인간 중심적인 사고와 신학의 산물이다. "하느님은 인간 없이 46억 년을 생존시킨 지구를 인간의 죄 때문에 급작스럽게 파멸로 이끌고 가시지는 않을 것이다."[13] 인류의 죄 때문에 인류 최후의 날이 올 수 있겠지만, 지구의 자연환경이 사라지지는 않을 것이다. 인간은 소멸할 수 있지만, 자연환경은 생존할 것이다. 그러나 살아남은 자연환경으로부터 또다시 인간의 존재가 진화될지 않을지, 아무도 예언할 수 없다.

4. 우주의 종말에 관한 자연과학적 시나리오들은 오늘 우리 인간이 도달한 인식의 조건 내지 패러다임에 기초한다. 그러나 인식의 조건 내지 패러다임은 시대에 따라 변화된다. 따라서 정신과학의 인식들과 마찬가지로 자연과학의 인식들도 언제나 가설적 성격을 가지며, "예측의 성격"(prognostischer Charakter)을 가진다.[14] 드레버만(E. Drewermann)에 따르면, 세계의 시작에 관한 모든 인식들도 "모든 합리적 정확성에도 불구하고 신화적 형태(Format)를" 가진다. "이것은 세계의 종말에 관한 표상들에도 해당한다."[15] 다시 말해 우주의 종말에 관한 자연과학적 시나리오들도 신화적 형태를 가진다는 것이다. 자연과학자들 자신도 과연 어떤 시나리오가 옳은지 검증하지 못하고 있다.

그러므로 칼 하임은 우주의 종말에 대한 자연과학적 인식들과 성서의 종말론을 결합시키고, 이를 통해 엔트로피 법칙의 허무주의적 귀결들을 거부하고자 시도한다. 그의 생각에 따르면, 우리는 두 가지 희망을 가질 수 있다. 한 가지 희망은, 세계가 지금과 같이 계속되기를 바라는 희망이다. 다른 한 가지 희망은 우주의 사건들

---

13) 이상성, "빅뱅, 수퍼 노바 그리고 종말", 195.

14) U. H. J. Körtner, Weltangst und Weltende, 198.

15) E. Drewermann, Tiefenpsychologie und Exegese, Bd. II, Die Wahrheit der Werke und der Worte. Wunder, Vision, Weissagung, Apokalypse, Geschichte, Gleichnis, 1985, 537.

이 영원한 원운동이 아니라, 하나의 시작에서 마지막을 향한 과정이기를 바라는 희망이다. 그런데 이 마지막, 곧 종말은 모든 것을 무의미하게 만드는 파멸 내지 폐기(Vernichtung)가 아니라, 신약성서가 말하는 목적(telos)일 수 있다. 이 목적에 있어서 "단지 이 세계의 몇 가지 일들이 개선되며 아주 심각한 잘못된 상태들이 끝나게 되는 것이 아니라, 이 세계의 기본 형식 전체가 지양되어 하나의 새로운 형식을 갖게 될 것이다."[16] 마지막, 곧 종말은 완성일 것이며, 끝은 목적이 될 것이며, 파멸은 변화로, 재난은 위기로 될 것이다.

블로호의 "희망의 철학"도 우주의 종말을 목적으로 파악한다. 그는 엔트로피 원리를 변증법적으로 이해하여, 부정을 통한 "부정적인 것"의 지양으로 파악한다. 이리하여 우주의 종말은 절대적 무를 거쳐 총체적 존재에 이를 것으로 본다. 그의 생각에 의하면, "무를 통한 변증법은 세계의 파멸을 그 자신 속에 포괄하였으며, 무의 사용과 더불어 우주에게 잠정성을 부여한다. 물리학적으로 동사(凍死, Kältetod)라 불리며, 신화적으로는 거꾸로 세계 대화재(Weltbrand)라 불리는 하계의 왕(Orkus)은 물리학적으로는 하나의 전혀 다른 만유 혹은 우주의 탄생을 그 자신 속에 가지며, 유토피아적 측면에서는 총체적으로 성취될 만유의 탄생을 그 자신 속에 가진다."[17] 블로호도 우주의 종말을 파멸과 폐기로 보지 않고 변화(Verwandlung)로 보며, 재난을 위기로 본다. 역사의 폐기는 변증법적으로 역사의 지양으로 파악된다.

5. 기독교의 종말론은 끝(=종말)과 시작, 재난과 새로운 출발, 이

16) K. Heim, Weltschöpfung und Weltende, 24 f.

17) E. Bloch, Das Prinzip Hoffnung, 1959, 362 f.

별과 새로운 만남의 두 가지 측면을 가지며, 부정적인 것을 긍정적인 것으로 지양시킨다. 이리하여 그것은 긍정적인 것에 대한 희망을 말한다. 본질적으로 기독교의 종말론은 절망을 넘어서는 희망을 말하는 희망의 종말론이다. 이 종말론은 이스라엘의 **출애굽**과 **예수의 부활**에 근거한다. 이스라엘 민족의 이집트 포로생활과 예수의 죽음은 **대 재난과 죽음**을 가리키며, 약속된 땅을 향한 이스라엘의 해방과 영원한 생명으로의 부활은 **새로운 시작과 새 창조**를 가리킨다. 예수의 십자가의 죽음은 마지막이 아니었다. 오히려 그것은 다시 살리는 영 안에서 일어난 부활의 참된 시작이었다.

인간의 탐욕과 죄로 인해, 또 우주의 진화 과정의 어떤 필연성으로 인해 세계는 언제나 다시금 대 재난을 경험할 것이다. 그러나 재난이 마지막은 아닐 것이다. 예수의 죽음 다음에 부활의 새로운 시작이 온 것처럼, 모든 재난 다음에 새로운 시작이 있을 것이다. "죽음과 울부짖음과 슬픔과 고통"으로 끝나지 않고, "새 하늘과 새 땅"이 올 것이며, 이를 위해 하나님은 만물을 새롭게 변화시킬 것이라고 약속한다 (요 21:5).

3. 사랑은 함께 있음을 원한다

사랑은 함께 있음을 원한다. 그러므로 사랑은 사랑하는 상대방이 폐기되어 없어져버리는 것을 원하지 않는다. 그것은 사랑하는 상대 방의 "있음"을 원한다. 사랑하는 사람이 없어져버리는 것을 원하는 사람은 아무도 없을 것이다. 사랑은 서로 사이의 참여요 나눔이요 교통이기 때문이다. 이것이 곧 삶, 곧 산다는 것이다. 사랑은 삶이요, 삶의 본질은 사랑이다. 그것은 관계성이요 어우러짐이다.

상대방이 없어지면 온전한 의미의 사랑은 단절된다. 그러므로 사랑하는 사람이 죽었을 때, 우리는 슬퍼하며 마음의 큰 상처를 받는다. 상대방의 "없음"은 내 자신의 없음과 같은 것으로 느껴진다. 슬픔과 공허감을 견디지 못해 어떤 사람은 자기의 목숨을 끊어버리기도 한다. 다른 사람의 "있음"을 위해 자신의 생명을 희생하는 사람도 있다. 집안에 키우는 개도 주인이 죽으면 며칠 동안 밥을 제대로 먹지 않고 슬퍼한다.

하나님은 사랑이다. 그러므로 하나님은 그가 지으신 세계가 그와 함께 있음을 원하며, 이 세계가 폐기되어 없어져버리는 것을 원하지 않는다. 단지 인간의 죄 때문에 자연환경 전체가 폐기되거나 빅 크런치로 변하는 것을 그는 허용하지 않을 것이다. 자연환경의 폐기는 그의 사랑에 모순된다. 그의 사랑은 있음과 완성을 원한다.

사랑은 신실을 지킨다. 신실은 사랑의 표현이다. 상대방을 참으로 사랑할 때, 우리는 그에 대한 신실을 지킨다. 그러므로 무한한 사랑이신 하나님은 인간에게 그의 신실을 지킬 것이다. 예수의 부활을 통해 그의 나라를 시작하였고 약속한 하나님은 그의 약속에 대해 신실하실 것이다. 이 세계는 인간의 죄로 인해 재난에 재난을, 재앙에 재앙을 당하겠지만, 하나님은 그의 약속을 지킬 것이다. 잿더미 속에서 새로운 생명이 탄생할 것이며, 그의 뜻이 모든 것을 결정하는 그의 나라가 올 것이다: "나라가 임하옵시며, 뜻이 하늘에서 이룬 것같이, 땅에서도 이루어지이다!"

물론 "새 하늘과 새 땅"은 지금 우리가 경험하는 우주와 전혀 다를 것이다. 그것은 지금의 우주에 비해 "새로운 것", "전혀 다른 것"이다. 그러므로 이사야는 이렇게 말한다: "너희는 지나간 일을 기억하지 말며, 옛일을 생각하지 말아라." (사 43:18). 새 하늘과 새 땅은 지금 우리가 보는 하늘과 땅에 비해 전혀 새로운 것, 다른 것이므로, 양자 사이에는 "불연속성"(discontinuity)이 있다. 따라서 우리는 "우주의 완성과 관련하여 불연속성이 주요 개념이어야 한다"는[18] 슈바르츠 교수의 생각에 동의할 수 있다.

그러나 이 불연속성은 지금 우리가 경험하는 우주의 폐기 내지 사라짐(annihilatio)을 뜻하는 것이 아니라, 그것의 철저한 변화(transformatio)를 뜻할 것이다. 철저한 변화로 말미암아 지금 우리가 경험하는 우주는 더 이상 존재하지 않을 것이다. 이러한 뜻에서 우리는 지금 우리가 경험하는 우주의 "죽음"과 "폐기"를 인정할 수 있다. 따라서 "마지막 날"은 지금 우리가 경험하는 "이 세계의 마지막 날인 동시에 새로운 세계의 첫 날이요 영원히 존속하는 날"일 것이다. 그러나 마지막 날에 일어날 우주의 죽음과 폐기는 "없어져버리는 것"을 뜻하는 것이 아니라, 전혀 새로운 상태로의 변화일 것이다. 그러므로 요한계시록 21:5에 따르면, 하나님은 "모든 것을 새롭게 한다"고 말한다.

따라서 전혀 새로운 상태로의 변화는 **동일성과 새로움**(identity and newness), **연속성과 비연속성**(continuity and discontinuity)을 포괄한다. 새로운 세계는 옛 세계가 철저히 변화된 것이므로 옛 세계와 동일성, 연속성을 가진다. 이와 동시에 그것은 전혀 새로운 것이므로 새로움과 비연속성을 가진다. 예수의 부활한 몸이 부활하기 이전의 몸과 연속성을 가지는 동시에 비연속성을 가지는 것과 마찬가지다. 변화는 전혀 새로운 상태로의 넘어감일 것이다. 만일

18) H. Schwarz, Creation, 233.

변화가 하나의 단계에서 다른 단계로 넘어가는 것을 뜻한다면 새로운 세계는 새로운 것이 아니라, 옛 세계의 연장일 것이며, 옛 세계의 표식인 시간의 불가역적 구조가 그대로 존속할 것이다. 종말에 완성될 세계의 변화는 우리가 살고 있는 이 세계에서 일어나겠지만, 이 세계가 전혀 새로운 세계로 변화되는 것을 말한다.

이 변화가 언제 일어날지 우리는 예언할 수 없다. 이 변화가 일어날 종말의 순간은 우리가 지금 경험하는 불가역적인 시간 안에서 일어나는 것이 아니라, 불가역적 시간의 끝이기 때문이다. 바울의 표현에 따르면, 그것은 "마지막 나팔이 울릴 때에, 눈깜박할 사이에 홀연히" (고전 15:52) 일어날 것이다. 그러나 전혀 새로운 상태, 곧 "새 피조물"로의 변화는 예수의 부활을 통해 이미 지금 일어나고 있다고 성서는 말한다: "누구든지 그리스도 안에 있으면, 그는 새로운 피조물이 되었습니다. 옛 것은 지나갔습니다. 보십시오, 새 것이 되었습니다" (고후 5:17). 만일 우주의 종말이 폐기 처분되는 것, 혹은 영원한 죽음의 상태 혹은 수축과 확장의 영원한 반복이라면, 예수의 부활을 통해 지금 경험되는 하나님의 "새 창조"는 실패로 끝날 것이다. 또한 "새 창조"가 지금의 우주가 없어진 다음 전혀 새로운 우주와 더불어 일어날 것이라면, 그것은 지금 이 우주 속에서 일어날 필요가 없을 것이다.

오늘의 세계 상황을 관망할 때, 세계 속에 하나님의 나라가 온다는 것은 불가능하게 보인다. 교회가 "땅 위에 있는 하나님 나라의 현실", 곧 "하나님 나라의 징표"가 된다는 것도 거짓말처럼 보인다. 선(善)보다 악(惡)이 더 크게 증가하는 것 같다. 인간이 있는 곳에는 어디에나 부패와 타락이 있고, 세계 곳곳에 테러와 살인, 자연자원의 감소, 지구의 사막화, 지구의 온실화, 이상 기후로 말미앎은 대 재난들이 일어나고 있다. 핵무기의 위력 앞에서 온 세계가 "묵시사상적 불안" 속에 있다. 지금 인류가 보유한 핵무기는 재앙의 모든 위험성의 요약이다. 이러한 시대적 분위기 속에서 하나님의 구원의 역사가 완성되며 하나님의 새 하늘과 새 땅이 이루어진다는 것은 불가능한 것으로 보인다.

그러나 키에르케골이 말한 것처럼, 믿음은 "역설적"(paradoxical)이다. 그것은 인간의 눈으로 볼 때 불가능한 것을 가능하다고 믿는다. 하나님은 아브라함에게 바다의 모래와 하늘의 별처럼 많은 후손을 약속한 다음, 그의 외아들 이삭을 제물로 바치라고 요구한다. 이것은 인간의 눈으로 볼 때 하나의 역설이다. 많은 후손에 대한 하나님의 **약속**과 외아들 이삭을 제물로 바치라는 하나님의 **요구** 사이에 아무런 연속성이 없다. 그럼에도 불구하고 아브라함은 하나님의 약속을 믿는다.

믿음은 "불구하고"를 언제나 내포한다. 그것은 인간의 눈으로 볼 때 불가능한 것을 가능하다고 믿기 때문이다. 이것이 믿음이다. 믿고 희망하며, 또 믿고 희망하는 것을 일으켜 세우려고 꿈틀거리는 것이 믿음이다. 이 믿음은 믿는 바의 실재이다. 우리가 믿고 바라는 것이 믿음 속에서 자리를 잡는다: 믿음은 우리가 희망하는 것을 확신하는 것이며, 우리가 아직 보지 못하는 것을 확신함이다(히 11:1).

프리먼 다이슨(Freeman Dyson)은 우주의 종말이 열사(熱死)일 수도 있고 동사(凍死)일 수도 있다는 물리학자들의 가설을 반대한다. 장래의 생물들은 지구의 모든 가능한 조건에 적응할 수 있도록 진화될 것이다. 또한 우리는 유전학의 방법을 통해 유기체들이 어떤 조건에서도 살아남을 수 있도록 유전자를 변형시킬 수 있을 것이다. 인간의 뇌 속에 있는 소프트웨어(software) 프로그램은 컴퓨터나 다른 종류의 하드웨어에 저장될 수 있으며, 이리하여 지능과 의식의 새로운 형식들이 생성될 수도 있을 것이다. 이 새로운 형식들은 극도의 뜨거운 온도나 찬 온도에서도 살아남을 수 있을 것이다. 그러므로 생명과 지능은 불멸한다.[19]

티플러(Frank Tipler)도 이와 비슷하게 생각한다. 인간의 뇌는 그 본질에 있어 하나의 컴퓨터이다. 인류가 우주에 거주하게 될 때, 온 우주의 그물망 속에서 정보를 처리하는 다양한 형식들이 생성될 것이다. 정보 처리의 속도와 정보의 저장은 무한히 증가할 것이다. 이리하여 원칙상 불멸하지 않는 무한한 지능이 생성될 것이다. 우주적 컴퓨터 그물망은 이 과정 속에서 생성되며 온 우주를 통제하는 "생성되는 하나님"이라 말할 수 있다. 인류가 몰사할지라도, "지능의 영원한 존속"이 있을 것이다. 컴퓨터는 자기 자신을 재생산할 수 있는 기능을 갖기 때문이다. 엔트로피 법칙이 예언하는 바와 같이 우주의 모든 에너지 원이 소진되어도, 컴퓨터와 같은 형태를 지닌 지적 생명체는 살아남을 것이다. 이를 가리켜 우리는 차안에서의 불멸이라 말할 수 있다.[20]

오늘의 자연과학적 인식에 의하면, 우주는 아직도 400억 년 정도 존속할 것이라 한다. 그런데 400억 년이란 기간은 우리의 경험을 넘어선다. 우리는 400억 년이란 수치를 쉽게 말하지만, 400억 년이란 기간은 사실상 우리의 표상 능력을 넘어선다. 그러므로 400억 년 후 이 우주가 어떻게 변화되어 있을지 예측한다는 것은 사실상 불가능하다. 또 우리가 도저히 경험할 수 없는 400억 년 후

---

19) F. Dyson, "Infinite", in All Directions, 1988, 114.

20) 이에 관해 F. Tipler, Die Physik der Unsterblichkeit. Moderne Kosmologie.

에 우주가 어떻게 될 것인가를 예측하는 것 자체가 무의미하다. 그러므로 하나님의 미래에 대한 기독교의 희망은 자연과학의 시나리오들을 인정할 필요도 없고 부인할 필요도 없다. 그것은 자연과학적 가설에 대한 인정이나 부인에 기초하지 않는다. 오히려 그것은 예수 그리스도의 삶과 죽음과 부활 속에서 일어난 하나님의 자기 계시와 약속에 근거한다.

새 하늘과 새 땅을 향한 새 창조는 예수의 부활을 통해 이미 시작되었다. 이제 그것은 죄와 죽음의 세력에 묶여 있던 인간이 하나님의 "새로운 피조물"로 변화되는 회개와 중생을 통해 지금, 여기에서 앞당겨 일어나고 있다. 그러므로 그리스도인들은 불안과 좌절과 절망에도 "불구하고" 하나님의 새 창조를 희망하며 기다린다. 이 희망은 단지 인간의 성찰과 결단을 통해서가 아니라 성령의 능력을 통해 유지된다. 그것은 성령의 열매이다. 이 희망에서 성령은 다음과 같이 경험된다:

1. 성령은 창조자의 능력 내지 힘으로 경험된다. 죄와 죽음의 세력에 사로잡혀 참 생명을 읽어버린 자가 성령의 힘을 통해 그의 죄를 용서받고 새롭게 태어나며 (요한복음 3:5), 하나님의 새로운 피조물로 (고후 5:17) 변화된다. 죄와 불의로 인해 죽어가던 생명이 새롭게 약동하며, 불의가 다스리는 곳에 하나님의 의가 세워진다.[21]

---

21) M. Welker, Gottes Geist, 153-173은 성령의 추상적이며 모호한 편재(Unipräsenz)를 거부하고, 하나님이 그의 피조물을 붙드시고 생동케 하는 거기에서 성령의 현존을 발견한다. 구체적으로 "성령은 생명을 창조하고 의를 일으키면서 현존한다." (155) "하나님의 영은 그저 '어디서나' 작용하는 것이 아니라, 그는 피조물의 생명을 일으킨다." (157)

2. 성령은 인간의 힘으로 극복하기 어려운 모든 사회적, 종교적, 문화적, 인종적 차이를 극복하고, 하나님의 새로운 공동체, 곧 하나님의 집 - 피조물의 집을 창조하는 하나님의 힘으로 경험된다. 하나님의 영 안에서 유대인과 이방인, 그리스인과 야만인, 주인과 종, 여자와 남자의 구별이 사라지고, 모든 사람이 하나이며 (갈라디아서 3:28), "한 마음과 한 영혼"이 되고, 모든 것을 함께 나눈다(사도행전 4:31-35). 성령의 이러한 활동은 피조물의 세계로 확대된다. 성령은 인간의 사회는 물론 자연환경 전체를 하나님의 생명 공동체로 형성하는 새로운 창조의 힘이다. 이러한 성령이 모든 피조물 안에 임재한다면, 피조물의 세계 전체는 새 창조의 과정 속에 있다. 그것은 새 창조의 과정 자체이다.

3. 성령은 친교와 공동체의 영으로 경험되는 동시에, 각자를 개별화시키는 영으로 경험된다. 각자가 성령을 통해 하나님의 부르심을 받으며, 다른 존재와 혼동되거나 교체될 수 없는 자신의 가치와 존엄성을 가진 존재로 자기를 인식한다. 각자의 분량대로 성령의 은사를 받는다. 성령은 하나지만, 성령의 은사들은 다양하다(고린도전서 12장).

4. 성령은 새 창조의 미래를 앞당겨 오는 하나님의 영으로 경험된다. 성령을 통해 새롭게 된 "육적이며 연약하고 유한한 생명이 피조물적인 것의 친교 속으로 새롭게 들어온다. 그는 성령의 활동의 봉사를 맡게 된다."[22] 신음 속에 있는 피조물들을 구하기 위한 "성령의 활동의 봉사"를 통해, 하나님의 자녀들이 누리는 자유를 경험케 된다. 분리되어 있던 모든 피조물들이 그 안에 함께 사는

---

22) M. Welker, Gottes Geist, 162.

새 창조의 공동체, 그리스도 안에서 연합되어 있고 성령 안에서 새롭게 된 피조물들의 새로운 창조 공동체가 회복되며, 온 우주가 하나님이 그 안에 거하는 하나님의 처소, 성령의 전으로 변화되기 시작한다.

12.

양자물리학의 세계관의 생태신학적, 사회-정치적 의미

오늘날 우리의 세계가 직면하고 있는 생태학적 위기의 문제는 인류는 물론 모든 피조물의 운명에 관한 문제가 되었다. 하나님의 구원의 역사가 성취되느냐 성취되지 못하느냐의 문제도 여기에 달려 있다. 만일 인류가 이 위기를 극복하지 못한다면, 하나님의 구원의 역사도 실패로 돌아갈 것이다.

앞서 우리는 생태학적 위기를 초래한 원인으로서 근대 고전물리학의 기계론적 세계관을 지적하였다. 기계론적 세계관에 의하면 세계는 원인과 결과의 법칙에 따라 움직이는 하나의 기계와 같다. 이 기계는 시계에 비유된다. 시계가 어떻게 움직일 것인지, 그것의 미래는 결정되어 있으며(=결정론), 결정되어 있기 때문에 우리는 시간을 정확히 계산할 수 있다. 기계는 생명을 갖지 않는다. 그것은 생명이 없고 그 자체로서 폐쇄되어 있는 물건에 불과하다. 데카르트가 말한 것처럼, 그것은 사유하는 존재(res cogitans)로서의 영혼에게서 분리되어 있는 연장되는 존재(res extensa), 곧 물질에 불과하다. 폐쇄되어 있는 물질적 기계로서의 세계는 인간을 위해 존재하며, 인간의 의도와 목적에 따라 변조될 수 있고 파괴될 수도 있다.

이러한 기계론적 세계관은 19세기 말에 이르기까지 자연과학을 지배하였다. 그러나 근대 후기에 이르러 뉴턴의 기계론적 세계관은 동요되기 시작하였다. 그것을 처음으로 뒤흔든 것은 먼저 다윈의 **진화론**이다. 다윈의 진화론은 신이 세계를 창조할 때 세계에 부여한 질서와 섭리에 따라 모든 것이 진행된다는 기계론적, 결정론적 세계관에 반해, 자연도태와 적자생존의 원리에 따른 변화와 발전의 열려져 있는 세계, 곧 개방된 체계로서의 세계상을 제시하였다.

20세기 초에 등장한 양자물리학 혹은 양자이론은 자연과학의 세계관에 일대 혁명을 일으킨다. 본래 양자이론이란 미시 물리학적 대상들, 곧 원자, 분자, 전자 외에 다른 기본 요소들의 보편적인 물리적 법칙들을 연구하고 설명하는 이론을 가리키는데, 19세기 말에 볼츠만(Ludwig Boltzmann, 1844-1906)이 발표한 개연성의 이론을 통해 등장하기 시작했다. 볼츠만은 개연성의 물리학적 개념을 처음으로 해명하였으며, 고전물리학이 말하는 영원히 변하지 않는 자연법칙들은 절대적인 것이 아니라 통계적인 것이며 개연성의 것이라는 사실을 증명하였다. 그가 물리학계에 일으킨 새로운 혁신은 "개연성을 해명의 수단이 아니라 설명의 원칙으로서 물리학에 도입한 데에 있다."[1]

1) I. Prigogine & I. Stengers, Dialog mit der Natur. Neue Wege naturwissenschaftlichen Denkens, 6. Aufl. 1990, 131 f.

1. 양자이론의 기초를 준비한 막스 플랑크와 아인슈타인

1900년 막스 플랑크(Max Planck, 1858-1947)는 양자이론의 결정적 기초를 발견하였다. 그의 이론에 따르면, 에너지는 무한히 나누어질 수 없으며, 언제나 하나 아니면 다수의 에너지 묶음(bundles) 즉 양자(量子, quanta, 오늘날 photon이라 불리기도 함)로 나타난다. 하나의 원자가 에너지의 양을 바꿀 때, 하나 혹은 다수의 양자를 흡수하거나 아니면 배출한다. 이리하여 전자들이 한 에너지 양에서 다른 양으로 비약한다. 이 때 어떤 전자가 언제 비약할지, 또 어떤 에너지 양으로 비약할지 우리는 알 수 없다. 이 비약은 인과율에 따라 일어나지 않고 확률에 따라 일어나기 때문이다. 이로써 물질의 기계론적, 결정론적 운동은 거부된다. 여기서 인과율이 더 이상 타당하지 않다는 사실이 드러난다. 인과율이 더 이상 타당하지 않다는 것은 기계론적 세계관이 더 이상 타당하지 않다는 것을 뜻한다.

아인슈타인(Albert Einstein, 1879-1955)은 1905년 빛의 파장과 입자의 이원론이라는 혁명적 개념을 물리학에 도입한다. 같은 해에 그는 특수 상대성이론을, 1915년에는 일반 상대성이론을 발표함으로써, 기계론적, 결정론적 세계관을 크게 동요시키고 양자이론의 기초를 확보한다.[2] 그 때까지 뉴턴의 역학 혹은 기계학(Mechanik)은 질량의 영속성과 불변성에 기초하였으며, 시간과 공간은 인간의 경험 이전부터 실재하는 절대적 기본구조라고 생각되었다. 뉴턴에 의하면, "절대적이며 참된 수학적 시간은 그 자체에 있어 균일하게 흐르며, 그의 본질상 어떤 외적인 것과 관계없이 흐른다.

---

2) 아래 내용에 관해 H. P. Dürr, K. M. Meyer-Abich, H.-D. Mutschler, W. Pannenberg, F. M. Wuketits, 『신, 인간 그리고 과학』, 223 이하.

달리 표현하여 그것은 '지속'(Dauer)이라 불리운다…"

절대시간에 대한 뉴턴의 생각은 **절대공간**에 대한 그의 생각과 일치한다: "절대적 공간은 그의 본질에 상응하여 어떤 외적인 것과 관계없이, 동일하고 움직임 없이 존속한다…"[3] 여기서 시간과 공간은 구별되며 절대적이다. 공간은 모든 대상이 그 안에서 고정된 자리를 가진 빈 용기(容器)로 생각된다. 시간은 동일한 형식을 가지며 보편적인 것으로, 모든 관찰자에게 동일한 것으로 생각된다. 우주는 지금 이 순간 공간 속에 있는 모든 대상들의 전체를 뜻하며, 지금 이 순간은 모든 대상들에게 공통된 동시적 "지금"으로 생각된다.

칸트는 뉴턴의 객관적이며 절대적 시간과 절대적 공간의 개념을 수용하고, 이들을 모든 **경험적 직관의 선험적 조건**으로 파악한다. 시간과 공간은 인간의 경험 이전부터 주어져 있는 "직관의 형식들"로서, 대상에 대한 모든 직관은 이 형식들 속에서 일어난다. "시간은 어떤 경험에서 연역된 경험적 개념이 아니다. 시간은 선험적으로 주어져 있다… 오직 그 속에서 현상의 모든 현실이 가능하다. 이들은 모두 없어질 수 있지만, 시간 자체는 지양될 수 없다… 시간은 감각적 직관의 순수 형식이다… 교체되는 모든 현상들이 그 속에서 일어나는 것으로 생각되는 시간은 존속하며 교체되지 않는다… 그러므로 교체는 시간 자체에는 해당하지 않으며, 시간 속에 있는 현상들에게만 해당한다."[4]

---

3) I. Newton, Mathematische Prinzipien der Naturphilosophie, Scholium, hrsg. von G. Böhme, Frankfurt 1988. J. Moltmann, Wissenschaft und Weisheit, 104에서 인용함.

4) I. Kant, Von der Zeit, in: Kritik der reinen Vernunft, hrsg. von W. Weischedel, 1956, § 4, 78-79.

이러한 절대시간과 절대공간의 개념을 아인슈타인은 그의 상대성이론을 통해 거부한다. 시간과 공간은 서로 독립적이지 않다. 오히려 그들은 서로간의 연속성 속에서 결합되어 있다. 따라서 어떤 사물의 순수한 공간적 상태란 존재하지 않는다. 오히려 **시공간적인 상태**가 있을 뿐이다. 동시적 시간일지라도 공간의 영향을 받기 때문에, 서로 다른 공간에서는 동일하게 존재할 수 없다. 공간은 물질에 의해 영향을 받으며, 인력으로 말미암아 구부러지기도 한다. 인력은 공간에게 4차원적 곡선을 부여한다. 시간도 중력을 통해 수축된다. 시간과 공간이 절대적이 아니라면, 그 속에 있는 모든 것이 **절대적이지 않다**. 이 세계는 절대적으로 고정되어 있는 물질적 입자들로 구성되어 있는 것이 아니라, 특정한 순간 존재하지 않다가 존재하기 위해 시간을 필요로 하는 **진동과 에너지 장들**로 구성되어 있다. 그것은 입자들이 그 속에 등장했다가 사라지는 **역동적 흐름**과 같다. 따라서 그것은 개연성의 상태들의 세계이다. 어떤 잠재성이 실현되는가의 문제는 시간 속에서 결정된다.

아인슈타인은 그의 생애 후기에 양자이론을 반대했지만, 그의 상대성이론은 양자이론이 등장할 수 있는 기초를 준비하였다. 양자에 대한 자신의 연구를 통해 노벨상을 받을 만큼 그는 양자이론에 대한 깊은 이해를 가지고 있었다. 그의 상대성이론은 하나의 역동적이며 모든 것이 그 속에서 결합되어 있는 우주를 제시한다. 시간과 공간은 분리될 수 없으며, 질량은 에너지의 형식이고, 중력과 가속운동은 구분될 수 없다. 질량의 운동과 공간의 형식, 시간의 과정들과 공간의 기하학적 운동은 분리되어 있는 것이 아니라 상호작용 속에 있다. 물질은 수축성 있는 시간-공간의 직물(織物, Gewebe) 구조 속에 얽혀 있는 하나의 주름(Falte)과 같다. 세계는 분리된 상태에서 단지 외적으로 관계하는 사물들의 전체가 아니라, 서로 작용하는 사건들의 총체적 흐름(Fließen)에 비유할 수 있다. 양자물리학자 폴킹혼(J. Polkinghorne)이 말하는 "스푸키 효과"는 아인슈타인의 상대성 이론의 세계상에 매우 가깝다: "두 개의 양자적 실체가 한 번 상호 작용을 하였다면, 그들은 이제 그 후에 아무리 멀리 떨어지게 되더라도 서로 서로에 대하여 직접적인 인과적 영향력을 지속적으로 가지게 된다."[5)]

세계에 대한 자연과학의 인식은 실재의 세계를 있는 그대로 파악하는 것이 아니라, 인간 자신이 만든 세계에 대한 상(像)이라는 점을 아인슈타인은 파악함으로써, 양자이론의 기본 통찰을 개척하였다: 자연과학의 연구를 통해 인간은 세계에 대한 단순화되었고 쉽게 파악할 수 있는 상(像)을 얻고자 노력하며, 세계를 이 상으로 대체함으로써 그가 체험하는 세계를 극복하고자 한다. 화가들, 시인들, 사변적 철학자들, 자연 연구자들, 이들 각 사람은 각자의 방법으로 이것을 추구한다. 세계에 대해 그가 강하게 느끼는 바를 이 상과 그것이 형성되는 과정 속에 투입시키며, 이를 통해 그 자신의 좁은 개인적 체험의 범위 속에서 발견할 수 없는 안식과 안정을 얻고자 한다.[6)] 따라서 세계에 대한 소위 객관적이며 절대적 인식은 거부된다.

양자물리학은 1926년에 발표된 베르너 하이젠베르크(Werner Heisenberg, 1901-1976)의 불확정성(Unbestimmtheit)의 원리와, 1927년 닐스 보어(Niels Bohr, 1885-1962)의 상보성(Komplementarität)

5) 신준호, "양자물리학자 존 폴킹혼의 신학적 종말론", 370.

6) A. Einstein, Mein Weltbild, 1934, 108. D. Hattrup, Carl Friedrich von Weizsäcker, Physiker und Philosoph, 2004, 44 참조.

이론을 통해 결정적으로 확립된다. 두 사람의 “코펜하겐 양자이론”에 의하면, “객관적인 물리적 현실”은 “물리적 현실의 관찰자”와 상관없이 독자적으로 존재하는 것이 아니라, 관찰자와 상관관계에 있다. 관찰자가 어떤 대상을 측정하여 그것을 물리학적 단위로 나타내지 않으면, 그 대상은 존재한다고 볼 수 없다. 관찰 대상과 관찰자, 관찰 대상과 그것을 측정하는 기기(器機)는 서로 분리될 수 없는 일체를 이루기 때문이다. “양자장 이론”(quantum field theory)은 한 걸음 더 발전하여, 물질이란 애초에 없으며, 보이지 않는 에너지 장(場, field)들의 불규칙한 자극이나 파동만 있을 뿐이라고 주장한다.

20세기 물리학에서 일어난 이러한 변화는, 토마스 쿤(Thomas S. Kuhn)이 20세기의 “과학적 혁명”, “패러다임의 교체”라 부를 만큼, 현대의 세계관에 일대 혁명을 일으켰다. 1960년대에 양자물리학 분야에서 시작된 신과학 운동(New Science Movement)은 “전통적인 서구 학문의 분석적 방법론과 그 기계론적인 세계관에 대한 전면적 반성과 변혁을 요구”하였으며, “1970년대 이후 과학의 여러 분야와 심리학, 사회학, 정치학, 경제학 등 인문·사회과학 분야에 이르기까지 확대되고 있다.”7) 또한 양자이론은 기계론적 세계관에 반대되는 유기체적 세계관을 제시함으로써, 오늘의 생태학적 위기를 극복할 수 있는 하나의 대안을 제시한다.

여기서 우리는 양자물리학의 세계관을 파악하고, 그것이 내포하고 있는 생태신학적 의미와 더불어, 그 속에 숨어 있는 사회-정치적 기능을 해명하고자 한다. 프랑크푸르트 학파(Frankfurter Schule)

---

7) 현요한, “과학의 영성, 영성의 과학”, 한국조직신학회 편, 『조직신학 속의 영성』, 한국조직신학회 논총 제7집, 301.

에 따르면, 자연과학도 분명히 하나의 "사회적 실재"로서, 그 속에는 지적, 이론적 관심과 더불어 정치적, 이데올로기적 세력이 작용한다. 자연과학이 가진 "자연을 지배하는 힘"은 "인간과 사회를 지배하는 힘"으로 발전하기 때문에, 물리학적 세계관의 생태학적 의미는 그것의 사회-정치적 의미와 분리될 수 없으며, 오늘의 위기 상황을 극복하기 위해서 이 두 가지 문제는 함께 다루어져야 할 것이다.

2. 정신과 물질의 이원론의 상대화

일반적으로 물질은 그것을 구성하는 많은 부분들로 구성되어 있으며, 물질을 분석할 때 그것을 구성하는 가장 작은 입자들, 곧 더 이상 나누어질 수 없는 단위체들을 얻을 수 있다고 우리는 생각한다. 이 입자들을 가리켜 우리는 "실체"(substance)라 부른다. 실체는 라이프니츠가 말한 "단자"나 당구공처럼 더 이상 나누어질 수 없으며 서로 독립적으로 존재하는 물질의 가장 작은 단위체를 말한다. 이 입자들은 물질과 동일한 구조와 속성을 지닌다. 모래알들이 아무리 작아도, 그들이 구성하는 바위 덩어리와 동일한 구조와 속성을 가지는 것과 마찬가지다. 이러한 입자들, 곧 원자가 물질을 구성하는 실체라고 생각되었다.

고전물리학에 따르면, 원자의 직경은 10^{-8}cm(=0.00000008cm)이며, 그 안에 있는 원자의 핵은 10^{-12}cm의 직경을 가진다. 원자핵의 주변에는 직경 10^{-13}cm의 전자들이 움직이고 있다. 양극을 가진 원자핵과 음극을 가진 전자들의 인력에 의해 원자는 유지된다. 가장 작은 원자는 수소 원자이며, 수소 원자의 핵은 단 한 개의 양성자

(Proton)이며, 이 양성자는 단 하나의 전자와 결합되어 있다.[8] 이 기본적 실체, 곧 원자는 영원히 변하지 않으며, 그것이 구성하는 물질과 동일한 구조와 속성을 가진다. 그것은 원인과 결과의 법칙에 따라 움직이면서 그 물질의 물리적 질서를 형성한다고 생각되었다.

그러나 양자이론에 따르면, 물질을 구성하는 근본적 요소는 원자가 아니라 **장**과 **에너지**이다. 폴킹혼에 따르면 그것은 "에너지와 패턴"이다. 원자는 고정되어 있는 불활성 물질이 아니며, "가장 작은 물질"이 아니다. 오히려 그것은 "장"(fields) 가운데서 이동하며 진동하는 에너지일 따름이다. 따라서 물질 그 자체는 근본적인 것이 아니라는 사실이 양자이론을 통해 밝혀진다. "장"은 우리가 물질에서 볼 수 있는 속성을 갖지 않는다. 그것은 물질적이라기보다는 정신적인 것에 더 가깝다. 그것은 물질이 아니라 일종의 비물질적인 포텐샬, 혹은 "위치 에너지"로 설명되기도 한다.[9]

하이젠베르크에 의하면, 현실의 가장 깊은 곳에서 우리가 만나는 것은 고정되어 있는 물질적인 것이 아니라, 플라톤 철학이 말하는 것과 같은 "물질의 관념들"로서의 근원적 상들(Urbilder)이다.[10] 폰 바이첵커는 하이젠베르크가 말하는 "본래적 상들"을 "정신적인 것"으로 해석함으로써, 하이젠베르크보다 한 걸음 더 나아간다. 그의 신념에 따르면, 양자이론은 사유하는 실체(res cogitans)와 연

8) 이에 관해 C. F. von Weizsäcker, Der Mensch in seiner Geschichte, 128.

9) 이와 연관하여 E. H. Hooton, The Ideas of Physics, 1967, 144: "상대성은 장 개념을 더욱 추상적으로 만들었고, 양자이론은 미립자의 개념을 더욱 추상화했다. 눈에 보이지 않지만 개체적이고 딱딱한 물질 대신에 새로운 에너지의 양자들이 최종 구성 인자가 되었다. (세계를 시공을 떠다니는 단단한 미립자들의 집합체로 보는) 기계론은 상대성에 의해 무너졌다."

10) W. Heisenberg, Der Teil und das Ganze, 326.

장되는 실체(res extensa), 곧 물질과 정신을 별개의 것으로 나누는 데카르트의 이원론을 거부한다. 현실은 그것을 구성하는 가장 기본적 단위체에 있어 정신적 요소와 물질적 요소로 나누어질 수 없다는 사실을 양자이론은 보여 주기 때문이다. 오히려 물질과 정신의 "심령주의적 일원론"(spiritualistischer Monismus)을 양자이론은 허용할 수 있다. 물질과 영혼의 두 가지 실체 대신 "심리"(Psyche) 혹은 "잠재적 의식"(virtuelles Bewußtsein)의 "단 한 가지 실체만이" 있을 수 있는 가능성을 폰 바이첵커는 강력히 시사한다.[11] 그러나 이 실체는 객관적으로 우리에게 파악되는 것이 아니라, 우리가 결단해야 할 양자택일의 것으로 우리에게 나타난다.[12]

실체에 대한 양자이론의 이러한 이해는 정신과 물질의 이원론적 세계상을 거부하고, 세계를 하나의 유기체로 이해할 수 있는 단서를 제공한다. 세계는 더 이상 정신의 영역과 물질의 영역으로 나누어질 수 없다. 세계는 그 안에 있는 모든 사물들이 동질성을 가진 하나의 전체이다. 이 전체는 물질적인 것이 아니라, 그 안에 영혼이 있는 정신적인 것에 더 가깝다. 이러한 세계상을 우리는 아래 "상보성과 전일성의 세계"에서 한 걸음 더 깊이 고찰하게 될 것이다.

11) C. F. von Weizsäcker, Der Mensch in seiner Geschichte, 44-46, 136. 또한 이에 관해 C. F. von Weizsäcker, Der Garten des Menschlichen. Beiträge zur geschichtlichen Anthropologie, 1977, 208; C. F. von Weizsäcker, Zeit und Wissen, 1992, 532.

12) 양자이론의 이러한 설명은 라이프니츠의 단자론을 연상시킨다. 라이프니츠의 단자론에 따르면, 더 이상 나누어질 수 없으며 물질을 구성하는 단자는 물질적인 것이 아니라 "형이상학적 실체"이며, "지각과 목적을 가진" "혼"(Seele)이라 부를 수 있다: G. W. Leibniz, Monadologie, § 19.

3. 상호작용 속에 있는 실재의 세계와 인간

고전물리학은 **객관적 실재론**(objective realism)을 인정한다. 즉 대상의 실재는 그것을 인식하는 인간에게서 독립하여 객관적으로 존재하는 것으로 생각된다. 근대의 자연주의와 물질론(=유물론)은 이 객관성을 인정하며 여기에 기초한다. 생물학자 모노(J. Monod)가 말하듯이, "과학적 방법의 기본 원리는 자연의 객관성의 전제이다.… 객관성의 전제는 과학과 동일시 될 수 있다. 그것은 자연과학의 엄청난 발전을 삼백 년 전부터 이끌어 왔다."[13]

객관적 실재에 대한 고전물리학의 신념은 **인과율**에 근거한다: A라는 결과는 B라는 결과를 초래할 수밖에 없으며, B라는 결과는 A라는 원인에서 나올 수밖에 없는 필연성과 객관성을 가진다. 이들의 관계는 관찰자의 입장에 따라 변경될 수 있는 것이 아니라, 관찰자의 입장에 관계없이, 모든 관찰자에게 동일하게 관찰될 수 있고 파악될 수 있는 **객관적인 것이며 보편적인 것**이다. 객관적 실재가 있기 때문에, 대상에 대한 과학의 인식은 객관성과 보편성을 가질 수 있다. 모든 사물들의 운동은 인과율에 따라 결정되어 있고 객관적으로 언제나 동일하게(=보편타당하게) 파악될 수 있다. 그러므로 자연과학은 모든 사물들의 미래를 미리 계산할 수 있고 예측할 수 있다고 믿게 된다.

객관적 실재 혹은 현실이 있기 때문에, 과학은 과정 속에 있는 객관적 현실을 있는 그대로, 이른바 객관적으로 파악할 수 있고 수학적 공식으로 나타낼 수 있다. 인식의 목적은 대상에 대한 인간의 모든 개입을 배제하고, 대상을 가능한 있는 그대로, 곧 객관적으로

---

13) J. Monod, Zufall und Notwendigkeit. Philosophische Fragen der modernen Biologie, 1970, 30.

모사(模寫, abbilden)하는 데 있다. 인식의 이상(理想)은 대상과 인식의 일치(adaequatio)에 있다. 대상과 일치하는 인식을 가리켜 객관적 인식이라 부르며, 이 인식은 대상의 객관적 실재를 전제한다.

아인슈타인은 그의 상대성이론을 통해 양자이론의 기초를 준비했으나, 실재의 객관성에 대한 고전물리학의 입장을 포기하지 않았다. 그의 상대성이론에서 아인슈타인은 관찰자 자신을 관찰의 과정에서 배제하고, 이른바 물리적 실재는 객관적으로 존재한다고 믿었다. 그의 신념에 따르면, 현실은 인과론적이고 객관적이며 결정되어 있다. 대상 세계의 객관성은 실재로 존재한다. 따라서 객관화될 수 있는 것만이 현실적이다. 만일 어떤 사물이 객관적이 아니라면, 그것은 주관적일 수밖에 없다. 그러나 주관성은 객관성을 결여한 단순한 주관적 의견 내지 생각에 불과하며, 과학의 대상이 될 수 없다. 객관적 실재와 관찰자는 원칙상 분리되어 있다. 따라서 물리적 실재에 대해 관찰자는 아무런 적극적 의미와 기능을 갖지 못한다.

아인슈타인에 따르면, 일상생활에서 우리는 언제나 객관적 실재를 전제한다. 수평선이나 지평선 아래에 있는 태양이 우리의 눈에 보이지 않을지라도, 태양이 빛을 비추고 있다는 것을 우리는 확신한다. 우리가 잠을 자고 있을 때에도, 태양은 자기의 위치를 지키면서 그의 따뜻한 햇살을 지구를 향해 반사하고 있음을 우리는 믿는다. 이것은 우리 인간의 입장에 의존하지 않는 객관적 실재 혹은 현실이며, 아인슈타인은 이 객관적 실재를 포기하지 않았다.[14]

그러나 미시적 원자의 세계에서 이루어지는 자연의 관찰에 있

---

14) 이에 관해 C. F. von Weizsäcker, Zum Weltbild der Physik, 1943, 207.

어서는 상황이 다르다고 양자이론은 주장한다. 자연의 대상만이 영향력을 가진 것이 아니라, 관찰하는 연구자 자신이 영향력을 가지며, 따라서 이른바 객관적 실재가 인정될 수 없다는 사실이 양자이론에서 처음으로 인지되었다. 보어에 따르면, 원자에 대한 진술들은 객관적인 것이 아니라 물리학적 실험의 **배열**(Anordnung)에 의존하며, 우리는 고립되어 있는 원자 그 자체에 대해서는 아무 것도 진술할 수 없다. 모든 실험에는 실험 주체와 실험 대상의 **상호작용**(Interaktion)이 발견된다. 관찰과정과 관찰대상은 엄밀히 나누어질 수 없다. 관찰자는 단지 구경꾼이 아니라 관찰과정에 적극적으로 참여되어 있으며, 관찰의 수단과 방법들을 선택한다. 결정적으로 중요한 것은 관찰자의 이성이나 의식이 아니라, 관찰과정에서 일어나는 이 상호작용이다.[15] 그러므로 보어는 이렇게 말한다: "There is no quantum world. There is only abstract quantum physical description. It is wrong to think that the task of physics is to find out how nature is. Physics is concerned with what we can say about nature."[16]

하이젠베르크는 물리학적 실험의 과정이 관찰하고자 하는 원자의 요소들의 작용에 영향을 미친다는 점을 포착하였다. 이리하여 그는 다음과 같은 결론을 내린다: "모든 관찰과 함께 결합되어 있는 피할 수 없는 방해로 말미암아, 자연은 우리의 직관적 개념들을 통한 정확한 확정을 벗어난다. 자연을 가능한 그 자체로서 있는 그대로, 다시 말해 우리의 개입과 관찰 없이 묘사하는 것이 모든 자연 연구의 본래 목적이었다. 그러나 이제 우리는 바로 이 목적이

15) 아래 내용에 관하여 I. G. Barbour, Wissenschaft und Glaube, 236 ff.

16) J. Polkinghorne, Quantum Theory, 83에서 인용함.

달성될 수 없다는 사실을 인식한다. 모든 관찰은 관찰되는 대상에 변화를 가져온다. 이 변화를 무시하는 것이 원자물리학에서는 어떤 방법으로도 불가능하다."[17]

이로써 실재의 객관성에 대한 아인슈타인의 신념은 부인된다. "최근의 양자이론의 실험들은 아인슈타인을 무덤 속에 묻어버리기에 충분하다.… 양자물리학의 특징은 다음의 사실에 있다. 즉 원인과 결과는 고전물리학이 말하는 것처럼 그렇게 확정적으로 결합되어 있지 않다. 불확정성이 지배한다. 다시 말해 어떤 사건들은 이른바 자발적으로, 일반적 의미에서 그 이전의 원인 없이 간단히 일어난다."[18]

하이젠베르크는 그의 입장에 대한 근거를 괴테의 "색채론"에서도 발견한다. 괴테에 따르면, 수학적 공식들은 실재 자체를 묘사하는 것이 아니라 실재의 추상화(Abstraktion)이다. 실험과 계산에 근거한 원인과 결과의 분석은 자연에 대한 사실적 묘사가 아니라, 그것을 조작한 것(Manipulation)이다. 그러므로 수학적 추상화에 대해 괴테는 인간 자신의 직관의 직접성을 대립시킨다. 직접적 직관이 수학적 추상화보다 실재를 더 정확하게 인식할 수 있다고 그는 주장한다. "물리학자들도 자기를 현상들에 대한 주권자로 만들고, 경험을 수집하며, 기교적 시도들을 통해 현상들을 가공하고 나사로 죄어 맞춘다.… 이것이 자연이라는 뻔뻔스러운 주장에 대해 우리

17) W. Heisenberg, "Die Goethesche und die Newtonsche Farbenlehre im Licht der modernen Physik", in: H. Mayer (Hrsg.), Goethe im XX. Jahrhundert. Spiegelungen und Deutungen, 1967, 430. 참조: G. Altner, Die Überlebenskrise in der Gegenwart. Ansätze zum Dialog mit der Natur in Naturwissenschaft und Theologie, 1988, 24 f.

18) P. Davies, Die Unsterblichkeit der Zeit. Die moderne Physik zwischen Rationalität und Gott, 1995, 207.

는 조용히 미소를 짓고 머리를 끄덕이면서 응대한다. 그러나 어느 건축가도 자기가 지은 궁전을 산골의 창고나 숲을 위해 내어 주지 않을 것이다."[19)]

이로써 궤테는 수학적 법칙들을 통해 자연을 묘사할 수 있다고 보는 고전물리학의 세계관적 파토스를 조롱하며, 양자이론에 대해 중요한 단서를 제공한다: 자연과학의 인식 과정을 통해 실재는 대폭 변경되며, 개념과 개념을 통해 얻은 실재에 대한 인식과 실재 자체는 일치하지 않는다. 원인과 결과의 법칙에 따라 수학적으로 파악될 수 있는 대상의 실재, 곧 인간의 인식에 대해 언제나 동일하게 고정되어 있고 그러므로 누구에게나 보편적으로 인식될 수 있는 이른바 객관적 실재는 인정될 수 없다. 인식의 과정을 통해 대상의 실재에 변화가 일어나기 때문이다.

이러한 통찰에 근거하여 하이젠베르크는 자연에 대한 자연과학적 인식을 생명과 의식을 가진 사물들의 영역으로 확장시키는 것을 경고한다: 물리학자가 그의 물리학적 장치들을 가지고 관찰하는 것이 결코 자연 자체가 아니라고 궤테는 말하였다. 이로써 궤테가 말하고자 했던 것은, "자연과학의 이러한 방법을 가지고 접근할 수 없는 자연의 다른 영역들, 보다 더 큰 생동성을 가진 영역들이 있다는 것이다. 자연과학이 생명 없는 물질에 적용되지 않고 오히려 생명이 있는 물질에 적용될 때, 자연을 인식하기 위한 목적으로 자연에 개입함에 있어 더욱 더 조심해야 한다는 것을 우리는 사실상 믿게 될 것이다. 보다 더 높고 정신적인 영역들을 인식하고자 하면 할수록, 우리는 단지 수용하고 관찰하는 연구로 만족해야

19) W. Heisenberg, "Die Goethesche und die Newtonsche Farbenlehre im Licht der modernen Physik", 421.

할 것이다."[20]

양자이론의 입장은 칸트의 대상 자체, 곧 "Ding an sich"에 대한 생각을 넘어선다. 칸트에 따르면, 인간은 그에게 나타나는 대상, 곧 대상의 "나타남"(Erscheinung)을 인식할 수 있을 뿐, 대상 자체는 인식할 수 없다. 대상 자체는 인간의 인식 저 너머에 숨어 있다. 여기서 칸트는 이른바 **대상 자체의 객관적 실재**를 인정한다. 이에 반해 양자이론은 대상 자체의 객관적 실재를 인정하지 않는다. 비록 대상 자체의 객관적 실재가 존재한다 할지라도, 그것은 고정되어 있는 것이 아니라 끊임없이 변화하는 "역사"이며, 그것을 관찰하는 인간과의 상호작용 속에서 변천한다. 대상은 언제나 특정한 관찰자에 대한 대상일 뿐이며, **관찰의 과정 속에서 대상 자체의 존재가 변화된다**. 대상에 대한 인식은 단순히 대상으로 말미암아 결정되는 것이 아니라, 그것을 관찰하고 인식하는 사람의 관심과 태도에 의존하며, 그가 사용하는 파라미터에 의존한다. 폰 바이체커에 따르면, "우리가 선택하는 물리적 대상들의 묘사는 우리의 태도와 관련되어 있다는 것을 양자이론은 전제한다."[21]

일반적으로 어떤 물리적 사건은 인간과 관계없이 단순히 대상의 자연적 행위로 말미암아 일어난다고 생각하기 쉽다. 그러나 폰 바이체커에 따르면, 인간에 의해 인식되는 물리적 사건 속에는 이미 인간의 정신이 작용한다. 그러므로 물리적 사건은 인간의 "정신적 행위와 자연적 행위의 통일성"(Einheit des mentalen und des physischen Akts)으로[22] 말미암아 일어난다고 말할 수 있다. 인식

20) H. Mayer (Hrsg.), Goethe im XX. Jahrhundert, 431.

21) C. F. von Weizsäcker, "Bemerkungen zum Gespräch zwischen Naturwissenschaft und Theologie", in: Gott-Geist-Materie, 74.

주체에 대한 대상의 관계성은 철학사에서 새로운 것이 아니다. 단지 자연과학자들에게 그것은 새로운 것이다. "정신과 물질의 양극성은 인식되는 대상과 인식하는 주체의 양극성에 부분적으로 수용되었다. 대상은 단지 주체에 대해서만 대상이라는 것을, 다시 말해 물질은 단지 정신에 대해서만 물질이라는 것을 우리는 위에서 말한 내용으로부터 추론할 수 있는가? 양자이론은 이 질문을 제기하지만, 이 질문에 대해 대답하지 않는다. 이제 우리는 철학을 찾아가서, 물리학적 논증들로써 결정될 수 있는 것을 멀리 넘어서는 것이 필요할 것이다."[23)]

4. 결정되지 않은 개연성의 세계
- 하이젠베르크의 "불확정성의 이론" -

1900년 양자이론의 기초를 마련한 막스 플랑크에 따르면, 전자의 방사(Strahlung)는 언제나 하나 아니면 다수의 에너지 묶음(bundles) 즉 양자로 나타난다. 오늘날 그것은 광자(Photon)라 불린다. 광자는 빛의 입자들(Lichtteilchen)이라 볼 수 있는데, 이것은 빛을 모든 다른 전자파들처럼 파장(Wellen)으로 구성되어 있다고 보는 종래의 견해에 모순된다.

---

22) C. F. von Weizsäcker, Der Garten des Menschlichen, 177.

23) C. F. von Weizsäcker, "Bemerkungen zum Gespräch zwischen Naturwissenschaft und Theologie", 74. 그러나 대상의 세계는 그것을 관찰하는 인간에 의해 창조된다고 보는 존 휠러(John A. Wheeler)의 극단적 입장에 우리는 동의할 수 없다. 그것은 인간을 대상 세계의 창조자로 보는 극단적 인간 중심주의의 위험성을 보여 준다. 이에 관해 J. A. Wheeler, "Bohr, Einstein, and the Strange Lesson of the Quantum", in: Mind and Nature, ed. R. Elvee, 1982; "The Universe as Home for Man", in: American Scientist 62 (1974), 683-691.

이 모순은 아인슈타인이 1905년에 도입한 파장과 입자의 이원론을 통해 해결된다. 이 이론에 따르면 빛은 그것을 측정하는 실험의 방법에 따라 때로 파장으로, 때로 입자로 나타난다. 그것은 결코 파장으로서, 또 입자로서 동시에 나타날 수 없다. 입자의 위치를 파악코자 할 때 그것의 파장 곧 운동을 정확히 파악할 수 없고, 운동을 파악코자 할 때 위치를 정확히 파악할 수 없다. 여기서 인과율이 더 이상 효력을 갖지 못한다는 사실이 발견된다. 인과율이 더 이상 효력을 갖지 못한다는 것은, 기계론적 세계관이 더 이상 타당하지 않다는 것을 뜻한다.

기계론적 세계관은 원인과 결과의 엄격한 법칙, 곧 인과율에 근거한다. 인과율은 우리의 **일상적 행동에 대한 기초**가 된다. 한 두 가지 예를 들어보자: 수도꼭지를 열면(=원인), 수도 물이 나온다(=결과). 물이 흐르는 수도 꼭지를 잠그면(=원인), 물이 흐르지 않는다(=결과). 이 법칙을 알기 때문에 우리는 물을 얻고자 할 때 수도꼭지를 열고, 수도물을 멈추게 하고자 할 때 수도꼭지를 잠근다. 자동차의 가속 페달을 밟으면(=원인), 자동차의 속도가 빨라진다(=결과). 그러므로 우리는 자동차를 가속하고자 할 때 가속 페달을 밟고, 자동차 속도를 줄이고자 할 때 가속 페달에서 발을 뗀다. 여기서 인과율은 도저히 부인될 수 없는 절대 법칙으로 전제된다. 만일 인과율이 없다면, 우리의 정상적인 행동은 불가능할 것이다.

또한 인과율은 **결정론적 세계관의 기초**가 된다. A라고 하는 원인은 필연적으로 B라는 결과를 가져온다. 원인 A와 결과 B의 필연적 관계는 인과율을 통해 이미 결정되어 있다. 자연의 모든 사물들은 인과율에 따라 움직이도록 결정되어 있다. 인과율은 모든 사물들의 활동의 보편적 원리이다. 그것은 인간의 윤리에서도 하나의 결정론적 법칙으로 전제된다: 선을 행하면(=원인), 선한 열매를 맺는다(=결과). 악을 행하면(=원인), 악한 열매를 맺는다(=결과). 모든 사물들의 삶이 인과율에 의해 결정되기 때문에, 사물들의 미래는 결정되어 있다. 결정되어 있기 때문에 과학자는 미래를 정확하게 예측할 수 있다.

그러나 전자의 운동에 관한 막스 플랑크의 이론은 인과율의 절대적 타당성을 더 이상 인정하지 않는다. 전자의 운동은 인과율에 따라 미리 결정되어 있지 않다. 오히려 그것은 우리가 예측할 수 없는 개방상태에 있다. A라는 원인은 반드시 B라는 결과를 가져오지 않으며, B라는 원인은 반드시 A라는 원인으로 환원되지 않는다. A의 미래는 확정되어 있지 않으며, 관찰자에 의해 정확히 계산될 수 없다: "우리가 현재를 정확히 알 때, 미래를 측정할 수 있다는 인과율의 엄격한 공식에서 잘못된 것은 부문장이 아니라, 그것의 전제이다." "이리하여 양자역학을 통해 인과율의 비타당성이 결정적으로 확정된다."[24]

인과율이 더 이상 절대적 타당성을 갖지 못한다면, 세계는 원인과 결과의 법칙에 따라 기계적으로 움직이는 하나의 폐쇄된 기계, 그것의 미래가 이미 결정되어 있는 체계가 아니라, 어떻게 움직일지 정확하게 예측할 수 없는 개방된 체계이다. 이리하여 기계론적 세계관의 결정론은 무너지고, 세계를 개방된 체계로 이해하는 비결정론적 세계관이 등장한다. 이것을 폰 바이첵커는 다음과 같이 말한다:

24) W. Heisenberg, "Über den anschaulichen Inhalt der quantentheoretischen Kinematik und Mechanik", 172-198.

"양자이론은 고전물리학에 비해 여러가지 차이들, 곧 오늘에 이르기까지 철학적으로 완전히 마무리되지 않은 차이들을 가진다. 그것은 그의 비결정론을 통해 물리학자들과 철학자들을 놀라게 했다. 그것은 엄격히 결정되지 않은 사건에 대한 예측을 가르친다."[25]

하이젠베르크는 "불확정성의 이론"(Unbestimmtheitstheorie)을 통해 양자이론의 비결정론적 세계상(indeterministisches Weltbild)을 강화시킨다. 폰 바이체커는 하이젠베르크의 불확실성의 개념을 다음과 같이 설명한다:[26] 고전물리학에 따르면, 하나의 입자는 그것에 영향을 주는 힘들 속에서 우리가 정확하게 정의할 수 있는 궤도를 따라 움직인다. 그것은 언제나 공간 속에 있는 한 특정한 장소와 특정한 속도를 가진다. 처음의 장소와 속도와 작용하는 힘들을 알 때, 우리는 인과론적으로 결정되어 있는 궤도를 미리 계산할 수 있다. 그러나 슈뢰딩어(Erwin Schrödinger)가 발표한 파장의 기능에 따르면, 입자의 장소나 속도에 관한 측정들은 객관적인 것이 아니라 개연성을 가진 것에 불과하다. 파장의 기능이 입자의 상태에 대한 완전한 묘사라면, 입자의 운동은 완전히 인과론적으로 결정되어 있지 않다. 고전 물리학이 말하는 궤도란 엄격한 의미에서 존재하지 않는다. 장소 x와 속도 p는 언제나 결정되어 있지 않다. 불확정성을 통해 인과율은 거부된다. 세계는 인과율에 따라 확정되어 있지 않다. 그것은 개방된 상태에 있으며 개연성을 그의 본질로 가진다. 그러므로 우리는 대상에 대해 단지 개연적인 것만을 말

25) C. F. von Weizsäcker, "Bemerkungen zum Gespräch zwischen Naturwissenschaft und Theologie", 73.

26) C. F. von Weizsäcker, Der Mensch in seiner Geschichte, 131 f.

• 하이젠베르크

할 수 있을 뿐이다.

세계의 개연성은 대상에 대한 우리의 지식의 제한성에서 오는 것인가, 아니면 대상 자체의 불확정성과 우연성에서 오는 것인가? 이 문제에 대해 자연과학은 아직도 일치를 보지 못하고 있는 세 가지 대답을 제시한다:[27]

1. 세계의 개연성은 인간의 **잠정적 무지**에서 온다. 막스 플랑크와 아인슈타인에 따르면, 양자역학의 불확실성은 지금 우리 인간의 무지로 말미암은 것이다. 사물들은 "관찰자에 의존하지 않고 독립적으로 존재하며", 이 사물들에 고전물리학의 개념들이 적용되어야 한다. 원자를 구성하는 개별 요소들의 활동은 인과론에 따라 일어나며 결정론적인 것이다. 그러므로 이 활동들의 법칙들이 언젠가는 발견될 것이며 정확한 관찰이 가능할 것이다. "개연성이 아

27) I. G. Barbour, 『과학이 종교를 만날 때』, 123-126.

니라, 사실들이 법칙들의 지배 아래에 있는 대상으로 인정되는 이론을 우리가 결국 발견할 것이라고 나는 절대적으로 확신한다."[28] 아인슈타인은 고전적 실재론자로서 우주의 질서와 예측 가능성을 믿었다. 그러므로 "하나님은 주사위 놀이를 하지 않는다"(Gott würfelt nicht)고 그는 말한다.

2. 세계의 개연성은 개념이나 실험 그 자체가 지닌 **한계**로 말미암은 것으로 설명되기도 한다. 많은 물리학자들에 따르면, 불확실성은 인간의 잠정적 무지에서 오는 산물이 아니라, 원자의 세계에 대해 우리가 아무리 노력해도 정확한 지식을 영원히 얻을 수 없는 근본적 한계로 말미암은 것이다. 보어와 하이젠베르크의 초기 입장에 따르면, 불확실성은 **실험이 지닌 한계들**로 말미암아 일어나는데, 관찰자와 관찰대상 사이에 적어도 최소한의 상호 작용이 일어나는 관찰과정 자체로 말미암아 야기된다. 또 그것은 우리가 피할 수 없는 **개념적 한계들**로 말미암아 일어난다. 대상을 실험하는 실험 상황의 선택을 통해서 우리는 특정한 개념적 구도에 따라 파장이나 정확한 속도의 측정을 결단한다. 원자의 세계를 관측할 때, 우리는 인과론적 구도와 시공간적 구도, 둘 중에 하나를 선택해야 하며, 두 가지를 함께 적용할 수 없다. 그러나 두 가지 구도는 모두 한계를 가지므로, 불확실성이 일어날 수밖에 없다. 이로 인해 우리가 인식하는 세계는 개연성을 갖게 된다는 것이다.

3. 후기 하이젠베르크는 세계의 개연성을 **자연 자체가 지닌 불확정성**의 결과로 설명한다: 물리적 대상에 대한 인식의 불확정성은

---

28) M. Born, Natural Philosophy of Cause and Chance, 1949, 122에 실린 아인슈타인의 편지에서 인용됨. 이에 관해 A. Pais, Subtle is the Lord, 1982.

우리 인간이 지닌 지식의 한계로 말미암은 것이 아니라, 자연의 객관적 현실이다. 자연의 불확정성은 자연 속에 숨어 있는 잠재성에 기인한다. 그러므로 하이젠베르크는 자연의 불확정성을 가리켜 "잠재성의 개념의 재도입"(Wiedereinsetzung des Begriffs der Potenzialität)이라 부른다.29) 이 잠재성은 단순히 미래의 목적을 향한 자연의 지향성에 있는 것이 아니라, 자연 안에 숨겨져 있는 다양한 가능성들을 가리킨다. 이들 가능성 가운데 어떤 가능성이 실현될 것인지 결정되어 있지 않기 때문에, 자연은 확정되지 않은 상태, 곧 불확정성의 상태에 있다. 그러므로 우리는 세계의 모든 사물의 현재와 미래에 대해 언제나 개연적으로 말할 수 있을 뿐이다.

자연의 사물에 대한 관찰은 그 안에 숨어 있는 다양한 가능성들 가운데 하나를 끄집어내는 데 있다. 관찰자의 기능은 대상 사물의 가능성들 가운데 한 가능성을 실현하도록 유도하는 데에 있다. 그러므로 전체로서의 세계는 이미 결정되어 있는 것이 아니라, 그것을 관찰하는 관찰자의 영향을 받으면서 그의 잠재적 가능성이 실현되는 과정 속에 있다. 예를 들어 전자는 완결되어 있는 실체가 아니라, 관찰자의 영향을 받으면서 변화되는 과정 속에 있다. 이리하여 관찰자 자신의 행위가 원자적 사건의 역사의 한 부분이 된다.30)

따라서 세계 속에는 인과율에 따라 계산할 수 없는 우발적 사건들과 새로움이 나타날 수 있는 가능성이 있으며, 미래는 결정되어

---

29) I. G. Barbour, Wissenschaft und Glaube, 244.

30) 이와 연관하여 I. G. Barbour, Myths, Models and Paradigms: A Comparative Study in Science and Religion, 1974, 158: "원자 세계는 직접적으로 관찰되거나, 감각적인 말로 표현될 수 없다. 우리는 그것을 상상조차 할 수 없다.… 예를 들어, 우리는 어떤 실험에서는 전자(電子)를 파장으로, 또 다른 실험에서는 입자로 나타내지만, 전자 자체가 무엇과 같은지를 상상할 수 있는 일관된 방법은 없는 것 같다."

있지 않다. 비록 세계가 특정한 과거의 상태로 되돌아갈지라도, 그 뒤에 일어나는 사건들은 과거의 것과 동일한 것이 아니라, 과거의 것과 다른 형태를 가진 새로운 사건들일 것이다. 다양한 가능성들로부터 언제나 다른 사건이 일어나기 때문이다. 잠재성과 우연은 단지 인간의 주관적 현상이 아니라, 세계의 객관적 현실이다.

5. 닐스 보어의 상보성의 원리

1927년 하이젠베르크와 함께 발표한 "코펜하겐 해석"에서 닐스 보어는 상보성(Komplementarität)의 개념을 중심 문제로 다룬다. 그의 입장에 따르면, 상보성의 개념은 하나의 동일한 사건을 두 가지 상이한 관찰 방법으로 인식할 수 있는 상황을 묘사한다. 입자는 그 자체로서 존재하는 하나의 독립된 실체를 가리킨다면, 파장은 독립된 실체들이 그 속에 결합되어 일어나는 운동을 가리킨다. 그러므로 입자와 파장은 서로 모순되는 개념들로서 하나의 이원성을 형성한다. 이를 가리켜 과학자들은 파장과 입자의 이중성(Welle-Teilchen Dualität) 내지 이원론(Dualismus)이라 부른다.

• 닐스 보어

그런데 이원성 가운데 있는 입자와 파장은 단지 모순된 것이 아니라, 하나의 동일한 실재를 묘사하는 상호 보완적 측면들이라 볼 수 있다. 일반적으로 우리는 전자, 양자 등 원자의 미시적 대상들을 입자라고 생각하는데, 이 입자들은 입자로 보이기도 하고, 특수한 상황 속에서는 파장으로 보이기도 한다. 광자(Photon)는 입자들과 동일한 보편적 상태에 있으며 일종의 입자로 파악될 수 있다. 이러한 미시적 대상들은 예를 들어 특정한 위치에 존재하며 특정한 속도를 가진 운동 속에 있다는 속성들을 가진다. 즉 위치와 속도(Impuls)의 속성들을 가진다. 그런데 미시적 대상들이 때로는 입자로 나타나고 때로는 파장으로 나타나기 때문에, 그들의 속성들은 정확하게 파악될 수 없다. 예를 들어 동일한 형태를 가진 파장은 하나의 특수한 속도 가운데 있기 때문에, 그것이 있는 위치를 정확하게 파악할 수 없다. 그것의 위치를 파악할 때, 그것의 속도를 정확하게 파악할 수 없다. 또 그것의 속도를 파악할 때, 그것의 위치를 정확하게 파악할 수 없다.

그러므로 관찰자는 두 가지 관찰 방법을 사용할 수밖에 없다. 즉 속도를 파악하는 관찰 방법과 위치를 파악하는 관찰 방법을 사용할 수밖에 없다. 그러나 두 가지 관찰 방법은 서로를 배격한다. 위치에 대한 관찰은 속도의 관찰을 배격하며, 속도의 관찰은 위치의 관찰을 배격한다. 위치와 속도를 동시에 관찰하는 것은 불가능하다. 미시적 대상들의 위치와 시간은 결코 동시에 관찰될 수 없다. 그러므로 이들 대상에 대한 관찰은 부정확성과 불명료성을 피할 수 없다. 이를 가리켜 하이젠베르크는 "불명료성의 관계"(Unschärferelation)라고 묘사한다. 이를 통해 뉴턴의 기계론은 타당성을 상실한다:

"양자의 체계들(Quantensystemen)에 있어 피할 수 없는 불명료성 때문에 전자와 같은 대상들에 대한 기계학(=역학, 역자)의 뉴턴적 법칙은 거부되며…, 1920년대 베르너 하이젠베르크, 에르빈 슈뢰딩어(Erwin Schrödinger) 그리고 일련의 다른 학자들이 발전시킨 새로운 '양자기계학'(Quantenmechanik)으로 대체될 수밖에 없다."[31]

대상에 대한 두 가지 관찰 방법, 곧 위치에 따른 관찰 방법과 속도에 따른 관찰 방법 "이 두 가지 관찰 방법들은 서로를 배제하지만 서로를 보완하며, 두 가지 서로 모순되는 관찰 방법들의 연결을 통해서 우리는 비로소 눈으로 볼 수 있는 현상의 내용을 충분히 파악할 수 있다."[32] 달리 말해, 하나의 대상은 단 한 가지 개념의 틀을 통해 충분히 파악될 수 있는 것이 아니라, 다양한 패러다임들의 상호 보완 속에서 충분히 파악될 수 있다. 기계론적 세계관이 말하듯이, 특정한 한 가지 개념의 틀에 따라 대상을 완전하게 파악하고 묘사한다는 것은 불가능하다. 하나의 개념적 틀이 사용되면 될수록, 상호 보완적인 다른 개념들의 틀이 동시에 작용될 가능성은 낮아진다. 폰 바이체커는 이것을 다음과 같이 설명한다:

"보어의 연구는 우리가 현실을 묘사하기 위해 필요로 하는 상들이나 개념들의 상보성이라는 중심 개념을 포함한다. 두 가지 상보적 개념들은 없어서는 안 되지만, 동시적으로 엄격하게 적용될 수 없다. 이것은 '위치'와 '속도'의 개념들이 지닌 불확정성의 관계에 있어 타당성을 가진다. 입자들의 속성들에 대한 예측은 파장의 기능 프시(Ψ)

31) P. Davies, R. Brown (Hrsg.), Superstrings: Eine allumfassende Theorie der Natur in der Diskussion, übers. von H.-P. Herbst, 1922, 34.

32) W. Heisenberg, Der Teil und das Ganze, 98.

를 필요로 한다. 그런데 파장이 전체적으로 관찰될 수 없고 단지 입자의 속성들에 대한 개연성들로서 규정되어 있다면, '입자'와 파장'의 개념들도 서로 상보적이다."[33]

상보성의 개념은 인식론에 있어서 중요한 의미를 가진다. 모든 대상이 오직 다양한 개념적 틀들의 상호 보완 속에서 충분히 인식될 수 있다면, 특정한 개념적 틀에 따른 대상의 인식은 대상 자체에 대한 객관적 묘사가 아니라 대상의 한 측면에 대한 묘사에 불과하며, 그것은 대상에의 접근(Näherung)일 뿐이다. 그러므로 인간의 모든 지식은 한계를 가지며, 이른바 대상과 일치하는 "명백한" 인식은 인정될 수 없다: "세계에 대한 단 하나의 완전히 명백한 묘사는 존재하지 않는다. 보어의 상보성 개념은 이것을 말하고자 한다. 개방되어 있는 미래는… 확실성 대신 가능성을 사용하도록 요구하기 때문에, 우리는 마이어-아비히(K. Meyer-Abich)의 표현에 따라 다음과 같이 말할 수 있다: 상보성은 사실들 사이의 관계가 아니라, 가능성들 사이의 관계이다."[34]

보어는 상보성의 원리가 물리학의 현상에 대해서는 물론, 다른 현상들에 확대 적용될 수 있다고 제안한다. 생물학의 기계론적 모델과 유기체적 모델, 심리학의 행동주의 모델과 내성적 모델, 철학의 자유의지 모델과 결정론적 모델, 신학에서 하나님의 정의(正義)의 모델과 사랑의 모델 등에 있어 상보성의 원리가 적용될 수 있

33) C. F. von Weizsäcker, Der Mensch in seiner Geschichte, 132.

34) C. F. von Weizsäcker, "Die philosophische Interpretation der modernen Physik", in: Joachim-Hermann (Hrsg.), Nova Acta Leopoldina: Abhandlungen der Deutschen Akademie der Naturforscher Leopoldina, Neue Folge, Nr. 207, Bd. 37/2, Halle, 7. Aufl. 1981, 26.

다는 것이다.

보어의 상보성 이론은 기계론적 세계상과는 전혀 다른 세계상을 우리에게 제시한다. 세계는 다양한 관점들의 상호 보완 속에서 보다 더 바르게 파악될 수 있다. 어떤 특정한 관점의 배타적 절대성은 인정될 수 없다. 관점들의 **인식론적 상보성**, 곧 상호 보완성은 **존재론적 상보성**을 전제한다. 세계의 어떤 사물도 홀로 존재하지 않는다. 모든 사물은 상호 관계와 상호 작용과 상호 보완 속에서 존재한다. 그러므로 어떤 대상도 단 하나의 원리나 개념적 틀에 따라 적절히 파악되지 않는다. 모든 사물이 상보의 관계에 있다면, 주체와 객체, 정신과 물질의 이원론은 인정될 수 없다. 세계는 관계의 그물망 속에서 상호 작용하며 보완하는 사물들로 구성되어 있다. 세계는 주체와 객체, 정신과 물질, 인간과 자연, 이 모든 사물들이 서로 작용하며 영향을 주고 받는 관계의 그물망(Gewebe) 자체이다. 세계와 그 속의 사물들을 묘사하는 인간의 언어는 제한되어 있다. 그러므로 사물에 대한 모든 관점들은 서로 보완되어야 한다:

> "인식론적으로 보어는 예를 들어 어떤 개념의 정의(Definition)와 그 개념의 직접적 응용(Anwendung) 사이의 상보성에 대해 말하였다. 윤리학적으로 그는 정의와 사랑의 상보성에 대해 말하였다. 그의 철학이 관심을 가진 본질적 문제는 '우리는 무엇을 알 수 있는가?' 혹은 보다 더 정확히 말하여 '우리는 무엇을 의미 있게 말할 수 있는가?'의 문제였다. 때로 그는 '우리는 언어에 묶여 있다'고 말하였으며, '우리가 가진 표현 수단의 제한성'을 상보성에서 발견하였다."[35]

35) C. F. von Weizsäcker, Der Mensch in seiner Geschichte, 132 f.

6. 유기체의 관계 속에 있는 전일적 세계

고전물리학에서 전체는 개체들의 합(合)으로 생각되며, 개체들의 상태가 전체의 상태를 결정한다고 생각된다. 그러므로 전체는 개체로 환원될 수 있다. 즉 세계는 그것을 구성하는 개체로 환원될 수 있으며, 개체를 분석함으로써 전체의 세계를 파악할 수 있다. 가장 작은 부분들로 환원된 개체들, 곧 양자, 중성자, 전자는 더 이상 나누어질 수 없으며, 물질의 기본 요소라 생각된다. 이러한 원리에 따라 오늘날 자연과학은 보다 더 작은 개체로의 분석과 환원을 그의 연구 방법으로 가지며, 점점 더 작은 개체의 영역으로 자신을 제한시키는 경향을 가진다. 이것은 연구자들의 연구 영역을 점점 더 왜소화시키며, 이를 통해 타 연구 영역들에 대한 무지를 초래한다.

그러나 1950년, 60년대에 이르러 질량과 스핀(Spin)이 다양하고 그 중에 어떤 것은 10억 분의 1초 혹은 더 짧게 존재하는 다른 종류의 입자들이 발견되었다. 그런데 이 입자들은 "쿼크"(Quark)라 불리는 형질들로 형성되어 있으며, 독자적으로 생존할 수 없는 것으로 밝혀졌다. 쿼크들을 분리시키고자 할 때, 새로운 쿼크들이 등장하여 새로운 양자들과 미립자들이 생성된다. 보다 더 복합적인 물질적 체계가 형성될 때, 그 속의 개별 요소들에게서 전혀 예감할 수 없었던 새로운 특성들이 생성된다. 이리하여 하나의 **새로운 전체**가 완전히 독특한 방법으로 조직화되며, 그의 구성 요소들 속에서 발견되지 않는 특성과 활동을 가진 "질적으로 새로운 현상들"이 나타난다.

따라서 양자이론이 연구하는 미시세계의 복잡한 체계 혹은 복잡계(complex system)에서 전체는 개체들의 합(合) 이상의 것이며,

개체의 합으로써는 해명되지 않는 새로움이 창조적으로 등장한다. 복잡한 체계는 주변 환경으로부터 에너지를 끌어당겨서, 열역학적인 평형상태로부터 멀리 떨어진 비평형상태에 도달함으로써 자기조직화의 패턴(self-organizing order)을 산출할 수 있다. 그 속에는 기존의 구성 요소들을 단순히 새롭게 배열하는 것을 훨씬 넘어서는, 전혀 새로운 것을 출현시키는 **전일성**(wholeness, "전체"를 뜻하는 희랍어 holon에서 유래함)이 체계의 작동 방식으로 작용한다.

폴킹혼은 이것을 다음과 같이 설명한다: 원자 안에 있는 전자는 분리시킬 수 있는 실체가 아니라 전체 원자의 상태에서 고려되어야 한다. 여러 입자들을 포함하는 더 복잡한 계(界, system)가 구축되면 될수록, 그 구성 요소들만으로는 미처 예상하지 못한 새로운 성질이 나타난다. 새로운 전체 모습은 계의 구성 요소들에서 발견되지 않는 성질과 행동을 보여 준다.[36] 복잡한 계의 전체는 단지 각 개체들의 기능의 총합이 아니라, 각 개체를 결정하는 하나의 통일체로서, 개체에서 연역되지 않는 전혀 새로운 현상들을 보여 준다. 따라서 복잡한 계 혹은 체계들은 고전물리학의 결정론적, 환원론적 사고방식으로 파악될 수 없다. 오히려 그들은 전일적(holistic)이라는 새로운 개념을 통해 파악되어야 한다. 개체들의 합이 곧 전체가 되는 것은 아니며, 개체들의 합은 환원론적 방법으로 파악되지 않는 전체의 변화를 때로 야기하기 때문이다.

개체들의 분석을 통해 도저히 예측할 수 없는 변화로 말미암아 복잡한 체계들 속에는 무질서가 일어난다. 그러나 전체의 변화는 우연에 내맡겨져 있는 것이 아니라, "스트레인지 어트랙터"(strange

36) I. G. Barbour, 『과학이 종교를 만날 때』, 143 이하.

attractor)라고 부르는 가능성의 영역 안에 제한되어 있다. 따라서 어느 정도의 무질서와 어느 정도의 질서가 물리적 세계의 역동적인 생성 과정 안에서 서로 얽혀 있다. "에너지의 출입이 자유로운 개방된 체계 안에서는 복잡한 무질서 상태에서 갑자기 새로운 질서가 출현한다.… 그리고 이 질서가 어떤 조건 하에서는 상당한 기간 동안 역동적인 안정성을 가지고 유지된다".[37] 여기서 고전물리학의 환원론적 세계이해는 무너진다. 전체는 그것을 구성하는 개체들로 환원될 수 없는, 개체들의 합 이상의 것이며, 개체들로 환원되지 않는 새로운 현상을 일으키기 때문이다.

전일성의 원리에 따르면, 전체 안에 있는 모든 개체들은 독자성을 가지는 동시에 서로 결합되어 있으며, 서로 영향을 주고받는다 (togetherness in separation). 그들이 속한 전체의 체계가 변화할 때, 개체들의 속성들도 변화된다. 한 개체에서 일어나는 사건은 다른 개체들에게서도 현재적이다. 따라서 우주 안에서 일어나는 하나의 사건은 우주 어디서나 즉시 현재적일 수 있다. 그러나 이 사건의 전달은 빛의 속도 c를[38] 통해 제한되어 있다. 두 개의 양자나 전자가 하나의 체계 속에서 서로 연결되어 있을 경우, 그들이 상당한 거리를 두고 떨어져 있을지라도 두 가지 장소에 동일한 사태가 알려져 있을 수 있다. 개체 A는 실험실에 있고 개체 B는 달 저 너머에 있다 할지라도, A에 대한 측정은 B의 상태에 즉시 영향을 줄 수 있다.

1930년대에 아인슈타인이 그의 공동 연구자 포돌스키(Boris Podolsky)와 로전(Nathan Rosen)과 더불어 양자이론을 반박하기 위

37) 현요한, "생명의 신비", 한국기독교학회 편, 『과학과 신학의 대화』, 한국조직신학회 논총, 제9집, 124.

38) "C"는 빛의 속도를 가리키며, "속도"를 가리키는 라틴어 "celeritas"에서 유래함.

해 행했던 사고실험(thought experiment), 곧 EPR(Einstein-Podolsky-Rosen의 약자) 실험은 전일성의 원리를 증명하였다: A의 다양한 속성들에 대한 측정들은 B에 대해 다양한 결과를 일으킨다. 이 결과들은 B의 상태에서 실제로 일어난 변화들의 결과들이며, 이 결과들은 A에서 일어난 측정들을 통해 야기된 것이다. 아인슈타인은 이 모든 것을 잘못된 귀결로 보고, 양자이론은 불완전한 것이라 주장하였다. 그러나 1980년대에 알랭 아스펙(Alain Aspect)이 존 벨(John Bell)의 정리를 토대로 EPR 사고실험을 검증한 결과, 양자이론이 주장하는 전일성이 사실상 자연의 속성임이 증명되었다.[39]

전일성의 타당성은 생물학에서도 증명된다: 인간의 형태가 형성되는 과정에서 생성된 각각의 세포들이 전체의 작용 안에서 자신의 위치를 정확하게 식별한다. 수정란의 세포 분열 과정에서 머리의 세포는 위로, 내장의 세포는 안으로, 피부의 세포는 밖으로, 각각 자신의 위치를 찾아간다. 이것은 기계적 인과율로써는 설명되지 않는다. 오히려 그것은 위로부터의 인과율을 포함하는 전일성이라는 새로운 개념에 의해서만 설명될 수 있다. 인간의 형태는 분명히 개체의 세포들로 구성되지만, 개체의 세포들 속에는 개체의 세포로 완전히 환원되지 않는 하나의 전체가 작용한다. 전체는 개체 세포들의 합 이상의 것으로, 개체의 세포들을 유도한다. 개체의 세포들은 전체의 계획을 미리 알고, 그 계획에 따라 자신의 위치를 찾아간다.

39) 이에 관해 J. Polkinghorne, Theologie und Naturwissenschaften, 48.

7. 카오스 이론의 세계관

카오스 이론은 기계론적 세계관의 결정론과 환원론을 다시 한 번 거부하고 양자이론의 세계관을 지지한다. 기계론적 세계관에 따르면, 세계 내의 체계들은 일정하게 움직이는 시계와 같다. 이 역동적 체계들은 그들의 운동에 있어 고정되어 있으며, 한 부분의 작은 동요는 자기와 직결된 다른 부분에게 작은 변화를 일으킬 뿐, 전체에 큰 변화를 일으키지 못한다. 모든 부분들은 원인과 결과의 법칙에 묶여 있으며, 이 법칙에 따라 각자의 제한된 기능을 수행하기 때문이다. 모든 체계들은 각자의 위치에서 자기의 기능을 수행하면서 전체의 질서를 유지한다. 한 마디로 세계는 인과율에 근거한 하나의 기계와 같은 질서를 가진 것으로 생각된다.

이에 반해 카오스 이론에 따르면, 환경 속에서 일어나는 작은 변화에 대해 매우 민감하게 반응하면서 스스로 큰 변화를 일으키는 체계들이 있다. 그들 가운데 일어나는 작은 변화가 그들의 행동 전체를 변화시킨다. 그들은 원인과 결과의 고정된 법칙에 따라 정확하게 움직이는 것이 아니라, 예기치 못한 다른 체계들의 변화와 환경의 변화로 말미암아 엄청난 변화를 스스로 일으키는 혼돈을 보인다. 칼 포퍼(Karl Popper)에 따르면, 이 체계들은 일정한 질서를 가진 시계와 같다기보다, 오히려 무질서하게 있다가 없어지며 없다가 있기도 하는, 그의 활동을 전혀 예측할 수 없는 무질서한 구름과 같다.[40]

카오스 이론에 따르면, 자연계의 모든 체계들은 환경과 결합되어 있다. 그들은 환경에서 분리되어 생각될 수 없으며, 환경에 대

---

40) J. Polkinghorne, Theologie und Naturwissenschaften, 59.

한 그들의 민감성은 환경의 미세한 변화에 엄청난 영향을 줄 수 있다. 질서 있는 체계들은 물론 무질서한 카오스적인 체계들에서도 초기의 작은 변화가 나중에 거대한 새로운 변화를 초래할 수 있다. 초기의 아주 미미한 불확실성이 그 뒤에 나타나는 행동의 관측에 있어 매우 큰 불확실성을 가져올 수 있다.

자연계의 모든 체계들의 활동과 작용에 나타나는 이러한 현상들은 결정론적 법칙 내지 인과율에 의해 파악되지 않는다. 그들은 모든 결정론적 예측을 벗어난다. 이들은 기계적 법칙에 따른 시계의 운동처럼 일어나는 것이 아니라, 인간의 인식에 포착되지 않고 예측되지 않는 방식으로, 예를 들어 구름과도 같이 생성되고 사라지는 것에 비유될 수 있다. 카오스 이론은 "나비효과"(Schmetterlingseffekt)라는 개념을 통해 이것을 설명한다: 아프리카의 숲 속에 사는 작은 나비의 날개 짓이 정글의 공기를 휘저어서 약 3주의 기간 후에 런던에 폭풍우를 몰고 올만큼 증폭적으로 확대되는 효과를 일으킬 수 있다. 측정 불가능한 미시적인 관계성이 거시적인 폭풍우를 생성시킬 수도 있고 소멸시킬 수도 있다. 나비효과는 우주의 차원에서도 일어날 수 있다: 멀리 떨어진 은하계의 한 전자(電子)의 활동이 점차 강화되어 지구에서 일어나는 사건들에 영향을 줄 수 있다.[41)]

이와 같이 세계의 모든 것은 서로 연결되어 있으며 서로 영향을 주고받는다. 이 상호작용에 있어 인과율은 절대적 타당성을 갖지

41) 이정배, "폴킹혼의 공명론과 유신론적 자연신학 연구", 한국조직신학회 편, 『과학과 신학의 대화』, 한국조직신학회 논총, 제9집, 41: 카오스적 현상을 폴킹혼은 "하느님 활동의 결과로 인식한다. 하느님이 그 과정들 배후에서 형이상학적으로 피조물들에게 자유를 허락했기 때문"이다. 그는 "비예측적이며 카오스적 방식으로 피조물과 관계"한다: 위의 논문 53.

못한다. 사물들의 상호작용은 결정론적 법칙들 혹은 인과율에 의해 설명되지 않는 경우가 허다하기 때문이다. 결정론적 법칙들, 곧 인과율은 폐쇄된 체계들에게 적용될 수 있지만, 그들은 실재에 대한 **하나의** 접근에 불과하다. 실재하는 체계들은 그들의 출발점에 있었던 조건들에 대해 매우 민감하게 반응하며 외부의 영향들로부터 완전히 분리될 수 없기 때문이다.

스티븐 켈러(Stephen Keller)에 따르면, 고전물리학에서 전체의 행동은 그 안에 속한 부분들의 상호작용들이 따르는 인과율을 통해 추론될 수 있다. 이 인과율을 통해 어떤 사물의 행동은 설명될 수 있고 예측될 수 있다. 이에 반해 카오스 이론에 따르면, 사물들의 행동은 환경에 대한 그들의 의존성과 민감성으로 인해 예측될 수 없다. 그들의 행동에 대한 예측 불가능성은 단순히 인간의 잠정적 무지에서 오는 것이 아니라, 그들 자신의 내적 구조로 말미암은 것이다. 그러므로 카오스 이론은 사물들의 특정한 행동 법칙이나 원리에 관심을 갖기보다, 매우 다양한 구성인자들로 형성된 사물들이 서로 비슷하게 될 수 있는 **유형들**(Muster)의 질적 형식에 관심을 가진다. 사물의 행동을 인과율적인 매카니즘으로 환원시키고자 하지 않고, 유형들의 총체적 관계들과 체계들의 특성들을 관찰한다. 이로서 카오스 이론은 양자이론의 전일성과 반환원론을 강화시킨다. 제임스 글랙(James Gleick)은 카오스 이론의 전일적이며 반환원론적 성격을 아래와 같이 말한다:

"카오스 이론은 반환원주의적이다. 이 새로운 자연과학은 세계에 대한 전혀 새로운 것을 주장한다. 즉 아주 흥미로운 질문들, 곧 질서와 무질서, 폐기와 생성, 유형의 형성, 그리고 생명 자체에 관한 질문들과 관련하여 전체는 그의 부분들을 통해 설명될 수 없다는 것이다. 복합적 체계들로 인정될 수 있는 기본 법칙들이 있지만, 이들은 새로운 종류의 법칙들이다. 이들은 구조와 조직화와 규범의 법칙들을 말하는데, 우리가 어떤 복합적 체계의 개별적 구성 요소들에 집중할 때, 이들은 사라져 버린다. 이것은 우리가 선동 당하는 대중을 보지 않고 개별의 참여자에 대해 질문할 때, 선동 당하는 대중의 심리학이 사라지는 것과 마찬가지다."[42]

스튜아트 카우프만(Stuart Kaufman)은 분자, 세포, 신경계, 생태체계는 물론 기술의 체계와 경제적 체계와 같은 매우 다양한 체계들의 행동 속에서 공통적인 유형을 발견한다. 이 모든 체계들 속에서 일어나는 피드백(feedback)의 매카니즘과 비선형적(非線型的, unlinear) 상호작용은 보다 더 큰 전체 속에서의 **상호 협동적 활동**을 가능케 한다. 이 체계들은 그들의 개별 구성요소들이 보여 주지 않는, 새로 생성된 체계의 특성들을 보여 준다. 포유동물의 세포에는 256가지 유형이 있는데, 이것은 단지 역사적 우연이 아니라, 체계의 원리들의 귀결이다. 복합적 체계들 속에서는 자발적으로 질서가 생성되는데, 특히 질서와 카오스 사이의 한계 선상에서 생성된다. 질서가 너무 크면 변화가 어렵고, 카오스가 너무 크면 연속성이 약해진다. 무질서는 질서의 새로운 형식이 등장하는 전제가 되기도 한다.[43] 서창원 교수에 따르면, 카오스 이론은 물리세계의 두 가지

42) 이 말은 1990년 글랙이 Gustavus Adolphus College에서 열린 노벨상회의에서 발표한 연설의 마지막 문장임: S. Weinberg, Dreams of a Final Theory, 1992, 60에서 인용됨.

43) 이에 관하여 S. Kaufman, The Origins of Order: Self-Organization and Selection in Evolution, 993; S. Kaufman, At Home in the Universe: The Search for Laws of Self-Organization and Complexity, 1995.

특징을 말한다. "하나는 물리 세계의 '비예측성'(unpredictability)이며 또 하나는 '구조적 임의성'(structured randomness)이다. 이것은 질서가 있는 무질서라고 부를 수 있는 모순 어법(orymoron)의 성격을 가진다. 이처럼 카오스적 세계관이 갖는 의미는 현존하는 물리적 실재가 성격상 매우 민감하고 유연해서, 물리적 과정이 미래를 향해 열려져 있다는 것이다."[44)]

8. 양자물리학과 카오스 이론의 생명-생태신학적, 사회-정치적 의미

오늘날 생태계의 총체적 위기 속에서 양자물리학과 카오스 이론 등 일련의 자연과학적 이론들은 기독교의 생명, 생태신학에 대해 중요한 의미를 제시한다. 신학과 자연과학이 상호 보완의 관계에 있어야 한다면, 신학은 이 통찰들을 과감히 수용할 수 있어야 할 것이다. 거꾸로 자연과학자들은 자연의 세계에 대한 기독교 신학의 통찰들을 검토하고 수용할 수 있어야 할 것이다. 양자이론과 카오스 이론의 생태신학적 의미를 우리는 위에서 이미 부분적으로 제시하였으나, 강조되어야 할 몇 가지 중요한 점들을 우리는 아래와 같이 정리할 수 있다:

1. 데카르트의 사유하는 정신과 연장되는 물질의 이원론은 신학과 자연과학에 심각한 영향을 주었다. 신학은 연장되는 물질의 영역을 자연과학에게 내어주고, 사유를 본질로 가진 정신의 영역으로 후퇴하였다. 이리하여 신학과 자연과학은 상대방의 영역에 간섭하지 않으면서 서로 간에 평화를 유지할 수 있었다. 그러나 이

44) 서창원, "창조 교리의 재해석 가능성", 한국조직신학회 편, 『과학과 신학의 대화』, 한국조직신학회 논총, 제9집, 106.

평화는 양자의 분리와 무관심과 상호간의 무의미에 근거한 "거짓 평화"였다. 거짓평화 속에서 신학의 인식들은 자연과학에게 무의미한 것으로, 또 자연과학의 인식들은 신학에게 무의미한 것으로 간주되었다. 양자는 서로 간섭할 수 없는 전혀 다른 문제 영역과 방법을 가진 것으로 생각되었다.

그러나 양자이론의 상보성 개념은 신학과 자연과학의 상보성의 가능성을 암시한다. 상보성의 개념을 통해 정신과 물질의 이원론이 무너진다. 따라서 신학과 자연과학의 영역 나누기도 타당성을 상실한다. 정신과 물질이 상호작용과 상보성 속에 있다면, 두 영역을 다루는 신학과 자연과학도 상호작용과 상보성을 가진다. 이로써 양자이론은 신학과 자연과학의 대화 가능성을 열어준다. 하이젠베르크는 자연과학과 신학의 관계를 다음과 같이 말한다:

> "자연과학은 객관적인 물질의 세계를 다룬다. 그것은 이 객관적 현실에 대해 바르게 진술하고 그것의 관계들을 이해해야 할 과제를 우리에게 부여한다. 그러나 종교는 가치의 세계를 다룬다. 여기서 논의 되는 것은 존재하는 것에 관한 것이 아니라, 무엇이 존재해야 하며, 우리가 무엇을 행해야 하는가에 관한 것이다. 자연과학의 중심 문제는 무엇이 맞고 무엇이 틀리는가의(richtig oder falsch) 문제라면, 종교의 중심 문제는 무엇이 가치가 있고 무엇이 가치가 없는가의 문제이다. 자연과학은 기술적으로 합목적적인 행동의 기초라면, 종교는 윤리의 기초이다. 18세기 이후 두 영역 사이의 갈등은 오해로 말미암은 것으로 보이는데, 이 오해는 종교의 상들(Bilder)과 비유들을 자연과학적 주장으로 해석함으로 인해 일어난다. 물론 이것은 바보스러운 일이다. 나의 부모님 집에서 일찍부터 배운 이 생각으로 인해 두 영역은 세계의 객관적 측면과 주관적 측면으로 분열되었다.…

인간의 공동체가 계속해서 지식과 신앙의 이 날카로운 분열과 더불어 살 수 있다는 것을 나는 믿지 않는다."[45]

여기서 하이젠베르크는 신학과 자연과학을 윤리와 지식의 영역으로 나눌 수 있는 위험성을 보여 주지만, 양자의 분리를 거부하고 상호관계를 시사한다. 물론 이 관계가 어떤 구체적 형태로 이루어져야 할 것인지에 대해 하이젠베르크는 명백히 말하지 않는다. 그러나 지식과 윤리, 신학 및 종교와 자연과학이 대화를 통해 서로를 성찰하고 수정하면서 연결되어야 함을 시사한다. 인류가 살아남을 수 있는 길은 분리된 두 영역이 만나는 데에 있다고 그는 생각했던 것으로 보인다.

일련의 다른 학자들도 **과학과 종교의 상보적 관계**를 주장한다. 쿨슨(C. A. Coulson)에 따르면 자연과학과 종교는 "하나의 실재에 대한 상보적 설명들"이다.[46] 하나의 실재는 다양한 측면에서 관찰되고 묘사될 수 있다. 예를 들어 인간은 육체의 측면에서 묘사될 수도 있고, 영혼의 측면에서 묘사될 수도 있다.[47] 이 두 가지 측면들이 서로를 보완할 때, 인간이란 실재를 우리는 보다 더 적절히 묘사할 수 있다. 이와 마찬가지로 자연의 세계도 자연과학의 관점에서 묘사될 수도 있고, 종교적 관점에서 묘사될 수도 있다.

일반적으로 우리는 인간에 대한 자연과학적 묘사는 객관성과 보편타당성을 가지는 반면, 종교적 묘사는 주관적이며 보편타당성

45) W. Heisenberg, Der Teil und das Ganze, 101 f.

46) I. G. Barbour, 『과학이 종교를 만날 때』, 137.

47) 그러므로 일부 학자는 육체와 영혼이 두 개의 독립된 실체가 아니라, "인간 존재에 대한 두 가지 형태의 논술에 사용되는 용어들이라고 본다": I. G. Barbour, 『과학이 종교를 만날 때』, 225.

을 갖지 못한다고 생각한다. 그러나 인간에 대한 자연과학적 묘사만이 인간을 올바르게, 곧 총체적으로 묘사한다고 말할 수 없다. 인간의 뇌가 어떻게 구성되어 있고, 그의 육체가 물리적으로 어떻게 구성되어 있는가를 자연과학적으로 설명한다고 하여 인간을 총체적으로 묘사했다고 말할 수 없다. 물론 인간에 대한 종교적 묘사가 객관성을 갖지 못함은 사실이지만, 종교적 묘사는 그 나름대로 그 시대의 언어와 사고방식에 기초하여 인간이란 실재 혹은 현실을 설명한다. 이러한 종교적 묘사와 자연과학적 묘사가 상보적 관계에 있을 때, 인간은 보다 더 적절하게 묘사될 수 있을 것이다.

예를 들어 생물학의 관점에서 볼 때, 인간은 진화된 생물체이다. 기독교 신앙의 관점에서 볼 때, 인간은 하나님과 이웃과 자연을 사랑해야 할 책임성 있는 행동 주체이다. 그의 생명은 그 자체로서 존엄하고 신성하며, 어떤 목적을 위한 수단이 될 수 없다. 이러한 종교적 묘사와 생물학적 묘사가 서로를 보완할 때, 인간은 보다 더 적절히 묘사될 수 있을 것이다. 양자이론은 한 실재에 대한 다양한 개념적 틀의 상보성을 주장함으로써, **자연과학적 관찰과 종교적 관찰의 상보성**을 열어준다. 이와 마찬가지로 자연의 문제에 대해 신학과 자연과학의 관찰이 상호 보완의 관계에 있을 때, 오늘의 생태학적 위기에 보다 더 적절히 대처할 수 있을 것이다.

그의 생애 후기에 철학적 문제에 큰 관심을 기울인 보어는 이것을 다음과 같이 암시한다: 두 가지 종류의 진리가 있다. 즉 "하찮은 종류"의 진리와 "심오한 종류"의 진리가 있다. 하찮은 종류의 진리는 "명확하게" 나타내질 수 있고, 심오한 종류의 진리는 "흐릿하게만" 나타내질 수 있다.[48] 자연과학자들이 볼 때 객관성이 없고 "흐릿하게" 보이는 종교적 진리 속에 세계와 인간에 관한 "심오한 종류의 진리"가 숨어 있을 수 있다.

2. 자연환경은 고전물리학이 표상하는 것처럼 최소의 단위로 분석될 수 있는 가장 작은 단위체의 물질로 구성되어 있는 것이 아니라, 에너지 장(場)으로 구성된 하나의 큰 '흐름'과 같다. 이 흐름 속에서 모든 사물들은 서로 영향을 주고받는 상호작용 속에 있다. 세계를 그 전체에 있어 생명을 가진 하나의 유기체, 곧 "가이아"로 볼 수 있는 근거가 바로 여기에 있다. 세계는 생명이 없는 가장 작은 물질들의 구성물이 아니라, 모든 사물들이 상호작용 속에 있는 **전일적 유기체 내지 생명체**라 볼 수 있기 때문이다.[49]

유기체 속에서 모든 사물들은 서로 영향을 주고받으며 의존한다. 창세기 1장의 창조 이야기는 "모든 것이 다른 것에 서로 의지하여 존재한다는 것을 말하고 있다. 이것은 우주와 연결된 개체들 간의 연기적 관계를"[50] 말한다. 여기서 인간 중심적 세계관은 거부된다. 인간은 더 이상 세계의 중심이 아니라 우주적 유기체 안에 있는 한 부분이요 이 유기체에 의존하는 의존적 존재로 파악된다.

이러한 양자이론의 세계관은 **생태학적 인식의 방법**을 요구한다. 대상에 대한 참 인식은 대상을 전체의 관계성에서 추상화시키고

---

48) J. Polkinghorne, Quantum Theory, 83: "Moreover, he believed - and exemplified - that there are two kinds of truth: a trival kind, which could be articulated clearly; and a profound kind which could only be spoken about cloudily."

49) 김영선, "생명의 개념과 본질에 대한 신학적 고찰", 242는 이것을 아래와 같이 말함: "우주의 모든 것은 살아 있는 생성이다.… 따라서 모든 것에 연결되는 우주 전체의 그물망 속에서 보면 일체의 것은 우주생명이라 할 수 있다." 이에 관해 김지하, 『생명과 자치』, 솔 1997, 38-40.

50) 김은규, "창세기 1장의 생명과 생태사상: 노장사상과 불교적 이해", 61. 김재진, "생명의 생태학적 환경과 생명 창조사", 293 이하도 자연의 세계를 모든 것이 그 안에서 서로 의존하는 "생명여건"으로 파악함.

그것을 분리된 개체로서 파악하는 데 있지 않다. 떼이야르 드 샤댕(Teilhard de Chardin, 1881-1955)이 말한 바와 같이, 사물의 추상화와 분리는 대상의 "빈곤화"를 초래하며 전체적 인식을 불가능케 한다. 참 인식은 대상을 전체의 연관 속에서 파악하는 데 있다. 모든 인식 대상들은 오직 유기체의 연관성 속에서만 존재하기 때문이다. 유기체적 연관 속에서 그들은 우리가 인식할 수 있는 것보다 훨씬 더 복잡하게 서로 통합되어져 있으며, 분리될 수 없는 상호작용(interaction) 속에 있다.

여기서 우리는 양자이론의 정치, 사회적 의미를 간파할 수 있다: 세계의 모든 것이 유기체적 연관 속에서 통합되어져 있고 상호작용 속에서 서로 의존한다면, 원칙상 "어떠한 **계급주의적 세계관**도"[51] 인정될 수 없다. 세계의 모든 존재자들은 서로 도움을 주고받으며 더불어 살아가는 "형제자매들"이요 "친족들"이다. 주체-객체, 지배자-피지배자의 구도는 여기서 깨어진다. 자연의 세계는 그 자체 속에서 완성되어 있고 단지 외적으로만 서로 연결되는 최소의 단위체들로 구성되어 있는 것이 아니라, 서로 상대방 안에 침투하는 장들과 에너지로 구성되어 있다. 모든 생명은 오직 그들 사이의 관계와 전체에의 참여를 통해 존재한다. 따라서 전체와의 연관을 떠나 개체를 파악한다는 것은 불가능하다. 그들은 비록 의식하지 못할지라도 서로 의존하며, 다른 생명의 삶을 가능케 하는 상보성 속에서 실존한다.

오늘날 생태계의 위기 속에서 무엇보다 먼저 필요한 것은 세계 안에 있는 모든 피조물의 상호 의존성 내지 상보성에 대한 통찰이

---

51) 김덕기, "골로새서에서의 생명 개념의 생성과 그 변증법적 특성", 한국기독교학회 편, 『한국기독교 신학논총』, 제30집, 166.

다. 상호 의존성과 상보성은 "우리의 우주의 기본 법칙"이요, 이에 대한 의식은 바로 "동정의 의식"(consciousness of compassion)이다.[52] 서로 의존하기 때문에, "기쁨이든지 슬픔이든지, 다른 사물에게 일어나는 것은 바로 나에게 일어난다" (Meister Eckhart).

3. 인류는 아직도 지역 이기주의와 자기중심적 사고에 사로잡혀 있다. 다른 나라의 자연환경이 파괴되어도, 자기 나라의 자연환경이 보존되면 평화롭게 살 수 있다고 생각한다. 그래서 자기 나라의 삼림을 보호하면서 다른 나라의 삼림을 벌목하며 유독성 산업 폐기물을 가난한 나라에 수출한다. 그러나 어느 특정 지역의 자연환경이 파괴될 때 지구 위에 있는 모든 나라가 생태학적 영향을 받게 되며, 그러므로 생태계의 재난과 위기는 국경을 무시한다는 사실을 우리는 경험하고 있다.

카오스 이론의 "나비효과"는 지역 이기주의와 자기중심적 사고를 거부하고, **모든 생명과 자연환경 전체의 유기체적 관계성**을 다시 한 번 시사한다. 자연의 모든 사물들이 상호작용의 큰 "흐름" 혹은 "그물" 속에 있기 때문에, 지구의 어느 특정 지역의 자연 파괴는 지구 위에 있는 모든 피조물들에게 "피드백"의 효과를 초래한다. 한 지역에서 일어나는 일은 지구 전체에 영향을 준다. 한 종류의 생명이 멸종되면, 생명체계 전체가 타격을 받게 된다. 자연환경을 오염시키는 것은 결국 인간 자신의 생명을 오염시키는 것이며, 자연환경의 파괴는 인간 자신의 생명을 파괴하는 것이다. 자연의 세계가 파멸되면 인간의 종(種)도 파멸될 수밖에 없다. 인간이 자기를 자연의 대상에서 분리시키고 모든 감정이입을 거부할 때,

52) M. Fox, Original Blessing, A Primer in Creation Spirituality, 1983, 279, 280.

자연의 대상도 인간에 대한 감정이입을 거부하고 인간에 대하여 냉혹한 태도를 취하게 된다.

여기서 우리는 양자물리학의 세계관의 사회-정치적 기능을 간파할 수 있다. 그것은 **지역주의**, **배타적 민족주의를 거부**하고 모든 인류와 생태계의 **우주적 연대성과 공동체성**을 주장한다. 여기서 모든 민족들의 **세계연합** 내지 **세계공동체**의 정치적 필연성이 제기된다.

여기서 인간에 의한 자연환경의 보존은 자연환경에 대해 인간이 호의(好意)를 베푸는 것이 아니라, 사실은 인간 자신의 생명을 보존하기 위한 "**비상대책**"이란 사실이 드러난다. 세계의 모든 사물들이 상호작용 속에 있기 때문에, 인간이 자연환경에 대해 효의를 베풀 때, 자연환경도 인간에 대해 호의를 베푸는 효과가 일어난다. 자연환경을 정화하는 것은 사실상 인간 자신의 몸을 정화하는 효과를 가져온다. 인간이 자연환경을 경외할 때, 자연환경도 인간을 경외하게 된다. 인간이 자연환경을 보호하면, 자연환경도 인간을 보호해 준다. 피드백 효과는 부정적으로 일어날 수도 있고 긍정적으로 일어날 수도 있다.

4. 양자물리학은 자연의 사물들에 대한 **사고방식의 혁명**을 요구한다. 관찰자와 관찰대상은 결합되어 있다. 관찰자가 인식의 어떤 모델과 방법을 취하느냐에 따라 관찰의 결과가 달라지며, 관찰대상은 관찰자에게 다양한 형태로 인식된다. 관찰자와 관찰 방법과 관찰 대상이 결합되어 있다. 따라서 관찰대상에 대한 관찰자의 인식은 더 이상 관찰대상에서 분리된 것이 아니라, 관찰자가 그의 관찰방법을 통해 관찰대상에 **참여하는 인식**이란 사실이 드러난다.

따라서 자연의 대상을 보다 더 적절하게 인식하는 길은 그것을 다른 사물들에게서 분리시키고, 개체화시키고, 최소의 단위에 이르기까지 분석하고 환원시키는 것이 아니라, 그 대상에 참여하고, 자연환경과의 모든 관계들과 상호작용 속에서 그것을 총체적으로 이해하는 데에 있다. 자연의 사물들에 대한 보다 적절한 인식은 분리, 개체화, 분석에 있는 것이 아니라, 그들을 관계의 전체성 속에 위치시키고 인식자 자신이 대상의 삶에 참여하며, 전체성 속에서 그들을 파악하는 데 있다. 자연의 사물들은 인간에 의해 개체화되고 분석되기를 원하지 않는다. 오히려 그들은 인간의 삶에 통합되며 전체적으로 이해되기를 원한다. 내가 다른 사람에 의해 분석되지 않고 이해되기를 원하는 것과 마찬가지다. 양자물리학의 이러한 세계이해는 세계의 종족들과 국가들 상호 간의 정치적 참여와 이해를 시사한다.

5. 양자물리학에서 자연환경은 폐쇄된 체계가 아니라 **개방된 체계**로 인식된다. 그것은 폐쇄성이 아니라 개방성을 그의 본질로 가진다. 그것은 자신의 역사와 운명과 미래를 가진다. 이런 뜻에서 자연의 모든 사물은 자신의 "주체성"(Ernst Bloch)과 "역사성"(C. F. von Weizsäcker)을 가진다. 가난한 사람들, 사회적 지위가 낮은 사람들, 병든 사람들도 자신의 주체성과 역사성을 가진다. 이 주체성과 역사성을 폐기할 수 있는 권리는 그 누구에게도 주어져 있지 않다. 인간의 삶은 자연환경 자체의 주체성과 역사성의 틀 안에서 가능하며 또 유지될 수 있다. 인간이 자연환경을 지배할 수 있다고 믿지만, 인간의 운명은 자연환경 자신의 주체성과 역사성의 조건에 의존하며 그것에 의해 결정된다. 자연환경이 분노하면, 인간의 문명도 위태롭게 된다.

자연환경 자신의 주체성과 역사성이 보장될 때, 인간 자신의 미래 개방성이 보장될 수 있다. 인간이 자연환경에 대해 인식하는 것은 그것의 한 측면에 불과하며, 인간이 스스로 만든 기획에 따라 자연의 대상에 투사하는 것일 때도 있다. "객관화할 수 있는 세계", "객관적으로 실재하는 세계"는 하나의 환상이며, 세계는 우리의 사고가 만들어내는 구조물로서 언제나 인간의 인식 "저 너머에" 있다. 그것은 칸트가 말하는 "물(物) 자체"(Ding an sich)로서 인간에게 언제나 **미지의 것**, 신비스러운 **경외의 대상**으로 존속한다.

최근의 우주물리학의 연구에 따르면 약 20년 전 우주 속에서 엄청난 양의 "**암흑물질**"(dark matter)이 발견되었다. 현재 우주 안에 있는 모든 물질의 90-99퍼센트가 이 암흑물질이라 한다. 그런데 이 암흑물질이 무엇인지 우리가 전혀 모르고 있다는 사실이 밝혀졌다.[53] 그것은 물질로서 중력의 기능을 가지고 있으므로, 중력을 제외한 어떤 수단으로도 볼 수 없고 만질 수도 없다. 그것은 은하계들이 서로 끌어당기기 때문에 존재하는 것으로 생각되는데, 은하계들은 각 은하계에 속한 별들이 갖고 있는 물질은 물론, 행성들, 심지어 블랙 홀의 총량보다 서로를 더 강하게 끌어당기고 있다고 한다. 우리가 알고 있는 갖가지 종류의 물질과 에너지가 이 암흑물질의 대양 위에 떠다니며, 이 물질이 우주의 구조와 운명을 결정할 것이다. 그러나 인류는 그것이 무엇인지 파악하지 못하고 있다.

우주는 이러한 암흑물질에 기초하고 있기 때문에, 우주의 미래를 예측한다는 것은 불가능하다. 이 암흑물질이 앞으로 어떻게 작용하며 어떤 결과를 가져 올 것인지, 지금 인류가 알고 있는 어떤

53) 이에 관해 M. Fox & R. Sheldrake, 『창조, 어둠, 그리고 영혼에 관한 대화』, 44-45, 201-202.

과학적 방법을 통해서도 예측할 수 없다. 과학의 방법도 여기서 정지될 수밖에 없다. 암흑물질이 우주의 기초라면, 우주는 우리가 알고 있는 어떤 법칙과 원리에 따라 결정되어 있는 것이 아니라, 우리가 그의 미래를 측정할 수 없고 지배할 수 없는 개방된 상태, 열린 상태에 있다. 물질의 기초적 요소가 무엇인지도 우리는 확정할 수 없다. "기초적 물질 미립자는 '불변의 사실'로 존재하는 것이 아니라… '존재의 가능성 혹은 존재하려는 경향'으로만 존재"하며,[54)]서로 다른 공간에서는 동시적인 시간이 존재할 수 없으므로 그것의 움직임을 측정하는 모든 시도는 상대적이다.

6. 모든 사물의 본질이 미래 개방성에 있다면, 역사의 목적을 이른바 태초의 "파라다이스"로 회귀하는 것으로 보는 기독교의 원초론적 사고(protological thinking)는 불가능해진다. 역사의 미래는 오랜 과거의 태초를 통해 결정되어 있지 않다. 그것은 개방되어 있다. 역사는 과거에 있었던 태초로 돌아가는 과정이 아니라, 우리가 아직 경험하지 못한 **새로운 미래**를 향한 과정이다. 역사의 마지막에 관한 성서의 진술들은 "은유"(metaphor)에 불과하다. 따라서 자연의 세계는 우연한 것, 새로운 것이 그 안에서 예기치 않게 일어날 수 있는 개방된 체계이며, 인간이 그것의 미래를 확정할 수 없는 개방된 역사이다. 따라서 이른바 "태초"는 역사가 다시 거기로 돌아가야 할 "이상향"이 아니라 "절대적인 시작"으로[55)] 이해되어야 한다.

54) J. Lukas, "Quantum Mechanics and the End of Scientism", in: Science as Metaphor: The Historical Role of Scientific Theories in Forming Western Culture, ed. R. Olson, Belmont 1971, 296 f.

55) 김은규, "창세기 1장의 생명과 생태사상: 노장사상과 불교적 이해", 54.

이 시작의 미래를 인간이 결정할 수 없다. 인간에게는 그렇게 할 수 있는 권리도 없고 능력도 없다. 인간이 자연의 세계를 지배하고 그것의 미래를 결정하는 것 같지만, 결국 인간은 자연 세계에 속한, 자연 세계의 한 부분에 불과하기 때문이다. 또 이 시작의 미래는 고정된 것이 아니라 그 자체에 있어 개방되어 있기 때문에, 인간은 그것을 확정할 수 없다. 비록 인간이 자연 세계의 미래를 기획한다 할지라도, 자연의 세계는 인간이 기획한 청사진에 복종하지 않을 것이며, 결국 그 자신의 법칙을 따를 것이다. 인간이 자연의 질서를 따르지 않고 그것의 미래를 스스로 결정하고자 할 때, 결국 인간 자신이 자연의 재해를 당할 것이다. 자연의 미래를 결정할 권리가 인간에게 없듯이, 그에게는 **또한 다른 인간의 생명과 인종의 미래를 결정할 권리가 없다**. 인간이 그것을 인위적으로 결정할 때, 그것은 일반적으로 자기중심적 관심에서 일어나며, 이에 대해 언젠가 하늘의 심판이 내릴 것이다. 그렇게 할 수 있는 권리가 그에게 주어져 있지 않기 때문이다. 그러므로 **모든 형태의 인종 차별주의와 식민주의**는 중단되어야 함을 양자물리학은 암시한다.

7. 전통적으로 신학은, 역사는 미래를 향한 선형적(linear) 운동인 반면, 자연의 세계는 고정된 법칙에 따른 회전운동(Kreislauf)이라고 역사와 자연을 구별하였다. 그러나 이 세계가 미래를 향한 개방된 체계라면, 자연도 하나의 **역사**로 이해되어야 한다: "자연은 그의 사건들이… 역사적으로 특징지어진 시간 속에서 객관적으로 일어나는 점에서 역사적이다."[56] 자연의 세계 속에는 주기적인 것, 이른바 자연법칙에 따라 영원히 회귀하는 것만이 있는 것이 아니

56) C. F. von Weizsäcker, Die Geschichte der Natur, 14.

라, **우연한 것, 새로운 것**이 일어나기도 한다. 우리가 예측할 수 없고 예언할 수 없는 새로운 미래를 향해 개방된 체계는 모든 제도와 질서의 **절대화를 거부**하며, 모든 것의 **우상화를 거부**한다. 세계의 개방성, 미확정성은 모든 형태의 결정론과 운명론을 거부하며, "부정적인 것의 부정"(Negation des Negativen, Hegel)을 요구한다.

그러나 새로운 미래를 향한 **세계의 참 역사화**는 "새 하늘과 새 땅"에 대한 하나님의 약속을 통해 가능하다고 생각된다. 하나님의 약속이 없을 때, 우리는 또다시 "해 아래 새것이 없다"고 탄식하며 좌절하게 되지 않을까? 그분 외에 다른 신이 없는 그 하나님을 통해 모든 형태의 우상화가 불가능하게 되지 않을까? 자신에 대한 모든 형상을 거부하면서 "새 하늘과 새 땅"을 가리키는 하나님의 약속을 통해 우리는 주어진 상황을 개혁하고 약속된 미래를 향해 나아가고자 하는 창조적 의지와 용기를 얻을 수 있다. 삶의 모든 좌절감과 무의미와 권태를 이길 수 있는 길이 여기에 있다. 생명을 사랑하는 하나님은 모든 생명, 모든 피조물이 더불어 사는 새로운 세계를 향해 지금도 우리를 부르신다: "내가 누구를 보내며 누가 우리를 위하여 갈꼬! 그 때에 내가 가로되 내가 여기 있나이다. 나를 보내소서!" (이사야 6:8)

개념색인

인명색인

자연환경에 대한 기독교 신학의 이해

김균진 지음

| 펴낸곳 | 연세대학교 출판부
등　　록 1955년 10월 13일 제 9-60호
주　　소 서울시 서대문구 성산로 262
전　　화 02) 2123-3380~2
팩　　스 02) 2123-8673
E-mail ysup@yonsei.ac.kr
홈페이지 http://www.yonsei.ac.kr/press
인　　쇄 네오프린텍(주)

2006년 2월 28일 1판 1쇄
2009년 1월 15일 1판 2쇄
ISBN 89-7141-730-7 (03230)

값 22,000원